"Luego de más de cuarenta años de campo recorrido, este volumen ambicioso y necesario explora los "futuros" de la memoria y los derechos humanos en clave latinoamericana, abriéndose a las subalternizantes dimensiones étnicas, raciales y patriarcales de las víctimas y sus combates, y considerando las coyunturas y lógicas particulares con las que las violencias se viven desde el Cono Sur hasta México, Guatemala, Perú, Colombia y Panamá. La plasticidad de esta matriz, peligro y virtud al mismo tiempo, la convierte en discurso apropiable y cooptable por parte del neoliberalismo o los nuevos imperialismos, pero también adaptable a las nuevas luchas por los derechos humanos que reclaman nuestra urgente atención."

—TERESA BASILE, Profesora de Literatura Latinoamericana, Universidad Nacional de La Plata

"Esta excelente compilación explora los futuros del campo de los estudios de la memoria latinoamericanos corroborando su expansión geográfica y su variedad temática. Los textos destacan las continuidades y diferencias que influencian y determinan cómo los individuos y las comunidades recuerdan. Al hacerlo, enfatizan la especificidad de los contextos políticos y las múltiples intersecciones de raza, etnia, género, clase y sexualidades, al mismo tiempo que cuestionan quiénes hablan y qué voces se escuchan. Los catorce capítulos ofrecen un mosaico de diversos procesos de memoria en los países del sur, centro y norte del continente marcados por una diversidad de violencias y activismos, desde las demandas de justicia por las desapariciones forzadas de personas hasta la defensa de los derechos humanos de la comunidad LGBTQ+ o de los pueblos originarios."

—SUSANA KAISER, Profesora Emérita, Estudios de Medios y Estudios Latinoamericanos, Universidad de San Francisco

LOS FUTUROS DE LA MEMORIA EN AMÉRICA LATINA

LITERATURE AND CULTURE SERIES

General Editor: Greg Dawes
Series Editor: Ana Forcinito
Copy Editor: Gustavo Quintero

Los futuros de la memoria en América Latina

Sujetos, políticas y epistemologías en disputa

Michael J. Lazzara y Fernando A. Blanco, editores

Raleigh, North Carolina

Copyright © 2022
All rights reserved for this edition copyright © 2022 Editorial A Contracorriente

Library of Congress Cataloging-in-Publication Data
Names: Lazzara, Michael J., 1975- editor. | Blanco, Fernando A., editor.
Title: Los futuros de la memoria en América Latina : sujetos, políticas y epistemologías en disputa / Michael J. Lazzara y Fernando A. Blanco, editores.
Other titles: History and social science series.
Description: [Raleigh, N.C.] : Editorial A Contracorriente : Department of Foreign Languages and Literatures at North Carolina State University, [2022] | Series: History and social science series | Includes bibliographical references.
Identifiers: LCCN 2022004942 | ISBN 9781469671970 (paperback) | ISBN 9781469671987 (ebook)
Subjects: LCSH: Collective memory—Latin America. | Memory—Political aspects—Latin America. | Political violence—Social aspects—Latin America. | Neoliberalism—Social aspects—Latin America. | Government, Resistance to—Latin America. | Marginality, Social—Political aspects—Latin America. | Dictatorship—Latin America—History. | Latin America—Historiography.
Classification: LCC F1414.3 .F88 2022 | DDC 980—dc23/eng/20220208
LC record available at https://lccn.loc.gov/2022004942

This is a publication of the Department of Foreign Languages and Literatures at North Carolina State University. For more information visit http://go.ncsu.edu/editorialacc.

Distributed by the University of North Carolina Press
www.uncpress.org

Dedicamos este libro a la memoria de Leonor Arfuch,
cuyo quehacer intelectual y crítico ha formado
a generaciones de latinoamercanistas y ha
sido fundamental para pensar nuestro
presente y los futuros de la memoria.

CONTENIDO

Agradecimientos xi

INTRODUCCIÓN
Los futuros de la memoria en América Latina: sujetos, políticas y epistemologías en disputa 1
Michael J. Lazzara y Fernando A. Blanco

PRIMERA PARTE
Sujetos y crisis del presente 23

CAPÍTULO 1
Maldita memoria 25
Mabel Moraña

CAPÍTULO 2
Neoliberalismo y presente absoluto 39
Eduardo Jozami

CAPÍTULO 3
Vivir afuera: memoria, neoliberalismo, experiencia 50
Luis Ignacio García

CAPÍTULO 4
Nuevos tiempos, nuevas voces: la disputa simbólica en el presente 70
Leonor Arfuch

SEGUNDA PARTE
Imágenes y políticas de la representación 85

CAPÍTULO 5
Sobre la elaboración del genocidio y las consecuencias de las representaciones del pasado 87
Daniel Feierstein

CAPÍTULO 6
Formas de la memoria en Colombia: fricciones y encuentros 110
Jefferson Jaramillo Marín

CAPÍTULO 7
1968: memorias y resistencias cinematográficas en los filmes de Luis Ospina y João Moreira Salles 137
Wolfgang Bongers

CAPÍTULO 8
Alzar la voz: testimonios y memorias de género de mujeres sobrevivientes de las dictaduras del Cono Sur 159
Bernardita Llanos M.

TERCERA PARTE
Epistemologías en debate 187

CAPÍTULO 9
Memoria y resistencias: la enseñanza de las prácticas comunitarias 189
Pilar Calveiro Garrido

CAPÍTULO 10
El pasado maya y el poder ladino: raza, herencia colonial y política 209
Arturo Arias

CAPÍTULO 11
Repensando los derechos: memoria y derecho a castigar   231
Jean Pierre Matus Acuña

CAPÍTULO 12
Memorias y archivos visuales de la afrocolombianidad   252
Tania Lizarazo

CAPÍTULO 13
Espectros y daños colaterales: memorias mediáticas de la invasión estadounidense de Panamá   271
Emily F. Davidson

CAPÍTULO 14
Sexualidades disidentes: agencias y derechos en la Argentina   296
Dora Barrancos

AGRADECIMIENTOS

Este libro va dedicado a todos los colegas que a lo largo de la última década contribuyeron apasionadamente a los encuentros de la Red de Estudios de Memoria y a quienes aceptaron nuestra invitación a pensar los futuros de la memoria para este volumen. Agradecemos especialmente a nuestros mentores, Ileana Rodríguez y Arcadio Díaz-Quiñones, quienes nos iniciaron en los debates sobre la memoria en nuestros años de posgrado, y a todos aquellos con quienes, desde entonces, hemos sostenido el debate y el diálogo constante.

Quisiéramos destacar el rol de Wolfgang Bongers, quien coeditó con nosotros el dossier "La performance del archivo: re imaginar memoria e historia en América Latina", publicado en *A contracorriente: una revista de estudios latinoamericanos* 12.1 (2014), el que, de alguna manera, fue el punto de origen para este proyecto.

Nuestra gratitud también va a Greg Dawes, Editor General de la Editorial A Contracorriente, y a Ana Forcinito, Editora para Literatura y Cultura de la misma editorial, quienes ofrecieron su apoyo al proyecto y nos guiaron en el proceso desde el primer momento. Sin la ayuda y el rigor profesional de Daniel Coral, el proceso de edición hubiera resultado mucho más arduo.

La publicación de este libro no habría sido posible sin el generoso apoyo del decanato del College of Letters and Science de la Universidad de California, Davis; los Small Grants in Aid of Research del Senado Académico de UC Davis; y la beca de investigación y viajes de la familia Bachman de Bucknell University.

Una mención especial merece el artista visual mapuche Sebastián Calfuqueo quien nos ha autorizado a utilizar una obra suya para la portada.

En lo personal, ningún proyecto nuestro podría realizarse sin el apoyo incondicional de Bernardita, Federico, Julia, Ana, y James.

INTRODUCCIÓN

Los futuros de la memoria en América Latina
Sujetos, políticas y epistemologías en disputa

Michael J. Lazzara y Fernando A. Blanco

Este libro surge como respuesta a los cambios experimentados por el campo de estudios de memoria en lo que va del siglo XXI y, sobre todo, los acontecidos en la última década. La necesidad de repensar las relaciones entre historia, pasado, presente y futuro en Latinoamérica bajo las actuales condiciones geoeconómicas y políticas nos llevó a preguntarnos por los nuevos derroteros que se perfilan en el campo de las memorias en este comienzo del tercer milenio.[1]

Es evidente que el trabajo sobre las memorias de las últimas dictaduras cívico-militares latinoamericanas generó una agenda cuyo centro fue la interrogación del pasado en relación con las violaciones a los derechos humanos llevadas adelante por el terrorismo de Estado. La memoria política estuvo al centro de las discusiones en resonancia con las experiencias de violencias colectivas de corte genocida del siglo XX. No escapó a esta discusión la diferencia entre pensar la historia como un saber archivado y permitir que el pasado pudiera tornarse en experiencia mediante actos de memoria intencionados o espontáneos.

Con el pasar de las décadas, la memoria como concepto ligado a la historia de las dictaduras y como intervención académica y activista dio paso a una ampliación del universo de los actores que desplegaron sus relatos sobre el pasado para intervenir en el campo social de sus respectivas comunidades en diversas coyunturas políticas. El debate sobre la memoria dejó de circunscribirse a una discusión sobre el trauma y la violencia sufridos en tiempos de dictadura y empezó a adquirir nuevos matices y direcciones. Empezó a abordar, por ejemplo, nuevas formas de violencia arraigadas en las persistentes desigualdades y prácticas discriminatorias que caracterizan a las sociedades latinoamericanas, así como también a las diversas luchas que se corresponden con los nuevos tiempos "democráticos". Aparecieron, por ejemplo, memorias de género, étnicas, raciales y de la diferencia sexual que daban cuenta de las fallas, los desafíos y las deudas pendientes de las transiciones a la democracia. De este modo, otros relatos de memoria iban posicionándose en lo público, abriendo paso a la crítica dentro del campo mismo y exigiendo la rearticulación de las agendas de trabajo. Por ejemplo, los historiadores Hillary Hiner y Juan Carlos Garrido, para el caso chileno, postulan en sus trabajos que los estudios de memoria han sido en su mayoría androcéntricos y heterosexistas, llamando la atención sobre la posición hegemónica del propio historiador identificado con el paradigma dominante genérico-racial (Hiner y Garrido 2019, 197). Una crítica similar que advierte no caer en las ficciones blancas sobre la raza y la etnia es la que desarrolla el investigador guatemalteco Arturo Arias en el capítulo de su autoría incluido en este volumen.

En sintonía con estos cambios y con esta expansión del campo, este libro se posiciona en un umbral: por un lado, señala el camino recorrido hasta ahora en el campo de las memorias y anuncia la expansión del campo y, por otro lado, da cuenta de nuevas aproximaciones, desplazamientos y abordajes que apuntan hacia los posibles "futuros" de la memoria. En esta encrucijada, sin duda, una de las tendencias a ser superada es la de la condición univalente de la violencia. Superar la idea de "violencia política" (es decir, aquellas formas de violencia relacionadas exclusivamente con las dictaduras cívico-militares) en el paradigma de los estudios de memoria, sin desestimar lo que implicó éticamente su elaboración legal y discursiva en décadas pasadas, es una de las apuestas de algunos de los ensayos incluidos en este libro.

Nos parece que serían tres las principales contribuciones que este libro pretende hacer como intervención en el campo. En primer lugar, proponemos desplazar los debates sobre memorias del ámbito ideológico y coyuntural de la Guerra Fría y trabajarlos en consonancia con los actuales desafíos de las sociedades neoliberales en las que diversos actores luchan incesantemente por mayores grados de igualdad social y económica, y de reconocimiento de sus derechos individuales y colectivos. El paradigma propiciado por la conjunción de la política exterior norteamericana y la implementación de las dictaduras militares en el continente como medio de control de mercados e ideologías invisibilizó otras subjetividades no alineadas con o contenidas en el relato del terrorismo estatal. Este libro entonces reconoce otras entradas al pasado y posicionamientos respecto de él. Ya no se trata de levantar memorias de "derechas" o de "izquierdas" enfrentadas en una batalla feroz por el reconocimiento de sus ideologías y de sus relatos sobre la historia. Sin duda, las luchas ideológicas no aflojan y la Guerra Fría sigue siendo un punto de referencia y de discusión relevante, pero al mismo tiempo nuevas urgencias, encarnadas en otros actores, retoman el pasado en función de diferentes luchas situadas en contextos localizados y específicos de discriminaciones, resurgimiento de las derechas y de amplia activación de la protesta de parte de mujeres o de minorías raciales, sexuales y étnicas. El pasado es así lo que el presente de su acontecer reclama.

En segundo lugar, quisiéramos pensar *con* el Cono Sur, pero también más allá de él. Los estudios de memoria se limitaron en sus orígenes a debates enfocados predominantemente en Chile, Argentina y Uruguay, y hasta cierto punto, Brasil. Los modelos elaborados para estudiar los "casos" del Cono Sur fueron tomados como referentes ante la emergencia de los estudios de memoria en otros contextos latinoamericanos como el Perú, Guatemala y México, países en donde actualmente existen debates ya instalados, bibliografías en aumento y una fuerte tendencia a reflexionar sobre las memorias y los marcos de inteligibilidad que las interpelan e interpretan. El lector observará que los estudios de las primeras secciones del libro, en su mayoría sobre los países del Cono Sur, dan paso en las secciones más tardías a trabajos sobre Panamá, Guatemala, Colombia, México y otros espacios. Hay casos como el de Colombia—hoy en medio de una escalada de violencia e inestabilidad social e institucional aterrorizante—estudiado en el capítulo de Jefferson Jaramillo en este libro, que se escapan de los binarismos que en un principio caracterizaron a los debates sobre la memoria en el Cono Sur. Derechas e izquierdas, militares y militantes revolucionarios se entremezclan con paramilitares, narcos y otros actores en un conflicto múltiple que no cesa a pesar de los intentos de establecer la paz.

Finalmente, pretendemos que este libro contribuya a una expansión del universo de las memorias al incluir a nuevos actores, sujetos y protagonistas. Los nuevos actores que este texto visibiliza van desde los hijos de perpetradores de la última dictadura argentina hasta el pueblo maya guatemalteco, las comunidades indígenas de Chiapas, Guerrero y Michoacán, las mujeres afrodescendientes del Pacífico colombiano y las personas gay, lesbianas, bisexuales, trans e intersex de Argentina. Sin embargo, si bien es importante reconocer un crecimiento del universo de los "sujetos" de la memoria, también vale la pena señalar que estos sujetos siguen reclamando por el reconocimiento de sus derechos y por alcanzar mayores grados de democratización en sus respectivas sociedades. Constantemente enfrentan desafíos como la intensificación del uso del derecho penal con fines punitivos contra ellos, un fenómeno que va de la mano del concepto neoliberal de la defensa de los derechos del individuo por sobre los derechos colectivos, según explica Jean Pierre Matus en este libro. La imposición del estado de sitio en Chile después del "estallido social" del 18 de octubre de 2019 y la mantención del toque de queda arguyendo como razón principal la seguridad de la población y la protección de la propiedad estatal y privada resultan sintomáticas de lo expresado anteriormente. El caso de Chile—desde octubre de 2019 en adelante—nos permite observar perfectamente la paradoja de un país que transita hacia mayores grados de democracia e inclusión pero que lo hace manteniendo altos grados de represión y violencia sin resolver la tensión perpetua entre derechos individuales y derechos colectivos que caracteriza al paradigma neoliberal.

En resumen, los diferentes capítulos de este libro proponen un "ajuste de cuentas" del campo de las memorias que empieza a movilizar los debates más allá de los paradigmas instalados (ideológicos, geográficos, temporales). La superación que este libro persigue no es la del conocimiento producido en las últimas décadas del siglo XX sino su ampliación crítica. Nos preguntamos con los autores de este volumen: ¿cuáles han sido los límites y de qué modo se abren nuevos horizontes en la discusión al interior del campo? ¿De qué modo ha cambiado la relación de los actuales agentes críticos con la materia histórica y sus relatos? No es solo un cambio de objeto, es más bien la necesidad de reconocer las experiencias que nos rodean hoy en día y responder a las demandas que surgen en estos tiempos de cambio, renovación y luchas renovadas ante las crisis actuales en la región.

La Red de Estudios de Memoria (2010–2020)

La existencia de este libro está en deuda con la Red de Estudios de Memoria a la que pertenecen varios de los autores cuyas voces son recopiladas aquí. Esta publicación celebra de este modo el camino recorrido por la Red y pretende abrir su trabajo colectivo hacia nuevas aristas y rutas de investigación para el futuro.

La Red de Estudios de Memoria comenzó hace más de una década en Santiago de Chile. Era el año del bicentenario de la República y la derecha, simbolizada en la figura del presidente Sebastián Piñera (en su primer mandato, 2010–2014), se instalaba en el gobierno. El último presidente de la derecha en gobernar había sido el representante del Partido Conservador Jorge Alessandri Rodríguez (presidente de 1958 a 1964), quien más tarde sería derrotado por Salvador Allende Gossens (presidente de 1970 a 1973). La fecha—2010—no es inocente. Durante ese año, como ocurriría más tarde con la conmemoración de los 40 años del golpe de Estado de 1973 (en septiembre del 2013), el pasado se transformaba en pauta informativa de todos los medios de comunicación, sedimentando el imaginario social con debates sobre el futuro de la nación que encontraban su racionalidad en las interpretaciones de la memoria histórica del país. Estas interpretaciones se habían esgrimido a lo largo de la transición a la democracia (a partir de 1990) en claves tan disímiles como la celebratoria cívico-militar de la independencia, la ideológica-partidista, la memoria militar "salvacionista" que redimía la obra de los militares y sus aliados civiles o la memoria de la protesta social (mujeres, estudiantes, mapuches, minorías sexuales), utilizando la recién inaugurada democracia como un espacio en el que cabían todas estas narrativas en virtud de la tolerancia hedonista del multiculturalismo y el perdón reconciliatorio acuñados por la pastoral transicional. En dicho contexto y contra dichas claves se crea la Red de Estudios de Memoria con un proyecto suscrito entre la Facultad de Letras de la Pontificia Universidad Católica de Chile y el Centro de Investigación Ibero-Americano de la Universidad de Leipzig en Alemania. La alianza tampoco fue fortuita. Los estudios de memoria tienen, como sabemos, un anclaje teórico-filosófico claro en el campo de estudios sobre el Holocausto y en los estudios del trauma, una herencia académica que marcó los estudios de memoria sobre todo en los años 90, década en la cual los trabajos académicos abordaban el testimonio como modo de transmisión de las memorias o bien se enfocaban en aquellas memorias atrapadas entre el luto y la melancolía o las posibilidades e imposibilidades de transmitir el peso y la profundidad de las violencias y los traumas sufridos.

El eje general de los cinco encuentros (Santiago de Chile, 2010; Leipzig, 2011; Davis, California, 2013; Managua, 2014; Bogotá, 2016) fue la discusión de la relación entre archivo y memoria, partiendo del impacto que las dictaduras latinoamericanas tuvieron sobre los proyectos revolucionarios de los años 70 y 80. Al entablar un diálogo con las contribuciones seminales de teóricos del archivo como Foucault, Derrida, Agamben, Taylor y González

Echeverría, y teóricos de la memoria y la cultura como Jelin, Nora, Richard y Sarlo, entre muchos otros, el grupo pretendía indagar en los efectos que producen los usos heterogéneos de los archivos en la construcción de las memorias culturales, con especial atención puesta en la imposición de las versiones oficiales o estatales de las memorias por parte de los grupos de poder. Más que abordar los archivos a partir del derecho o la política, el grupo decidió, desde el comienzo, poner énfasis en la manifestación simbólica, en las formas en que los archivos se construyen, se manipulan y se transmiten—y en cómo son problematizados en el campo de la cultura (desde el arte, la literatura, el cine, los medios, o la *performance*) para replantearse frente a la construcción de la historia y la memoria—.

En cada encuentro sucesivo la temática general *archivo y memoria* iba adquiriendo nuevos rasgos y matices. El primer encuentro en Chile exploró la relación entre sujeto, cuerpo y poder y abordó las formas que los artefactos y discursos de la memoria iban tomando para observar, construir, ironizar y criticar los procesos institucionales de la memoria estatal. El segundo encuentro en Leipzig cuestionó los registros en que las memorias tradicionalmente se transmitían, poniendo el acento en aquellas producciones culturales subversivas o alternativas que quedaban fuera de las tramas oficiales y estatales. Se examinaron escenarios artísticos que articulaban nuevos relatos y reconfiguraron los archivos estatales, escenarios que coincidieron con la explosión de la era digital y sus nuevas tecnologías, como también con una fuerte mercantilización de la propia memoria. Lo que estaba en juego era la lógica de la circulación y distribución de los saberes, los modos de selección y des/clasificación de los archivos en espacios y lenguajes de alta densidad simbólica. Uno de los aspectos más interesantes de este encuentro fue la condición autorreflexiva, distanciada y beligerante que los sujetos minoritarios de memoria tomaron en relación con las narrativas ya formalizadas en la tradición partidista, doctrinaria, ideológica o nacional. El documental *Los rubios* (2003) de Albertina Carri dio pie en Leipizig a una brillante intervención de Daniel Link sobre la función estética del pasado y su impredictibilidad, pensada como la figura retórica del fantasma que Link usó para conectar el trabajo cinematográfico de Carri con el de su padre, el desaparecido Roberto Carri.

Para el tercer encuentro en la Universidad de California, Davis, el tema de fondo ya no era solo la construcción de un archivo o su subversión, sino cómo ese archivo se manifiesta y ocupa lo público. Hubo interés por estudiar las formas en que se negocian las versiones de las memorias, a cuatro décadas de la instalación de las dictaduras, a través de las *performances* públicas y virtuales de dichas narrativas, dentro de un recambio generacional que permite las emergencias de nuevas figuraciones de los recuerdos, esta vez recurriendo a estrategias de distanciamiento y reinterpretación retórico-discursivas como la parodia, la sátira o el humor. Se colocaron en el centro del debate aquellas intervenciones en las que los cuerpos sociales, políticos y ciudadanos se apropian del espacio público para reflexionar sobre los nuevos contratos sociales, sus marcos regulatorios, sus lenguajes y los sujetos que los legitiman. La intervención inaugural estuvo a cargo de la artista visual chilena Voluspa Jarpa, quien discutió las relaciones existentes entre la disciplina de la Historia y su registro incompleto del pasado. Los archivos desclasificados de la CIA fueron el material con el que Jarpa planteó la demanda por la simbolización de la historia a través de la imagen (Jarpa 2014).

En los encuentros más tardíos, los que se llevaron a cabo en el Instituto de Historia de Nicaragua de la Universidad Centroamericana de Managua y en la Pontificia Universidad Javeriana de Bogotá, el ímpetu del grupo fue ir hacia la expansión geopolítica de los integrantes de la Red y de los contextos de investigación a tratar. Lo que en un comienzo empezó como una discusión exclusivamente centrada en las experiencias del Cono Sur, empezó a abordar las experiencias de América Central, el Caribe, Colombia, México y las culturas Latinx en Estados Unidos. Esta apertura, cuya vigencia es innegable hoy en día, se refleja en varios de los trabajos de este libro, sobre todo en los de la Tercera Parte, "Epistemologías en debate". Esta sección propone repensar no solo los contextos a tratar (a través de la inclusión de Colombia, Guatemala, México y Panamá), sino también a los sujetos a incluir en el análisis (mujeres, afrocolombianos, indígenas, identidades sexuales diversas). También repiensa los lenguajes y formatos que toma la memoria, al igual que los marcos históricos que son de interés para el campo (por ejemplo, recuperar las exclusiones de larga data y hacer hincapié en fenómenos como la colonialidad del poder y el imperialismo). Estos gestos críticos intentan empujar los estudios de memoria en nuevas direcciones, aunque también nos devuelven a las preguntas más básicas que fundaron el campo: ¿quién recuerda? ¿Para qué o para quién recuerda? ¿En qué "presente" interviene el recuerdo y con qué propósito? Y ¿cómo se transmiten las memorias?

Los estudios de la memoria en América Latina: estado de campo

A más de cuatro décadas de las dictaduras militares y de los sangrientos conflictos civiles ocurridos en varios países de América Latina, la memoria se ha convertido en un campo de batalla y un grito de protesta, un concepto que activistas y académicos utilizan para denunciar graves violaciones a los derechos humanos y para articular los desafíos de consolidar las democracias después de (o, a veces, en medio de) la violencia política. La discusión sobre los usos de la memoria, la función del archivo, los límites del testimonio, los relatos generacionales y las tensiones entre historia y experiencia tramaron las agendas del latinoamericanismo en sus tres vertientes principales: la sociológica, la culturalista y la de las ciencias políticas.

No cabe duda que en este lapso de 40 años (o más), el "giro hacia la memoria" en la academia ha pasado por varias etapas de preguntas y reflexión. Una primera etapa, correspondiente a los años 80 y 90, centró su atención en las víctimas del terror estatal y en los testimonios de estas sobre la tortura, el exilio y otras vejaciones sufridas. Durante esta primera etapa descollaron los silencios y las omisiones propias del acto testimonial, así como también las posibilidades e imposibilidades de verbalizar, simbolizar o sobrellevar las experiencias traumáticas. Ciertos trabajos académicos pioneros señalaban la tonalidad freudiana de un periodo posdictatorial atrapado entre el duelo inconcluso y la melancolía de las izquierdas derrotadas. También llamaban la atención sobre el arte visual y escrito como instancia para debatir sobre la ética del recuerdo y su relación con la verdad y la justicia.

Esta primera etapa se nutría de las reflexiones producidas a partir de los años 80 en el contexto de los estudios del Holocausto, los que ya habían empezado a abordar las batallas entre historias y memorias oficiales y subalternas, al igual que las dificultades de representar los traumas individuales y colectivos. Estos debates originados en el contexto europeo crearon las condiciones de posibilidad para la emergencia de los estudios de memoria en el Cono Sur, los que adaptaron los debates a los contextos locales marcando continuidades y diferencias. En esta primera oleada, la obra de críticos culturales como Idelber Avelar, Nelly Richard, Francine Masiello y Alberto Moreiras fue clave, así como lo fueron también revistas académicas como *Punto de vista* de Beatriz Sarlo en Argentina o la *Revista de crítica cultural* de Nelly Richard en Chile.[2]

Una vez instalados los debates en torno al trauma y su representación, una segunda etapa, correspondiente a los últimos años 90 y a los primeros de los 2000, trajo consigo un giro algo inesperado hacia el momento predictatorial, esto es, el periodo de las militancias y de las luchas revolucionarias que antecedieron a los regímenes de Pinochet, Videla y otros. Esta apertura del campo histórico—que ahora comprendía los años 60 y los primeros de la década del

70—fue significativa. Durante los años 90, se indicó una voluntad de trabajar más allá del binarismo de las víctimas hacia una visión histórica ampliada y compleja que pudiera analizar críticamente ciertos temas tabú (como el de las militancias) de los que no se solía hablar (o de los que se hablaba solo de manera socavada).[3] Se deseaba abrir un debate serio, sin caer en relativismos fáciles, ni nutrir líneas de argumentación largamente propulsadas por la derecha, como la famosa "teoría de los dos demonios", la que pretendía homologar (erróneamente) la violencia cívico-militar, promovida desde el Estado, con la de los revolucionarios que buscaban democratizar la sociedad recurriendo a las armas.

El nuevo milenio trajo, a su vez, una nueva etapa en los estudios de memoria (que data de mediados y fines de la década del 90), que fue impulsada principalmente por Elizabeth Jelin (junto con Carlos Iván Degregori, Eric Hershberg y Steve J. Stern) y el proyecto "Memorias de la represión" copatrocinado por el Social Science Research Council (SSRC) y la Fundación Ford. Este influyente proyecto y los doce volúmenes que se publicaron a partir de él, estableció una temprana agenda intelectual para un área joven de investigación al incorporar al debate nuevos temas como archivos, monumentos, lugares de la memoria, pedagogías e instituciones.[4] Desde sus inicios, el proyecto de Jelin y sus colegas tuvo un enorme impacto en los espacios académicos del Sur y del Norte globales. Buscó formas de adaptar y expandir reflexiones tempranas sobre memoria y de sistematizar esas reflexiones creando redes de académicos y publicaciones. Todo ello desembocó en el surgimiento de una comunidad latinoamericana y latinoamericanista de investigadores de la memoria. A partir del año 2001, la iniciativa de Jelin se institucionalizó aún más a través de la creación de un programa de maestría en estudios de memoria ofrecido por el Núcleo de Estudios Sobre Memoria del Instituto de Desarrollo Económico y Social de Buenos Aires (IDES).

Una tercera etapa, la más reciente en el desarrollo de los debates sobre memorias—y que se solapa de alguna manera con los debates ya mencionados sobre militancias—, corresponde aproximadamente a los últimos 15 años y centra su atención en las experiencias y memorias de los hijos de las dictaduras: tanto los hijos de los militantes desaparecidos como de aquellos que crecieron durante las dictaduras, pero sin un contacto directo con la violencia política. Como extensión de esta etapa más reciente, las investigaciones actuales también abordan temas diversos como las memorias en contextos cotidianos, el género en las memorias, el rol de las nuevas tecnologías en la creación y consumo de las memorias, la circulación transnacional de memorias y de formas conmemorativas, los encuentros y desencuentros entre memoria y democracia o entre memoria y derechos humanos, y las ventajas y desventajas de trabajar la memoria en clave comparada.

Esta tercera etapa se desarrolla en paralelo con una expansión geográfica de los estudios de memoria con manifestaciones en Perú, Colombia, El Salvador, Guatemala, Nicaragua, Brasil y México. En contraste con los países del Cono Sur que no generaron, en un principio, una reflexión tan robusta sobre las "zonas grises" de la violencia (es decir, las borrosas fronteras entre víctimas y victimarios) que eran quizás más visibles en las experiencias de los conflictos civiles centroamericanos o de países como Perú o Colombia, los estudios de memoria en Perú, Colombia y México, entre otros lugares, empezaron a prestar atención a la necesidad de nuevas categorías de análisis para estudiar los "grises" y a la necesidad de enfocar especialmente el papel decisivo de categorías como la raza, la etnicidad y la indigeneidad. También vimos surgir nuevos programas de investigación y docencia sobre memorias. El programa de maestría que Ileana Rodríguez cofundó con Margarita Vannini en el Instituto de Historia de Nicaragua y Centroamérica de la Universidad Centroamericana de Managua, al igual que programas de Chile, México y otros lugares, están trabajando para equipar a futuros profesores y académicos con las herramientas necesarias para inspirar a estudiantes a reconstruir sociedades que fueron (y son) terriblemente dañadas por la violencia, a trabajar hacia visiones más complejas de la historia y a ser participantes activos políticamente en sus sociedades.

Vale añadir que las rutas seguidas en América Latina tienen su paralelo en la academia norteamericana gracias al protagonismo de figuras como el connotado historiador Steve J. Stern, quien hizo puente entre los diálogos fundadores del campo que tomaron lugar en el contexto del proyecto del SSRC y el latinoamericanismo estadounidense, jugando así un rol importante en el establecimiento de los estudios de memoria latinoamericanos en Estados Unidos y en la formación de una generación más joven de académicos dedicados al estudio de la memoria y los derechos humanos.[5] La serie de libros llamada *Critical Human Rights*, fundada en la Universidad de Wisconsin Press por Stern y el politólogo Scott Straus, quizás sea un buen ejemplo de la institucionalización de los estudios de memoria en Estados Unidos, sobre todo en la segunda década del siglo XXI. Hasta ahora la serie ha publicado numerosos trabajos de científicos sociales y culturólogos tanto de América Latina como de

Estados Unidos con el fin de promover debates sobre memorias, abrir nuevas formas de pensar con y más allá del paradigma universalizador de los derechos humanos y situar los debates sobre memorias en contextos transnacionales. Se trata de un espacio emblemático entre varios que actualmente existen en Estados Unidos para reflexionar y publicar sobre las formas en que individuos y sociedades representan, procesan y entienden sus pasados.[6]

Los cambios que hoy se viven en América Latina (e.g. casos de corrupción, crisis aguda del modelo neoliberal, reclamo de derechos de todo tipo, protestas masivas, vuelta al poder de la derecha política en varios países) nos ponen en alerta y algo desconcertados al momento de contemplar los "futuros de la memoria". Es más que evidente que las batallas por la memoria siguen ardiendo en el Cono Sur, a pesar de décadas de la valiente lucha de familiares, sobrevivientes, activistas y académicos—y a pesar de todo lo ganado en materia de verdad y justicia—. En Chile, por ejemplo, una hija de un perpetrador reivindicó públicamente, en 2017, en televisión abierta, el ya agotado guion de los militares "salvadores" de la patria; en Argentina, el gobierno de Mauricio Macri (2015–2019), punto de referencia para varios autores de la Primera Parte de este libro, esgrimió una vez más la desacreditada teoría de los dos demonios y planteó la reducción de penas carcelarias para militares condenados, el llamado "dos por uno". Estos detalles, nada menores, confirman que la memoria siempre está bajo amenaza y, como advierte Leonor Arfuch en su capítulo en este libro, siempre se puede volver atrás.

En un reciente foro publicado en la revista *Memory Studies*, Andreas Huyssen sostiene que los estudios de memoria *son* un campo, aunque en el presente son un campo al que le falta renovación y energía. Si bien el estudio de la memoria ha tenido un incuestionable efecto transformativo en la historiografía tradicional y otras disciplinas, Huyssen advierte que "queda claro que necesitamos más que la memoria de las injusticias pasadas" (Vermeulen et al. 2012, 227). También necesitamos pensar en el rol que puede desempeñar la memoria en fomentar el cambio político democrático, en cómo las memorias determinan enérgicamente las realidades y en cómo abren o cierran posibilidades para la acción, la contestación o el cambio social.

A partir de la provocación de Huyssen y tomando en consideración el escenario actual de incertidumbre, amenaza y también de esperanza que se vive en la región, las y los integrantes de este libro vienen a responder, cada uno a su manera, ciertas preguntas claves. ¿Cómo intervenir desde el aquí y el ahora en los caminos recorridos por los estudios de memoria desde 1970 hasta el presente? ¿Qué temas, voces o experiencias aún falta considerar? ¿Requieren las "pos-transiciones" de nuevos marcos de análisis o quizás de la coexistencia de viejos marcos elaborados durante los 80, 90 y 2000 con otros nuevos? ¿Cuáles deben ser aquellos marcos? Y, finalmente, ¿qué tipo de memorias serían las necesarias para crear las democracias en las que quisiéramos vivir?

Los capítulos de este libro apuntan hacia algunos "futuros" posibles para la memoria y permiten vislumbrar los contornos de dicho porvenir. En primer lugar, observamos el intento de ciertos autores de trabajar hacia una desoccidentalización del campo de las memorias. Es evidente que los sistemas de conocimiento que informaron los análisis y el pensamiento sobre memorias han provenido fundamentalmente de occidente (estudios del trauma, testimonio, archivo, psicoanálisis). En contraste con estas tendencias, textos como los que escriben Arturo Arias y Pilar Calveiro para este libro revelan un impulso a mover la frontera histórica (más allá del paradigma del Cono Sur) al igual que la epistemológica. En sus textos, los estudios de memoria se cruzan con los de la colonialidad, la subalternidad y la racialización en un gesto descolonizador de los mismos estudios de memoria y de trabajar más allá de la ideologización política de la memoria.

En segundo lugar, varios capítulos permiten apreciar otro futuro posible de la memoria, uno que se apoya en la inclusión de nuevas voces, actores, posiciones y experiencias subjetivas. A la fecha, el grueso de las obras que han generado los estudios de memoria se ha enfocado en las *víctimas* de la violencia política (y en cierta medida también en los perpetradores). Una expansión del campo ahora empieza a tomar en cuenta memorias de género que incluyen sexualidades alternativas o disidentes, otras posiciones raciales, étnicas o de identidades híbridas, o nuevos actores que irrumpen repentinamente en la escena social. Leonor Arfuch estudia, por ejemplo, el caso de los hijos de perpetradores en la Argentina que han hablado públicamente en contra de sus progenitores genocidas. Bernardita Llanos M., a su vez, concentra su análisis en el movimiento feminista estudiado en clave transnacional. Tania Lizarazo y Emily F. Davidson ponen su ojo crítico en las mujeres afrocolombianas de Chocó y en el barrio afroantillano del Chorrillo en la ciudad de Panamá respectivamente. Y Dora Barrancos marca la importancia de recuperar las historias ocultas de las sexualidades disidentes en la Argentina, advirtiendo así de las muchas experiencias que todavía se escapan del archivo y de la escritura de la historia.

Finalmente se abre un tercer futuro de la memoria basado en la disputa epistemológica entre historicistas y "vencidos", siguiendo a Benjamin. Las tensiones entre historia y memoria han estado presentes en el campo desde sus inicios. Los estudios del testimonio en el marco del terrorismo de Estado fueron una buena prueba de los profundos debates entre las diferentes disciplinas.[7] Los capítulos que componen este libro pretenden en su conjunto proponer nuevas categorías para el paradigma de la memoria de las víctimas y su relación no solo con el sistema penal sino también con las matrices culturales, históricas y medioambientales en las que se insertan los sujetos que sufren los efectos de estas nuevas violencias. Tal y como plantea Elisa Loncón Antileo, presidenta de la Convención Constitucional en Chile, los derechos lingüísticos son derechos humanos y como tales deben adquirir el estatuto de política pública además de fomentar su práctica social. La polémica suscitada por la constituyente Teresa Marinovic, representante del conglomerado de derecha Chile Vamos, al referirse a la intervención de la machi Francisca Linconao en mapudungún en los siguientes términos en su cuenta de Twitter—"sabe hablar en castellano pero no importa: no pierde la oportunidad de hacer show" (10:39 a.m., 20 de julio 2021)—nos confirma el profundo sentimiento colonial y racista que permea a las clases acomodadas en Chile. La propia Loncón reafirmó más tarde en la misma red que "gracias a nuestras lenguas somos seres humanos y si no somos capaces de respetar esa condición humana, estamos perdidos en esta propuesta de instalar una nueva constitución" (6:30 p.m., 20 de julio 2021).

Los futuros de la memoria: críticas y aperturas

Los capítulos que componen este libro están agrupados en tres secciones: Primera Parte, "Sujetos y crisis del presente"; Segunda Parte, "Imágenes y políticas de la representación"; y Tercera Parte, "Epistemologías en debate".

La primera parte del libro, "Sujetos y crisis del presente", ofrece una mirada crítica sobre el estado del campo tomando como problema el presente neoliberal y el acto de hacer memoria. Los autores plantean la urgencia de no abandonar el trabajo de memoria, atendiendo a los cambios que han venido desarrollándose en las primeras dos décadas del siglo XXI. Para todos los autores el sujeto de la memoria política al que nos habían acostumbrado los debates—es decir, la figura de la víctima—deja paso a una declinación interseccional en la que van a manifestarse posiciones de sujeto marcadas por otras coordenadas existenciales, experienciales, materiales e imaginarias. Tampoco queda ajeno a la discusión el propio lenguaje, ni la función de los diferentes géneros y formatos en los que se anclan y vehiculizan los relatos sobre el pasado.

En el trabajo de Mabel Moraña, "Maldita memoria", la pregunta central es por la crisis del sujeto militante mientras que en el ensayo de Eduardo Jozami, "Neoliberalismo y presente absoluto", el interés reflexivo se centra en la relación problemática, bajo el paradigma neoliberal, entre el sujeto colectivo y el popular. Estos dos primeros textos del volumen remiten a la sempiterna tensión entre Historia y Memoria, señalando la necesidad de indagar en los silencios, las faltas y los sujetos desaparecidos de los relatos públicos. En el tercer capítulo, "Vivir afuera: memoria, neoliberalismo, experiencia", Luis Ignacio García pone el acento en la función social del artista (el sujeto artista), mientras que el ensayo "Nuevos tiempos, nuevas voces: la disputa simbólica por el presente" de Leonor Arfuch propone la irrupción en escena del sujeto "desobediente" encarnado en las hijas e hijos de colaboradores, quienes hablan en contra de sus progenitores genocidas y forman alianzas con otros actores que abogan por los derechos humanos en el contexto de los movimientos sociales actuales. Estos mismos cuatro sujetos (el militante, el sujeto colectivo, el artista y el desobediente) no son ajenos a la escena política actual. De hecho, son los antecedentes de la actual circunstancia y protagonistas de ella en alianza con otros sujetos y movimientos (mujeres, indígenas, inmigrantes, jóvenes, etc.).

El texto que abre la primera parte, "Maldita memoria" de la académica uruguaya Mabel Moraña, conjura en su título la compleja condición que enfrenta el investigador de los estudios de memoria. La "maldita memoria" se yergue como un derrotero insoslayable para la crítica comprometida del latinoamericanismo progresista, la que ve en la memoria la reserva ética propia del humanismo crítico, a la vez que pesa sobre ella la percepción de muchos de haberse convertido en un mero insumo académico. Esta última condición ha sido objeto de una crítica abierta desde los estudiosos del Sur que ven la agenda académica del euronorte con desconfianza. Reacia a la intervención norteamericana en las historias nacionales latinoamericanas, Moraña está atenta a las tensiones ideológicas presentes en el campo. El capítulo propone indagar entonces en "el recordar sucio"—concepto propuesto por Francisca Denegri y Alexandra Hibbet a propósito del conflicto armado interno en el Perú—cuyo sentido es el de reconocer la posibilidad de reconstruir el pasado desde las "zonas grises' de la memoria por afuera de los marcos interpretativos normalizados por la victimología (Denegri y Hibbet 2016). Al abordar dos casos de "ajusticiamientos" de sus propios militantes llevados a cabo por la izquierda uruguaya y argentina, Moraña vuelve a inquirir por la legitimidad de la violencia en determinados contextos. ¿De qué violencias y con cuáles memorias nos aventuramos en el futuro del campo?, pareciera preguntarnos Moraña.

El segundo capítulo, "Neoliberalismo y presente absoluto" de Eduardo Jozami, reflexiona sobre la razón y la temporalidad neoliberales planteando la idea de que los museos y memoriales han cancelado la vitalidad de una "memoria efectiva", restando pasado al imaginario social. Más que fortalecer el vínculo entre memoria y experiencia paradójicamente las instituciones lo diluyen. La crítica del artículo a las retóricas memorialistas fundadas en el Holocausto y las de la tradición argentina respecto de la conformación de la memoria colectiva—el liberalismo conservador y la tradición nacional popular—le hacen afirmar la necesidad de volver a poner el acento en el sujeto colectivo como sostén de la democracia.

El tercer capítulo, "Vivir afuera: memoria, neoliberalismo, experiencia" de Luis Ignacio García, entiende la memoria como una más de las dimensiones pertenecientes a los imaginarios colectivos mediante la cual es posible legitimar o disentir de la institucionalidad, de sus políticas y de sus prácticas. Preocupado por la escisión entre retórica (propaganda) y fenómeno (experiencias situadas), la radical distancia mutuamente excluyente entre pasado y presente se vuelve objeto de su reflexión. Para García la farandulización y consumo afectivo de la memoria, es decir, su manipulación mediática, constituye uno de los principales ejes de análisis. Pensando específicamente en las manipulaciones de la memoria propias del gobierno conservador de Mauricio Macri (2015-2019), el impulso crítico de García es trabajar hacia la restauración del vínculo entre memoria y experiencia, más allá de la inmediatez de un presente que carece de historicidad. En esta tarea el artista juega un papel esencial: "El arte contemporáneo"—afirma García—"habrá de ser un territorio clave para medir nuestras fuerzas en la lucha contra la anestésica de la subjetividad política contemporánea, poniendo en juego una permanente batalla por la infinita inscripción de la inequivalencia en la trama de la experiencia histórica".

Cierra la primera parte del libro con el capítulo de Leonor Arfuch, "Nuevos tiempos, nuevas voces: la disputa simbólica en el presente". Situada en las discusiones sobre el "giro afectivo" de la memoria y sus registros subjetivos, la autora plantea un recorrido por algunas de las primeras "historias desobedientes" que aparecieron en escena durante el gobierno de Macri, voces que trataban de contrarrestar la posibilidad que existía en ese momento de reducción de las penas carcelarias de sus padres genocidas. Los relatos estremecedores de hijas e hijos de perpetradores de la dictadura argentina le permiten a Arfuch problematizar las nociones de una memoria *colectiva y completa*. Arfuch admira el coraje de las revelaciones públicas de las y los "desobedientes", indagando en las implicaciones éticas y filosóficas de ellas en un contexto neoliberal donde el derecho a recordar de cada individuo—y por ende de interpretar—no puede ni debe ocultar la historia acontecida.

La segunda parte del libro, "Imágenes y políticas de la representación", consiste en cuatro capítulos que releen y cuestionan las representaciones al igual que las historias oficiales que han dado sentido a nuestro entendimiento del pasado. Las contribuciones de Daniel Feierstein y Jefferson Jaramillo, en particular, reconocen la imperfección, los alcances y los límites de los marcos conceptuales que se han empleado para comprender los pasados violentos de países como Argentina y Colombia. Conceptos como terrorismo de Estado, guerra y genocidio son cuestionados por la forma en que determinan relatos e identidades individuales y colectivas. En contrapunto con estos trabajos, Wolfgang Bongers y Bernardita Llanos M. van a contrapelo de la historia oficial para rescatar las resistencias pasadas y presentes desde la experiencia artística y la militancia feminista.

El capítulo 5, "Sobre la elaboración del genocidio y las consecuencias de las representaciones del pasado" de Daniel Feierstein, explora diferentes formas de la transmisibilidad social de las memorias traumáticas individuales y colectivas. Uno de los aspectos originales del análisis radica en establecer un diálogo entre las ciencias sociales, el psicoanálisis y la neurociencia para mostrar que los procesos sociales de la memoria no tienen que ver con la simple oposición entre memoria y olvido sino con la puesta en discurso creativa de la realidad. Feierstein explora diversos problemas que presentan las gramáticas y las narrativas de memoria basadas en paradigmas como la guerra, el genocidio o el terrorismo de Estado—paradigmas que terminan siendo determinantes de ciertas formas de subjetivación y que repercuten en las identidades individuales, colectivas, e incluso institucionales—. La sobredeterminación de los lenguajes y los marcos de transmisión de las memorias no deja de presentar desafíos también para las generaciones más jóvenes que luchan por establecer sus propias formas de relacionarse con los pasados y presentes violentos.

En un gesto similar al de Feierstein, el capítulo 6, "Formas de la memoria en Colombia: fricciones y encuentros" de Jefferson Jaramillo, revisa los diferentes paradigmas de interpretación y ordenamiento del pasado violento que han aparecido en la reflexión colombiana. Al repasar los diferentes "mecanismos y escenas de gestión institucional de los pasados y presentes de la violencia", el capítulo, por una parte, critica el intento de entender la producción de discursos sobre la memoria colombiana dentro del mito del eterno retorno—"la permanencia endémica" de la violencia, le llama Jaramillo— mientras que, por otra parte, plantea que aunque exista un mito comprensivo de la violencia, este siempre se materializa en diferentes circunstancias y con diferentes actores, móviles e intenciones. Jaramillo concluye identificando una zona ignorada de las formas de memoria en el país: la que entiende la memoria como una práctica de resistencia comunitaria sostenida por "relatos otros", entre los cuales se destacan historias de las comunidades afrocolombianas, las agrupaciones de víctimas de desaparición forzada y la diáspora y el exilio colombianos.

El capítulo 7, el de Wolfgang Bongers, "1968: memorias y resistencias cinematográficas en loa filmes de Luis Ospina y João Moreira Salles", propone a partir del tropo histórico del mayo francés ("figura potencia", le llama el autor) repensarlo como un lugar de resistencia y memoria por medio del análisis de dos obras fílmicas, una colombiana y otra brasileña. Lo interesante del capítulo, más allá de la erudición cinematográfica evidente del autor, es el deslizamiento de las fronteras políticas de la Guerra Fría y de la memoria militar del continente para ofrecer una crítica desencantada, en clave personal de los cineastas, a la memoria monumentalizada de las ideologías y de las revoluciones.

La segunda parte finaliza con el capítulo 8, "Alzar la voz: testimonios y memorias de género de mujeres sobrevivientes de las dictaduras del Cono Sur" de Bernardita Llanos M. La autora centra su argumentación en el valor definitorio que ha tenido el movimiento feminista en sus sucesivas versiones (con énfasis en la Cuarta ola) para la rearticulación social en medio de las diferentes crisis en el Cono Sur. Observa las continuidades y rupturas entre diversas manifestaciones epocales del feminismo, con un enfoque especial en el surgimiento de actores sociales disidentes de la escena actual que son validados por sus pares históricamente segregados y violentados, agrupados bajo el significante mujer. El texto propone que la visibilización mediática de la violencia sexual y de género sufrida por mujeres militantes en los años 70 y 80 sirve de tejido conectivo para amalgamar una serie de movimientos, agrupaciones y colectivos cuya espontaneidad responde a su filiación histórica y que surgen a partir de 2010. La tortura sexual contra mujeres viene a ser un "nudo de memoria", evocando la frase de Steve Stern, en el marco de los juicios contra las juntas en Argentina, el #M2 y el #Yotecreo (Stern 2004, 120).

La tercera parte del libro, "Epistemologías en debate", reúne 6 capítulos que apuntan a la expansión geográfica del campo (México, Guatemala, Colombia, Panamá), al cruce de las memorias con nuevas categorías de análisis como la raza, la decolonialidad, la ley y las sexualidades y, a trabajar más allá del relato individual para poner el acento en los saberes colectivos y no occidentales. Los seis trabajos desnaturalizan los paradigmas que los estudios de memoria habitualmente han promovido y nos recuerdan que otras epistemologías son posibles y necesarias para comprender desde otras ópticas cómo las violencias se viven, se procesan y se transmiten.

Pilar Calveiro Garrido, en el capítulo 9 titulado "Memoria y resistencias: la enseñanza de las prácticas comunitarias", sostiene que la memoria colectiva, ancestral y decolonial debe jugar un rol fundamental en la construcción de la comunidad. En sintonía con el ensayo de Arturo Arias que viene a continuación, Calveiro piensa en el valor de lo comunitario para la rearticulación de los sentidos del pasado, su preservación y continuidad. La autora valora la des-occidentalización y sobre todo el conocimiento propio que poseen las comunidades indígenas tanto sobre su relación histórica con el "colonizador"— el mundo prehispánico, la Colonia, la Revolución y los movimientos sociales y políticos del siglo XX—como sobre las urgencias del presente inmediato. Se pregunta: "¿Cómo hacer frente a las redes mafiosas protegidas o a los grandes corporativos, para evitar la desposesión del territorio, que es la desposesión de la vida misma?". Su argumento propone la memoria "cheje" (Rivera Cusicanqui), una práctica de resistencia en la que el Estado es soslayado, pospuesto o pensado desde el "a pesar de él" por aquellos que buscan producir otros modos de sociabilidad, redes de sostén y de protección.[8]

Arturo Arias, en el capítulo 10, "El pasado maya y el poder ladino: raza, herencia colonial y política", plantea la necesidad de reconocer la explotación y expropiación económica de las comunidades maya como la marca de una nueva violencia: la enajenación de terrenos a manos de gobiernos corruptos asociados con el crimen organizado. La presencia de un narcoestado ha debilitado la institucionalidad hasta el punto de que los mismos Acuerdos de Paz guatemaltecos de 1996 no hayan sido capaces de detener la oleada extractivista, sino por el contrario generar la paradoja de su protección. El texto propone el reconocimiento de derechos sociales o étnicos al interior del discurso de los derechos humanos frente a la racialización y subalternalización de la población indígena y afrodescendiente en el área centroamericana. El autor explora tres casos de autogestión comunitaria y uno dirigido por una ONG para la recuperación de la memoria colectiva de estos grupos frente a la devastación histórica de los pueblos originarios. Arias así sugiere mover la frontera histórica (más allá del paradigma del Cono Sur) a la vez que la epistemológica (intersectar los estudios de trauma y memoria con los de colonialidad, subalternidad y racialización) para pensar la violencia y sus registros en América Central.

El abogado Jean Pierre Matus, en el capítulo 11, "Repensando los derechos: memoria y derecho a castigar", afirma que ha habido un cambio en el significado de los derechos humanos dentro de la esfera penal. El tránsito ha sido desde la defensa de los derechos de los justiciables hacia el derecho de castigar a las víctimas, lo que incluye dejar de lado garantías tradicionales tales como el principio de legalidad de los delitos y las penas, la prescripción, la cosa juzgada, el juez natural, el derecho a un juicio en un plazo razonable y otras consideraciones de carácter humanitario (amnistía e indulto). Este giro puede atribuirse no solo a cierto *populismo penal* o a una *expansión del derecho penal*, sino también, y principalmente, a la internacionalización (globalización) del sistema jurídico y de la economía y la cultura en el cambio de siglo, cambios que incluso encuentran justificación en el renacimiento del idealismo kantiano en la filosofía del castigo. El impulso antidemocrático del derecho penal en la posdictadura chilena se discute en relación con una serie de variables que introducen restricciones o de plano invierten el derecho a la reconstrucción de la memoria histórica: el derecho de la víctima a exigir el castigo de o la sanción a los culpables. En otras palabras, asistimos en tiempos posdictatoriales a la abdicación de la democracia deliberativa y del principio de legalidad en favor del derecho universal y absoluto de exigir castigo para los culpables a manos del Estado neoliberal.

El capítulo 12, "Memorias y archivos visuales de la afrocolombianidad" de Tania Lizarazo, plantea la necesidad de reconocer a los archivos visuales, en particular las narrativas digitales (el género que la autora pone en el centro de su investigación), como portadores de relatos y experiencias que escapan al sesgo blanco-colonial-logocéntrico y que otorgan visibilidad a las comunidades afrocolombianas. Lizarazo combina varias metodologías de investigación y activismo para cumplir con su objetivo: la etnográfica (antropología visual y audiovisual), la local (experiencias de organizaciones de base y museografía en el Chocó, ubicado en el Pacífico colombiano) y la colaborativa (redes sociales). Para la autora la normativa multicultural acaba siendo una venda y una mordaza para las y los sujetos afrocolombianos. Desinstalar la fantasía de Colombia como una nación mestiza es una de las contribuciones importantes del capítulo.

El capítulo 13, "Espectros y daños colaterales: memorias mediáticas de la invasión estadounidense de Panamá" de Emily F. Davidson, aborda la conmemoración de los 30 años de la invasión norteamericana en Panamá. La autora revela la falta de un pensamiento crítico sobre la invasión desde la institucionalidad civil y estatal panameña, sobre todo con respecto a los efectos que la invasión tuvo en las minorías afropanameñas. El rol jugado por la raza en la violenta toma del poder, los silencios impuestos hasta el 2016 y la complicidad de la sociedad civil con la intervención militar norteamericana son revisados por la autora mediante un detallado trabajo archivístico. El capítulo trabaja la noción del espectro y el rol que los medios jugaron en la revisión del pasado en clave racista. El barrio afroantillano del Chorrillo en la ciudad de Panamá constituye el centro del análisis, al igual que una crítica a la retórica visual mediática que ocultó el asalto militar y que reemplazó la devastación civil por una narrativa salvífica amorosa.

El libro termina con el capítulo 14 de la socióloga e historiadora Dora Barrancos, "Sexualidades disidentes: agencias y derechos en la Argentina", en el que ella recorre la trayectoria de las disidencias sexuales en el siglo XX en Argentina. El capítulo es en sí un archivo de las conquistas que la colectividad LGBTQ+ ha asegurado en los últimos dos siglos de vida republicana e independiente. Barrancos apunta a la necesidad de recuperar las historias ocultas de las "vinculaciones amatorias no consensuadas de militantes", recordándonos que existen muchas historias y experiencias de vida que todavía se escapan del archivo. En un recorrido ambicioso que incluye la crisis del VIH-SIDA, la militancia lésbica a partir de 1986, de la colectividad trans a fines de los 90 y las Marchas del Orgullo durante las décadas del Kirchnerismo (2003–2015), Barrancos observa que la consagración del matrimonio igualitario (2010) y de la ley de identidad de género (2012) abren, a comienzos del tercer milenio, el futuro de la memoria LGBTQ+. Observa con optimismo que la Argentina, ahora bajo la presidencia de Alberto Fernández, transita por un "cambio de época" más inclusivo. Como señal de este cambio cita la creación en 2019 del nuevo Ministerio de las Mujeres, Géneros y Diversidad.

La conjugación de los cambios que vive la Argentina, la protesta social actual en Colombia, Brasil y otras partes, y el proceso de escribir la nueva constitución chilena post Pinochet demuestra que se respiran nuevos aires políticos en América Latina. Sin embargo, las discriminaciones y las violencias no cesan. En este escenario mixto de esperanzas y desafíos, los futuros de la memoria seguirán siendo complejos, peleados, inciertos y múltiples. Por un lado, seguramente seguirán respondiendo a la necesidad perpetua de dar cuenta de las violencias (pasadas y presentes) que las sociedades niegan con persistencia; por otro lado, responderán a la voluntad de crear futuros colectivos más igualitarios y menos excluyentes.

Notas

1. Algunos fragmentos de este texto fueron publicados anteriormente. Aparecen aquí con modificaciones. Véase Lazzara 2018 (la traducción al español es de Stephanie Rohner Stornaiuolo); Lazzara, Blanco y Bongers 2014; y Lazzara en Blanco y Opazo 2019.
2. Véase, en particular, Avelar 1999; Richard 1998; Masiello 2001; y Moreiras 1999.
3. Calverio 2005 y Vezzetti 2009 fueron referencias claves en este debate.
4. El volumen inaugural de la serie, *Los trabajos de la memoria* (2001) de Elizabeth Jelin, tuvo un gran impacto en la configuración del campo.
5. La trilogía de Stern sobre Chile ha sido una obra fundamental para los estudios de memoria. Los aportes conceptuales de la trilogía se resumen en el primer tomo (Stern 2004).
6. Los estudios de memoria también han tenido su manifestación europea, quizás mejor emblematizada por la fundación de la Memory Studies Association, la que goza de participación de académicos de muchas partes del mundo, incluyendo de América Latina: https://www.memorystudiesassociation.org.
7. Véase Arias 2001.
8. Véase Rivera Cusicanqui, Silvia. Entrevista: "Oralidad e insurgencia cotidiana", Academia del Humanismo Cristiano, Santiago de Chile (19 de enero de 2018): https://www.youtube.com/watch?v=lkWkjk10BWA.

Bibliografía

Arias, Arturo. *The Rigoberta Menchú Controversy*. Minneapolis: University of Minnesota Press, 2001.

Avelar, Idelber. *The Untimely Present: Postdictatorial Latin American Fiction and the Task of Mourning*. Durham: Duke University Press, 1999.

Calveiro, Pilar. *Política y/o violencia: una aproximación a la guerrilla de los años setenta*. Buenos Aires: Grupo Editorial Norma, 2005.

Denegri, Francesca y Alexandra Hibbet. "El recordar sucio: estudio introductorio". En *Dando cuenta: estudios sobre el testimonio de la violencia política en el Perú (1980–2000)*. Edición de Francesca Denegri y Alexandra Hibbet, 21–63. Lima, Perú: Fondo Editorial Pontificia Universidad Católica del Perú, 2016.

Hiner, Hillary y Juan Carlos Garrido. "Antitrans State Terrorism: Trans and Travesti Women, Human Rights, and Recent History in Chile". *TSQ* 6, n.º 2 (2019): 194–209.

Jarpa, Voluspa. "Historia, archivo e imagen: sobre la necesidad de simbolizar la historia". *A contracorriente: una revista de historia social y literatura en América Latina* 12, n.º 1 (2014): 14–29.

Jelin, Elizabeth. *Los trabajos de la memoria*. Buenos Aires: Siglo XXI, 2001.

Lazzara, Michael J. "The Memory Turn". En *New Approaches to Latin American Studies: Culture and Power*. Edición de Juan Poblete, 14–31. Nueva York: Routledge, 2018.

———. "Nota introductoria". En *Democracias incompletas: debates críticos en el Cono Sur*. Edición de Fernando A. Blanco y Cristián Opazo, 23–30. Santiago de Chile: Cuarto Propio, 2019.

———, Fernando A. Blanco y Wolfgang Bongers. "La performance del archivo: re imaginar memoria e historia en América Latina". *A contracorriente: una revista de historia social y literatura en América Latina* 12, n.º 1 (2014): 1–13.

Masiello, Francine. *The Art of Transition: Latin American Culture and Neoliberal Crisis*. Durham: Duke University Press, 2001.

Moreiras, Alberto. *Tercer espacio: literatura y duelo en América Latina*. Santiago de Chile: LOM/ Universidad ARCIS, 1999.

Richard, Nelly. *Residuos y metáforas (ensayos de crítica cultural sobre el Chile de la Transición)*. Santiago de Chile: Cuarto Propio, 1998.

Stern, Steve J. *Remembering Pinochet's Chile: On the Eve of London 1998*. Durham: Duke University Press, 2004.

Vermeulen, Pieter, Stef Craps, Richard Crownshaw et al. "Dispersal and Redemption: The Future Dynamics of Memory Studies—A Roundtable". *Memory Studies* 5, n.º 2 (2012): 223–39.

Vezzetti, Hugo. *Sobre la memoria revolucionaria: memorias y olvidos*. Buenos Aires: Siglo XXI, 2009.

PRIMERA PARTE

Sujetos y crisis del presente

I

Maldita memoria

Mabel Moraña

La relación entre democracia y memoria, entre ética y política, es mucho más compleja y tortuosa de lo que sugiere la casi obvia implicación entre esos términos. En trabajos dedicados al tema de la memoria histórica hace casi dos décadas me refería ya al hecho de que frente al tema de la memoria los críticos continuábamos girando como la mariposa de la luz en torno a un foco que desencadenaba en nosotros un tropismo originado con las dictaduras de los años 70, cuya intensidad no parecía atenuarse. El carácter ineludible de temas como la impunidad, la necesidad de justicia social, la urgencia en la reconstrucción de la institucionalidad democrática y la fascinación de lo inconcluso, mantuvieron esos debates sobre memoria histórica ligados a las narrativas sobre lo nacional. El tema de la memoria se convirtió así en un tópico demasiado importante como para que no se implementaran, respecto a él, numerosos intentos de apropiación simbólica y de cooptación desde distintos posicionamientos: desde el lugar de las víctimas, desde el Estado, desde la perspectiva de los agresores, desde distintas posiciones ideológicas, interpretativas, etcétera. Fundamentales fueron en este proceso las perspectivas dispares y hasta antagónicas que emergieron de las plataformas de los distintos sectores ideológicos y políticos que tuvieron un papel en mayor o en menor medida protagónico en los procesos dictatoriales, en la lucha, en la resistencia y en los pactos de apertura que condujeron al restablecimiento democrático. El espacio de la memoria se convirtió así en un campo de lucha por el control simbólico y por la administración del recuerdo, proceso en el que no faltaron jerarquías, distorsiones, ficcionalizaciones y demonizaciones en variados registros. En este panorama, abundaron también las elaboraciones en torno a la contracara de la memoria, es decir, a propósito de la función del olvido como componente, según muchos autores, esencial, de la cultura nacional.

Después de todo, ya desde el fundacional discurso de Ernest Renan "¿Qué es una nación?" (1882), que tan profunda influencia tuviera en América Latina y que fuera retomado por otros teóricos de lo nacional, como Benedict Anderson y Homi Bhabha, el olvido se instala como un tópico problemático y polivalente. Para Renan "el olvido … y hasta el error histórico, son un factor esencial en la creación de una nación, de modo que el progreso de los estudios históricos es a menudo un peligro para la nacionalidad" (Renan en Eley y Grigor Suny 1996, 45). A esta idea se refiere también, un poco antes, Nietzsche, en su *Segunda consideración intempestiva* (1874), al hablar del "olvido creativo" que emerge como contrapeso del "exceso de historia" (Nietzsche 1997, 203, 64). Se habla aquí no del olvido cómplice que encubre a los culpables y desprecia a las víctimas, sino de un olvido de tipo terapéutico, es decir, de un silencio que, como indica Nicole Loraux al estudiar "los usos del olvido", sirve como "acondicionamiento de un tiempo para el duelo y la (re)construcción de la historia" (Loraux 1989, 27). Se trata en este caso de evitar tanto la saturación mnemónica de "Funes, el memorioso", de Borges, como la imagen de la Rebeca de *Cien años de soledad*, de García Márquez, que justo antes de la peste del insomnio y del olvido aparece con los restos de sus antepasados a cuestas, aunque ha perdido definitivamente el recuerdo de sus propios orígenes. Loraux recuerda la noción freudiana que interpreta el olvido como presencia ausente, como superficie oscura que cobija o reprime, pero también su utilización perversa como fundamento de la amnistía o el indulto que deja a los culpables impunes y que en la antigüedad clásica se expresaba bajo la fórmula legal de la "prohibición de recordar las desgracias" (27). El olvido, como la memoria, no tiene así una valencia fija, sino que se potencia ideológicamente—éticamente—según el discurso al que articula. En la amnistía hay una cesión deliberada del derecho a la justicia en nombre de un proyecto de pacificación, considerando, como ha sido indicado, que los derechos humanos se vinculan a veces no tanto al pasado como al futuro, al *telos* de un proyecto común que se debe fundar en los acuerdos del presente.

Valga lo anterior como una introducción general al tema que aquí nos ocupa y que destapa aspectos menos convencionales en el estudio de la memoria y del olvido históricos. En lo que sigue voy a referirme a lo que en alguna denominación actual se dio en llamar "el recordar sucio", aquel que pone en práctica un pensamiento indagatorio para adentrarse en la que Primo Levi llamara *zona gris* de la memoria (Denegri y Hibbett 2016). Esta sería la forma de recordación que, prescindiendo de fórmulas binarias (bueno/malo, héroe/villano, víctima/victimario) y desconfiando de toda "memoria emblemática" (la que se impone como lugar de la verdad para cerrar un debate), recorre las mallas intrincadas de la experiencia, el recuerdo, el discurso, renunciando al reconocimiento de un núcleo duro de verdad en favor de los interrogantes que sacuden certezas, abren polémicas y exploran la ambigüedad y contradictoriedad de lo real.

Para empezar, debe reconocerse que la persistente presencia de los debates sobre la memoria apunta no a una inercia temática sino al desafío de una serie de interrogantes nuevos y temas no resueltos. Venciendo la presión de tópicos vinculados a la globalización (como los de migración, violencia, nación, narcotráfico, frontera y afines) así como la tentación de giros teóricos más de moda (poshegemonía, infrapolítica, postsoberanía, etcétera), sin duda vinculables al que hoy nos ocupa, el tema de la memoria nos retrotrae más bien a una problemática que tuvo una arrolladora presencia en la década de los años 80 y 90 del siglo XX, situación correlativa a los cambios que acompañaron la caída del socialismo de Estado, el fin de la Guerra Fría y los procesos de restablecimiento democrático en el Cono Sur.

Como muchos recordarán, el tema de la memoria inundó en esas décadas y en la siguiente el espacio académico, saturando, hasta cierto punto, el pensamiento crítico, que se vio enfrentado de un modo inescapable a la reflexión sobre la relación entre ética y política, trabajo académico y conciencia social, vida y poder. En las humanidades y las ciencias sociales, el trabajo crítico sobre memoria histórica analizó la transformación de la sociedad civil y la función cambiante del Estado a partir de la noción de trauma y de las formas posibles de materialización del recuerdo y de resarcimiento histórico de las víctimas que resultaran de los así llamados "estados de excepción". Se trabajó así sobre el significado de monumentos, museos e historias oficiales como registros ideológicos y afectivos del pasado, vinculándolos particularmente a los procesos de la elaboración del duelo, el rechazo a la impunidad y la melancolía de la pérdida.

Desfasado ahora con respecto a la urgencia política y social de aquellas décadas, el tema mismo de la memoria funciona hoy, para nosotros, como un recordatorio: nos recuerda que es necesario recordar; que el *trabajo de la memoria* del que hablara Elizabeth Jelin (2002), debe ser vigilado, porque una de las principales funciones de la memoria es la de la custodia, la del resguardo de lo perdido que constantemente amenaza con disolverse en el olvido, o con domesticarse como discurso histórico, o con anquilosarse en la privacidad de lo doméstico, en los rituales secretos de los deudos y en la conciencia de los victimarios. El tema de la memoria hoy nos recuerda también que esta no es un bloque conceptual ni un discurso homogéneo, sino una pluralidad multifacética y conflictiva, atravesada por el antagonismo, donde diversas versiones y visiones compiten por el espacio representacional y por la legitimación. Finalmente, el tema de la memoria nos recuerda la noción fundamental de que la memoria es un proceso que pasa por etapas, grados de subjetivación, estadios ideológicos y procesos históricos que comprometen tanto lo emocional como lo político.

Las décadas que median entre aquella eclosión de la memoria en los años 80 y el presente han sido el escenario no solo del descaecimiento de las certezas y discursos de la modernidad, no solo del despliegue del pensamiento poscolonial y las imposiciones del neoliberalismo, no solo de la domesticación de la izquierda en las diversas versiones que componen el *pink tide* latinoamericano en el siglo XXI. También han enmarcado una profusa red de procesos encaminados al logro de justicia social y a la recuperación de las tramas comunitarias deshechas durante los períodos dictatoriales. Principal atención han recibido los procesos de materialización pública de la memoria, así como los trabajos de reconstrucción discursiva de hechos ocurridos en el contexto de la lucha política, los cuales han sido analizados por las "comisiones de la verdad y la reconciliación". Como gestoras oficiales de la memoria colectiva, tales comisiones enfrentaron la tarea de corregir el archivo oficial y promover una lectura más completa y justa de décadas pasadas, operaciones todas realizadas con muy diversos grados de eficacia, honestidad e intencionalidad política.

Si el trabajo de la memoria estuvo caracterizado en un primer momento, al iniciarse la redemocratización, por el objetivo principal de encauzar formas de testimonialismo ligadas al discurso universalista de los derechos humanos, varias décadas después incluiría otras formas de la recordación, más analíticas y abarcadoras, aunque no necesariamente menos apasionadas. Al vocabulario aterrador del período autoritario (estado de excepción, impunidad, guerra sucia, estado de sitio, obediencia debida, punto final) se superpuso el léxico que reclamaba el retorno al Estado de derecho que incluía los testimonios, juicios y confesiones que relevaban las alternativas de la represión y de la resistencia y sancionaban su culminación, resumiéndose en el espíritu terminante del "nunca más".

En este proceso, recordar el pasado es no solo una necesidad afectiva sino una responsabilidad cívica, en la cual asimilamos, en una aleación de complejo contenido ideológico, diversos elementos. Entendemos que la antítesis del olvido, como indicara Yosef Yerushalmi (1982), historiador especializado en memoria judía, no es la memoria sino la justicia. El discurso de la memoria se dispara así en múltiples direcciones (afectivas, políticas, legales, sociales, ideológicas). Combina así en dosis variables, como Marc Augé (2004) señalara, el deber moral, la necesidad culposa de los sobrevivientes, la práctica social de continuidad y transmisión de la experiencia, la ilusión de control del futuro (no repetición), la voluntad de convocatoria política y el proceso de elaboración del relato que nos hacemos a nosotros mismos acerca de nuestra identidad colectiva.

Sin embargo, el pensamiento sobre el pasado, el reconocimiento del *evento*, como diría Alain Badiou (1988), no es estático, como no lo es la conceptualización de la *sujetidad* política, el devenir-sujeto de individuos que ocuparon distintas posiciones en el contexto del conflicto político. Nos encontramos ahora en un momento *crítico* en el trabajo de la memoria, es decir, *crítico* en cuanto a inflexión para el cambio y también en el sentido de elaboración de un pensamiento que revisa sus fuentes, sus estrategias, sus agendas y sus estilos de representación.

Coincido con Bruno Bosteels y otros autores en la idea de que lo que este crítico alude como "la furia de la militancia", que tuviera su momento de auge en los años 70, ha sido reemplazada, en muchos casos, por una *inflación de la memoria*, que en algunos momentos amenaza con convertirse en "una forma más espectacular que el mismo olvido" (Bosteels 2012, 3). Transformada en mercancía simbólica, la memoria ha funcionado en diversos contextos como un proyecto de Estado sometido a los vaivenes de la ideología y como una mercancía (*commodity*) sujeta al tráfico y manipulación de los significados en el mercado cultural y en los medios masivos. Este "*becoming-memory of culture*" puede ser visto, en este sentido, como una verdadera *ideología*, una forma de falsa conciencia que a veces contribuye a invisibilizar aspectos esenciales de un pasado que es siempre más complejo que el recuerdo, ya que pertenece tanto a la empiria como a la imaginación histórica, a la voluntad y al deseo (16). Recordamos aquello que queremos recordar porque se vincula a nuestro sentido de justicia y a nuestras pérdidas, y nos permitimos olvidar aquello que la memoria no soporta, o que la racionalidad no sustenta.

Como es sabido, el trabajo de la memoria se apoya en una "distribución de lo sensible" (Rancière 2000), una compartimentación del dominio político-ideológico, en el que asignamos peso, funciones y valores a diversos actores sociales. Tal configuración constituye lo que la investigadora argentina Susana Rosano (2014) aludiera como el imaginario de la militancia. Se refiere con esto al conjunto de roles, valores y funciones que se asignan a individuos, espacios y acciones en el contexto revolucionario como manera de definir su operatividad e implementar su disciplinamiento. Se configura así una especie de teatralidad o dramaticidad histórica en la que se distinguen héroes y traidores, víctimas y victimarios, amigos y enemigos, estructuración que permite la definición del conflicto, la delimitación del campo de batalla y el avance de la práctica militante, en un proceso que comienza, como indica Bosteels, por la politización de lo social y culmina en la militarización de lo político.

¿Qué sucede, sin embargo, si el maniqueísmo estratégico de estas distribuciones es puesto en entredicho? ¿Qué pasa cuando las categorías de víctima, de mártir, de héroe o victimario, agresor, de juez y parte, etcétera, comienzan a complejizarse con la ineludible ambigüedad y contradictoriedad que es inherente al cuerpo social entendido como totalidad orgánica y viviente? ¿Qué ocurre si a la teleología de *lo político* comienza a contraponérsele el particularismo, la subjetividad y la contingencia, reivindicando la inmanencia de la vida, como algunos filósofos proponen, frente a la exterioridad, la trascendencia y la verticalidad del poder? ¿Y qué pasa cuando este poder al que aludimos no es el del *status quo*, cómplice de la opresión, la exclusión y la explotación colectiva, sino el poder que emana de la cúpula militante, el que organiza y lidera la resistencia popular que se articula en torno a un proyecto emancipatorio, encaminado a devolver a la política la dimensión ética que nunca debería abandonarla?

En las últimas décadas, enfoques biopolíticos han permitido penetrar esta problemática que se ubica en el corazón mismo de la ética revolucionaria. El tema ocupa la primera línea de los debates filosóficos contemporáneos, desde Schmitt, Benjamin y Foucault hasta Agamben, Levinas, Badiou, Esposito y Zizek. En el contexto latinoamericano, particularmente en el del Cono Sur, autores como Pilar Calveiro, Adriana Cavarero y otros han comenzado a penetrar los imaginarios de la guerrilla urbana y de la resistencia popular y a insertar en el transcurrir moroso y atormentado de la memoria colectiva, las cuñas dolorosas de análisis que escarban en la herida mal cerrada de la derrota. Plantean así preguntas que no encuentran respuesta, que interrogan de modo permanente nuestra conciencia y nuestro imaginario, que se repliegan hacia la zona enrarecida e incierta de un silencio que tiene más que ver con la auto-represión que con el olvido.

En el trabajo antes mencionado, Rosano se concentra en el tema espinoso de los ajusticiamientos realizados por la izquierda en el contexto de la militancia que se organiza en diversos grupos políticos en la Argentina desde la década de los años 60. Pone el énfasis en el disciplinamiento de los integrantes y, de manera más general, en la relación entre poder de cúpula y el cuerpo sacrificial de los militantes, tomando como ejemplo el debate que se abriera en Argentina en el año 2004 a raíz de la publicación de las declaraciones de Héctor Jouvé, exmilitante del Ejército Guerrillero del Pueblo (EGP), grupo que entre 1963 y 1964 intenta reproducir en el norte de Salta la guerrilla rural del tipo de la liderada por el Che en Bolivia (Rosano 2014, 143). 40 años después, en el 2004, Jouvé publica detalles del ajusticiamiento de dos integrantes del EGP, Adolfo Rotblat (alias Pupi) y Bernardo Groswald, sacrificados por sus compañeros de grupo por considerar que el quebrado estado emocional de estos integrantes y su voluntad de abandonar la vida clandestina podía comprometer la seguridad de todo el grupo. El filósofo Óscar del Barco, quien fuera también integrante del EGP, contestó a esas declaraciones con una carta abierta en la que extendía hacia sí mismo y hacia todos los que habían integrado el movimiento la responsabilidad de esos hechos. En el debate que sigue a estos documentos participan Horacio Tarcus, Carlos Keshishián, Alberto Parisi y Elías José Palti, entre otros.

Un caso similar, aunque con diferencias sustanciales y mucho menos elaborado, se presenta en Uruguay con la ejecución de Ramón Pascasio Báez Mena por parte del Movimiento Tupamaros, en diciembre de 1971. A diferencia del caso argentino, lejos de ser un militante político, Pascasio Báez fue atrapado en la red de un conflicto en el cual nunca había participado activamente. Se trataba de un peón rural sin filiación política y, según algunos, escasa comprensión de los sucesos que atravesaban la sociedad de la época. Mientras buscaba animales perdidos en el campo, Báez Mena descubrió accidentalmente un escondite subterráneo de los Tupamaros (*tatucera*) cerca de Pan de Azúcar, en las inmediaciones de Piriápolis (departamento de Maldonado). Temiendo una delación que hubiera puesto en peligro la seguridad del movimiento, los militantes llevaron a cabo la ejecución de Báez, administrándole una dosis letal de pentotal. Sus restos fueron descubiertos en el escondite subterráneo al año siguiente, durante una redada. La ejecución de Báez Mena tuvo un fuerte impacto en diversos medios y contribuyó a debilitar considerablemente la moral de la guerrilla urbana y a demonizar, entre algunos sectores, el proyecto político del Movimiento de Liberación Nacional.

Tanto en el caso de los militantes argentinos como en el del peón uruguayo, la debilidad de las víctimas contrasta con la severidad de los castigos, llamando a una reflexión sobre el tema de la violencia guerrillera y, más ampliamente, de las complejas relaciones entre vida y poder, medios y fines, ética y política, principios universales y circunstancia histórica.

Escenarios similares—o al menos con numerosos puntos de contacto con los mencionados—, se encuentran en relatos de la resistencia a la esclavitud, al fascismo, etcétera, contextos en los que se llevaron a cabo ejecuciones de niños o civiles exteriores al combate como medidas de seguridad. En el caso de Sendero Luminoso es conocido el concepto de "la cuota de sangre" (expresión frecuente en los documentos de este movimiento): la que todo militante debía estar dispuesto a pagar como óbolo a la causa de la liberación. Estar dispuesto a "cruzar el río de sangre" implicaba una inmediata minimización del valor de la vida ante la grandeza de la causa revolucionaria, que en el caso del senderismo deriva, según muchas evaluaciones, al terrorismo.

Podemos preguntarnos, de cara a estos dilemas éticos y políticos, como hace también Rosano en su trabajo, recordando a Agamben: ¿cuál es el peso específico de la *vida nuda*? ¿Cómo se ubica el *bios* frente a lo político? ¿Exige el proceso revolucionario una suspensión—una violación—de los mismos derechos que ese proyecto emancipatorio promete defender? Cuando una sociedad, un grupo, un sector social, una clase, entra en lo que podríamos llamar "estado de revolución", ¿este debe ser entendido también como un "estado de excepción" (Schmitt, Benjamin, Agamben, entre otros) donde ese grupo adquiere la prerrogativa de ejercer una forma de "violencia legítima"? ¿Qué mecanismos sancionan esa legitimidad? ¿Y cuáles son sus límites, sus excesos, sus méritos? En términos de Schmitt, ¿es legítimo tratar al amigo como se trataría al enemigo?

Sin pretender responder rápidamente a estas preguntas que articulan buena parte de la filosofía política occidental, traeré a colación algunas posiciones que pueden servir como aproximación a estas cuestiones.

La primera hace referencia a la filosofía intervencionista de Alain Badiou. Vinculando verdad y acción, Badiou nos recuerda que si bien toda teoría de la verdad descansa sobre principios universales (el valor de la vida, por ejemplo), toda ética es, en última instancia, particularista, contingente, singularizada, *situacional*. Advierte que los principios éticos dominantes en general son los que sirven para sustentar y perpetuar el *status quo*, siendo por eso mismo menos eficaces para comprender la compleja profundidad del mal que para facilitar su perpetuación. Ético sería todo aquello que permite que una verdad persista. Ético es todo aquello que prepara al sujeto para su enfrentamiento con el *evento*, entendiendo por tal aquella situación nunca meramente *objetiva* que escapa a la normalidad estructurada y cuyo significado solo puede ser evaluado dentro de la situación total en la que se produce y a partir de las verdades que se encuentran en juego.

La segunda referencia remite a las reflexiones del filósofo argentino León Rozitchner, uno de los más agudos pensadores de los imaginarios revolucionarios de América Latina. En "La izquierda sin sujeto" (1966), Rozitchner analiza justamente la tensión que existe entre el proceso revolucionario y la moral burguesa, advirtiendo que la izquierda, que se opone al *status quo* y busca transformarlo radicalmente, se rige, sin embargo, por un concepto burgués de subjetividad, que coarta justamente su capacidad de movimiento imponiendo al proceso emancipatorio la ética del enemigo. A la "racionalidad revolucionaria" correspondería superar la concepción del "hombre escindido del capitalismo", escisión de la cual derivan las contradicciones entre ética y política. Refiriéndose a "las categorías burguesas que perseveran en el revolucionario de izquierda", Rozitchner indica:

> Son estas mismas categorías, que se pretendía haber radiado, las que siguen determinando la ineficacia de la izquierda: porque nos dejan como único campo modificable lo que la burguesía estableció como objetivo, como visible, como externo: ese campo social sin subjetividad, sin humanidad, donde el hombre—a medias, incomprensible para sí mismo, inconsciente de sus propias significaciones y relaciones—mira y actúa sin comprender muy bien quién es ese otro con el que debe hacer el trabajo de la revolución. (157-158)

Rozitchner y Badiou coinciden en la necesidad de pensar la relación vida/política como una articulación siempre contingente, que requiere una redefinición de la noción de subjetividad capaz de evadir tanto el esencialismo como la oposición plana entre víctima y agresor. La cultura burguesa ha escindido el ámbito privado y el social, intimidad y racionalidad, haciendo de la subjetividad, como dice Rozitchner, no una tierra firme sino un "nido de víboras" que el revolucionario hereda como un lastre epistémico que lo separa de sí mismo.

Como señala Bosteels y queda claro en la *Ética*, Badiou rechaza la lógica de la victimización, no queriendo convertirla en un punto de referencia irrefutable capaz de paralizar el proyecto político. En lugar de esto, enfatiza "el devenir-sujeto de la víctima" (Bosteels 2012, 305) señalando que el sujeto no preexiste al proceso, sino que resulta de él. Bosteels llama con razón la atención sobre la preeminencia de la ética (central a toda elaboración sobre la memoria) en tiempos de desprestigio y debilitamiento de lo político.

Según Rancière, hemos llegado a una dramatización sin precedentes del mal, por la cual ya no es posible distinguir justicia de injusticia, política, moral y violencia. Arte y literatura en su práctica representacional se han plegado a esta proliferación de formas de la victimización que cubre espectros cada vez más amplios del dolor, la tortura, el genocidio. La ética termina subsumiendo a la política en el nombre de una universalizada responsabilidad hacia el Otro. El acto transformativo se sitúa justamente en el espacio de la victimización, el cual convierte a la víctima en sujeto, pero en ese proceso se crean nuevas víctimas sacrificiales. Para Badiou, sin embargo, como indica Bosteels, la política comienza no cuando esta se propone *representar* a la víctima, sino cuando se respeta el evento a partir del cual *la víctima misma se pronuncia afirmando su sujetidad* (Bosteels 305).

En una misma dirección, Óscar Ariel Cabezas (2013) ha señalado que el discurso de la memoria, producido desde las matrices ideológicas del liberalismo cristiano, adquiere con frecuencia un carácter inevitablemente melodramático que se inscribe en la tradición del humanismo burgués, reforzando el discurso victimista que venimos aludiendo. Elaborado desde el mercado académico, este discurso victimista muchas veces oblitera una reflexión más aguda y matizada de "la estructura fantasmática de la dominación" y de los intrincados vericuetos de la historia reciente. Así cooptado por el discurso neoliberal que funciona como "una máquina de producción de subjetividad" el discurso de la memoria con frecuencia devuelve, como un eco, la cultura del miedo, que tiene como pilares principales, categorías que no llegan a abarcar ni a representar adecuadamente la complejidad de lo real.

Al final de su libro *Marx and Freud in Latin America* (2012) y, luego de una profusa discusión filosófica del "giro ético" a partir de Levinas, Badiou, Dussel y otros, Bosteels propone una *liberación de la ética* (310), entendiendo que, como en el caso abierto por los textos de Jouvé y del Barco, la ética ha devenido "a new external point of authority from which all militant processes can be found guilty of dogmatism, authoritarianism, or blind utopianism" [un nuevo punto externo de autoridad desde el cual todos los procesos militantes pueden ser encontrados culpables de dogmatismo, autoritarismo y utopismo ciego] (309). Consecuentemente, desde esa perspectiva, el dictado de la ética cancela la posibilidad misma de la política.

¿Puede, en efecto, llegar a concebirse una política sin ética? Habría que preguntarse ¿qué política? y ¿qué ética?, ya que ninguno de los dos dominios puede adjudicarse la posibilidad del monopolio de la verdad total, ni ser asumido como un sistema orgánico de principios morales definidos de una vez para siempre, sino más bien como un desiderátum, un posicionamiento contingente que aunque es vivido como absoluto, está sujeto a un inescapable relativismo histórico-ideológico. ¿Puede la ética, en efecto, ser sustraída del proyecto político estratégicamente, voluntaristamente? ¿Y puede/debe la política apropiarse totalitariamente de la vida sin que exista un punto de contención, alguna forma de custodia del *bios*, algún recurso de legitimación del proyecto que absorbe *lo ético en lo político* como si este constituyera el dominio de una verdad revelada?

Como se ve, lejos de ser tan solo un patrimonio, un legado, un espacio para la conmemoración y el homenaje, aquel *becoming-memory of culture* al que aludíamos antes va dejando lugar a formas más inquisitivas de reflexión histórica. Surge así lo que he dado en llamar una *memoria crítica* capaz de revelar zonas oscuras que no pueden ser relegadas al olvido (entendido este como el revés de la memoria) sino que reclaman su lugar en los espacios más atormentados de la conciencia ética y de la racionalidad política. Una vez agitada la caja de Pandora de la memoria, sus contenidos son imprevisibles. Como decía León Rozitchner, "la memoria es la loca de la casa"; deja de lado a veces aquello que merecería ser recordado y pone sobre el tapete lo que querríamos olvidar. Desafía los límites de la conciencia y sacude nuestras certezas. Maldita memoria.

Bibliografía

Augé, Marc. *Oblivion*. Minneapolis: University of Minnesota Press, 2004.
Badiou, Alain. *L'Être et l'Événement*. París: Editions du Seuil, 1988.
Belzagui, Pablo René, editor. *No matar: sobre la responsabilidad*. Córdoba: El Cíclope Ediciones/La Intemperie/Editorial de la UNC, 2007.
Bergson, Henri. *Matter and Memory*. Nueva York: Zone Books, 1991.

Bosteels, Bruno. *Marx and Freud in Latin America: Politics, Psychoanalysis, and Religion in Times of Terror*. Londres: Verso, 2012.

Brodsky, Marcelo. *Memory Under Construction/Memoria en construcción: el debate sobre la ESMA*. Buenos Aires: La Marca Editora, 2008.

Bustamante, Francisco. *Uruguay, Nunca Más: informe sobre la violación a los derechos humanos (1972–1985)*. Montevideo: Servicio Paz y Justicia-Uruguay, 1989.

Cabezas, Óscar Ariel. *Postsoberanía, literatura, política y trabajo*. Buenos Aires: Editorial La Cebra, 2013.

Calveiro, Pilar. "Acerca de la difícil relación entre violencia y resistencia". En *Luchas contrahegemónicas y cambios políticos recientes de América Latina*, 23–46. Buenos Aires: Biblioteca CLACSO, 2008. http://bibliotecavirtual.clacso.org.ar/ar/libros/grupos/lopezma/03calve.pdf.

———. *Política y/o violencia: una aproximación a la guerrilla de los años 70*. Buenos Aires: Norma, 2005.Caruth, Cathy. "Introduction: Trauma and Experience". *Trauma: Explorations in Memory*. Edición de Cathy Caruth, 3–12. Baltimore: Johns Hopkins University Press, 1995.

———. "Unclaimed Experience: Trauma and the Possibility of History". *Yale French Studies*, n.º 79 (1991): 181–92.

Del Barco, Óscar. "*No matarás*: Thou Shalt Not Kill". *Journal of Latin American Cultural Studies* 16, n.º 2 (2007): 115–17.

Denegri, Francesca y Alexandra Hibbett. "El recordar sucio: estudio introductorio". En *Dando cuenta: estudios sobre el testimonio de la violencia política en el Perú (1980–2000)*. Edición de Francesca Denegri y Alexandra Hibbett, 21–63. Lima, Perú: Fondo Editorial Pontificia Universidad Católica del Perú, 2016.

Derrida, Jacques. *On Cosmopolitanism and Forgiveness*. Traducción de Mark Dooley y Michael Hughes. Prefacio de Simon Critchley y Richard Kearney. Nueva York: Routledge University Press, 2001.

———. *Writing and Difference*. Traducción, introducción y notas de Alan Bass. Chicago: University of Chicago Press, 1978.

Douglas, Mary. "Introduction: Maurice Halbwachs (1877–1945)". En Maurice Halbwachs, *Collective Memory*, 1–21. New York: Harper and Row, 1980.

Draaisma, Douwe. *Metaphors of Memory: A History of Ideas About the Mind*. Cambridge: Cambridge University Press, 2000.

Freud, Sigmund. "A Note Upon the 'Mystic Writing-Pad'" (1925). En *The Standard Edition of Freud's Works*. Edición de James Strachey, vol. 19, 227–32. Londres: The Hogarth Press, 1961.

García, Luis Ignacio, editor. *No matar: sobre la responsabilidad. Segunda compilación de intervenciones*. Córdoba: Universidad Nacional de Córdoba, 2010.

Giménez Montiel, Gilberto. *Teoría y análisis de la cultura*. Tomos I y II. Ciudad de México: Conaculta, 2005.

González, Horacio. *La memoria en el atril. Entre los mitos de archivo y el pasado de las experiencias*. Buenos Aires: Colihue, 2005.

Graff Zivin, Erin. *The Ethics of Latin American Criticism: Reading Otherwise*. New York: Palgrave Macmillan, 2007.

Greco, Florencia. "'No matar'. Un abordaje discursivo de la carta de Óscar del Barco y *Tótem y Tabú*". http://www.academia.edu/766646/No_matar._Un_abordaje_discursivo_de_la_carta_de_Oscar_del_Barco_y_Totem_y_Tabu

Huyssen, Andreas. *Twilight Memories: Making Time in a Culture of Amnesia*. New York: Routledge, 1995.

Jelin, Elizabeth. *Los trabajos de la memoria*. Madrid/Buenos Aires: Siglo XXI Editores, 2002.

Jinkins, Jorge. "A Reply to Óscar del Barco". *Journal of Latin American Cultural Studies* 16, n.° 2 (2007): 119–25.

LaCapra, Dominick. *History in Transit: Experience, Identity, Critical Theory*. Ithaca: Cornell University Press, 2004.

Le Goff, Jacques. *History and Memory*. New York: Columbia University Press, 1992.

Loraux, Nicole. "De la amnistía y su contrario". En *Usos del olvido*. Edición de Yosef Yerushalmi, Nicole Loraux, Hans Mommsen, Jean Claude Milner y Gianni Vattimo, 27–51. Buenos Aires: Nueva Visión, 1989.

Moraña, Mabel e Ignacio Sánchez-Prado, editores. *Heridas abiertas: biopolítica y representación en América Latina*. Frankfurt-Madrid: Iberoamericana-Vervuert, 2014. Mudrovcic, María Inés, editora. *Pasados en conflicto: representación, mito y memoria*. Buenos Aires: Prometeo, 2009.

Nietzsche, Friedrich. *Untimely Meditation*. 2ª edición. Edición de Daniel Breazeale. Traducción de R. J. Hollingdale. Nueva York: Cambridge University Press, 1997. Nora, Pierre. *Les lieux de memoire*. París: Gallimard, 1984–1994.

Palti, Elías. "La crítica de la razón militante: una reflexión con motivo de *La fidelidad del olvido* de Blas de Santos y el '*affaire del Barco*'". *Políticas de la memoria* 8-9 (2009): 13–18.

Rancière, Jacques. *Le Partage Sensible: Esthétique et Politique*. París: La Fabrique-Éditions, 2000. Renan, Ernest. "What Is a Nation?" En *Becoming National: A Reader*. Edición de Geoff Eley y Ronald Grigor Suny, 42–56. New York: Oxford University Press, 1996.

Richard, Nelly. *Fracturas de la memoria: arte y pensamiento crítico*. Buenos Aires: Siglo XXI, 2007. Rosano, Susana. "Los cuerpos de la militancia". En *Heridas abiertas: biopolítica y representación en América Latina*. Edición de Mabel Moraña e Ignacio Sánchez-Prado, 141–54. Madrid: Iberoamericana-Vervuert, 2014. Rossington, Michael y Anne Whitehead, editores. *Theories of Memory: A Reader*. Baltimore: The Johns Hopkins University Press, 2007.

Rozitchner, León. "La izquierda sin sujeto". *Pensamiento crítico*, n.º 12 (1968): 151–83.

———. *Moral burguesa y revolución*. Buenos Aires: Ediciones Procyon, 1963.

———. "Primero hay que saber vivir: del vivirás materno al No matarás patriarcal". *Ojo Mocho* 20 (Primavera 2006): s/p.

Sarlo, Beatriz. *Tiempo pasado: cultura de la memoria y giro subjetivo. Una discusión*. Buenos Aires: Siglo XXI Editores, 2005.

Tarcus, Horacio. "Elogio de la razón militante: respuesta a Elías J. Palti". *Políticas de la memoria* 8–9 (2009): 18–37.

Todorov, Tzvetan. *Los abusos de la memoria*. Barcelona: Paidós, 2000.

Vezzetti, Hugo. "Conflictos de la memoria en la Argentina: un estudio histórico de la memoria social". En la serie *Historizar el pasado vivo en América Latina*. Dirigida por Ann Pérotin-Dumon. Santiago de Chile: Universidad Alberto Hurtado, 2007.

———. *Sobre la memoria revolucionaria: memorias y olvidos*. Buenos Aires: Siglo XXI, 2009.

Whitehead, Anne. *Memory: The New Critical Idiom*. New York: Routledge, 2009.

———. *Theories of Memory*. Baltimore: Johns Hopkins University Press, 2007.

Winter, Jay. *Sites of Memory, Sites of Mourning: The Great War in European History*. Cambridge: Cambridge University Press, 1995.

Yates, Francis. *The Art of Memory*. London: Routledge and Kegan Paul, 1966.

Yerushalmi, Yosef Hayim. *Zakhor: Jewish History and Jewish Memory*. Seattle: University of Washington Press, 1982.

Young, James E. *The Texture of Memory: Holocaust Memorials and Meaning*. New Haven: Yale University Press, 1994.

CAPÍTULO 2

Neoliberalismo y presente absoluto

Eduardo Jozami

TODA MIRADA DEL HOMBRE sobre el tiempo supone necesariamente una relación con el pasado y el futuro. El presente debe lidiar con ellos en todo momento para crear su propio espacio. Una conocida metáfora de Kafka muestra a un hombre luchando con otros dos, colocados a su frente y a su espalda. Uno no le permite avanzar, el otro le impide retroceder. El hombre—el presente—querrá elevarse sobre uno y otro; rara vez podrá hacerlo, pero esos son los casos en que puede producirse una ruptura, una brecha entre el pasado y el futuro. Son interregnos del tiempo en los que, según Hannah Arendt, pueden producirse momentos de verdad (2016, 13–31).

Llamaremos "régimen de historicidad", siguiendo a Maurice Hartog, al modo como cada época articula pasado, presente y futuro (2007, 37). Estas tres dimensiones del tiempo histórico aparecerán siempre, pero en distintos momentos, y cada una de ellas tendrá un rol fundamental. Desde la Antigüedad Clásica hasta el advenimiento de la Modernidad, será el pasado, fuente inagotable de lecciones y ejemplos, quien dará sentido al presente y permitirá explicarlo: "la Historia es maestra de la vida", resumió Cicerón, difundiendo una idea que presidió hasta el siglo XVIII, según la cual el presente siempre se vincula con el pasado. El pasado servía como explicación y legitimación del presente porque en esas sociedades los cambios eran tan lentos que no eran percibidos, y la relación de pasado y presente era, en consecuencia, una lógica de repetición.

La imagen del futuro también respondía a la misma secuencia repetitiva, puesto que no podía esperarse que nada nuevo ocurriera, según rezaba el

Eclesiastés.[1] En realidad, durante la Edad Media, la única novedad que podía llegar era el fin del mundo que periódicamente se pronosticaba, pero, como lo ha analizado muy bien Koselleck, el incumplimiento de estas profecías sobre el Apocalipsis no se refería a este mundo sino al más allá (1993, 23). En consecuencia, no afectaba la experiencia y nada impedía la reiteración futura de estas predicciones que, consciente de la influencia que ejercían sobre los pueblos, la Iglesia administraba celosamente.

Es con la Modernidad cuando la aceleración de los cambios en todos los órdenes permitirá que el horizonte de expectativas se aleje de la experiencia vivida. Basada en la Ilustración y en los desarrollos científicos que la acompañan, irá surgiendo la idea de Progreso, elemento fundante del nuevo régimen de historicidad. Ya no es el pasado sino el futuro quien da sentido al presente. Ese futuro tendrá muchas figuras: la felicidad del pueblo, el desarrollo sin límites de la ciencia y la técnica, el socialismo u otras. Ya sabemos que ese culto rendido al Progreso supuso ignorar la despiadada violencia colonial y sancionar la exclusión política y social de la mujer, entre tantas otras máculas del progreso capitalista.

La Primera Guerra Mundial mostró a todo el mundo, sin ocultamientos, el nivel de violencia y dolor hasta entonces solo conocido por la población de las colonias. ¿Cómo seguir creyendo en el futuro venturoso que prometía el discurso del Progreso? En esos años, Walter Benjamin, luego de haber destacado el efecto de enmudecimiento que el horror de la guerra había producido en los contingentes populares movilizados, comenzó a pensar el futuro no en términos de progreso sino de catástrofe. Un trabajo de 1929, "El surrealismo", adelanta lo que desarrollará más ampliamente en sus póstumas "Tesis de filosofía de la historia" (1940): la Revolución ya no puede entenderse como la locomotora que acelera la marcha de la Historia, sino como la acción del freno que detiene un vehículo lanzado hacia el desastre.

El marxismo representó más que ninguna otra corriente de pensamiento la idea de que su legitimación provenía del futuro. Marx reprochó a los revolucionarios franceses la fascinación, excesiva a su juicio, que sobre ellos ejercían las tradiciones de la Roma republicana: "La revolución social del siglo XIX no puede sacar su poesía del pasado sino solamente del porvenir" (Marx s/f, 410). Los comunistas definen su identidad por lo que sería el objetivo final de la lucha, la última etapa—tan necesaria como difícil de imaginar—para sostener todo el edificio. Por eso, como todo pensamiento que ve una teleología en el desarrollo histórico, el marxismo no puede escapar a la idea de un final de la historia.² Sin embargo, la vanguardia artística a la que los comunistas estuvieran, en principio, tan vinculados, se asociaba, antes que con cualquier idea terminal, con lo imprevisible e ilimitado. Fascinado por esa idea radical de la libertad que asumían los surrealistas, Walter Benjamin se preguntaba cómo asociarla con el método y la disciplina: ¿Cómo "ganar las fuerzas de la ebriedad para la revolución?" (2002, 20).

En las ya citadas "Tesis de filosofía de la historia", Benjamin señala cuánta responsabilidad ha tenido en la derrota de la socialdemocracia alemana la ingenua creencia de que se caminaba en el sentido de la historia. ¿Cómo comprender un retroceso tan notable como el fascismo, partiendo de esa concepción lineal del progreso? Es cierto que no pueden negarse los avances científicos y tecnológicos, pero —escribe el pensador alemán— ellos son compatibles con la más absoluta regresión en la sociedad. Consumado el Holocausto que Benjamin no alcanzó a ver, Adorno y Horkheimer analizarán en su *Dialéctica del Iluminismo* (1988 [1944]) cuánto puede asociarse la barbarie nazi con la racionalidad técnica occidental y la cultura de la Ilustración.³ Este giro de la historia parecía poner fin al régimen de historicidad que pudo llamarse futurista. Si el futuro también podía albergar la barbarie y la regresión, ¿cómo esperar que ese porvenir convocara y diera sentido al presente?

Sin embargo, el generalizado pesimismo que naturalmente podría esperarse después del Holocausto no produjo ni el fin de la Modernidad ni el abandono de las propuestas emancipatorias. La expansión económica de Estados Unidos que arrastraría al capitalismo occidental, el surgimiento de un campo socialista que abarcaba un tercio del globo, la reconstrucción de Europa y el rápido avance de la descolonización, fueron las nuevas realidades que en la segunda posguerra reverdecieron las viejas pasiones y generaron otras. Además, si la guerra había sido precedida por una década de grave crisis económica, rápidamente se advirtió que podía ser reemplazada por un período de crecimiento y prosperidad en los países centrales, tal como ocurrió hasta los años 70. Aunque nunca se recuperaron las certezas del positivismo decimonónico, la idea del progreso recobró cierta vigencia en el período que los europeos llamaron *los treinta gloriosos años* de desarrollo sostenido.

En las últimas décadas del siglo XX, cuando el pensamiento neoliberal se impone como la nueva racionalidad dominante a nivel mundial, se produjeron transformaciones sustantivas en la economía y la sociedad. La crisis que muchos habían creído definitivamente erradicada durante el largo período de crecimiento posterior a la Segunda Guerra Mundial hizo otra vez su aparición amenazante. Las medidas keynesianas y el Estado de Bienestar—que fueran herramientas clave para garantizar aquel desarrollo—pasaron a ser los demonios para la nueva orientación, que tenía como ejes la reducción del gasto público y la contención de la demanda. Sin embargo, a medida que se extendió la influencia neoliberal al compás de la globalización financiera se advirtió que sus metas eran más ambiciosas. Hoy existe un importante consenso en considerar que el neoliberalismo, mucho más que una política económica, es "la nueva razón del mundo" que tiende a establecer la competencia como principio rector en todos los órdenes de la vida social.[4]

La discusión sobre mercado y sociedad suponía dos opciones irreconciliables entre el capitalismo liberal y las propuestas colectivistas. Más tarde, la contradicción se planteará en términos algo distintos, cuando la intervención estatal sea consagrada como requisito de la estabilidad económica del capitalismo occidental. Por otra parte, la experiencia de los socialismos reales llevaría a la izquierda a entender que una supresión absoluta del mercado—difícilmente realizable—podía generar consecuencias negativas en términos no solo económicos sino también políticos. En consecuencia, Estado y Mercado se constituirían como figuras necesarias en toda sociedad, aunque el debate se planteara en torno a la importancia relativa de cada una de ellas.

El neoliberalismo implica hoy un intento más ambicioso. Ya no se trata solo de poner límites a las políticas estatales de regulación del mercado, sino de organizar a imagen y semejanza de este a toda la sociedad. La idea de que cada estudiante sea visto como un empresario de su propio rendimiento y que los profesores universitarios sean remunerados en función de los resultados de sus alumnos, son propuestas que muestran hasta qué grado los principios de la economía se convierten en organizadores de toda la vida social. Wendy Brown ha señalado con acierto hasta qué punto estas iniciativas cuestionan los fundamentos mismos de la democracia. Brown sostiene que la economización de la vida social nos impide advertir la variedad y riqueza de las relaciones que nos unen a otros seres humanos: "literaturas, imágenes, religiones, historias, mitos, ideas. En lugar de eso, se supone que estamos ligados por las tecnologías y los flujos de capitales. Esta presuposición amenaza con devenir verdadera. Llegado el caso, la humanidad entrará en el capítulo más sombrío de su historia" (2018, 202).

En el mismo período de fines del siglo XX que antes analizamos se advierte una profunda declinación a nivel mundial de la influencia del pensamiento de izquierda que en los años 60 había alcanzado en amplios espacios una indiscutida hegemonía. Las transformaciones económicas de la Tercera

Revolución Industrial fueron reemplazando progresivamente la producción fordista de la cadena de montaje por sistemas de producción más heterogéneos y especializados, deslocalizando la oferta a nivel mundial, lo que redujo los grandes contingentes obreros en los países centrales y debilitó el poder negociador de los sindicatos.

Por otra parte, gradualmente fue perdiendo peso a nivel mundial el eje de naciones tercermundistas, surgido del proceso de descolonización, que había sido hasta los años 70 un gran protagonista de las relaciones internacionales. Finalmente, la incapacidad de los países del socialismo real para alcanzar los niveles de sofisticación del capitalismo occidental provocaría la caída de aquellos regímenes políticos, terminando con el equilibrio bipolar que caracterizaba las relaciones internacionales desde la segunda posguerra.

El año 1989 simboliza un hito fundamental en este proceso. En esa fecha se derrumbó el Muro de Berlín y se celebró el Bicentenario de la Revolución Francesa. Para esa ocasión el historiador François Furet, transformado en figura central de la recordación, ya había proclamado que la Revolución Francesa había terminado (1978). Lejos de poder entenderse como una obviedad, esta afirmación implicaba un durísimo cuestionamiento a la tradición de la izquierda francesa que siempre había visto la Gran Revolución de 1789 como un legado vigente que establecía las tareas pendientes de realización.

Para que no quedaran dudas acerca de que se estaba afirmando el fin de toda posibilidad de revolución, el mismo Furet, en un texto posterior, anunció la intangibilidad del capitalismo democrático-liberal: ya no se consideraba posible ninguna reforma sustantiva. 30 años después, este sigue siendo el presupuesto del pensamiento neoliberal.

En esa línea, se considera abolida la idea misma de futuro y también se proclama la caducidad del pasado como referencia fundante. Son los años en que proliferan los monumentos y memoriales, pero como dijo Pierre Nora, autor de la publicitada compilación *Los lugares de memoria* (1984-1989), estos vienen a reemplazar la ausencia de una memoria efectiva; aparecen como una compensación frente al cierre de un pasado que cada vez significaría menos para nuestros contemporáneos. Vivimos, en consecuencia, en un régimen de puro presente.

La publicación del muy difundido trabajo de Francis Fukuyama pretendió sancionar el fin de la historia (1992). Ya Hegel había pretendido que el Estado prusiano fuera considerado como la culminación del proceso histórico; Fukuyama no tenía tras de sí una obra de igual envergadura que la de filósofo alemán, pero hablaba en nombre de la única gran potencia sobreviviente a la caída del Muro, para consagrar la hegemonía norteamericana como alfa y omega del nuevo orden mundial. *El pasado de una ilusión* (1995), título del libro de Furet sobre el comunismo, no solo nos dice que las ilusiones han quedado en el pasado, sino que ese pasado no puede ser reivindicado puesto que ha conducido al totalitarismo.

En esos años, se fue consolidando en Europa, Israel y los Estados Unidos una doctrina memorialista cuyo eje central era la rememoración del Holocausto. A medida que esta ola se extendía por el mundo, se acentuaba también su orientación despolitizadora. La Shoah es escindida de todas las consideraciones histórico-políticas que podrían contribuir a entender la emergencia del nazismo. Un discurso centrado en el horror cuestiona el genocidio como si fuera hechura de un mal absoluto, como si nada tuviera que ver con la crisis europea de su tiempo. Este auge del memorialismo de la Shoah acompañó la decadencia en España, Italia, Francia y otros países de las memorias políticas de la lucha contra el fascismo, núcleo central de las culturas de la izquierda y el movimiento obrero. Pudo entonces decirse que la memoria del Holocausto se había transformado en una religión civil y que el siglo de las Revoluciones, el corto siglo XX de Eric Hobsbawm, debía considerarse meramente como el siglo de los totalitarismos.

Ese descrédito del pasado se acompaña de la falta de un futuro en el cual pueda creerse. El Progreso y la Revolución, las dos figuras que desde la Ilustración traccionaban la marcha de la Historia, ya no podrían cumplir ningún rol. El régimen futurista de historicidad había perdido vigencia y, en cuanto al régimen clásico, basado en el precepto ciceroniano *Historia magistra vitae*, resultaba obvio que no podía explicar la marcha del mundo de la globalización neoliberal, caracterizado por una constante aceleración del cambio. En consecuencia, el presente debía bastarse a sí mismo.

Si la crisis del pasado y el futuro nos llevaba hacia el régimen presentista de historicidad, las transformaciones que permitían el funcionamiento de las transacciones en tiempo real y la vertiginosidad del cambio tecnológico, generaron un sentido común de un presente perpetuo "a cuyos escombros", en palabras de Marc Augé, "ya no les alcanza el tiempo para convertirse en ruinas" (citado en Hartog 2007, 21). Nuestra visión del pasado y el futuro se angosta ante la omnipotencia del presente. La aceleración del cambio en todos los órdenes de la vida social produce una cada vez mayor separación entre las experiencias y las expectativas. Todo puede esperarse, todo puede ocurrir, pero, paradojalmente, vivimos un mundo sin utopías.

En un estudio sobre las revoluciones que sacudieron hace unos años a Egipto, Túnez y otros países árabes, Enzo Traverso enfatizó que la falta de un horizonte ideológico, de una creencia compartida en un proyecto de futuro, tuvo mucho que ver con la frustración de esos procesos (2016, 12). Esos movimientos que trascendían el fundamentalismo islámico y no tenían una respuesta que superara el descrédito generado por el derrumbe de los socialismos reales, adquirieron una dinámica que superaba cualquier perspectiva inmediatista, pero no sabían hacia dónde ir.

En América del Sur, a comienzos del nuevo siglo, una extendida oleada de gobiernos populares permitió a teóricos como Emir Sader hablar de posneoliberalismo.[5] Con una visión igualmente optimista se había podido afirmar que la crisis de las hipotecas en 2008 marcaba el colapso del modelo neoliberal. Más allá de las causas que llevaron a la frustración de muchas de esas esperanzas latinoamericanas, hoy cabe replantearse esas expectativas cortoplacistas y considerar que aquellos cuestionamientos al neoliberalismo no afectaron los fundamentos de una sólida hegemonía a nivel mundial.

De todos modos, frente a un mundo que muestra su cara más sórdida, no cesarán las protestas y las resistencias. En ese transcurso habrá que animarse otra vez a pensar en el futuro y ello no será posible si no volvemos a mirar ese pasado que el neoliberalismo nos invita a desconocer. En verdad, habrá que retomar aquellos otros futuros que fueron posibles en el pasado, recorrer esos desvíos de la historia y volver a transitarlos con espíritu crítico. Esta es para nosotros una apasionante cuestión teórica, pero también un acuciante problema político.

El caso argentino aparece hoy con características propias en ese proceso de renuncia a la historia. La negación del pasado se explica aquí no solo por el propósito de neutralizar las políticas de Memoria, Verdad y Justicia que fueron el fundamento ético-político del gobierno anterior, sino también por la necesidad de presentar con una nueva cara un proyecto que hunde sus raíces en una tradición que con los años fue acentuando su sesgo antipopular. Sin los brillos intelectuales que permitieron en otros tiempos la fundación de una tradición liberal argentina, esa propuesta, que solo puede cubrirse hoy de banalidades, ya no tiene un pasado al cuál recurrir en el país de los 30.000 desaparecidos y la gran crisis del 2001.

A lo largo de la historia argentina dos concepciones han disputado en el ámbito público de la memoria colectiva: el liberalismo conservador que promovió la organización constitucional de mediados del siglo XIX y la llamada tradición nacional popular que impulsó más tarde las grandes reformas democráticas y las sucesivas fases de ampliación de la participación política y social (Jozami 2018). Sería equivocado creer que esta contradicción entre ambas tradiciones permite explicar sin más toda la historia argentina, ignorando la presencia de otras corrientes de pensamiento y la pluralidad de influencias que actúan en las diversas coyunturas, pero las disputas por la memoria se han organizado finalmente en torno a la confrontación de esas dos corrientes.

Pero más allá de las razones políticas que llevan al gobierno a tomar este camino, hay otra cuestión más importante que marca las significativas diferencias entre el macrismo y el discurso tradicional del liberalismo conservador argentino. Aunque en los últimos tiempos haya reprochado lo mismo a sus adversarios, este sector político ha gobernado siempre con una fuerte referencia hacia el pasado. Basta con leer *El juicio del siglo*, el libro que Joaquín V. González destinó al Centenario de la emancipación, para advertir que la clase dominante argentina, autoproclamada constructora de la Nación, fundaba en este evento su indiscutible derecho a gobernar.[6] En la segunda década del siglo XX, cuando la irrupción del radicalismo trajo nuevos rostros y otros grupos sociales al gobierno, la oligarquía desplazada, asumiendo naturalmente el lugar de la Civilización, asoció a los recién llegados con la Barbarie. Asimismo, a mediados del mismo siglo, cuando la identificación inicial entre peronismo y fascismo resultó ya inviable, el gobierno de Juan Domingo Perón fue asociado con esos mismos caudillos federales, presentados como símbolos del atraso y la intolerancia.

Esta operación histórica que embellecía a los sectores dominantes y demonizaba a sus adversarios se facilitaba porque las grandes figuras del liberalismo argentino, organizadores del régimen constitucional y fundadores de nuestra literatura, eran pensadores notables que, si bien fueron acentuando decididamente la inflexión conservadora, dejaron una influencia que en ciertos aspectos también fue inspiradora para los movimientos populares argentinos. Nada de ello ocurre con el liberalismo conservador desde hace muchas décadas. Ha tenido grandes escritores, pero no pensadores políticos importantes: cuando al año del derrocamiento de Perón, Jorge Luis Borges decidió afiliarse a uno de los partidos conservadores, su gesto pareció menos el señalamiento de un camino a seguir que el acto de protesta de quien consideraba a todo el sistema político irremisiblemente perdido por algún modo de complicidad con el populismo.

El gobierno de Mauricio Macri (2015–2019) puede filiarse con la tradición del liberalismo conservador, en función de los intereses que defiende y por la caracterización general de sus políticas. Sin embargo, no enfatiza en su discurso público la reivindicación de esa tradición. En parte esto se explica porque la crisis de representación política que acompañó el estallido social del 2001, puso en cuestión a todas las fuerzas tradicionales y es a partir de allí que se toma la decisión de crear un nuevo partido político de centroderecha que es el que hasta recientemente gobernó la Argentina.

Esta dificultad para la filiación histórica del neoliberalismo tiene también que ver con que, a diferencia de lo ocurrido en otros países de la región, no pudo gestarse en la Argentina una corriente de apoyo a la última dictadura, la que se identificaba plenamente con la tradición liberal conservadora. El desastre en que terminó la invasión a las Islas Malvinas obligó a la rápida huida de los militares gobernantes y, en ese contexto, la plena revelación de los grandes crímenes de lesa humanidad impidió cualquier adhesión política significativa. En un cuadro de alta inflación, fuerte endeudamiento y caída del producto interno bruto, ni siquiera podía alegarse, como se hizo en Chile, el éxito de la política económica para justificar la reivindicación del gobierno instaurado por la fuerza en Argentina desde el 24 de marzo de 1976.

El discurso del gobierno de Macri, que cuestiona toda referencia al pasado y exalta la mirada hacia el futuro, es de una notable vacuidad e inconsistencia. Ello no es difícil de entender porque toda propuesta de futuro adquiere en buena medida su sentido de la lectura que se hace de la experiencia vivida. En un brevísimo texto que circuló por la Web como definición de los valores del PRO (Propuesta Republicana, el partido del gobierno de Macri), uno de los principales asesores del presidente reclama que los argentinos dejen de ubicar en el centro de sus vidas a la Historia, una abstracción que no puede dar sentido al presente, y que miren hacia el futuro que es el lugar en que los deseos pueden realizarse. En sintonía con esta definición, Alejandro Rozitchner (2017) rechaza también como otra abstracción el concepto de *pueblo*. No es este el sujeto político sino el individuo.

¿Sin historia ni sujetos colectivos, es posible pensar la democracia?

Notas

1. "Lo que fue volverá a ser, lo que se hizo se hará nuevamente. No hay nada nuevo bajo el sol". Véase Eclesiastés 1,9 (La Biblia, 693). Es interesante observar que esta repetibilidad del pasado se matiza en el siguiente versículo que afirma la posibilidad de una repetición cíclica: "Y si te dicen: mira, esto es nuevo. Aun eso ya fue en siglos anteriores".

2. "Toda dialéctica sistemática debe desembocar en un fin de la historia, ya sea bajo la forma del saber absoluto de Hegel o del Hombre total de Marx" (Castoriadis 1993, 93).

3. Horkheimer y Adorno escriben lo siguiente en el "Prefacio a la primera edición alemana", traducido aquí al español: "En la fase actual de la civilización burguesa ha entrado en crisis no solo la organización sino el sentido mismo de la ciencia" (3).

4. "El neoliberalismo, antes que una ideología o una política económica, es, de entrada y ante todo, una racionalidad. En consecuencia, ello le permitiría no solo organizar la conducta de los Estados sino también la de sus propios gobernados" (Laval y Dardot 2013, 15).

5. Sader no dejaba de advertir las enormes dificultades que se presentaban para ese tránsito posneoliberal: "¿Hasta qué punto ese nuevo impulso transformador en América Latina puede profundizar sus modelos antineoliberales en un mundo que continúa dominado por las políticas del libre comercio, por la OMC, por el Banco Mundial, por las potencias predominantemente conservadoras?" (2009, 190).

6. El libro fue publicado junto con el ejemplar del diario *La Nación* del 25 de mayo de 1910. Posteriormente se hicieron muchas ediciones.

Bibliografía

Arendt, Hannah. *Entre el pasado y el futuro: ocho ejercicios sobre la reflexión política*. Buenos Aires: Ariel, 2016.

Benjamin, Walter. *El surrealismo*. Madrid: Editora Nacional, 2002.

———. "Tesis de filosofía de la historia". En *Iluminaciones I*. Traducido por Jesús Aguirre, 175–94. Madrid: Taurus, 1971.

La Biblia. Quito: Ediciones Paulinas, 1989.

Brown, Wendy. *Défaire le Dèmos: Le Néoliberalisme, une Révolution Furtive*. París: Amsterdam, 2018.

Castoriadis, Cornelius. *La institución imaginaria de la sociedad*. Buenos Aires: Tusquets 1993.

Fukuyama, Francis. *El fin de la Historia y el último hombre*. Barcelona: Planeta, 1992.

Furet, François. *El pasado de una ilusión*. Buenos Aires: Fondo de Cultura Económica, 1995.

———. *Penser la Révolution*. París: Éditions Gallimard, 1978.

González, Julio V. *El juicio del siglo*. Buenos Aires: La Nación, 1910.

Hartog, Maurice. *Regímenes de historicidad*. México: Universidad Iberoamericana, 2007.

Horkheimer, Max y Theodor Adorno. *Dialéctica del Iluminismo*. Buenos Aires: Sudamericana, 1988.

Jozami, Eduardo. *El conflicto que perdura: la idea de pueblo en la tradición liberal argentina*. Buenos Aires: Ediciones UNTREF, 2018.

Koselleck, Reinhart. *Futuro pasado: para una semántica de los tiempos históricos*. Barcelona: Paidós, 1993.

Laval, Cristián y Pierre Dardot. *La nueva razón del mundo*. Barcelona: Gedisa, 2013.

Marx, Karl. *El 18 Brumario de Luis Bonaparte*. En *Obras Escogidas de Karl Marx y Friedrich Engels*. Moscú: Ediciones en Lenguas Extranjeras, s/f.

Nora, Pierre. *Les Lieux de Mémoire*. París: Gallimard, 1984–1989.

Rozitchner, Alejandro. "Los tres valores del Pro". Video en *YouTube*, 3:17. Acceso el 7 de julio de 2020. https://youtu.be/Df6zF4f_D18.

Sader, Emir. *El viejo topo*. Buenos Aires: Siglo XXI-Clacso, 2009.

Traverso, Enzo. "Las encrucijadas de la izquierda". *Review, Revista de Libros* (julio-agosto 2016).

CAPÍTULO 3

Vivir afuera: memoria, neoliberalismo, experiencia

Luis Ignacio García

En alguna parte están quebrando cuerpos para que yo pueda vivir en mi mierda. En alguna parte están abriendo cuerpos para que yo pueda estar solo con mi sangre.
—Heiner Müller

40 años afuera

Lo que abre y mantiene al pasado siempre inconcluso es que no recordamos solo el pasado sino también la memoria del pasado: el acto mismo de recordar se adhiere a lo que se recuerda y produce esa singular sobredeterminación de la experiencia que llamamos memoria. Cada presente que se afirme como presente histórico involucra un desplazamiento en la estabilidad de nuestra relación con el pasado que es la marca de la singularidad histórica de ese presente. En este sentido, la inconclusión del pasado es índice de la vitalidad del presente. La fuerza plástica y configuradora del ahora que recuerda, la imprevisible movilidad del instante que se sabe sin embargo histórico, es lo que desfonda toda pretensión de clausura del pasado como pasado concluido, toda sutura y estabilización de la historia. La memoria es, a su modo, una visión de paralaje, es decir, la inscripción, condicionada por la posición del sujeto, de la diferencia en la mismidad (inscripción en la que el propio sujeto se juega como tal). Las épocas que se esfuerzan por concluir lo concluso delatan por ello mismo no solo su falta de historicidad, sino ante todo el declive de su fuerza configuradora, de su potencia de comienzo. El cierre del pasado es el inicio de la clausura del presente.

Estas líneas interrogan cierta actualidad de la memoria en la Argentina, sus formas sensibles, desde esa singular constelación de presente y pasado. Y lo hacen procurando hacerse cargo de este conflictivo presente que vivimos, en el que la disputa parece plantearse no solo, como se suele decir, entre visiones encontradas sobre el pasado, sino más bien entre diferentes formas de la experiencia en cuanto tal, aquí y ahora; es decir, no tanto entre versiones encontradas de la historia, sino más bien en torno al lugar y al sentido que la relación entre presente y pasado asume en nuestra experiencia actual. El peligro de la actualidad que vivimos no es tanto que se olvide lo acontecido, ni siquiera solo que se niegue activamente lo que sucedió (como de hecho se está haciendo en un negacionismo que está saliendo de su húmeda madriguera), sino, de manera aún más radical, que se destruya el lugar mismo de la memoria como fibra constitutiva de la trama vital de lo común. La densidad anamnética de la experiencia es una novedad inaudita en la historia argentina, un componente de nuestra vida en común que no siempre estuvo, que se cultivó al calor de profundas heridas y difíciles duelos, y cuya sobrevivencia nunca está, en absoluto, garantizada. El peligro del presente no es que se olvide lo inolvidable, sino que se olvide el olvido mismo, que se invisibilice la brecha que imposibilita la sutura de una época sobre sí misma, que se tape la agujereada urdimbre de la experiencia en tanto *barrada de memoria*. No es un azar que la forma más articulada de este olvido se autodenomine, tan precisamente, "memoria completa", que de ninguna manera alude a lo exhaustivo, sino a lo pleno y total, a una fantasía de cierre y sutura, a una memoria sin brechas, sin justicia, sin memoria.

Si una parte importante, hoy incluso hegemónica, de nuestro presente quiere imaginarse sin relación con el pasado, estos fragmentos sobre arte y memoria pensarán, más que el pasado, su conflictiva inscripción en este presente en peligro. Pues parten de la convicción de que el instante de peligro es la brecha del presente en la que el pasado puede encontrar su potencia más disruptiva, su ocasión más propicia. Si el discurso de la memoria era admisible en el sentido común progresista incluso como forma de la corrección política, hoy colisiona de manera abierta y violenta con el orden del discurso hegemónico. En 2016, el "a 40 años del golpe" no indicó la nomenclatura pedagógica de las efemérides, sino la tensión temporal que expone el pasado al presente y el presente al pasado, esto es, el intervalo que mantiene pasado y presente abiertos en reciprocidad, siempre fuera de sí mismos. "A 40 años del golpe" es el índice de una experiencia del tiempo como experiencia del afuera; marca de la radical politicidad del tiempo. La exposición de este afuera en un contexto de inmanencia neoliberal parece ser la peligrosa tarea del arte de la memoria en nuestra actualidad. La crítica intenta comprender el sentido y alcance de esa tarea.

Anestésica neoliberal

La conmemoración de los 40 años del último golpe de Estado en la Argentina nos sorprendió con una cruda restauración neoliberal en nuestro país y con una crisis de los proyectos populares de reparación histórica, social y cultural en toda América Latina. Ese es el *ahora* desde el que una reflexión sobre arte y memoria no puede dejar de partir, si es que asume a la memoria como una constelación entre pasado y presente en cada caso singular, como visión de paralaje. Pero entonces, ese ahora nos devuelve una dura paradoja inicial: *debemos pensar la conmemoración de los 40 años del golpe de Estado en la Argentina desde un presente que se propone la restauración de ese orden neoliberal cuya instauración en nuestro país —y en toda la región— fue la razón misma del golpe de Estado*. La visita del presidente de los Estados Unidos a nuestro país en las fechas del aniversario del golpe es un remanente más de esta paradoja fatal. Al arte contemporáneo se le plantea el desafío que implica hacer ver, dejar aparecer, esta dramática tensión entre la memoria de la violencia pasada y la *memoria del presente*, es decir, una memoria que ya no sea solo memoria *de algo*, sino memoria *en acto*, resistencia activa a la violenta y anestésica amnesia del presente. En la Argentina, la "memoria" siempre fue memoria del neoliberalismo, es decir, *experiencia de resistencia a la violencia del capital en la fase de la "subsunción real" de la totalidad de la vida bajo su lógica tanática*. Sea que se trate de la *violencia instauradora* o bien de la *violencia conservadora* del neoliberalismo. Por eso hoy esa memoria no puede ser solo del pasado, sino al mismo tiempo *memoria del presente*: puesta del presente en *estado de memoria*.

Si el arte que a lo largo de las últimas décadas intentó hacerse cargo de los desafíos de la memoria tuvo como centro de sus esfuerzos hacer ver lo que pasó, mostrar la violencia y el terror, honrar la memoria de las víctimas, visibilizar los reclamos de justicia, ahora parece que todo lo aprendido en estos años, lo experimentado y debatido, lo creado y lo arriesgado, habrá de ponerse también en función de una nueva tarea epocal, un desafío aún más arduo.

Ante una nueva avanzada neoliberal, una estética de la memoria expande los alcances de su tarea, pues lo que hoy se está poniendo en cuestión es el propio lugar de la memoria, la verdad y la justicia como núcleo de una gramática social en proceso de activa y acelerada desarticulación. El arte ya no solo habrá de sostener la memoria de las víctimas, sino que además está llamado a abrir y sostener el lugar mismo de la memoria en la configuración del sentido de la experiencia contemporánea. Ya no se trata de sostener el "nunca más", sino además de reconstruir la trama sensible de significaciones, percepciones y supuestos en el que el "nunca más" sea un enunciado con sentido, pronunciable y audible.

Insistamos: no parece estar en juego un conflicto entre dos visiones del pasado, sino, de manera más radical, entre dos configuraciones incompatibles de la experiencia: una para la que el sentido solo se articula en una singular constelación de "memoria, verdad y justicia", y otra en la que el presente no precisa del pasado para articularse. Es por ello que la disputa pasa a ser eminentemente *estética*, pues se traslada del ámbito de las opiniones y las ideologías, de las concepciones y las medidas, al de las matrices de significación, desde los enunciados sobre el pasado a los dispositivos de enunciación, a las *formas comunes*, al *(di)sensus communis*, allí donde trabajan, silenciosamente, las estructuras de la sensibilidad de una época y una comunidad, allí donde, antes de mostrarse o enunciarse nada, se toman las decisiones fundamentales sobre lo mostrable y enunciable. Una estética de la memoria, entonces, ya no solo se planteará las paradojas de mostrar el pasado y visibilizar la violencia acontecida, sino también la tarea minuciosa de restablecer el propio vínculo, *actual*, entre experiencia y memoria, poniendo en *estado experimental* (*en estado de memoria*, esto es, *en estado de afuera*) a las formas contemporáneas de la subjetividad. Una subjetividad que, más que recordar sesgadamente, más que resistirse a recordar, excluye el recuerdo como forma de la experiencia, abrazando el flujo de pura inmediatez de la presencia, equivalente general del mercado simbólico neoliberal. Esa exclusión se da bajo el modo paranoico del anhelo de una "memoria completa", es decir, de una memoria-clausura, de una *sutura* de la memoria en tanto brecha de la experiencia.

Derechos humanos sin humanismo

Conmemoración y neoliberalismo, ¿podemos imaginar dos términos más contrastantes? Con-memorar, recordar con otros, hacer memoria pública e inscribir la memoria, es decir, la indefinible presencia de los ausentes, como parte constitutiva de la *res pública*, parece ser el opuesto mismo del neoliberalismo como condición epocal que impone una política del narcisismo consumista y una metafísica de la presencia pura, donde la cosa pública, desentendida de sus muertos, se transforma en superficie lisa dispuesta para la circulación de mercancías y el gerenciamiento de las iniciativas individuales. "Concepción vulgar del tiempo" e individualismo posesivo se sitúan en las antípodas de la experiencia de lo común que se inaugura en la conmemoración: comunidad con los vivos que celebra su comunidad con los muertos y que sitúa esa *ex-posición* de vivos a muertos (la memoria que con-memora) como el núcleo del *cum* que los constituye como singularidad histórica. *Cum-memorare*: disolución de la metafísica de la presencia en el *memorare* que abre el tiempo y simultánea ruptura de la metafísica de la subjetividad en el *cum* que disloca al individuo. El problema del neoliberalismo no es conmemorar una época en particular, o una tradición más que otra; su dificultad es con el *conmemorar* mismo como nudo de la experiencia histórica. La nueva serie de billetes diseñada por el Banco Central de la Argentina, con motivos animales y naturales reemplazando próceres y figuras históricas, deja en claro que no se busca reclamar otro pasado u otra tradición política, sino sencillamente abandonar la historia como suelo del discurso público.

Y sin embargo, el expresidente Mauricio Macri ha defendido los "derechos humanos" en foros internacionales, y hasta ha conmemorado los 40 años del golpe militar en el Parque de la Memoria junto a un premio nobel de la paz. La buena conciencia progresista diría rápidamente que se trata de una vulgar farsa, una burda simulación, una impostura intolerable. Pero sería importante sustraerse a este rápido veredicto, en especial en este caso. Sabemos que el neoliberalismo semiótico opera una confiscación general del lenguaje, una *subsunción real* de la lengua al capital, y que asistimos en particular a un saqueo del léxico de los derechos humanos. Pero el problema no es la falsedad de esta operación, sino la verdad del proceso social del cual esta falsedad forma parte necesaria. La crítica a la simulación tiende a hacernos creer que el enemigo es lábil y antojadizo, de apariencia difusa, y no es el caso.[1] La resignificación del léxico de los derechos humanos en la jerga de la guerra contra el terrorismo del humanitarismo imperial es, mucho antes que falso, terriblemente eficaz en el mundo contemporáneo, y peligrosamente capaz de convertirse en verdad.

Y decimos que se trata de un caso especial, pues esta apropiación del léxico de los derechos humanos sobresale sobre otras posibles (sabemos que el gobierno de Macri intentó absorber una serie de discursos ajenos a su universo ideológico, sobre todo en la campaña presidencial—lo interesante aquí es, nuevamente, la plasticidad y vacuidad estratégica de su sistema de signos, no los enunciados en sí—). Por una parte, porque no parece un mero desplazamiento de acentos, sino una total inversión de sentido —una *guerra simbólica imperial*—: los derechos humanos como bandera de la militancia contra el terror, la dictadura y el neoliberalismo se convierten en enseña de la incorporación de nuestro país como socio menor del terrorismo imperial, el intervencionismo belicista y el capitalismo neoliberal global. Consideramos que no alcanza con señalar la impostura, sino que deberíamos asumir esta tensión en términos de la terrible ambigüedad que el discurso de los derechos humanos puede asumir en la "sociedad del riesgo", donde la lucha contra el "terrorismo" y el "narcotráfico" (los dos ejes de aquella visita de Obama a nuestro país) pueden convertirse en escenografías de una general *securitarización* de los "derechos": el "humanitarismo" de esos derechos como legitimación occidental, cristiana y capitalista del control militar y la amenaza intervencionista (continuidad actual de las intervenciones de otrora sobre América Latina a través de la Escuela de las Américas y el Plan Cóndor). La infame acusación de Mauricio Macri al pueblo venezolano a días de haber asumido la máxima magistratura de nuestro país da cuenta de este apuro sobreactuado por plegarse a la política imperial de los Estados Unidos. El chantaje de la crítica al autoritarismo (de supuestos dictadores de Oriente Medio, que en América Latina se traduce en crítica al "populismo") justifica la adhesión a un orden mundial hegemonizado por el agresivo "terrorismo humanitario" de los EE. UU. que impone "democracia" al fuego de intervencionismo ilegal y sanguinario de guerras propiamente terroristas (Zolo 2011).

Y, sin embargo, sería simplificador negar el carácter "humanitario" de este terrorismo. Y esta es la segunda razón que singulariza el saqueo del léxico de los derechos humanos: si queremos ir a fondo del diferendo señalado en el párrafo anterior entre dos nociones y dos usos del discurso de los "derechos humanos", deberíamos asumir las relaciones no contingentes entre humanismo y violencia imperial de occidente. Vale decir, la relación entre capitalismo intervencionista y "derechos humanos" no es mera impostura, sino que se ancla en viejos debates sobre la complicidad entre el universalismo burgués ilustrado y la dominación capitalista. Ante el desafío que hoy se nos plantea, no podemos soslayar esta sensible dimensión del problema. No deberíamos dejar de interrogar el lazo que vincula aquel viejo humanismo con el intento del capitalismo contemporáneo de justificar el nuevo *nomos* de una guerra infinita en la instancia postsoberana de los "derechos humanos".

Esta historia larga de la delicada ambigüedad de los "derechos humanos" (que se remonta al menos a *La cuestión judía* [1843] de Marx) tiene un momento de especial intensidad en nuestra historia intelectual y política nacional. Vale la pena señalar la paradoja de que en los mismos años en que la filosofía y las ciencias sociales sancionaban el fin del humanismo (con el giro lingüístico, la muerte del autor, la crítica del sujeto, el fin del hombre, etcétera), en nuestro país los derechos humanos se convirtieron en una bandera que aglutinó, movilizó y abrió horizontes de reparación inéditos y de una potencia política aún inagotada. Los 80 fueron años de una renovación general de las perspectivas sobre lo social, que desde el posestructuralismo, el feminismo, los "nuevos movimientos sociales", etcétera, venían sacando las conclusiones del fin del humanismo. Pero esos mismos años fueron también los que marcaron la emergencia y consolidación de los movimientos de "derechos humanos" como eje de una mutación histórica decisiva en el país. Si la teoría crítica aseguraba en esos años que "el hombre" era una invención reciente y de próxima desaparición, no siempre se destacó la paradoja de que al mismo tiempo se estuviera asentando una nueva política emancipatoria justamente en los derechos *humanos*. Y sin embargo, algo de eso sucedió. Como si en un convulsionado momento histórico se reactualizara en simultáneo la doble faz que acompañó todo su largo recorrido, el humanismo en Argentina era rechazado en la teoría como sustrato de una metafísica violenta negadora de la diferencia, y a la vez movilizado en la práctica como sustento de las denuncias a la violencia del terrorismo de Estado y de la apertura de una nueva fase democrática para el país.[2] Aunque no pueda decirse que los derechos humanos hayan significado en nuestro país la afirmación de un mero universalismo abstracto, ni de una cómplice metafísica del sujeto, la no saldada interrogación sobre las bases "humanistas" de su discurso tuvo que quedar en segundo plano, sin embargo, en favor de la urgencia de una militancia que en lo político y jurídico debía poner blanco sobre negro ante un episodio innegablemente "inhumano" de nuestra historia, que requería condena urgente y sin matices.

Pues bien, sugerimos que esa tensión, que podría haber derivado en un debate de hondo calado, no fue pensada ni articulada de manera adecuada y suficiente. Aventuramos que una falta de tematización de ese dilema permite explicar la ambigüedad en los usos de la bandera de los derechos humanos hoy. O al menos, para no resultar temerarios, digamos que la actual utilización oficial del discurso de los derechos humanos es ocasión propicia para volver a discutir el "humanismo" supuesto en la noción misma de tales derechos. Una mayor claridad sobre esos supuestos fortalecería las políticas de derechos humanos—*políticas* que ninguna crítica al humanismo podría pretender menoscabar, *derechos* que pasarían a ser de una humanidad ya desembarazada de todo humanismo—.

Espectros

Y bien, nuestra hipótesis es que si esa tensión entre deconstrucción y reivindicación del humanismo no se formuló argumentativamente como debate público (en parte, por buenas razones políticas y judiciales), sí se asumió *estéticamente*, e incluso diríase que pasó a formar parte protagónica de nudos sensibles de la imaginación pública en nuestro país, nudos que hoy necesitamos reactivar y potenciar más que nunca en nuestra lucha contra el humanitarismo neoliberal global. Podemos decir que una parte importante de las experiencias artísticas que acompañaron al movimiento de los derechos humanos a lo largo de estos 40 años experimentaron con una auténtica *reinvención de lo humano*, mutado, por vía estética, en lo que podríamos denominar un *transhumanismo* del que hoy, retrospectivamente, el propio movimiento de derechos humanos puede ser postulado como uno de sus principales antecedentes.[3] No un antihumanismo libresco, ni un poshumanismo cínico, sino *una radical experimentación con los límites de lo "humano"*, una puesta de lo humano en estado de *abierto*, un *transhumanismo* indagado e imaginado al calor del desfondamiento de lo humano operado a golpe de picana en la experiencia concentracionaria—legitimada desde el humanismo cristiano y occidental—.

Una de las zonas en las que esta experimentación radical se ejerció de manera más decidida, y con efectos más perdurables, es aquella que se asentó en el corazón mismo del problema de una estética de la memoria en la Argentina: ¿*cómo representar al desaparecido*? Interrogante abismal, que corroe la gramática misma en la que podríamos formular alguna respuesta. Una inquietud estético-política que implicó muchas otras preguntas: ¿cómo hacer "presente" la desgarradora ausencia de lo que no termina de ausentarse? ¿Qué "representación" *resta* ante la catástrofe de la representación moderna? ¿Qué implica mostrar lo que *resta* sin recaer en una resistencia a mostrar? ¿Cómo asume el arte el desafío de la desaparición? ¿No coincide el aparecer de la desaparición con la desaparición del arte? ¿Sobrevive el arte al fin del hombre? ¿Qué es un arte en estado de *sobreviviente*?

El desaparecido es antes que nada, para el problema que estamos interrogando, el colapso de la distinción entre presencia y ausencia, una dicotomía estructurante de la metafísica y, por tanto, de la política y la estética occidentales. El arte argentino de estas últimas décadas se ha enfrentado a este enigma de múltiples maneras y con variadas estrategias. Sin embargo, no creemos violentar la historia del arte de la memoria en la Argentina si sugerimos que hay una figura recurrente, que adopta variedad de formas, en la que la experimentación artística en torno al enigma del desaparecido cobra máxima potencia sensible: el *espectro*.

El espectro impugna un conjunto de dicotomías constitutivas de nuestra experiencia usual (capitalista) de lo real, del tiempo, de la justicia, de la subjetividad, de la vida: es la paradójica presencia de una ausencia, es un pasado que se hace presente pero como pasado, es un reclamo de justicia ajeno a la distinción entre ley escrita y no escrita, es una subjetividad sin yo, es una vida que no termina de morirse y una muerte que no termina de vivirse. El espectro, ese aparecer inaprensible de una ausencia, o mejor, de algo que se resiste a ser nombrado ausencia pues se rebela contra el régimen entero de la presencia, y que desestabiliza el lenguaje con que nos referimos a lo real, y que se escabulle de todo lugar, y que parece retornar como en la sombra, o mejor aún, como la sombra del lenguaje en que se lo nombra, el espectro, decimos, expone lo humano a su propio afuera, abriéndolo a su más íntima ajenidad, permitiéndole enfrentarse a su inhumanidad constitutiva, esa que inscribe en lo humano la huella de lo que excede todo cálculo, toda identidad, toda estabilidad, el trazo fugaz de una demanda incondicional, el roce de una infinitud. El espectro es esa forma sensible del pasado que retorna como exigencia de justicia, y que ata, en un solo trazo de (*trans*)humanidad, *memoria, verdad y justicia*: él es el pasado que retorna, complicando la complacencia del presente consigo mismo, y que en su aparecer sin presencia inscribe una verdad inverificable, que solo se da como huella de una demanda incondicional de justicia (Óscar del Barco escribió: "no matar", sin *saber* lo que decía).[4] El humanismo del espectro es un humanismo barrado, un humanismo más allá de las dicotomías del humanismo clásico, es decir, se da como ese *(in)humanismo* que intentamos nombrar, tentativamente, como *humanismo trans*.

Y bien, es la modulación del desaparecido en tanto que espectro lo que ocupó a una parte importante de las estéticas de la memoria en nuestro país —sobre todo en las artes visuales, aunque no solo en ellas—. Al hacer esto, el arte argentino de las últimas décadas realizaba un corte decisivo al interior del humanismo de los "derechos humanos", y a la vez consolidaba la trama de la experiencia en la que la *memoria* es una forma de *verdad*, la *verdad* un tajo en el *tiempo*, y la apertura del *tiempo* una grieta por donde ingresa el reclamo de la *justicia*: *memoria-verdad-justicia* se atan en el espectro como un mismo haz de evidencias sensibles que no dejan de estar activas en la imaginación pública argentina, ni aún en tiempos de hegemonía neoliberal.

Acoger los espectros y dejarse atravesar por su lógica imposible: ese ha sido un mandato recurrente del arte argentino de las últimas décadas, que desde su enunciación en principio estética se instala, sin embargo, como apuesta ético-política de primer rango, y empuja los reclamos ante el derecho (nunca ajeno al cálculo ni al sujeto) hacia el horizonte de una justicia incondicional (que pone en crisis todo *cálculo del sujeto*). El arte de la posdictadura ha sabido inscribir entre nosotros una potente *política de la espectralidad*, atenta no solo (incluso, con el paso del tiempo, no tanto) a la denuncia de lo sucedido, sino más bien a la configuración de un modo de la experiencia singular (y de la experiencia *de lo singular*), sobre la que pensar de nuevo la vida en común. Una gramática de la vida en común, asentada en el nudo *memoria-verdad-justicia*, que torna enunciable, audible, verdadero, el *"nunca más"*. Una comunidad del "nunca más", dice el arte posdictatorial, es una comunidad fundada en la grieta del afuera que abren los espectros. Esa es una comunidad *en estado de memoria*, frase que evoca un texto de Tununa Mercado: una *comunidad del afuera*, una comunidad espectral, una comunidad fuera de sí, con un "presente" que no coincide consigo mismo, sino que se *expone* a un desestabilizante careo con su (im)propio pasado, una comunidad presente/pasada, *out of joint*. Fue antes que nada en el arte, y en la expansión de sus estrategias en las políticas visuales de la militancia, donde los argentinos experimentamos con esta política de la espectralidad que hoy necesitamos más que nunca para romper la clausura del presente consigo mismo.

"Derechos humanos", entonces, no dicen (al menos no en la Argentina) universalismo abstracto de la razón, Estado de derecho y defensa del individuo. Dicen (y para oír este timbre el arte fue fundamental en estos años): *trama anacrónica de la temporalidad, verdad sin (pre)esencia y reclamo incondicional de justicia*. Dicen: *memoria-verdad-justicia*. Hoy, consolidar y expandir estas formas de una experiencia colectiva *en estado de memoria* deja de ser el mandato de un campo de demandas específicas de lo social (los organismos de derechos humanos, por ejemplo), y pasan a constituirse en la base política, cultural y moral de la batalla que habremos de librar contra la clausura de lo social sobre sí mismo que hoy se está orquestando desde todos los frentes. La memoria y el arte de la memoria se convierten en soportes de la defensa de una gramática de la experiencia en enérgica rebeldía con la gramática neoliberal. *Estar-entre-espectros* es la condición para que las demandas sobre el pasado se tornen inteligibles, del mismo modo que asumir el *estar-entre-mercancías* es ya suficiente para que el pasado mismo como estructura de la experiencia se desvanezca en el aire, sin importar qué demanda específica del pasado esté en juego en cada caso. Las demandas respecto al pasado giran en falso si no hay primero un trabajo sobre la textura de la experiencia en la que el presente se abre y desiste de su propia identidad.

El archivo

Se ha hablado, en relación a la subjetividad política contemporánea, y en particular en relación a las elecciones presidenciales que instalaron a Mauricio Macri como presidente de nuestro país, de una "inconsistencia de la memoria",[5] que indicaría una cierta modalidad de desconocimiento propia de nuestra época, una época ya no "ilustrada" en el sentido de reflexivamente desencantada, pero acaso sí *hiper-ilustrada* en cuanto abrumada por la sobreabundancia de registros exteriores (sobre todo imágenes) que anestesian la capacidad subjetiva de incorporar información. La era del registro permanente y del archivo total habría producido una específica incapacidad subjetiva de registrar: *todo es registrable, pero ya no por el sujeto.*[6]

La campaña presidencial de 2015, el debate entre candidatos previo al ballotage, los resultados de las elecciones, y las definiciones del nuevo gobierno tras las elecciones y la asunción del poder mostraron que la subjetividad política contemporánea está dispuesta a tolerar, sin objeciones, las más contrastantes inconsistencias y contradicciones en el discurso público. Se desvanece como bruma matutina esa suerte de mojón de ciudadanía moderna que decía: "nadie resiste el archivo". Mauricio Macri demostró no solo que se puede resistir cualquier archivo, sino, más aún, que alguna pulsión poco explorada de aquello que antes llamábamos "opinión pública" *goza* de esa violencia sobre el archivo. Una violencia que reduce el archivo a la pura investidura de la función arcóntica encarnada por quien está autorizado a destruir todo archivo.[7]

Quisiéramos volver sobre dos problemas complementarios fundamentales para pensar este deseo de inconsistencia en relación con la encrucijada entre arte y memoria: el del *cinismo* como régimen de verdad, y el de la *atrofia de la experiencia* como anestésica del *sensorium* contemporáneo.

A las filosofías de la emancipación, por más que actualicen con frecuencia sus bibliografías, les cuesta pensarse más allá de los límites de la tradicional crítica de las ideologías. La pulsión pedagógica de las izquierdas es tan fuerte porque en el fondo siguen ancladas en un modelo ilustrado de emancipación entendida como *conocimiento* o *reconocimiento* de la propia situación. *No lo saben, pero lo hacen*, de modo que si se enteran, dejarán de hacerlo. Aunque parezca fácil, no es sencillo resistirse al poderoso modelo de eficacia implícito en ese viejo teorema, que casi resume la idea moderna de la política. Una vez que se asume la complicidad entre saber y poder, los diagnósticos se hacen mucho más certeros, pero por lo mismo se tornan tanto más difusos y esquivos los intentos de orientar la acción en sentido emancipatorio. *Saben muy bien lo que hacen, pero, aún así, lo hacen*. Este nuevo estado de la conciencia, la "falsa conciencia ilustrada" según Sloterdijk, hace vano el esfuerzo de la crítica ideológica tradicional (1989, 34). Sus empeños en "desenmascarar" lo oculto giran en falso ante la admisión de lo evidente de la conciencia contemporánea, que conoce muy bien la distancia entre la realidad y la máscara y, aún así, tiene por buenas las razones para conservar la máscara. La crítica hoy debe intentar trabajar esas razones, y ya no denunciar la máscara. Daniel Scioli en el debate presidencial jugó el papel de último representante de la venerable tradición de crítica ideológica, y quizá por eso fue el suyo un papel deslucido, empeñado en desocultar aquello que ya de por sí no se tomaba en serio y se desenmascaraba a sí mismo. El enemigo que tenemos ante nosotros ríe ante tal despliegue de alharaca ideológica, con el cual no solo no se vulnera su fuerza, sino que incluso se confirma el suelo sobre el que opera.[8]

Por eso pareciera que la crítica al neoliberalismo hoy no puede hacerse desde la defensa rígida de los núcleos duros de una posición subjetiva ideológica y militante tradicional, correctamente antineoliberal, pero desentendida de las mutaciones subjetivas y de las transformaciones de la experiencia popular que hicieron posible el restablecimiento del neoliberalismo. *Memoria-verdad-justicia* es un nudo que no se negocia. Pero necesitamos la astucia necesaria para ponerlo en juego en una escena que ya no opera según las lógicas binarias de la confrontación tradicional.

Para decirlo de manera esquemática: no podemos pretender oponer la verdad a la falsedad ("Clarín miente"), pues la degradación actual del discurso público no consiste en decir falsedades, sino, evidentemente, en algo mucho más sutil. Su dinámica busca neutralizar las fibras morales que componen el tejido social, anestesiar la percepción, con un sistema de significación al que la distinción entre verdad y falsedad le resulta por completo indiferente, de manera que la política como ejercicio agónico de las significaciones sociales de una época se neutraliza en la superficie yerma en la que *todo puede ser dicho* y la lógica nihilista del valor se consuma como destrucción general del sentido. Y, a la vez, este régimen anestesiante de la significación y la percepción no fue impuesto desde arriba y de manera externa por un gobierno malintencionado. "Durán Barba" no es solo el nombre de un exitoso asesor publicitario, sino también de una capa profunda de la sensibilidad contemporánea, que se alimenta en los medios masivos, se consolida en las redes sociales y se establece como *sentido común* dominante. Un régimen de sensibilidad que no tolera la experiencia de desarraigo que implica asumir una diferencia, una interrupción en el flujo indefinido de la información en medios y redes. La destrucción de todo supuesto de consistencia con un "archivo" es la afirmación liberadora de una configuración de la experiencia que nos dispensa de la tensión que implica el *coraje de la verdad*. La destrucción macrista del archivo, más que una perversa decisión ideológica, debería ser pensada como una estrategia que se acomoda a *un estado de la experiencia social que desea verse eximida de la experiencia de la verdad*. La tensión moral y política que la experiencia de la verdad involucra (y que los medios bautizaron como "crispación") en tanto experiencia de una brecha en el orden de la presencia (que los medios nombraron, con involuntaria justicia, "grieta"), implicaba para la subjetividad contemporánea un peso (peso que se llama, literalmente, *política*) del que deseaba verse librada. Ese deseo fue visto por el "equipo" de Cambiemos con mucha claridad. Por eso, en cierto sentido, *necesitaban* ultrajar el archivo, *debían ser inconsistentes* para que la necesidad de inconsistencia de cierta subjetividad contemporánea se viese reflejada, representada y satisfecha en ellos. Ese es el sentido profundo de la mentada "banalidad" del discurso de la alianza Cambiemos: pulsión de muerte acumulada a la que finalmente se le dio un cauce de descarga. La banalidad es la profundidad posideológica de nuestra época.

El archivo, como el espectro, ha sido otra figura fundamental del arte contemporáneo de la memoria. Pensar el archivo, mostrarlo, utilizarlo, desmontarlo y remontarlo, exponer su lógica, fueron estrategias clave y recurrentes de diversas estéticas de la memoria en Argentina y en toda la región durante las posdictaduras: la activación del *malestar del archivo* fue solidario con el resguardo del *asedio del espectro*. Estas experiencias acompañaron los procesos de institucionalización de los archivos del pasado reciente que también delinearon un aspecto fundamental de estos años: la inusitada tarea histórica de transformar los archivos del horror en archivos de la memoria.

Por cierto, el archivo, al igual que los "derechos humanos", tiene su doblez problemático: la remisión a un *arché*, a un principio ordenador o arcóntico de una experiencia que parece haber perdido su rumbo, la representación de un almacenamiento arquitectónicamente determinado, el mandato de exhaustividad, la fantasía de la disponibilidad. Pero las estrategias del arte respecto al archivo permiten—al igual que la figura del *espectro* respecto a los derechos "humanos"—mostrar al archivo como soporte material de una experiencia de la temporalidad irreductible a la planicie del ahora, incluido el ahora-pasado. En el arte de la memoria el archivo no fue un principio ordenador, sino un material de trabajo con el que dar forma sensible a la apertura del tiempo. El arte posdictatorial mostró la estructura *espectral* del archivo, incluso de los archivos destinados a la eliminación de todo espectro. El archivo dio consistencia material a la experiencia inasible del *resto*.

Quizá sería errado suponer al neoliberalismo como la mera eliminación del archivo. Quizá más preciso sería sugerir que hay un archivo neoliberal e interrogar su singular lógica. Y no nos referimos primeramente a los archivos de la represión como mito fundante del neoliberalismo, reprimido por él mismo. Nos referimos a la producción singular de archivo por parte del neoliberalismo, al archivo como dispositivo propio de la experiencia neoliberal. Y entonces podríamos aventurar lo siguiente: en el neoliberalismo el archivo es reducido a la función arcóntica pura de destruir el archivo. Como el soberano schmittiano, el arconte neoliberal es quien decide sobre un vacío, una anomia, en este caso un vacío de tradición que él mismo produce. El archivo neoliberal conecta de manera inmediata la mera función arcóntica, la pura jerarquía del *arché*, con la pulsión de destrucción sin la que nunca existiría un archivo, sin la que no se justificaría la necesidad de archivar. Si los verdaderos anarquistas son los fascistas—como se decía en uno de los filmes de Pasolini—, no es un azar que la pulsión destructora del anarchivamiento corra por cuenta del neoliberalismo. Autoridad y anarquía, arconte y destrucción se tocan en la política del archivo neoliberal. En él se registra, como secreto, el pacto de destrucción del archivo. De ser esto plausible, el archivo neoliberal es la consumación de un imposible: el archivo de un secreto, o el secreto de archivo. A diferencia del primer archivo neoliberal, el de su violencia fundadora, el de la DIPPBA (Dirección de Inteligencia de la Policía de la Provincia de Buenos Aires), por ejemplo, este segundo archivo neoliberal, el de su violencia conservadora, no va a necesitar borraduras, pues lo único que registra es el acto soberano de borrar. Ese es el vértigo de su nihilismo: no hay ya nada que ocultar, su estética es de lo explícito, su borrarse se da bajo la forma del decirlo todo. Esa es la astucia de la carta robada, del secreto a voces. En un archivo en estado de excepción, el arconte-soberano decide sobre un vacío de tradición que él mismo opera. La "memoria completa" es la *conjuración definitiva de los espectros* a la vez que la *solución final para el mal de archivo*.

En este contexto, decíamos, no se trata de oponer la verdad a la falsedad (por ejemplo, y por volver sobre un eje ya tematizado, la foto del desaparecido como evidencia de la vida que pretende ser negada por el Estado, o, digamos, el 30.000 como cuenta calculable de víctimas), sino de oponer a esta estrategia de anestesiamiento alegre un régimen de la experiencia expansivo (la foto del desaparecido como *espectro*, es decir, como forma sensible de un tiempo fuera de sí, de una justicia incondicional; el *archivo* como superficie de inscripción de una experiencia expandida, como soporte material de una experiencia del *resto*, de un *malestar*). Nuevamente, lo que está en juego no es una confrontación de enunciados (sobre el pasado o el presente), sino una lucha entre dispositivos de enunciación, entre configuraciones incompatibles de la experiencia, entre regímenes inconciliables de la percepción. Para esa tarea, el trabajo paciente y sostenido del arte será fundamental, retomando lo ya aprendido en estos años, y poniéndolo al servicio de los nuevos desafíos del presente. El neoliberalismo como garante de la fluidez en la interacción entre productividad, consumo y alegría, no necesita mentir o enmascarar sus objetivos. Lo que precisa es, más bien, operar una masiva *atrofia de la experiencia* y un *embotamiento general de la percepción*, es decir, una *anestésica psicotrópica* de la alegría, el rendimiento y el consumo. Con ello se puede garantizar una generalizada sumisión de los signos a la lógica equivalencial del intercambio mercantil: *todo puede ser dicho* porque *todo vale lo mismo*, porque la equivalencia manda. Esta alianza entre lenguaje y equivalencia, demandada por el capitalismo en general y por el capitalismo cognitivo en particular, allanada por las nuevas tecnologías de comunicación, y capitalizada por el nuevo neoliberalismo, es quizá el asunto mayor del arte contemporáneo. El arte contemporáneo habrá de ser un territorio clave para medir nuestras fuerzas en la lucha contra la anestésica de la subjetividad política contemporánea, poniendo en juego una permanente batalla por la infinita inscripción de la inequivalencia en la trama de la experiencia histórica.

Cinismo

Se trata de delimitar la singularidad del desafío y del peligro ante el que nos encontramos. Necesitamos un diagnóstico que nos desplace de nuestras propias certezas, nos ayude a entender y no menospreciar al enemigo, una cartografía posible que nos oriente, y herramientas renovadas adecuadas al aparato en el que queremos intervenir. Necesitamos una crítica que no sea la reivindicación identitaria en torno a los propios principios y verdades, sino que se atreva a adentrarse en el pantanoso terreno discursivo del enemigo, en la específica economía de sus significaciones, en la escurridiza dinámica de sus símbolos.

Entonces debemos volver a preguntar: ¿qué implica pensar la memoria después de "Durán Barba", en tanto sofisticada máquina de significación? ¿Cuáles son las leyes fundamentales de esa máquina? ¿Qué significaría intervenir en el régimen discursivo neoliberal, pero sin abastecerlo? ¿Qué lugar puede asumir la memoria en esa intervención? ¿Cómo funciona la experiencia de la memoria ante el triunfo de la razón cínica?

Nos interesa ensayar este nombre, *cinismo*, como posible indicio de esa máquina, de ese régimen de significación. Por supuesto, no hablamos de cinismo como actitud consciente susceptible de condena moral, sino como *específica máquina semiótica de desdiferenciación del sentido*, como operador de homogeneización de los símbolos. Pues así entendido, el cinismo puede ser comprendido como interfaz entre régimen de acumulación y régimen de significación, entre neoliberalismo y experiencia. El cinismo sería el dispositivo con el que se opera la "subsunción real" del lenguaje al capital. *Todo puede ser dicho*, pues la lengua se despliega como superficie lisa de *circulación de equivalentes*. El cinismo es el lugar en el que la lengua se pliega al régimen de valoración del capital, el lugar en el que la acumulación capitalista encuentra su cauce más consistente como estructura de la experiencia. El cinismo como operador de la *equivalencia general* a nivel discursivo, *eso* significa "Durán Barba" para la política argentina (incluso más allá del *duranbarbismo* como una fase inicial del despliegue de la nueva hegemonía neoliberal en nuestro país). En cierto sentido, un poderoso trabajo de *alegoresis* neoliberal: desmoronamiento general del sentido en un flujo indiferenciado de *banalidad*.

Y, del mismo modo, "banalidad" no quiere aquí significar una frívola falta de profundidad, que con gesto circunspecto habríamos de criticar desde una malhumorada rigidez ideológica. Tal planteo (que también fue el de un circunspecto Scioli en el debate previo al ballotage) nos deja desarmados ante la fluida astucia de lo banal en el mundo contemporáneo. La fuerza corrosiva de lo banal es la violencia del nihilismo de los signos, que transforma no algún significado particular (por ejemplo, la "libertad" degradada en *libertad de mercado*, o los "derechos humanos" desfigurados en *terrorismo humanitario*), sino el propio *sistema de signos* que estructura nuestra vida. No estamos ante la potencia maligna del engaño, sino ante la neutra desolación del nihilismo semiótico: *cualquier cosa puede ser dicha*, pues *todo vale lo mismo*; como sucede con cualquier (otra) mercancía, deben su existencia justamente a su generalizada intercambiabilidad, a su carácter intrínsecamente *no-singular*. Lo que Marx llamó la "subsunción real" de nuestra existencia al capital involucra también la esfera del lenguaje y de los signos. El lenguaje subsumido por el capital, mimetizado con la mercancía, se disuelve en el mar de la equivalencia general, que ya ha hecho metástasis en todo nuestro sistema de significación.

Por lo tanto—y esto es lo que más nos interesa en relación con el lugar del arte y la crítica—sería quijotesco pretender atacar esta neobarbarie del nihilismo semiótico señalando sus falsedades e inconsistencias. Verdad, falsedad, absurdo o ridículo son decorados necesarios de una misma escena de discurso que retorna una y otra vez sobre la afirmación equivalencial de su propia insignificancia (de la que precisamente se jactan los operadores de la campaña de Cambiemos). No debemos pretender refutar falsedades sino, más bien, mostrar la pulsión autodestructiva de una configuración de la experiencia reducida a la estrechez del ahora y al enclaustramiento del individuo consumidor. Debemos diseñar, consolidar, expandir, modos de experiencia que dejen a la vista el encierro psicotrópico de la "alegría" postulada por la (pos)ideología neoliberal.

Para decirlo de otro modo, la crítica ideológica respondería a los dichos negacionistas de figuras como Darío Lopérfido con números en mano: lo que usted dice es falso.[9] Ese gesto, ciertamente, siempre será necesario, pero nunca suficiente ante el desafío de la conciencia cínica y del neooscurantismo *New Age*. Necesitamos más bien abrir modos de la experiencia colectiva y de la lengua que dejen en claro la pobreza y atrofia de la experiencia histórica, moral, política, a la que ese tipo de enunciados nos someten. El problema con dichos como los de Lopérfido no es (solo) que sean infamias miserables, sino que como efecto de su mera puesta en circulación (incluso aunque luego fueran refutados) contribuyen a la horadación sistemática de una trama de experiencia singular que en la Argentina costó mucho crear.

Para eso, para restituir los hilos de una trama singular de la experiencia, el lugar del arte seguirá siendo ineludible. Como experimentación con las estructuras de la sensibilidad de una época, abre ámbitos en los que recomponer el lazo intrínseco entre experiencia y memoria. *Memoria-verdad-justicia* es un nudo de sentido que no alude a tres demandas diferenciables en relación con el pasado reciente, sino a un enlace indisoluble en el que se sostiene una configuración del tiempo y de la lengua que se resiste, en bloque, a la reducción de la experiencia a *coaching ontológico*. Ese nudo es el que debe ser desplegado y reanudado en cada caso aquí y ahora.

Experiencia

En la posdictadura argentina el movimiento de derechos humanos fue el que marcó el desarrollo de políticas de justicia y reparación, y que con firmeza y decisión tendió los hilos fundamentales de una nueva trama moral de nuestra vida en común. El arte de la posdictadura que acompañó ese proceso abrió el territorio para explorar las configuraciones de la experiencia (de lo humano, del tiempo, de la imagen, de lo común, del sentido en general) que garantizaran la continuidad de las conquistas del movimiento de derechos humanos, consolidando la configuración de la experiencia común que en ese movimiento se anunciaba: la reinvención de lo humano tras el umbral de la experiencia límite; las políticas de la espectralidad y su dislocación de la temporalidad lineal y acumulativa; la interrogación (*a-principial*) del archivo como reservorio de las materialidades significantes de una época violentada, de una temporalidad violentada; la inscripción inequívoca de lo *singular* irreductible en la trama de la mercantilización de los signos—todos ejercicios experimentales con una comunidad en la que lo sucedido no pueda repetirse—. Si estas estrategias se diseñaron en relación con la memoria de la *violencia instauradora* del neoliberalismo en el país, el peligro de nuestro presente nos incita a retomar lo aprendido, duplicar la apuesta, y desmontar la *violencia conservadora* del nihilismo neoliberal contemporáneo, y a hacerlo con la potencia que libera la afirmación de esas configuraciones expansivas de la experiencia. A 40 años del golpe, la propia historia del arte de la posdictadura nos invita a interrumpir la *anestésica* neoliberal, ya no desde las viejas dicotomías de la crítica (o del arte de denuncia), sino desde la experimentación radical con un *sensorium anamnético* que dé consistencia sensible al nudo irreductible de una comunidad del afuera: *memoria-verdad-justicia*.

Notas

1. Recientemente, un artículo de José Natanson en *Página 12*, "El macrismo no es un golpe de suerte", ha inaugurado una nueva fase del debate público, dentro del multifacético arco opositor al gobierno, sobre la nueva avanzada neoliberal, que invita a evitar la rápida y autocomplaciente denigración del proceso en curso, y asumir con toda seriedad el análisis de las razones profundas de su consolidación.

2. Iconográficamente, esta tensión, esta ambigüedad, puede ser reconocida en el uso de las imágenes en los movimientos de derechos humanos, que situaron como figuración emblemática del desaparecido a la foto carnet del Documento Nacional de Identidad, de modo que la *imagen de Estado*, del Estado productor de la identidad nacional, se postulaba como *figuración de la crítica al Estado desaparecedor*, la imagen productora de humanidad como inscripción de un exceso poshumanista en la imagen.

3. En el sentido de un *humanismo trans*, y no en el que al término "transhumanismo" le da cierto oscurantismo cientista que pretende lo contrario a lo que aquí se sugiere, algo así como una optimización de las "capacidades" humanas a través de la técnica, la biotecnología y la cibernética, es decir, una negación de lo humano, tapando el agujero que lo habita con armaduras protésicas. La *memoria* abre una humanidad que se sitúa en las antípodas de estos titanes de acero fabulados por la imaginación apocalíptica contemporánea. Lo transhumano como *humano-trans* se rebela, al igual que lo trans-sexual contra la identidad de género, precisamente, contra la identidad del género *humano*, y se interroga por sus fronteras, contagios, hibridaciones, con lo otro del género (humano).

4. Nos referimos al debate suscitado por una carta pública en torno a la violencia política que Óscar del Barco diera a conocer en 2004, y que trascendió bajo la rúbrica de "no matar", dando a luz a dos volúmenes de compilaciones a partir de la vasta discusión suscitada. Sobre el particular, me permito remitir a "Revolución, responsabilidad y legado", en García 2011 y a "*No matar:* la comunidad aformativa", en García 2018.

5. Me refiero en particular al artículo "La inconsistencia de la memoria y la subjetividad política contemporánea", de Jaime Fernández Miranda (2016), entre otros textos que intentan leer los rasgos de la subjetividad "cínica" contemporánea desde el reconocimiento de la vulnerabilidad de sus estructuras de la experiencia.

6. Ni siquiera *para* el sujeto, podríamos agregar desde la idea de "imágenes operativas", de Harun Farocki (2013).

7. Para las relaciones entre el archivo, el *arché* y el lugar de los *arcontes*, quienes tienen la autoridad de custodiar e interpretar los archivos, véase Derrida 1997.

8. Suelo que Silvia Schwarzböck (2015) ha diagnosticado como el de la "estética de lo explícito" propia del régimen neoliberal de la apariencia. Para una exploración

de las relaciones entre conciencia cínica, neoliberalismo y estéticas de lo explícito, remitimos a García 2017.

9. Darío Lopérfido, aún como Ministro de Cultura de la Ciudad de Buenos Aires y como director del Teatro Colón, negó la cifra simbólica de 30.000 desaparecidos en diversas instancias públicas, afirmando que se trataba de un número arreglado para "conseguir subsidios". Los dichos negacionistas del funcionario generaron una multitud de expresiones de repudio que terminaron en su renuncia al cargo de ministro. Para un excelente panorama crítico de la denigración de las políticas de derechos humanos por parte del gobierno de Mauricio Macri, planteado desde la perspectiva de las artes visuales, véase Longoni 2015.

Bibliografía

Derrida, Jacques. *Mal de archivo: una impresión freudiana*. Madrid: Trotta, 1997.

Farocki, Harun. *Desconfiar de las imágenes*. Buenos Aires: Caja Negra, 2013.

Fernández Miranda, Jaime. "La inconsistencia de la memoria y la subjetividad política contemporánea". *Página12* (11 de febrero de 2016). https://www.pagina12.com.ar/diario/psicologia/9-292201-2016-02-11.html.

García, Luis Ignacio. *La comunidad en montaje: imaginación política y postdictadura*. Buenos Aires: Prometeo, 2018.

———. *Políticas de la memoria y de la imagen: ensayos sobre una actualidad político-cultural*. Santiago de Chile: Universidad de Chile, 2011.

———. "El trono vacío de la imagen: del montaje a la medialidad". *Instantes y Azares: Escrituras Nietzscheanas* n.º 19, vol. 12 (2017): 131–56.

Longoni, Ana. "Policía de la memoria (en réplica a Marcelo Birmajer Parque de la memoria)". *Constelaciones. Revista de Teoría Crítica* vol. 7, monográfico especial sobre "Teoría crítica, arte y memoria" (2015): 496–502. http://constelaciones-rtc.net/article/view/1127/pdf.

Mercado, Tununa. *En estado de memoria*. México, D.F.: UNAM, 1992.

Natanson, José. "El macrismo no es un golpe de suerte". *Página 12* (17 de agosto de 2017). https://www.pagina12.com.ar/56997-el-macrismo-no-es-un-golpe-de-suerte.

Schwarzböck, Silvia. *Los espantos: estética y postdictadura*. Buenos Aires: Cuarenta ríos, 2015.

Sloterdijk, Peter. *Crítica de la razón cínica*. Madrid: Taurus, 1989.

Zolo, Danilo. *Terrorismo humanitario: de la guerra del Golfo a la carnicería de Gaza*. Barcelona: Bellaterra, 2011.

CAPÍTULO 4

Nuevos tiempos, nuevas voces
La disputa simbólica en el presente

Leonor Arfuch

※

*E*STE TRABAJO SE PENSÓ *en un "presente" que, como todo soplo del tiempo, ya no lo es. Hay otro presente hoy, en el mundo y en mi país. En ambos espacios siguen esas tendencias del neoliberalismo que esbozamos, cuya característica primaria es la larga duración, pero hay ciertos giros, afortunados, que se han producido aquí, en Argentina. Ya no gobierna una derecha con fuerte sesgo de clase sino una coalición con mayor base popular, que invierte el signo en muchos aspectos—equidad, justicia social, valoración de los derechos humanos—aunque el tiempo de las transformaciones profundas esté todavía por venir, un tiempo que es siempre el de la esperanza.*

Hace unos años, en Chile, participé en un panel que nos invitaba a pensar los "futuros de la memoria", un título que ponía en juego los tres tiempos: pasado, presente y futuro.[1] Se invitaba a pensar el pasado, lo ausente que la memoria trae al presente, según la célebre aporía aristotélica, y el futuro, como tal, impredecible. La pregunta, no azarosa, tenía una connotación inquietante: ¿cómo pensar los futuros de la memoria ante el avance del neoliberalismo, tanto a nivel internacional como regional?

Hoy, volver sobre esa pregunta nos muestra que la inquietud no era infundada: estamos ante un nuevo escenario en América Latina, del que la Argentina participa con sus rasgos peculiares. El neoliberalismo de hoy es y no es aquel de los años 90: mantiene las grandes decisiones de la macroeconomía y sus viejas recetas pero con un giro radical en la constitución de subjetividades, y es un neoliberalismo capaz de hablarle a cada uno de su familia, de sus sentimientos y de sus sueños, del valor de estar juntos—siempre de a uno—, dejando de lado diferencias, y sobre todo ideologías, para sumarse a una suerte de capitalismo emocional que a la vez refuerza, como garantía, su costado punitivo. Este cambio de perspectiva en el discurso público se inscribe en cierto modo en una tendencia que desde la reflexión teórica ha dado en llamarse "el giro afectivo", que supone, en sus vertientes más radicalizadas, la preeminencia de afectos y emociones por sobre los discursos, las razones, los argumentos, las intenciones y, por cierto, la ideología (Arfuch 2016).

Del modo en que estas tendencias han permeado las subjetividades y la política da cuenta sobradamente nuestra escena local. Y de la dificultad de su definición—y de su explicación—dan cuenta las innúmeras preguntas que nos formulamos, todavía sin respuesta. Un neoliberalismo modernizante, en tonos, modalidades y estilos, que maneja a la perfección la comunicación y las redes sociales, que opera en un puro presente y habla del futuro, que reniega del pasado no solo como rémora del "populismo" del gobierno de Cristina Fernández (2007–2015), sino también del devenir histórico—ritos, mitos, hábitos, identificaciones, tradiciones—del que sin embargo es capaz de tomar íconos y gestos populares para reciclarlos a su modo. En ese pasado está justamente la memoria: las memorias traumáticas de la dictadura (1976–1983) y la afirmación del campo de los derechos humanos en la Argentina, que en el mundo se considera ejemplar. Y si hay algo notorio y contrastivo en esa exaltación afectiva del presente es la escasa sensibilidad que ese pasado—y esas memorias—despiertan en la institucionalidad política oficial del macrismo.

Y no es que el escenario anterior haya sido pacífico ni armonioso. La conflictividad intrínseca de la memoria se ha expresado de múltiples maneras a lo largo de los 44 años que nos separan del golpe de Estado, y de los más de 30 de vida democrática. Si al cabo de un esforzado recorrido se logró afirmar, en el discurso público, la idea de "terrorismo de Estado" y "crímenes de lesa humanidad", debilitando la famosa "teoría de los dos demonios", esta volvió, reciclada, en nuevas expresiones que postulan, con mayor o menor grado, la equiparación entre violencias de grupos guerrilleros y violencia estatal.[2]

No es mi propósito aquí trazar el arco temporal de esas divergencias, solo mencionar que la pasada conmemoración de los 40 años, en 2016, trajo al ruedo múltiples expresiones en el intento crítico de revisitar los años 70 y sus violencias. Panteón común para las víctimas de uno y otro "bando" postulaba un exguerrillero no arrepentido (Leis 2013); "memoria completa" pedían ya hacía tiempo los familiares de militares víctimas de atentados y sus partidarios;[3] comparaciones entre las Comisiones de la Verdad en Sudáfrica y los juicios en Argentina, con carga negativa para estos últimos—se habría priorizado la justicia en detrimento de la verdad—(Hilb 2013); cuestionamiento de la categoría de "víctima" para quienes hubieran ejercido a su vez la violencia—tomando el ejemplo de Sendero Luminoso—aunque luego fueran a su vez asesinados o desaparecidos;[4] impugnaciones a los juicios y su carácter "vengativo";[5] reclamos enfáticos para su finalización; estimación de un tiempo suficiente para la elaboración del pasado que debería dar paso a la reconciliación.[6]

Todo esto se viene acentuando en los últimos años, en sintonía con una desafección del Estado en cuanto a políticas de memoria y de DD. HH. en general. Los modos de esa desafección son múltiples—hablando del afecto—y entre ellos está el discurso mismo, el discurso público, que señala el horizonte de inteligibilidad que se da una sociedad para garantizar la vida democrática: las palabras y las cosas, el modo de nombrar—el llamar a las cosas por su nombre—que es también el modo de construir la perspectiva histórica. No es lo mismo entonces volver a la palabra "guerra" después que fue desterrada hace años por la justicia. No es lo mismo reclamar la "propiedad común" de los derechos humanos y hablar de "ideologías" para desacreditarlos o instaurar nuevos negacionismos (entre ellos, el viejo ardid de cuestionar el número de víctimas). Se trata de una regresión discursiva, como dijo Estela de Carlotto, Presidenta de Abuelas de Plaza de Mayo, donde parece torcerse el rumbo de "lo que fue" y no puede negarse. Paulo Vannuchi, encargado de la Unidad sobre Memoria, Verdad y Justicia de la Comisión Interamericana de Derechos Humanos, lo recordaba con elocuencia en ocasión de la presentación de los organismos y del Estado argentino en la reunión de Montevideo de octubre de 2017: "También en Alemania siempre hay presiones para alguna regresión y la democracia de Alemania no transgrede: el holocausto de Alemania fue lo que fue, el nazismo fue lo que fue. Y el terror de Estado de Argentina fue lo que fue y debe existir ese nuevo consenso en la nueva Argentina democrática" (Dandan 2017).

Nuevos tiempos, nuevas voces, prometía mi título, y es hora de darles paso. Nuevas voces que señalan que nunca habrá un fin de los relatos en la larga temporalidad de la memoria. Son voces jóvenes, que se suman a otras, también jóvenes, pero que quizá podríamos llamar clásicas porque vienen, desde hace años, abriendo puertas e interrogantes en la búsqueda de identidad: primero la de sus padres, desaparecidos, presos o exiliados, después, la de su propia infancia en dictadura. Voces que entramaron su decir en la literatura, el cine, el teatro, la poesía, las artes visuales. La lista es larga, casi inabarcable y toda enumeración es inequitativa, pero no quiero dejar de mencionar algunas obras que analicé o con cuyos autores tuve diálogos y encuentros.

Primeros hay filmes en el género del documental subjetivo, como *Papá Iván* (2000), de María Inés Roqué, cuyo epígrafe inicial, "Prefiero un padre vivo a un héroe muerto", marcaba el inicio de lo que luego se llamó "memoria airada"; *Los rubios* (2003), de Albertina Carri, con padre y madre desaparecidos, donde la rebeldía no era solo afectiva sino también formal: el deseo de incomodar, de interpelar las conciencias más que producir catarsis; y *M* (2007), de Nicolás Prividera, una búsqueda casi detectivesca de testigos, huellas y complicidades que pudieran dar cuenta de la desaparición de su madre. En el campo de las artes visuales, la instalación *Arqueología de la ausencia* (2001), de Lucila Quieto, proponía una suerte de "invención de la presencia", al producir, en superposición de imágenes, fotografías en las que aparecía con un padre al que no conoció; y *Ausencias* (2006), de Gustavo Germano, confrontaba viejas fotografías, donde alguno de los retratados está desaparecido—entre ellas, una con su propio hermano—con nuevas fotografías que tomó, 30 años después, con las mismas personas, recreando la escena y la pose, para mostrar el vacío del cuerpo en la imagen.

Más tarde llegó, en la literatura, el tiempo de hablar, en tono autobiográfico y autoficcional, de la propia infancia. *La casa de los conejos* (2008), de Laura Alcoba, evocaba una estancia en clandestinidad con su madre militante, con la fortuna de haber podido partir para el exilio antes de que fuera bombardeada por el ejército; *Diario de una princesa montonera: 110 % verdad* (2012), de Mariana Eva Pérez, mezclaba escenas imaginarias de infancia—padre y madre desaparecidos—con ironías y observaciones políticas del presente; *Pequeños combatientes* (2013), de Raquel Robles, narraba, con un personaje de niña en primera persona, el efecto de la desaparición de ambos progenitores y la eterna espera sin retorno; *¿Quién te creés que sos?* (2012), de Ángela Urondo Raboy, intentaba iluminar, en las figuras ausentes de padre y madre que no conoció, una (im)posible trama familiar.

También los filmes *Infancia clandestina* (2011), de Benjamín Ávila, y *El premio* (2011), de Paula Markovitch, se asomaban, de modo ficcional, a la experiencia de vivir bajo amenaza. En el primero, y a través de su protagonista, un niño de 12 años, el director rinde homenaje a su madre desaparecida mostrando un rol amoroso indisociable de la militancia guerrillera. En el segundo, una niña de 7 años vive con su madre en una desoladora escena de exilio interior: un refugio apenas habitable en una playa desierta y ventosa, un padre ausente y el peligro de la escuela en tanto reveladora de la verdadera identidad. A ese conjunto, definido, como señalé, por afinidades y cercanías, se suman obras de hijas de exiliados—y exiliadas-hijas—: dos novelas autoficcionales, *Conjunto vacío* (2014), de Verónica Gerber-Bicecchi, hija de exiliados argentinos en México, nacida allí; *El azul de las abejas* (2014), de Laura Alcoba, que narra la experiencia de su exilio, de niña, en París; y un film documental y autobiográfico, *La guardería* (2016), de Virginia Croatto, que evoca, en entrevistas a sus compañeros de entonces, su infancia en Cuba, a cargo de "padres sociales" luego de que su padre fuera muerto en un falso enfrentamiento y la familia debiera partir al exilio.[7] Estas narrativas marcan, a partir de la década pasada, lo que podríamos llamar "el tiempo de los hijos".[8]

Hoy, en esta larga temporalidad del presente que no se desvanece en el "ahora", las narrativas se multiplican y resisten los intentos de desactivar, silenciar o cambiar de signo las memorias del pasado reciente. Si las obras que mencionamos fueron trazando una cartografía vivencial de las distintas "infancias clandestinas", las de hijos e hijas de militantes, nuevas voces afloran en el espacio público, generando un acontecimiento político y ampliando el margen de inteligibilidad: las de algunos hijos e hijas de represores, que se deslindan de los hechos de sus padres y asumen la postura de un sujeto ético en rechazo de esa herencia y en defensa de los derechos humanos.

Tal es el caso de Mariana Dopazo, hija de uno de los más crueles represores, condenado a prisión perpetua, que podría haber sido beneficiado por una resolución de la Corte Suprema llamada el "2x1" (3 de mayo de 2017)—cómputo doble del tiempo de espera procesal, que redunda en reducción de la pena—que pretendía aplicar una normativa jurídica vigente para delitos comunes a crímenes de lesa humanidad.[9] Dos días después de la histórica "Marcha de los Pañuelos", del 10 de mayo de 2017, en que cientos de miles de personas en todo el país salieron a la calle para rechazar la resolución de la Corte Suprema, Mariana dejó oír su voz en una entrevista publicada en una conocida revista virtual, bajo el título "Marché contra mi padre genocida" (Mannarino 2017).

El impacto que causó esa entrevista fue enorme: la revelación de un territorio ignorado, el de la vida cotidiana de quienes cometieron los peores delitos; la crueldad inaudita de un ser que ni siquiera respondía al estereotipo de los "buenos padres de familia", como se decía de los jerarcas nazis; lo que pasaba detrás del muro de silencio sobre la vida de los represores; la violencia que algunos eran capaces de ejercer sobre sus propias familias. Ellos, los que decidían quiénes serían "mejores padres" para los niños que arrancaban a sus madres.[10] Ya antes, Vanina Falco, la hermana de Juan Cabandié, uno de los "nietos recuperados", había revelado esas miserias interpretando su propio papel en *Mi vida después* (2009), un biodrama de Lola Arias, desde la inquietante cercanía/ajenidad del escenario teatral.[11] Y fue más allá, logrando un fallo histórico que le permitió declarar contra su padre en la causa abierta como apropiador de Juan. Ahora Mariana daba otro paso decisivo y admirable: el de desafiar la herencia construyéndose otra identidad. Pero no meramente por cobijarse bajo otro apellido—el de una madre que supo amparar amorosamente a sus hijos—sino por rechazar de plano la potestad—"nada emparenta mi ser con este genocida"—no solo por la violencia sufrida en carne propia sino, sobre todo, por su responsabilidad cívica ante la violencia asesina infringida a los otros.

El gesto de Mariana—y su coraje al hacerlo público—nos enfrenta, en el mismo escenario, a una suerte de paradoja: por un lado, está el denodado esfuerzo de las Abuelas por restituir a los nietos apropiados su verdadera identidad—al momento, son 130 los recuperados—que los confronta, en mayor o menor medida, con aquella identidad en la cual (hasta entonces) se habían reconocido. Este esfuerzo redunda, en la mayoría de los casos, en una reconfiguración identitaria valorativa de las genealogías y de la huella que estas han dejado en la vida social. Por otro lado, está el esfuerzo de Mariana—y de otras hijas—por construirse una identidad-otra, una que desdice inexorablemente la posible marca de los genes para abrirse a una dimensión ética del sí mismo.

La voz de Mariana generó un nuevo espacio de palabra. A partir de allí se sumaron otras voces, con experiencias parecidas, cada una con su singularidad. Algunas se agruparon en torno del colectivo Historias Desobedientes y con Faltas de Ortografía, entre ellas, la de Rita Vagliatti, que en 2007 cambió su apellido por el de su madre, caso que sirvió a Mariana como antecedente. El padre de Rita, otro represor conocido, a diferencia del de Mariana, era cariñoso y dedicado, lo cual da idea del intenso trabajo ético—y de la enorme dificultad afectiva—de separar dos mundos contrapuestos. Da cuenta también de la enorme dificultad afectiva de imaginar que el padre "estaba en algo siniestro", como dijo Rita en un reciente relato, de confrontarlo con sus hechos y no generar ningún arrepentimiento. Esta frustración es compartida con otras Hijas desobedientes: la de no lograr ni una confesión que pudiera ayudar en una causa, ni una palabra, ni un gesto de arrepentimiento. Ellas, las personas más cercanas, podría pensarse, serían las capaces de despertar algún rasgo de sensibilidad. Esta experiencia desdice la supuesta predisposición a hablar, a "decir la verdad" sobre algún caso de apropiación o desaparición, a cambio de reducción de penas, como algunos plantearon que se podría haber hecho, a semejanza de lo acontecido con la Comisión de la Verdad en Sudáfrica.

Analía Kalinec, batalladora, hija de un temido "Doctor K", escribió muchas páginas contando su historia en una carta abierta, varios años antes del encuentro en el que se conforma Historias Desobedientes. Cuenta allí el penoso trayecto que va de pensar a su padre en defensa de la patria a saberlo autor de crímenes de lesa humanidad. Entiende así el verdadero gesto ético y político que implicó para el colectivo dar el paso, no sin riesgos, de salir al espacio público: a superar la vergüenza, la culpa, el miedo al rechazo, el enojo de la propia familia, la desconfianza de los demás, todas "escenas temidas" de cada uno de los integrantes. Nada mejor captura estos sentimientos que sus propias palabras en una nota donde define también la postura crítica que los anima:

> Historias Desobedientes: hijos e hijas de genocidas por la Memoria, la Verdad y la Justicia surge en este contexto para oponerse colectivamente en primera persona—y a partir de la propia experiencia—a este intento de volver a la impunidad y a este discurso hegemónico que desde los medios de comunicación monopólicos busca perforar el sentido común e instalar la desmemoria. Conceptos como "teoría de los dos demonios", "reconciliación", "verdad completa", "las otras víctimas" reaparecen solapadamente y se filtran de manera demagógica pretendiendo generar falsos y banales debates sobre un tema que continúa produciendo dolor en una sociedad que sigue sin poder velar sus muertos o restituir la identidad a centenares de niños que hoy viven inmersos en una mentira. (Kalinec 2017)

"Algo tenemos que ver con ese espanto", continúa Analía. "Es algo siniestro, ominoso, por su cercanía, por su cotidianidad. Lo familiar, lo conocido—en muchos casos lo amado—regresa a nosotrxs con una sensación de extrañeza y contenido terrorífico que nos produce angustia" (Kalinec 2017). Se siente también la angustia de imaginar las manos y la voz de un padre querido—esa corporeidad de los afectos—ocupados en la contracara absoluta de un acto de amor. Esa contradicción afectiva invade también el recuerdo de Bibiana Reibaldi (2017), que "A los gritos y en silencio", como rezaba su ponencia, conmocionó al auditorio con su intervención en el Seminario Internacional Políticas de la Memoria, organizado por el Centro Cultural Haroldo Conti:

Hablo desde quien soy —decía Bibiana—, desde mi historia y mis raíces, desde la complejidad de un vínculo tan estrecho como el de hija-padre genocida. Vínculo signado por las contradicciones más intensas, las vergüenzas permanentes, las culpas de diferentes órdenes, y los consecuentes silencios, marcados por mandatos, a veces más, a veces menos explícitos y conscientes, pero instalados fuertemente en el día a día. […] Esto como parte de un proceso de varias décadas, en el que la posición de repudio directo hacia mi padre, tiene un correlato de vínculo afectivo amoroso. Desde esta contradicción, afirmo que el repudio cobra mayor sentido, mayor fuerza, como genuina posición ética, a partir del lazo de afecto. (Reibaldi 2017)

Diferente es la historia de Erika Lederer, hija de un médico obstetra que ayudaba a parir a buena parte de los hijos de desaparecidas en Campo de Mayo y que se suicidó en 2012 al ver que lo iban a condenar. Erika fue víctima, como Mariana, de la violencia ejercida por su padre en el seno familiar y sobre ella misma, y desde una posición de rebeldía, ya desde la infancia, tuvo el valor de deshacerse de la herencia, aún sin cambiar el apellido, y de encontrarse en su momento con el nieto 106, al que su padre había ayudado a entregar a una familia fiel a la dictadura, para ver qué podía aportar en la reconstitución de esa identidad. De ese deseo de echar luz sobre tanto silencio y negación —su padre nunca se arrepintió—, nos cuenta en un artículo que publicó también en la *Revista Anfibia*:

Cuando leí el artículo de *Anfibia* sobre Mariana, se me vinieron a la mente —y al cuerpo, principalmente— mil recuerdos. Es difícil deshacerse de ellos; son como una música en sordina, para nada alegres, por cierto. La disociación, la culpa, la angustia (porque uno puede comprender racionalmente que no tuvo nada que ver, pero carga la piedra de Sísifo de todos modos) encuentran a la palabra como cura, como instrumento para nombrar y generar presencia, quién sabe si una anécdota no viene a completar lagunas o dar un poco de luz a los relatos de familiares que aún hoy buscan respuestas. (Lederer 2017)

Final abierto

Si para estas hijas la palabra es un medio de sanación y un deber cívico —el de contrarrestar quizá ese silencio obstinado que encierra la figura misma de la desaparición—, para nosotros de lo que se trata ahora es de poder escuchar, abrir la escucha como hospitalidad hacia el otro, poder imaginar en ese cuadro que cada uno de nosotros tiene en la memoria y que encierra su propio pasado, cómo transcurrían, a la par nuestra, esas vidas y esos sufrimientos, esas otras "infancias clandestinas", como escribí también en *Anfibia* (Arfuch 2017). Dar a cada palabra su acogida, en su singularidad, en su cadencia, en la propia hermandad de la que se siente parte, sin la tentación de agrupamientos por fuera de los que ellas mismas determinan. Es delicado hablar de "Hijos de los 70" o de "Herederos de la tragedia argentina", por ejemplo, según un libro de reciente aparición de Carolina Arenes y Astrid Pikielny (2016), el que recoge relatos testimoniales de diferentes "hijos", poniendo junto, en una especie de esencialismo, lo que está separado, herencias bien disímiles porque en ese conjunto se incluyen hijos de militantes y también de represores, algunos de los cuales defienden a sus padres y quizá hasta los justifican. Podría pensarse entonces que allí también anida, aun subrepticiamente, la idea de "memoria completa". Nacieron en los 70, y eso es claramente una marca generacional, no una herencia. Hay una herencia ética, en todo caso, que nos ha dejado aquel tiempo: la de renegar de la violencia en todas sus formas y de toda violación a los derechos humanos, en su más amplia concepción. También tropecé en Internet con un título, quizá no elegido por su autor, "Hijos de la dictadura argentina", una impensable asociación con lo que solo dio muerte, no vida. Una vez más habría que pensar en los riesgos del lenguaje, las trampas que tiende, incluso a quienes pueden estar animados de las "mejores intenciones".

Y así como sucedió con las innumerables experiencias traumáticas que salieron a la luz y las precedieron, esta palabra, la de las hijas desobedientes, merece cuidado, ternura y delicadeza, esa figura que Roland Barthes asocia a Até, la diosa del extravío, que es alada y apenas toca el piso (Barthes 2011, 58). Palabra herida, que a veces asocia los contrarios—afecto y rechazo—en su supervivencia conflictiva, que sabe de sus límites, como Mariana, que todavía siente que no puede abrazar a una víctima. Pero también palabra luminosa, que nos invita a compartir una visión esperanzada de los futuros de la memoria.

Colofón

Inspirado por el acontecer, este texto surgió como una reflexión urgida para responder a un acontecimiento inesperado. Su presentación en el encuentro de la Red Internacional de Estudios de Memoria (2017) creó un espacio de interlocución en el que algunas Hijas e Hijos participaron, agregando algunas observaciones, entre ellas, la de las profundas diferencias que hay, según los casos, en la relación afectiva con el lazo paterno, y el enorme desafío que supone sobreponerse a él—sin negarlo—y asumir una postura ética. Pero también hay diferencias de clase, y respecto de la situación de los padres: hay quienes están cumpliendo condenas y otros no, algunos imputados y otros que no lo han sido aún, padres que fallecieron con o sin condena, padres que han sido cariñosos y otros que han sido crueles, y también hay diferencias sobre la cantidad y tipo de información sobre su accionar con la que cuentan esos hijos. Sobre esas diferencias se armó el colectivo de las Historias Desobedientes, que se dio tiempo a la reflexión y fue ocupando el espacio público en las redes y a través de una activa participación en marchas, con su propia bandera de identificación. Esta trayectoria culminó, en diciembre de 2018, en la organización de un coloquio internacional en el que presentaron un libro, *Escritos desobedientes* (2018), editado por Analia Kalinec, que reúne textos de distinto carácter y autoría—historias de vida, relatos, intervenciones en medios—, con un prólogo que traza una postura coincidente, ético-política, en cuanto a la defensa de los derechos humanos.

Si bien todavía no es posible medir los alcances jurídico-políticos de lo que estas voces puedan traer al ruedo de la discusión sobre los devenires de la memoria, es innegable su impacto en esa trama sensible y multifacética que, con los riesgos que implica el singular, solemos aludir como "memoria colectiva". En principio, y más allá de la reacción emocional ante historias singulares y sus padecimientos, podría decirse que introducen un registro profundamente perturbador para quienes pretenden atenuar culpabilidades y complicidades o postular hipotéticos arrepentimientos. También resuenan en contrapunto de ciertas ideas de un tiempo cumplido para la justicia que daría paso a la reconciliación. Muchos caminos se abren aquí para el ejercicio de la crítica, pero prefiero dejar que este texto hable con el tono de la sorpresa y el afecto que lo inspiró.

Notas

1. El encuentro referido fue organizado por la Sección de Estudios del Cono Sur perteneciente a la Asociación de Estudios Latinoamericanos (LASA), Santiago de Chile, 4 al 7 de agosto de 2015. Este texto fue, inicialmente, una ponencia presentada en el Encuentro de la Red Internacional de Estudios de Memoria, Buenos

Aires, Universidad Nacional Tres de Febrero (UNTREF), del 1 al 3 de noviembre de 2017.

2. Según Marina Franco (2014), la "teoría de los dos demonios" como tal no existe sino que recoge—y en ciertos usos cristaliza—una serie de sentidos comunes previos incluso al golpe de 1976, que se afianzan en el retorno a la democracia ante la necesidad de establecer una relación entre la violencia guerrillera y la del terrorismo de Estado—concepto que se define posteriormente con mayor claridad—como paso previo al juzgamiento y la condena de los exjefes militares en los primeros tramos de la transición. La autora señala incluso diferencias entre la posición expresada en el *Nunca Más,* el libro producido por la CONADEP (Comisión Nacional sobre la Desaparición de Personas), que recogió testimonios y relatos de víctimas del horror (la represión como "una violencia infinitamente peor...") y los discursos del entonces presidente Alfonsín, más anclados en una lógica binaria, aun con la firme resolución del juzgamiento de los responsables y del afianzamiento a futuro de los derechos humanos con forma de ley.

3. Valentina Salvi (2012) presenta un documentado estudio de las publicaciones emanadas de esas fuentes, donde se pretende equiparar ambas memorias deslindando la responsabilidad que supone el terrorismo estatal.

4. El Foro Virtual "Memorias sobre la violencia en Perú" invitó a debatir una larga selección de partes del libro de José Carlos Agüero Solórzano, *Los rendidos: sobre el don de perdonar* (2015), con un comentario inicial titulado "¿Puede hablar la víctima?", a cargo de Gabriel Gatti (Universidad del País Vasco/Euskal Herriko Unibertsitatea): https://www.ides.org.ar/noticias/foros (Acceso el 15 de agosto de 2018). La puesta en cuestión de la víctima también aparece en el contexto colombiano actual, donde la ley "Justicia y Paz" (2005) ofrece la reducción de penas en el proceso de búsqueda de verdad y reparación. En ese marco se generan sentidos en torno a víctimas "dudosas" o "atestadas" y se tiende a invisibilizar toda expresión de rencor, violencia o deseo de venganza en pos de alcanzar un estatuto de "víctima razonable" o "buena víctima" a través de una prescripción o subordinación de las emociones, donde las emociones "buenas" contribuirían a la construcción de causas o memorias colectivas (Lecombe 2015).

5. Después del histórico Juicio a las Juntas que en 1985 condenó por primera vez en América Latina a los altos jefes militares, miembros de las exjuntas que tuvieron a su cargo el terrorismo de Estado, hubo leyes de "Punto Final" (1986/1987) que obturaron la prosecución de juicios a otros responsables y luego fueron indultados en los años 90. Pero en 2003, bajo otra presidencia, se anularon los indultos, los condenados volvieron a prisión y se dio lugar a la reapertura de los juicios, que se vienen desarrollando desde 2005 e involucran a otros represores, entre ellos los encargados de los centros clandestinos de detención. Al momento se han producido ya cientos de condenas y están en proceso varias "Mega-causas", con cientos de víctimas, una

denominación que da cuenta de la magnitud del "sistema periódico" de aniquilación, tomando la expresión de Primo Levi.

6. Es notorio en este sentido el modo en que los medios de comunicación corporativos recogen e impulsan las posturas más reaccionarias, como si la "reconciliación" pudiera ser impuesta por decreto o por decisión unilateral de algún sector que considera llegado el tiempo de desactivar las prácticas sociales de la memoria y su rol en las culturas colectivas.

7. Tanto Montoneros (Argentina) como el Movimiento de Izquierda Revolucionaria (MIR, Chile) organizaron en Cuba lugares de vivienda para los hijos de militantes que retornaban a sus países para continuar la lucha bajo dictadura. Los "padres sociales" eran designados entre aquellos con voluntad y capacidad para cumplir ese rol. En el caso de Virginia Croatto, ella tuvo la fortuna de que su madre estuviera a cargo de esa función.

8. He analizado estas obras, en el marco de una reflexión sobre los "presentes de la memoria", en mi último libro (Arfuch 2018).

9. La misma Corte revocó ese fallo el 4 de diciembre de 2018.

10. Entre los crímenes de lesa humanidad cometidos bajo la dictadura, uno de los más terribles fue la apropiación ilegítima de bebés nacidos en cautiverio, cuyas madres eran luego asesinadas. La ciclópea tarea de Abuelas de Plaza de Mayo ha logrado la "recuperación" de 130 nietos (de los 500 que se estima fueron arrebatados), que por propia decisión o por denuncias se hicieron test de ADN que resultaron compatibles con el banco de datos genéticos de sus familiares, conociendo así su verdadera identidad. El banco, una de las mayores iniciativas de Abuelas, se fue configurando a lo largo de los años y es internacionalmente reconocido.

11. El género, que en el medio argentino se inició en 2001 con la autora y directora Vivi Tellas, consiste en llevar al escenario personajes reales que actúan, de alguna manera, sus experiencias de vida, con diversos recursos escénicos y literarios, pero con una fuerte dosis de realidad.

Bibliografía

Alcoba, Laura. *El azul de las abejas*. Buenos Aires: Edhasa, 2014.
———. *La casa de los conejos*. Buenos Aires: Edhasa, 2010.
Arenes, Carolina y Astrid Pikielny, coordinadoras. *Hijos de los 70: historias de la generación que heredó la tragedia argentina*. Buenos Aires: Penguin Random House Grupo Editorial Argentina, 2016.
Arfuch, Leonor. "El 'giro afectivo': emociones, subjetividad y política". *Revista deSignis* 24 (2016): 245–54. Acceso el 2 de febrero de 2019. http://www.designisfels.net/revista/emociones-en-la-nueva-esfera-publica.

———. "Las otras infancias clandestinas". *Revista Anfibia* (2017). Acceso el 2 de febrero de 2019.

———. *La vida narrada: memoria, subjetividad y política*. Córdoba, Argentina: EDUVIM, 2018. http://www.revistaanfibia.com/ensayo/las-otras-infancias-clandestinas/.

Barthes, Roland. *Fragmentos de un discurso amoroso*. Buenos Aires: Siglo XXI Editores, 2011.

Dandan, Alejandra. "La posición es por la verdad, la justicia y la memoria". *Página 12* (25 de octubre de 2017). Acceso el 2 de febrero de 2019. https://www.pagina12.com.ar/71492-la-posicion-es-por-la-verdad-la-justicia-y-la-memoria.

Franco, Marina. "La 'teoría de los dos demonios' en la post-dictadura argentina". *La "Teoría de los dos demonios" en debate*. Foro, 2014. http://memoria.ides.org.ar/archivos/2363.

Gerber-Bicecchi, Verónica. *Conjunto vacío*. Ciudad de México: Almadía, 2014.

Germano, Gustavo. *Ausencias*. Exposición fotográfica (2006). Disponible en: http://www.gustavogermano.com/.

La guardería. Documental dirigido por Virginia Croatto. Argentina: Lita Stantic Producciones, 2016.

Hilb, Claudia. *¿Qué hacemos hoy con los setenta?* Buenos Aires: Siglo XXI Editores, 2013.

Infancia clandestina. Filme dirigido por Benjamín Ávila. Argentina: Historias Cinematográficas/Cinemania/Habitación 1520 Producciones/Antártida Producciones/Academia de Filmes/RTA Radio y Televisión Argentina/Academia de Filmes, 2018.

Kalinec, Analía, compiladora. *Escritos desobedientes: historias de hijas, hijos y familiares de genocidas por la memoria, la verdad y la justicia*. Buenos Aires: Editorial Marea, 2018.

———. "Somos un relato que se reconstruye, somos hijos e hijas de genocidas". *Télam* (12 de julio de 2017). http://www.telam.com.ar/notas/201707/195152-hijos-hijas-genocidas-lesa-humanidad-analia-kalinec-opinion.html.

Lecombe, Delphine. "Entre douleur et raison: sociologie de la production de figures de victimes en contexte colombien". *Nuevo Mundo/Mundos Nuevos* (2015). https://journals.openedition.org/nuevomundo/67833.

Lederer, Erika. "Hijos de represores: del dolor a la acción". *Revista Anfibia* (2017). http://www.revistaanfibia.com/cronica/hijos-represores-del-dolor-la-accion/.

Leis, Héctor R. *Testamento de los años 70*. Buenos Aires: Katz, 2013.

M. Documental dirigido por Nicolás Prividera. Buenos Aires: Trivial, 2007.

Mannarino, Juan M. "Marché contra mi padre genocida". *Revista Anfibia* (2017). http://www.revistaanfibia.com/cronica/marche-contra-mi-padre-genocida/.

Papá Iván. Documental dirigido por María Inés Roqué. Argentina/México: Centro de Capacitación Cinematográfica/CONACULTA/FONCA, 2000.

Pérez, Mariana Eva. *Diario de una princesa montonera*. Buenos Aires: Capital Intelectual, 2012.

El premio. Filme dirigido por Paula Markovitch. México: Kung Works/Mille et Une Productions /Staron Films/IZ Films/FOPROCINE/IMCINE, 2011.

Quieto, Lucila. *Arqueología de la ausencia: ensayo fotográfico 1999–2001*. Buenos Aires: Casa Nova Editores, 2011.

Reibaldi, Bibiana. "A los gritos y en silencio". Ponencia presentada en el X Seminario Internacional Políticas de la Memoria (28 de septiembre de 2017). http://conti.derhuman.jus.gov.ar/2018/01/seminario/mesa_9/reibaldi_mesa_9.pdf

Robles, Raquel. *Pequeños combatientes*. Buenos Aires: Alfaguara, 2013.

Los rubios. Documental dirigido por Albertina Carri. Argentina: Cine Ojo, 2003.

Salvi, Valentina. "Sobre memorias parciales y memoria completa: prácticas conmemorativas y narrativas cívico-militares sobre el pasado reciente en Argentina". En *Topografías conflictivas*. Edición de Anne y Valeria Durán, 265–81. Buenos Aires: Trilce, 2012.

Urondo Raboy, Ángela. *¿Quién te creés que sos?* Buenos Aires: Capital Intelectual, 2012.

SEGUNDA PARTE

Imágenes y políticas de la representación

CAPÍTULO 5

Sobre la elaboración del genocidio y las consecuencias de las representaciones del pasado

Daniel Feierstein

L A MIRADA MÁS COMÚN sobre la vinculación entre violencia masiva y memoria se suele centrar en la importancia de recordar el pasado como garantía de su no repetición. Pareciera que el objetivo de los perpetradores fuera el de lograr el olvido de los hechos y que, por tanto, para impedir la realización de este objetivo apenas bastaría con volver a hacer presente el tiempo pasado.

Por el contrario, se postulará en este trabajo que uno de los objetivos fundamentales de la violencia estatal masiva en la modernidad radica en las marcas producidas a través del terror, las cuales se constituyen en traumáticas, incidiendo en los modos de reconstituir las identidades de las sociedades sobrevivientes.

La idea fundamental que se desarrollará aquí fue en verdad intuida hace más de medio siglo por Raphael Lemkin, creador del concepto de genocidio, quien definía a la esencia del genocidio como la "destrucción de la identidad nacional de los grupos oprimidos y la imposición de la identidad nacional del opresor" (2009 [1944], 79).

En este capítulo se buscará construir una fundamentación más sólida de las intuiciones de Lemkin, a través de la utilización de conocimientos producidos por la neurociencia, el psicoanálisis y algunos autores de las ciencias sociales. Tomando a la memoria como una capacidad evolutiva y adaptativa, y a la especie humana como una especie viva, cuyo objetivo primordial es la supervivencia, se analizarán los fundamentos de la necesaria efectividad del terror en la transformación de la identidad y los comportamientos. Se busca con ello analizar cómo la violencia estatal moderna se ha articulado con los modos en los que la memoria se vincula a la identidad, a través de una utilización política de los efectos del terror.

La lucha contra el legado de la violencia estatal no se trataría, entonces, de una confrontación simplista entre memoria y olvido. Por el contrario, se requeriría comprender los modos de funcionamiento de las memorias traumáticas moldeadas por el terror para buscar una posible elaboración de sus marcas y la reconstrucción de identidades que puedan sobreponerse a los efectos del terror. En dicho trabajo, no alcanzará en modo alguno con "recordar" el pasado, más bien los modos en los que el mismo es reconstruido serán fundamentales para evaluar las posibilidades de superación de las consecuencias traumáticas del terror. Para ello se analizarán algunas de las consecuencias de las calificaciones conceptuales de la violencia estatal en Argentina.

Terror e inhibición de la acción

Hace más de 30 años, Henri Laborit comenzó a investigar sobre los efectos de la inhibición de la acción en el sistema nervioso (1986). Laborit distingue el miedo—conducta básica que surge ante el peligro—de la angustia.

Laborit distingue que, ante la aparición de un peligro, las dos conductas clásicas son la evitación (huida) o el intento de acabar con el peligro (confrontación, resistencia, lucha). Cuando ninguna de dichas conductas es viable—producto de la incapacidad de manejar la situación, del desconocimiento del origen del peligro o de la profunda asimetría de poder—aparece una tercera: la inhibición de la acción.

La inhibición de la acción implica una espera en tensión, la inhibición del impulso a actuar pese a que el cuerpo se encuentra preparado para ello. No se inhibe la recepción del estímulo sino que solo se inhibe la respuesta, al considerársela ineficaz. Incluso se ha demostrado hace décadas que este sistema inhibitorio requiere de determinados neurotransmisores químicos, los diversos glucocorticoides, que generan reacciones vasomotoras, cardiovasculares y metabólicas.

Laborit designa como angustia a este estado de espera en tensión, de inhibición de la acción. La angustia es la consecuencia de un estado de incertidumbre ante la falta de alternativas para resolver una situación displacentera.

Pero el problema más grave surge cuando este estado de angustia se sostiene en el tiempo. Dice Laborit: "Si el angustiado espera en tensión con la esperanza de todavía poder actuar, el deprimido, por su parte, parece haber perdido esta esperanza" (1986, 51).

Más recientemente, Eric Kandel ha realizado otro aporte fundamental al estudio de los procesos de memoria: el intento de comprender los modos de transformación de la memoria de corto plazo en memoria de largo plazo (2006). Sus investigaciones lo condujeron a descubrir procedimientos que involucran el funcionamiento de los genes, a través de la síntesis de nuevas proteínas en el núcleo de las neuronas sensoriales, lo cual permite el surgimiento de terminales que permiten crear nuevas conexiones sinápticas, en un complejo proceso que utiliza distintos reguladores de la transcripción génica (represores y activadores: los primeros codifican las proteínas que desactivan genes, en tanto los segundos codifican las proteínas que activan genes).

Es en verdad un proceso muy difícil, ya que el requerimiento de simultaneidad en la activación de ciertos genes y en la desactivación de otros dificulta que la memoria de corto plazo se transforme en memoria de largo plazo. Tan solo aquellas vivencias que logran generar simultáneamente este doble proceso en el núcleo celular (activación de ciertos genes, desactivación de otros simultáneamente) consiguen transformarse en memoria de largo plazo.

La primera de las prácticas que permite esta transformación es conocida: la *repetición*. Ello explica cómo se codifican las rutinas motoras necesarias para manejar un vehículo o aprender un pasaje de una obra musical, incluso el modo en que se memorizan las tablas de multiplicar. La estimulación reiterada de la misma conexión produce el efecto de liberación de las proteínas necesarias no solo para activar algunos genes sino para desactivar otros, permitiendo la creación de nuevas proteínas y el establecimiento de una nueva conexión sináptica.

Pero lo relevante para este trabajo es que exista un segundo procedimiento igual de efectivo que la repetición (e igualmente adaptativo), aunque totalmente diferente. Dice Kandel:

> Sin embargo, los estados emocionales intensos, como los que produce un accidente automovilístico, pueden superar las restricciones de la memoria de largo plazo. En tales situaciones, podría suceder que se enviaran al núcleo muchas moléculas de MAP quinasa con velocidad suficiente para inhibir todas las moléculas de CREB-2, lo que permitiría que la proteína quinasa A activara la CREB-1 y almacenara directamente

en la memoria de largo plazo. De este modo se explican los recuerdos que aparecen como un destello, remembranzas de sucesos con enorme carga emotiva que vuelven a la memoria con todos sus detalles, como si una imagen pormenorizada se hubiera grabado instantáneamente en el cerebro. (2006, 310)

Sin entrar en el detalle del funcionamiento genético, dos cuestiones quedan claras: que existen dos modos de creación de "memoria de largo plazo", la *repetición* y la *afección emocional*; pero que estas dos modalidades no funcionan del mismo modo, pues la afección emocional genera una inscripción de tipo diferencial (el modo en que opera bioquímica y genéticamente no sería igual; incluso se utilizan dos órganos cerebrales distintos en cada proceso: una preeminencia del hipocampo en la repetición y de la amígdala cerebral en la afección emocional).

El terror constituye el modo más efectivo y rápido de codificación de memoria a largo plazo vía la afección emocional, lo cual tiene un evidente carácter adaptativo: un ser vivo debe modificar inmediatamente su comportamiento ante cualquier situación que ponga en peligro su vida.

La memoria como construcción de sentido

La acción es previa a la comprensión. Solemos hacer muchas más cosas de las que sabemos, así como sabemos mucho más de lo que creemos saber. Con el desarrollo de los descubrimientos científicos, se tiende a distinguir más sistemas de memorias, desde aquellos vinculados a la percepción sensorial (memorias olfativa, gustativa, visual, auditiva) a aquellos vinculados a diversas coordinaciones sensorio-motoras y procedimentales; o vinculados al lenguaje; e incluso el conjunto de sistemas de memoria a los que se clasifica, funcionalmente, como las memorias episódica o semántica.

Es probable que con el correr de los años se continúen descubriendo y clasificando nuevos sistemas de memorias, así como subsistemas con distintos niveles de articulación e integración. Ello da cuenta de una enorme complejidad de los modos de codificación de nuestra experiencia y también de que la rememoración es un proceso fundamentalmente creativo. Estas memorias, más o menos localizables físicamente, son caóticas, dispersas y carecen de sentido. Ninguna de ellas implica la capacidad de "representación" y no son lo que se suele entender desde las ciencias sociales o la historia como "memoria", sino partes muy escindidas y primitivas de lo que podría componerse como tal.

Lo que se llamará, entonces, *procesos de memoria* son aquellos intentos de articular un sentido dentro del caos de percepciones y registros de los diversos subsistemas, la creación de un "presente recordado" a través del proceso de *creación de escenas*. Una *escena* es una *reconstrucción* en la cual se asocian conjuntos de percepciones y estímulos y se les otorga un *sentido*, una coherencia que no se encuentra como tal en la realidad ni en la vivencia, sino que es imaginada para articular los conjuntos de estímulos y percepciones con determinado conjunto de acciones, las cuales también se encuentran inscriptas en subsistemas sensorio-motores.

La memoria no sería, desde esta perspectiva, una actividad *reproductora* de la realidad sino, por el contrario, una actividad profundamente *creativa*. Cada acto de memoria constituye un acto de imaginación. La memoria es un acto creativo y radicalmente novedoso, por el cual se intenta dar coherencia y sentido al caos de estímulos que se localizan en determinados sustratos físicos del funcionamiento cerebral.

En términos técnicos, se podría hipotetizar que dicho *sentido* surge al interrelacionar diferentes subsistemas de percepciones, estímulos y actividades motoras y dando a las mismas una coherencia explicativa que de por sí no poseen. Por su parte, este sentido —que se puede calificar como "narrativo"— permite cierta eficacia de las acciones (la posibilidad de realizar los fines deseados) y cierta estabilidad y permanencia de los procesos de construcción de identidad, que como tales requieren altos niveles de coherencia interna.

De este modo, la idea de la memoria como "inscripción", como "huella", que recorre el pensamiento filosófico desde Aristóteles hasta el presente y que influyó también en el pensamiento psicoanalítico a través de la idea de "huella mnémica", o en algunos autores llega hasta la suposición de que el trauma implicaría la "inscripción literal" del acontecimiento traumático como "huella", debe ser cuestionada y mejorada.

La metáfora elegida por Gerald Edelman es sumamente rica y potente: sugiere que el proceso de la memoria remite al "fundirse y volverse a congelar de un glaciar" (Edelman y Tononi 2000, 118). Esto es, no se trata de una marca que deja elementos indelebles o permanentes como las que puede producir una huella sino de un proceso que se reitera una y otra vez, creando en cada una de sus ocurrencias un producto distinto, aun cuando se componga con materiales similares. Al rememorar una escena, se produce un "presente recordado", pero al volver a ella otra vez, en verdad se retorna a la última escena recordada, al último acto de rememoración y no a sus elementos primigenios. El glaciar se funde y se congela cada vez que se remuera, pero los materiales desde los que se vuelve a armar son el producto de la última fundición, herederos de los elementos primigenios, aunque ligeramente diferentes de los mismos. Las fundiciones anteriores solo configuran estratos a los que ya no puede accederse una vez que se produjo una nueva "rememoración".

Se puede definir entonces a los *procesos de memoria* como la construcción de sentido —en la interacción con otros— que surge de un intento de articulación coherente de un conjunto de estímulos y sensaciones dispersos por los sistemas perceptivos, que se vinculan con el presente a través de la acción.

Construir un recuerdo implica simultáneamente construir identidad, en tanto se construye un sujeto consciente que se relaciona con dichos elementos dispersos del pasado y construye de ese modo una escena, un "presente recordado" en el cual surge una narración de sí mismo.

Lo traumático

En *Más allá del principio de placer*, Freud describe como *traumáticas* a "las excitaciones externas que poseen fuerza suficiente para perforar la protección antiestímulo [...] un apartamiento de los estímulos que de ordinario resulta eficaz" (1922, 29). Esto es, que se transforma en traumática aquella situación que logra alterar el funcionamiento cotidiano de la coherencia identitaria del yo, en tanto esta situación no puede ser integrada en dicha narración del sí-mismo.

Más adelante, Laplanche y Pontalis definen al trauma como un "acontecimiento de la vida del sujeto caracterizado por su intensidad, la incapacidad del sujeto de responder a él adecuadamente y el trastorno y los efectos patógenos duraderos que provoca en la organización psíquica" (1967, 447).

En las obras posteriores a las de Freud surgen nuevas preguntas: ¿cómo es que dicha situación produce marcas en el aparato psíquico? ¿Cómo serían esas marcas? Y, sobre todo, ¿cuál sería el impacto de esa situación en las acciones posteriores del sujeto? Estas cuestiones han llevado a numerosas suposiciones, desde las reflexiones de contemporáneos a Freud como Sandor Ferenczi o Morton Prince; pasando por los trabajos de William Brown sobre los afectados por las situaciones bélicas durante la Primera Guerra Mundial o los de William Sargant sobre los que atravesaron la Segunda Guerra Mundial; así como la creación del concepto de "síndrome de estrés postraumático" (PTSD: *Post-Traumatic Stress Disorder*) en el campo del desarrollo psiquiátrico y sus aplicaciones a los combatientes en las guerras de Corea y Vietnam; hasta, finalmente, el análisis de las situaciones traumáticas de los sobrevivientes de experiencias concentracionarias: desde los numerosos análisis sobre las víctimas del nazismo hasta las reflexiones sobre los casos de las dictaduras latinoamericanas (Bermann et al. 1986; Kaës y Puget 1991; Danieli 1998).[1]

Estos distintos trabajos sugieren que lo que quedaría registrado en el inconsciente en los casos de situaciones traumáticas no es la *literalidad* de la vivencia, sino la *afectividad intacta de la sensación*—de impotencia, de imposibilidad de acción, de arrasamiento del yo—producida por la experiencia traumática. Esto es, que lo registrado no sería *la experiencia misma* sino un primer tipo de registro de esta, que *no logra constituirse en narración* por el carácter demoledor de dicha sensación para la persistencia de la propia identidad.

Este primer registro de la experiencia traumática, al resultar intolerable para la persistencia identitaria, queda bloqueado en el inconsciente, sin poder ser integrado en tanto "representación", pero aún queda presente en tanto afectación indirecta de los otros subsistemas, sin pasar por la mediación y control del sistema consciente.

Al detectar el riesgo que podría implicar la narrativización de la experiencia traumática para la persistencia de la identidad, se bloquea su acceso a la consciencia clausurando su constitución narrativa. La sensación está—e incluso hasta podría encontrarse simbolizada en tanto sensación—pero, al no resultar accesible, no puede ser revisitada y de allí su persistencia sin modificación a lo largo del tiempo, ya que jamás se la rememora. Pero aquello que subsiste inmodificado no es el hecho vivido en sí, sino la *sensación subjetiva* de la persona ante dicha vivencia.

Dicha sensación, al no lograr ser integrada en una estructura narrativa episódica, tiende sin embargo a desarticular la coherencia de la propia identidad narrativa. Para el caso de los traumas producidos durante la violencia de Estado en América Latina, René Kaës sostiene que:

> Así como el primer acto de los torturadores es siempre el de quebrar los ritmos temporales fundamentales de la vida, el primer acto de la violencia social catastrófica es el de establecer el terror mediante la desarticulación de los procesos del pensamiento. Es por ello por lo que la abolición del orden simbólico da al objeto desaparecido el estatus enloquecedor de una representación fantasmática en el psiquismo. La angustia que suscita el terror no puede ser reprimida ni proyectada, ni ligarse a representaciones de cosas y de palabras, ni encontrar representaciones y objetos en el simbolismo lingüístico y social. (Kaës y Puget 1991, 167)

Pero el ejemplo de Kaës obliga a introducir otro elemento fundamental al análisis: *el trauma se produce y se renueva en tanto experiencia histórico social*. El sujeto ni vive ni experimenta solo ninguna situación traumática, sino que tanto la vivencia como la sensación que esta produce se dan en el contexto de la relación significativa con otros. La vergüenza, el dolor, el terror se sienten *en función* de otro, tanto del otro que se encuentra afuera como del otro internalizado.

Los trabajos del EATIP (Equipo Argentino de Trabajo e Investigación Psicosocial) definen esta cuestión con bastante precisión:

> [C]onsideramos que el término de marca psíquica alude al punto donde se entrelazan los conceptos de traumatismo (entendido como aquel evento que por su intensidad y cualidad es potencialmente patológico, según las capacidades defensivas y de elaboración psíquica) y la esfera narcisística del sujeto (con lo que implica de constitución de la identidad personal a lo largo de la historia, en su interrelación con otros significativos). (CINTRAS et al. 2009, 162)

Y más adelante sostienen:

> [L]a problemática del trauma está vinculada no solo al monto desestructurante del estímulo, sino también al sentido que este adquiere para cada persona, y a la posibilidad de encontrar o mantener apoyos adecuados para el psiquismo. Pero tanto el sentido individual del trauma como la posibilidad de mantener u obtener los apoyos adecuados están vinculados en estos casos al procesamiento social de la situación traumática. Esto desde ya vinculado a las series complementarias de cada sujeto. El efecto traumático está dado porque queda un remanente de angustia sin simbolización. (CINTRAS et al. 2009, 163)

Esto es, que el trauma se vive, se genera y se procesa de modo social, y su persistencia se vincula a la continuidad de su "activación" en el presente, en tanto subsisten las condiciones que convirtieron a la sensación en traumática.

Quiere decir que los procesos ocurren en el ámbito del aparato psíquico de uno o varios sujetos y no de colectivos sociales (de allí el carácter problemático de conceptos como "trauma social" o "trauma colectivo"), pero ya en su propia ocurrencia incluyen, de modos diversos y complejos, una dimensión histórico social, vinculada a la incidencia de los otros en cada uno, ya sea en el pasado en el que se produjo la situación traumática o en la continuidad de la misma en el presente. Y dicha incidencia es tanto directa (los otros en tanto otros significativos) como indirecta (los otros internalizados).

Desensibilización, repetición y pacto denegativo

A nivel social, la *represión* de lo traumático que ocurre en el ámbito de cada sujeto se articula con un fenómeno transubjetivo que algunos autores han dado en llamar *pacto denegativo,* por el cual se establece el acuerdo inconsciente a nivel social en la exclusión de toda referencia al suceso traumático:

> El pacto denegativo cumple también una función represora transubjetiva al servicio de la constitución de la memoria; su fórmula nunca enunciada podría ser: no recuerdes lo que podría poner en peligro nuestro vínculo, el cual es más precioso que el recuerdo de lo que ocurrió, pues lo que ocurrió ya ocurrió a uno y al otro. Bajo ese aspecto, el pacto denegativo sostiene el contrato narcisista, contribuye a la formación de los recuerdos-encubridores comunes: de los mitos, recuerdos-encubridores de los pueblos. El pacto denegativo participa también de la repetición mediante la cual se expresan la experiencia catastrófica y el traumatismo. Las parejas, las familias, los grupos, las instituciones y las sociedades tienen mecanismos de repetición según un orden propio. Administran, por lo tanto, las repeticiones psíquicas que allí se apuntalan y las conservan. (Kaës y Puget 1991, 177)

El *pacto denegativo* participa de la lógica de la repetición, pero a la vez establece un consenso nunca formulado en la reproducción de la represión, que opera colectivizando aquello que no puede ni debe ser formulado y acallando a los sujetos que intentan hacerlo aparecer. El traumatismo opera sobre la subjetividad individual, destruyendo cualquier vestigio de confianza previa e impidiendo a los afectados apropiarse de su propia historia, transformándolos—a través de dicho pacto denegativo—en extranjeros ante su propia vivencia, ajenizando de ese modo cualquier relato de lo ocurrido, de su impacto o posibilidad de articulación con resquicios de *la propia vivencia.*

Lo traumático produce asimismo una simultánea *desensibilización,* que opera en el campo de la subjetividad individual, pero con efectos de acumulación histórico-social. Uno de los mecanismos para afrontar una situación traumática consiste en la transformación de la pérdida de sensaciones en una desensibilización general, desconectando al aparato psíquico de la mayoría de las sensaciones producidas por el entorno. Esta *desensibilización* implica la instauración de una *falta de sentido* construida en la imposibilidad de abordaje de lo traumático. Llamaré a esta configuración *ideología del sinsentido,* ya que se basa en una renuncia ideológicamente justificada a toda búsqueda de estructuración de la propia identidad, articulada algunas veces con el cinismo, otras con el nihilismo, la sátira o la burla. Esta *ideología del sinsentido* constituiría un *momento superior del proceso de represión,* en tanto intento de semantización que, lejos de desafiar el pacto denegativo, busca instalarlo en un plano más consciente, otorgarle una solidez narrativa y restablecer algún tipo de coherencia identitaria al anular la propia existencia del yo previamente arrasado.

Así, ante el arrasamiento identitario producto del terror, esta *ideología del sinsentido* permite una reconstrucción de la coherencia al postular la inexistencia de la propia identidad, el sinsentido del pasado reproducido en un sinsentido del presente.

El terror como herramienta para la reformulación de las relaciones sociales

Tal como Lemkin lo planteara en sus obras de los años 40, el genocidio se propone fundamentalmente una destrucción de la identidad de la sociedad en la que se implementa. Y, obviamente, no tendría sentido destruir la identidad de un grupo al que a la vez se destruye físicamente. Pero es que Lemkin está muy lejos de plantear una contradicción o una afirmación banal porque, en su perspectiva, el objetivo de los crímenes de Estado modernos (por oposición a las masacres antiguas) no radica en el exterminio de los sujetos, sino en el efecto del proceso de aniquilamiento en *toda la sociedad,* los efectos que produce la muerte de algunos en *aquellos que quedan vivos.*

Sugeriré entonces que, en el genocidio, *el aniquilamiento no es el fin de la acción sino su herramienta.* Lemkin decía, en 1943: "El genocidio tiene dos etapas: una, la destrucción del patrón nacional del grupo oprimido; la otra, la imposición del patrón nacional del opresor" (2009, 154).

Lemkin era un jurista judeo-polaco y estaba pensando en los modos que el nazismo alemán había utilizado para destruir la identidad—¡¡polaca y alemana!!—, cosa que sus panegiristas han olvidado, demasiado centrados en las abstractas discusiones sobre el *carácter único* del nazismo. Funcionario del gobierno polaco, Lemkin consideraba que la propia nacionalidad polaca no podría continuar siendo la misma sin el aporte de los judíos, así como la nacionalidad alemana estaría irremisiblemente transformada sin el aporte de judíos o gitanos.

Todavía era muy temprano en la reflexión sociológica como para que Lemkin pudiera observar que las identidades no solo se componían de elementos culturales de matriz étnica, sino que también los distintos sectores políticos, sindicales, de género u orientación sexual, los discapacitados, entre otros colectivos, constituyen partes inescindibles de la identidad de un pueblo y que su aniquilamiento constituye un modo de opresión equiparable al del borramiento de los trazos históricos de la constitución de las identidades nacionales.

Pero la genialidad de Lemkin radicó en su capacidad de observación de la funcionalidad de los crímenes de Estado modernos: *su utilización como herramienta para expandir el terror y transformar identidades* (eliminar la identidad del grupo oprimido, imponer la identidad del opresor).

¿Pero cómo es que se reformulan las relaciones sociales a través del terror? Esto ocurre por medio de la secuencia *interrogación-confesión-delación* que, procedente del modelo inquisitorial, configura el funcionamiento del dispositivo fundamental del genocidio: el *campo de concentración*.

El poder concentracionario instaura un modelo de interrogación colectiva a la sociedad, una persecución que constituye una figura de peligrosidad cada vez más ambigua y laxa (la judaización o el enemigo de la raza aria bajo el nazismo, el "intelectual" o "pueblo nuevo" para el régimen camboyano, el "delincuente subversivo" bajo las doctrinas de la seguridad nacional, el terrorista para las nuevas doctrinas de seguridad internacional).

La peculiar ambigüedad de la figura perseguida vuelve sospechosas a capas cada vez más amplias de la población (en su modelo ideal al conjunto de la población, incluidos los posibles perpetradores). Esa inquisición particularizada del poder concentracionario frente a cada individuo busca producir una confesión, esto es, instiga a la *delación*. Para escapar del estigma, el individuo sospechoso debe sacar el estigma de sí, poniéndolo en otro. En Camboya, Argentina, la ex-Yugoslavia o Ruanda, el Estado buscaba que la población denunciara a sus vecinos, sus compañeros de trabajo, incluso sus familiares cercanos. Esta delación generalizada constituye el modelo más tremendo de reformulación de relaciones sociales, al obstaculizar cualquier posibilidad de reciprocidad o de cooperación.

El poder concentracionario tiende a crear el modelo de sociedad del que el viejo Hobbes quería escapar (sin haber demostrado jamás su existencia): una sociedad en la que todo hombre sea un lobo para el otro. El modelo concentracionario se propone construir un modelo de relaciones sociales en el cual el *otro* es aquel que me puede delatar o aquel al que voy a delatar. Al instalar el terror sobre el conjunto, el modelo concentracionario busca (por suerte, por lo general no lo logra) reformular las relaciones sociales para crear una *sociedad de delatores*. Porque en ese mundo hobbesiano en el que el *otro* es mi enemigo, el único aliado posible es el poder punitivo, a quien se debe seguir alimentando con más y más delaciones.

Los genocidios constituyen sociedades de sobrevivientes. Las páginas previas han permitido, por tanto, dar cuenta de los modos en los que se relacionan los procesos de memoria con los procesos de construcción de identidades y el uso de la tecnología de poder genocida con el objetivo de reorganizar las identidades a través del proceso "interrogación-confesión-delación". Pero este proceso es posible porque ha sido capaz de utilizar las vinculaciones entre los procesos de construcción de memoria e identidad y la producción de situaciones traumáticas. En lo que resta entonces se buscará ejemplificar algunas de dichas consecuencias para la construcción de los procesos de memoria en la sociedad argentina a partir del ejercicio de la violencia masiva estatal.

La construcción de procesos de memoria en el caso argentino

Al considerar el mejor modo de describir la violencia masiva estatal, no solo resulta relevante establecer la verdad de lo ocurrido: el número de asesinatos, torturas, desapariciones, apropiaciones de niños o violaciones. El valor de las categorías teóricas utilizadas se vincula también con los modos en que dichas calificaciones construyen distintos tipos de narrativas, afectando la construcción de representaciones colectivas. Cada construcción teórica (y, por tanto, cada construcción narrativa) puede fortalecer, facilitar o bloquear distintos conjuntos de memorias e incluso marcas traumáticas, permitiéndonos apropiarnos o alienarnos de distintas experiencias, sensibilizarnos o desensibilizarnos.

Los conceptos no son iguales a los hechos. Los conceptos son construcciones narrativas que otorgan sentido a los hechos, como ya hemos visto: dado que el registro de la memoria es caótico, son las categorías y las narrativas las que le otorgan coherencia y sentido. Por lo tanto, el debate sobre si lo ocurrido en la Argentina fue una guerra, un genocidio, la aplicación de un terrorismo de Estado o de crímenes contra la humanidad no puede resolverse apelando a los detalles fácticos (cantidad de asesinados, desaparecidos o heridos, secuestros, apropiaciones o violaciones), dado que la utilización de una u otra categoría no depende de ello sino del conjunto narrativo en el cual los mismos hechos aparecen, cobrando muy diferentes sentidos.

Breve revisión del debate sobre las categorías utilizadas en el caso argentino

La violencia estatal masiva en Argentina tendió a ser narrada a través de tres clasificaciones categoriales: guerra, genocidio y terrorismo de Estado (esta última expresada jurídicamente como "crímenes de lesa humanidad"). Aunque las tres categorías no son mutuamente excluyentes, sus ejes fundamentales tienden a construir patrones diferentes de explicación de los hechos fácticos y, por tanto, también efectos diferentes en los modos de trabajo de elaboración de los mismos.

La narración en tanto "guerra" ha tenido muy distintas modalidades, en muchos casos incluso incompatibles a nivel ético o político. Se pueden encontrar fundamentalmente en la "familia militar" (perpetradores, familiares, amigos, personal de las fuerzas armadas y de las fuerzas de seguridad) y sus sectores afines, en escasos sobrevivientes de las organizaciones armadas de izquierda y en algunos sectores académicos. Sus diferentes usos adjetivan la guerra como antisubversiva, sucia, revolucionaria, contrarrevolucionaria, contrainsurgente o civil. Más allá de sus enormes diferencias, todas coinciden en que la guerra comienza con las movilizaciones sociales y políticas de fines de los años 60, aunque las valoraciones sobre las mismas sean opuestas. La adjetivación en tanto "guerra sucia", utilizada por los propios perpetradores, busca señalar que las batallas no eran abiertas ni visibles, lo cual de hecho puede poner en cuestión la propia utilización de la categoría de guerra.[2]

Las calificaciones como genocidio o terrorismo de Estado, por el contrario, describen un proceso que busca iluminar como central la implementación del terror en el conjunto social, ya no como "exceso" sino como práctica sistemática para transformar al conjunto de la sociedad. Sin embargo, la diferencia fundamental entre ambas reconstrucciones de sentido es que la categoría de terrorismo de Estado se centra en la violencia estatal y observa a las víctimas como individuos que fueron arrasados en sus derechos, en tanto que la categoría de genocidio se centra en la destrucción grupal de las identidades, en el caso argentino conceptualizada como "destrucción parcial de la identidad nacional argentina".[3] Una de las mayores diferencias entre estas dos narraciones se vincula a la identidad y el carácter de las víctimas. En el caso del terrorismo de Estado las víctimas son ciudadanos politizados cuya identidad fue "voluntaria"; se busca así separarla de identidades menos voluntarias como las étnicas o nacionales para distinguirlo del concepto de genocidio. En el caso del genocidio, las víctimas son miembros del "grupo nacional": se plantea que la politicidad no pasa por la identidad individual sino por la pertenencia a colectivos que actuaban afectando la realidad (sindicatos, partidos políticos, organizaciones barriales, estudiantiles, deportivas, entre otras) y cuyos vínculos debían ser arrasados más allá de la opinión política de sus miembros.

Vale señalar, en este último debate, que los procesos identitarios son muy complejos y articulan modos de ser y de hacer en todos los casos, con lo cual resulta imposible (y problemático) tratar de separar componentes fijos de la identidad de componentes variables. Por el contrario, todo genocidio se caracteriza por postular lo variable como fijo, esencializando las identidades, que de por sí siempre son dinámicas y fluctuantes.[4]

Efectos de estos debates en los modos de construcción de los afectados por la violencia estatal

Los tres sistemas de representación producen efectos diferentes, como se intentó adelantar, en el modo de construcción de quiénes son los afectados por la violencia estatal:

1. Al describir a los eventos como "guerra", estos son construidos en una equivalencia de "contendientes", esto es, como miembros de un ejército que combate. El conjunto de afectados por la violencia estatal es simplificado a su expresión minoritaria (los miembros de organizaciones armadas de izquierda con capacidad de combate) e igualado de algún modo con los miembros de la maquinaria estatal, en tanto ejércitos que combaten y pueden sufrir las consecuencias de dicho enfrentamiento. Esto ha tenido fuertes efectos en las lógicas categorizadas como "teorías de los dos demonios", al equiparar a los miembros de la maquinaria estatal con aquellos sobre los que se descarga dicha violencia.
2. Al calificar a los hechos como genocidio, la figura de afección es conceptualizada como "el grupo nacional argentino", esto es, como un intento de destruir los lazos sociales del conjunto de la nación a través de la eliminación de subgrupos específicos de la misma. Esta perspectiva

también incluye de algún modo a los perpetradores pero quebrando la dualidad: los torturadores también habrían sido afectados pero precisamente por haberse convertido en torturadores, lo cual genera no solo efectos en ellos sino en sus familias, como ha quedado ejemplificado en la reacción de muchos de sus familiares en estos últimos años y su conformación como colectivo de lucha por la memoria, verdad y justicia, enfrentando a sus propios padres, tíos, abuelos o esposos.[5] El eje del planteo es que la violencia así implementada afecta el lazo social de cada miembro de la sociedad, aunque sus marcas no sean equivalentes.

3. Por último, cuando los eventos son caracterizados como terrorismo de Estado o crímenes contra la humanidad, el eje se desplaza a las violaciones cometidas por el aparato estatal contra la población civil, que es conceptualizada como "individuos afectados en sus derechos" o, en sus versiones más politizadas, como "integrantes de determinadas organizaciones políticas", pero en cualquier caso, incluso en este último, su victimización es reconstruida en términos de la afectación a cada individuo o a cada familia, sin plantearse la afectación a quienes no fueron "víctimas directas" de los hechos (esto es, aquellos que no fueron secuestrados, torturados, desaparecidos o asesinados).

Los modos de construcción de sentido: las formas de la causalidad

La narrativa de la guerra se articula en función de la oposición binaria entre victoria y derrota. Todos los sectores que utilizan la calificación de guerra coinciden en que el resultado fue una victoria del gobierno militar, más allá de las distintas calificaciones sobre los sentidos y valoraciones de dicha victoria. Sin embargo, el elemento en común de todas las narrativas que estructuran la explicación como guerra es que asignan a los hechos una causalidad *defensiva*. Esto es, el origen de la explicación se ubica en la conflictividad social del período previo y la violencia estatal habría sido una respuesta (en dicho sentido, *defensiva*) ante la conflictividad, más allá de haber resultado *excesiva*. Se habría tratado de la defensa del *status quo*, más allá de que el mismo sea reivindicado o cuestionado por quienes sostienen la narratividad de la guerra.

En contraste, quienes asumen la calificación como genocidio observan a la violencia estatal desde una causalidad *ofensiva*. Esto es, que no se trató de una respuesta para sostener o consolidar el *status quo* sino de una estrategia para transformar la realidad existente, eliminando a través del terror las mediaciones sociales que impedían una brutal transformación de la distribución del ingreso. Estas visiones pueden observarse en la muy temprana *Carta abierta de un escritor a la Junta Militar* (1977), de Rodolfo Walsh, o en trabajos que buscan encontrar el sentido estructural del uso de la violencia estatal (Aspiazu, Basualdo y Khavisse 1986). En definitiva, estas narrativas quiebran la lógica causal—*primero la conflictividad social, luego la respuesta represiva*—, señalando que la estrategia de destrucción de los lazos sociales buscaba la transformación del *status quo* existente y no su defensa y que, por tanto, era relativamente autónoma del grado de radicalidad de la conflictividad social. Se constituye, de este modo, en uno de los modos más eficaces de quebrar toda recaída en las lógicas igualadoras de "los dos demonios".

Por último, aquellos que asumen la narrativa del "terrorismo de Estado" no desarrollan una explicación causal en términos de conflicto social, dado que el eje se encuentra puesto en las violaciones de derechos humanos por parte del aparato estatal, siendo que las mismas resultan injustificadas y, por tanto, pueden adscribirse a cualquiera de las dos lógicas causales (defensiva u ofensiva) o a ninguna de ellas.

La cuestión de las analogías (el uso del pasado en el presente)

Un tercer eje de análisis se vincula a uno de los sentidos prioritarios de la relación entre la memoria y el presente: ¿con qué otros hechos del pasado se conecta cada modelo narrativo, en tanto son dichos hechos los que producen consecuencias concretas del uso de las representaciones del pasado para la acción, los aprendizajes o las prescripciones para el presente y el futuro?

Los relatos de la guerra civil o revolucionaria vinculan lo ocurrido con experiencias que van desde el paradigmático caso de la Revolución rusa hasta los más cercanos en América Latina, en especial el de la Revolución cubana. La articulación directa entre guerra y proceso revolucionario tiende a perder de vista el carácter aniquilador de la práctica que, siendo un elemento fundamental para comprender la experiencia argentina, no lo es en absoluto para comprender los procesos revolucionarios. Aun cuando en otras situaciones de América Central se articularon los fenómenos de una guerra revolucionaria-contrarrevolucionaria y un genocidio (en El Salvador, en alguna medida en Nicaragua, quizás en Guatemala, aunque resulta más discutible), si se da prioridad a una de las características se tiende a invisibilizar o subordinar a la otra, reduciendo el aniquilamiento a la guerra y esta a la disputa por el proyecto revolucionario. Estas reducciones generan efectos peculiares en los procesos de memoria, ya que transforman al genocidio en un subproducto de la lucha revolucionaria, impidiendo de algún modo elaborar críticamente su especificidad en tanto práctica de destrucción, así como sus marcas y efectos traumáticos en las identidades colectivas.

Las representaciones de lo ocurrido en Argentina como genocidio remiten a la experiencia del nazismo, en tanto caso paradigmático. Esta analogía tiene sus problemas y sus ventajas. Por una parte, la insistencia en el carácter racista del nazismo podría oscurecer el eje de los procesos de destrucción en América Latina y Argentina. Esta consecuencia puede ser constatada en el uso del concepto de genocidio para el caso de Guatemala, en el que la insistencia en el aniquilamiento de la población indígena tiende a oscurecer la intencionalidad política que guio el proceso, tendencia que se aplicó también a las propias memorias del nazismo hasta hoy en día, en particular cuando se refiere a la aniquilación de la identidad judía, la que resultó vaciada de los elementos políticos que podrían permitir comprender la decisión aniquiladora del nazismo.

Sin embargo, la utilización del concepto de *destrucción parcial del grupo nacional* no solo constituye una posibilidad de quebrar esta cosificación de los exterminios en función del racismo (ya sea en el nazismo, en Guatemala o en Argentina), sino que generó una transformación de toda posible memoria de los aniquilamientos en la modernidad, al incorporar al conjunto de las poblaciones sobre las que se abatió la violencia estatal como *afectadas* por el exterminio y, por lo tanto, produciendo una interpelación colectiva vinculada a las diversas responsabilidades y consecuencias de esta experiencia.

Por otra parte, la analogía con el nazismo produjo otra rápida identificación en los procesos de memoria, esta particularmente positiva, que se vincula a la concepción de la violencia masiva estatal como delito y a la no aceptación de la impunidad de dichas prácticas. Una consigna popular argentina expresaba con claridad la resistencia argentina ante la impunidad ya en los últimos años de la dictadura militar: "Como a los nazis les va a pasar, adonde vayan los iremos a buscar". Aun cuando los juicios a los criminales nazis no fueron ni tan amplios ni tan justos como aparecen en las memorias sedimentadas (los *marcos sociales de la memoria* del nazismo), lo relevante a nivel de los procesos de memoria es que dicha imagen de imprescriptibilidad y de inviabilidad de la impunidad ha acompañado la lucha por la justicia en Argentina; la utilización del concepto de genocidio y la analogía con el nazismo han jugado un papel crucial en dicho proceso.

Las narraciones que priorizan la calificación de Estado terrorista no remiten tan claramente al pasado—donde se articulan con infinidad de violaciones de derechos humanos, quizás siendo el nazismo la más significativa—, sino fundamentalmente al futuro, a través de la creación de nuevas y cada vez más amplias normativas internacionales y cuerpos institucionales (los Tribunales Internacionales, la Corte Penal Internacional, las Convenciones de Derechos Humanos internacionales e interamericanas, etc.) surgidos en la mayoría de los casos con posterioridad a los hechos vividos en la dictadura militar argentina.

El redireccionamiento del derecho penal a través de la utilización del discurso de los derechos humanos como herramienta neoimperialista (Feierstein 2009), que tuvo su expresión más clara y directa con la intervención en Libia durante 2011, puede permitir el ingreso de la experiencia argentina como uno más de los usos del pasado para legitimar la intervención internacional con el pretexto de la "responsabilidad de proteger" a las poblaciones civiles que sufren "violaciones de derechos humanos", entendidas estas de modo laxo e indiferenciado, a diferencia del concepto de genocidio, mucho más restrictivo y acotado.

Esta igualación en tanto "violaciones de derechos humanos" se ha transformado en una herramienta formidable de legitimación de la conquista imperial en el siglo XXI, en momentos de deslegitimación de la cruzada anticomunista e incluso de la guerra contra el terrorismo. Centrado en la dualidad del terrorismo (estatal versus civil) y eligiendo un concepto ambiguo y abierto como el de crímenes contra la humanidad, esta analogía ha conducido a la homologación de toda situación de "violencia". Si para dar cuenta de la existencia de una guerra o un genocidio hacen falta elementos objetivos bastante claros (el control territorial o los ejércitos profesionalizados para una guerra; la intencionalidad de destrucción de un grupo para un genocidio), pareciera cada vez más que cualquier acción de violencia estatal—e incluso para la Corte Penal Internacional y otros actores internacionales también muchas acciones de violencia no estatales sino insurgentes—puede ser rápidamente clasificada como crimen contra la humanidad e igualada sin atención a sus fundamentales diferencias.

Por tanto, la analogía construida en relación con este tercer tipo de narrativa parece ser una creciente inflación e igualación de prácticas totalmente diferenciales, cuya sumatoria global—en caracterizaciones como "el siglo de los genocidios"—terminan operando como legitimación y justificación moral de acciones en casos donde la violencia no suele ser sistemática, no se encuentra definitivamente constatada o no deriva del aparato estatal. Paradójicamente, dichas intervenciones realizadas para "impedir" la comisión de crímenes contra la humanidad terminan produciendo muchas más víctimas que las que se pretendía evitar.

Efectos en la transmisión transgeneracional

Un último y fundamental elemento se vincula a los modos en los que las distintas representaciones pueden actuar en la transmisión generacional.

La narratividad de la guerra (en los casos en los que resulta sostenida por los miembros de organizaciones armadas de izquierda o grupos afines) tiende a construir a los desaparecidos como "héroes". Esta construcción "heroica" también aparece en algunas narratividades que se estructuran como genocidio o como terrorismo de Estado. La visión heroica, paradójicamente, reduce a la segunda generación a un estado de permanente incompletud, en tanto ninguna de sus acciones jamás puede igualar el heroísmo de "aquella generación", en tanto las condiciones históricas en las que viven no permiten la emergencia de dichas conductas. Ello tiende a construir un duelo de tipo melancólico, que dificulta a los miembros de la segunda generación encontrar un lugar propio en su presente histórico-social.

Una segunda narratividad que existe dentro del amplio campo del "terrorismo de Estado", estructura, por el contrario, condenas abstractas de "la violencia" que tienden a explicarla desde una supuesta "naturaleza humana" y a abjurar de cualquier modo de militancia, en contraposición con las visiones heroicas. Estas condenas abstractas e igualadoras de "la violencia" impiden a la segunda generación cualquier recuperación de la militancia previa, en tanto se estructura a dichos militantes como parte de la generación "cautivada" por la violencia, conducta de la que habría que abjurar desde la nueva institucionalidad democrática.

Tanto las visiones heroicas como estas segundas que podríamos calificar como "renegadas" generan modos opuestos de alienación para quienes no vivieron los hechos: la respuesta heroica resulta imposible en el contexto histórico contemporáneo y la renegada impide cualquier recuperación de los aportes y valores de la generación previa. De este modo, la experiencia de los años 70 aparece como desgajada de las realidades contemporáneas de la segunda generación.

Con dificultades para construir un diálogo intergeneracional, esta segunda generación argentina resultó de todos modos afectada en modos complejos y profundos. Algunas de sus respuestas pueden observarse en la aparición a mediados de los 90 de la práctica del "escrache" como modo de confrontar con la situación de impunidad o también en distintos modos de interpelar a la generación de sus padres con respecto al rol jugado en los años del terror. Ello queda expresado en la propia consigna de los escraches—"Como no hay justicia, hay escrache"—, inaugurando modalidades originales de disputa con los modos de aceptación social de la impunidad. Aunque dirigido al aparato estatal, la demanda también puede leerse como un reclamo a una generación que toleraba la impunidad.

Este tipo de interpelaciones también pueden identificarse en la producción artística o literaria de la segunda generación, en algunos casos proveniente directamente de los hijos de desaparecidos (por ejemplo, Albertina Carri, Gabriel Gatti o Mariana Eva Pérez), pero también de miembros de dicha generación que vivió el terror sufrido por sus padres aún sin haberlo experimentado en pérdidas en su propia familia. Un caso especialmente provocativo pueden ser los poemas de Juan Terranova, quien le reprocha a toda la generación previa el haberse instalado cómodamente en la posición de "víctimas", cuyo rol solo sería el de recibir compensaciones, ignorando su responsabilidad ante sus pares y, mucho más importante, ante la generación de sus hijos. Para Terranova, este posicionamiento es el que les impidió sacrificar sus posiciones laborales, políticas o académicas, su tiempo o sus deseos para hacer lugar a las necesidades de sus hijos (2004). Esta dificultad para aceptar el propio legado—tanto en el modo acrítico de lo heroico como en la modalidad melancólica del "fracaso de los violentos"—se constituyó en un dique que dificultó cualquier posibilidad de transmisión de un legado.

La necesidad de comprender cómo las prácticas sociales son transformadas por el terror es un desafío tanto para la generación que lo vivió como para las generaciones siguientes. Ello requiere de un diálogo transgeneracional que permita hacer lugar al dolor, la vergüenza o la culpa, que pueda abrir la posibilidad de construir un legado que recoja los sueños, deseos, proyectos, dudas y errores de una generación que soñó un mundo más justo y fue duramente castigada por ello. Y dicho quiebre de la transmisión fue una condición necesaria para quebrar los lazos sociales y facilitar una distribución regresiva de la riqueza. El genocidio que se abatió sobre la población argentina se propuso quebrar los lazos sociales, transformar el sentido de la existencia, reorganizando los modos de conceptualizar la propia identidad y las relaciones con los seres queridos y con los propios hijos.

A modo de conclusión

El objetivo fundamental de la violencia estatal masiva que tuvo lugar en Argentina fue la desensibilización y la desubjetivización, lo cual afectó no solo a las víctimas "directas" del sistema concentracionario sino al conjunto de la población. La efectividad de dichas prácticas se deriva del rol efectivo del terror en la construcción de memorias de largo plazo, pero sus consecuencias no suelen ser conscientes, ya que al tratarse de hechos traumáticos (que ponen en cuestión la propia identidad narrativa) tienden a ser reprimidos como tales o se buscan explicaciones del pasado (tipos de "memorias") que permitan mantener a la sensación de angustia reprimida a través de pactos denegativos, modos de bloquear determinadas narraciones, experiencias o reconstrucciones de sentido.

Los tres conjuntos de representaciones analizadas (guerra, genocidio, terrorismo de Estado) tienden a crear distintos tipos de narraciones que priorizan diferentes memorias y producen distintos efectos en las identidades colectivas. Y este debate no se resuelve en la precisión de las definiciones sino en el análisis de las consecuencias de los sistemas narrativos en los que dichos conceptos se articulan. Aquellos que terminan enredados en la discusión de definiciones, muchas veces se vuelven incapaces de detectar sus propios procesos de transferencia, producto de sus propias afectaciones en tanto miembros de una sociedad sometida al terror.

Los genocidios reorganizadores crean sociedades de sobrevivientes y la sociedad debe aprender a reconstruir su identidad *en tanto sobreviviente*. Como seres humanos, somos criaturas adaptativas y tanto nuestras memorias como nuestras identidades se organizan en función de la necesidad de supervivencia. El terror es particularmente efectivo en su capacidad de construir sentido para garantizar la supervivencia, pero ello puede producir profundos efectos en nuestra identidad y en nuestro vínculo con los otros.

Una pregunta central, entonces, es el rol que pueden jugar distintos conceptos, distintos sistemas narrativos en la posibilidad de elaborar las experiencias traumáticas, en identificar y poner en cuestión muchas de las construcciones que derivan del terror, en ser capaces de desafiarlas, en habilitar la transmisión de legados, en escuchar y asumir la interpelación y las necesidades de nuestros hijos: no para creer que una de dichas representaciones o narrativas o conceptos habilitará mágicamente las sensaciones reprimidas, sino para intentar colaborar en la construcción de memorias más complejas, que puedan—en su desarrollo—ir quebrando poco a poco la represión de las vivencias traumáticas y apostar a una reconstrucción de nuestra identidad que pueda hacer lugar al terror vivido y hacerse responsable de lidiar con sus consecuencias.

Notas

1. El concepto de *estrés postraumático* es duramente cuestionado por numerosos autores como un modo de patologización de la experiencia sociopolítica y subjetiva del trauma.

2. Es significativo que el concepto de "guerra sucia" (creado y utilizado por los perpetradores) sea el que hegemoniza la calificación de los hechos fuera de Argentina, muy en especial en la literatura en inglés que se refiere al caso hegemónicamente como "dirty war". Paradójicamente, dicho concepto no es muy aceptado ni utilizado en la Argentina, aunque reapareció en los últimos años, muy en especial en varias referencias del actual presidente argentino, Mauricio Macri.

3. De este modo la califican numerosas sentencias de la justicia argentina (más de 30 hasta fines de 2018), precedidas por la primera de ellas en 2006 en el Tribunal Oral Federal de la Plata que condenó a prisión perpetua al subjefe de la Policía de la Provincia de Buenos Aires, Miguel Etchecolatz.

4. En el propio debate en Naciones Unidas para la sanción de la Convención contra el Genocidio, el representante sueco postuló el absurdo de incluir a las identidades religiosas en la definición y no hacerlo con las políticas, siendo que ambas derivaban de decisiones bastante similares. Para el caso, tampoco es posible demostrar que otras identidades que aparecen como más estables (por caso las étnicas) no tengan el mismo grado de variabilidad.

5. Ello ha dado lugar a la creación de dos colectivos: Historias Desobedientes y con Faltas de Ortografía e Hijxs y ex-Hijxs de Genocidas, en ambos casos buscando enfrentar y asumir la herencia familiar de contar con un genocida en su núcleo familiar.

Bibliografía

Aspiazu, Daniel, Eduardo Basualdo y Miguel Khavisse. *El nuevo poder económico en la Argentina de los años 80*. Buenos Aires: Legasa, 1986.

Bermann, Sylvia, Diana Kordon y Lucila Edelman et al. *Efectos psicosociales de la represión política*. Buenos Aires: Sudamericana, 1986.

Bowlby, John. *Attachment and Loss (Volume 3): Loss, Sadness, and Depression*. Londres: Hogarth, 1980. CINTRAS, EATIP, GTNM/RJ AND SERSOC. *Daño transgeneracional: consecuencias de la represión política en el Cono Sur*. Santiago de Chile: Gráfica LOM, 2009.

Danieli, Yael, editor. *International Handbook of Multigenerational Legacies of Trauma*. Nueva York: Plenum Press, 1998.

Edelman, Gerald y Giulio Tononi. *A Universe of Consciousness: How Matter Becomes Imagination*. Nueva York: Basic Books, 2000.

Feierstein, Daniel. *Los dos demonios (recargados)*. Buenos Aires: Marea, 2018.

———. *El genocidio como práctica social: entre el nazismo y la experiencia argentina*. Buenos Aires: Fondo de Cultura Económica, 2007.

———. *Memorias y representaciones: sobre la elaboración del genocidio*. Buenos Aires: Fondo de Cultura Económica, 2012.

———. "El peligro del redireccionamiento de los conceptos del derecho internacional: las Naciones Unidas, la Corte Penal Internacional y el nuevo papel de los EE. UU.". *Revista de Estudios sobre Genocidio* 3 (2009): 83–97.

Freud, Sigmund. *Beyond the Pleasure Principle*. Traducido de la segunda edición alemana por C.J.M. Hubback. Londres-Viena: International Psycho-Analytical, 1922.

———. "Mourning and Melancholia". En *The Standard Edition of the Complete Psychological Works of Sigmund Freud, Volume XIV (1914–1916): On the History of the Psycho-Analytic Movement, Papers on Metapsychology and Other Works*, 237–58. Londres: The Hogarth Press and the Institute of Psychoanalysis, 1917.

Kaës, René y Janine Puget. *Violencia de Estado y psicoanálisis*. Buenos Aires: Centro Editor de América Latina, 1991.

Kandel, Eric R. *In Search of Memory: The Emergence of a New Science of Mind*. Nueva York: W. W. Norton & Company, 2006.

Laborit, Henri. *La Colombe assassinée*. París: Grasset et Fasquelle Éditeur, 1986.

Laplanche, Jean y Jean-Bertrand Pontalis. *Vocabulaire de la Psychanalyse*. París: Presses Universitaires de France, 1967.

Lemkin, Raphael. *Axis Rule in Occupied Europe*. Washington, D.C.: Carnegie Endowment for International Peace, 1944. Versión en español: *El dominio del Eje en la Europa ocupada*. Buenos Aires: EDUNTREF-Prometeo, 2009

Terranova, Juan. *El ignorante*. Buenos Aires: Tantalia/Crawl, 2004.

CAPÍTULO 6

Formas de la memoria en Colombia

Fricciones y encuentros

Jefferson Jaramillo Marín

LA HISTORIA RECIENTE DE Colombia, marcada por violencias, transiciones y resistencias, revela la presencia de unas formas de la memoria que se friccionan y encuentran constantemente.[1] Su naturaleza y alcances no son fáciles de comprender bajo la idea convencional según la cual la memoria es en esencia un dispositivo de representación del pasado en el presente. Creo entrever algunas razones para ello. En primer lugar, nuestras memorias de lo ocurrido en el país desde la segunda mitad del siglo XX han sido reconstruidas desde marcos interpretativos de lo sucedido, condensados en tramas explicativas (Jaramillo 2011; 2017). En segundo lugar, estas memorias han estado enmarcadas en mecanismos institucionales de trámite como son las comisiones de estudio sobre la violencia (Jaramillo 2014). En tercer lugar, si bien nuestras memorias no pueden soslayar los andamiajes instituidos, han sido por lo general tejidas, activadas y representadas por hilos experienciales y biográficos, creativos y contestatarios. Estos hilos, eclipsados en ciertas coyunturas de la historia nacional por relatos canónicos, han movilizado prácticas y estéticas de reexistencia (Jaramillo, Parrado y Torres 2017).

La presencia y/o la visibilidad, la ausencia y/o el protagonismo, la tensión y/o la conjugación de estas formas, no puede deslindarse de cierto *boom* de las memorias por el que ha atravesado el país, tema sobre el cual ya diversos autores han insistido en lo que han dado en llamar el "tiempo de las víctimas", el "tiempo de las memorias" o la "década de la memoria" (Orozco 2009; Sánchez

2008a, 2013; Reyes-Mate 2008; Jaramillo 2016). Aunque pueden existir diferencias sustantivas entre unas y otras formas de la memoria, lo común a todas ellas es la necesidad o urgencia de encontrar un horizonte de significación a lo sucedido en el país, ya sea desde la trama dolorosa o desde la estética de la afirmación de la vida (Albán 2009). Podrá notar el lector a lo largo de este texto que, más que una aproximación sociohistórica sobre los condicionamientos económicos y políticos, estructurales u objetivos, estratégicos o tácticos generados, derivados o asociados con la violencia y las transiciones de paz como hechos sociales, me mueve el interés por las manifestaciones de sentido que estas formas de memoria representan.

Sobre la expresión "formas de la memoria" en Colombia

Si consideramos la memoria desde la óptica de una particular manera de representar colectiva e individualmente el pasado en el presente, es innegable que este es un hecho que acompaña social y culturalmente las formaciones humanas. En ese orden de ideas, como asegura el historiador Enzo Traverso, "en todo tiempo y lugar las sociedades humanas han tenido una obsesión por la memoria colectiva y la han alimentado de ritos, ceremonias e incluso de políticas. Las estructuras más elementales de la memoria [como ya nos lo recordaran los antropólogos y sociólogos] residen en la conmemoración de los muertos" (Traverso 2007, 16).

¿Cómo se explica entonces que el asunto de las memorias haya ingresado en el registro nacional de preocupaciones urgentes y contemporáneas, siendo una labor tan hondamente humana y social? ¿Cómo se comprende que en el pabellón 20 de la Feria Internacional del Libro de Bogotá (FILBO 2018) el tema central que atrajo la atención del público haya sido una triada de elementos que *se supone*[2] entrarán a formar parte del guion del museo nacional de la memoria histórica: agua, tierra y cuerpo? Una respuesta a dichas preguntas, que para muchos no ameritaría ni siquiera discusión, sería: la sociedad colombiana tiene un deber político e histórico con las víctimas de ayer y hoy, por lo cual es un imperativo ético visibilizar sus memorias de dolor y resistencia.

Sin negar el sentido de la respuesta anterior, una de las cuestiones en las que he insistido es que necesitamos comprender con más rigor en el país, a través de ejercicios de investigación y de discusión pública, los procesos y prácticas de incrustamiento de las representaciones de nuestros pasados recientes de violencia en ese *boom* criollo de las memorias, a través de un significante flotante como es el de memoria histórica. Este significante está cada vez más presente en escenarios y publicaciones, es movilizado por organizaciones, y es situado como parte de unas políticas de memoria donde tienen juego otros sintagmas asociados, como son los de "deber de memoria", "derecho a la memoria", "deber de conmemoración", entre otros.

No me detendré aquí sobre este asunto, reflexionado en Jaramillo, Parrado y Torres (2017) y Jaramillo, Berón y Parrado (2020), empero haré la salvedad que este significante, aunque logra ganar en legitimidad a través de arquitecturas institucionales como el Grupo de Memoria Histórica entre 2007 y 2011 y el Centro Nacional de Memoria Histórica entre 2007 y 2018 (Herrera y Cristancho 2013; Riaño y Uribe 2016; Sánchez 2018a) no puede asumirse como clausurado en la discusión. Y no puede ser cerrado porque, como cualquier otra "palabra mágica" (Rivera Cusicanqui 2018a), el significante termina posibilitando y habilitando un espacio para la conversación, pero también domesticando y encubriendo.[3] La labor de abrir la discusión sobre "lo mágico" de este término debe hacerse desde distintos horizontes reflexivos, registros políticos y espacios sociales.

Sin querer restar importancia a este tema, en este texto el camino que tomaré es otro. Quiero señalar que el carácter prolongado o coyuntural de nuestras violencias y transiciones pacíficas, así como también las marcas estructurales, los matices y huellas subjetivas del conflicto armado y político en Colombia durante el siglo XX e inicios del XXI, han alimentado distintas formas de la memoria. Entiendo por estas formas, esquemas y prácticas de imaginación colectiva e individual de los pasados y presentes de un país, con la consecuente formación y sedimentación de sentidos sociales e institucionales sobre lo sucedido. En el caso de Colombia, lo acontecido a partir de la segunda mitad del siglo XX. Estas formas están condensadas en marcos interpretativos, en prácticas de desmemoria y en narrativas disonantes.

Permítaseme hacer una breve digresión sobre qué entendemos aquí por marcos interpretativos, prácticas de desmemoria y narrativas disonantes. Los primeros son encuadres discursivos que terminan formando unos regímenes narrativos comprehensivos. Estos marcos interpretativos corresponden a un ensamble de una sucesión de asociaciones realizadas por diversos sectores, entre elementos heterogéneos explicativos, posturas políticas, experiencias biográficas y agentes plurales de nuestras violencias y resistencias. En estos marcos se entremezclan dispositivos metodológicos, tramas explicativas, memorias sociales e históricas, recomendaciones públicas (Jaramillo 2017).

Estos marcos interpretativos están en relación con unos encuadres epocales: el Frente Nacional, la Seguridad Democrática, la Violencia de los años 50 o la Guerra de los Mil Días, por ejemplo.

Las prácticas de desmemoria, por su parte, las comprendemos siguiendo muy libremente a Sigmund Freud (1986 [1899]) como aquellos haceres y decires que están sustentados en "recuerdos encubridores", es decir, recuerdos que son menos importantes y que, por un proceso de desplazamiento, excluyen u ocultan otros recuerdos más importantes y significativos en un momento dado. Recurriendo a esta expresión, Alberto Valencia analiza la figura del General Gustavo Rojas Pinilla y el juicio político en el Congreso de la República que terminó jugando como "vulgata histórica de la tiranía", encubriendo la responsabilidad de las élites en la Violencia de los años 50 durante el Frente Nacional (Valencia 2015). Este episodio señala cómo los marcos interpretativos con los que fue leído el Frente Nacional por las élites, terminaron generando unas prácticas de desmemoria con saldos hasta el día de hoy. Aquí el recuerdo encubridor sería protector para las élites, sería el ancla de silencio frente a las responsabilidades sobre la violencia.

Uno de los recuerdos encubridores centrales para el país ha quedado consignado en la célebre frase "todos nos equivocamos, por tanto, todos somos responsables de lo que ha pasado". Esta frase sigue haciendo carrera en nuestra historia. Dicha imputación de responsabilidades al "nosotros nacional", al "alma colombiana", a la "cultura tropical del colombiano" o a la "forma de ser del latinoamericano", corre el riesgo de excluir o evaporar las responsabilidades individuales. De hecho, si hay algo que atraviesa la historia del país es la evaporación de responsabilidades. De manera adicional, los medios privados en Colombia han servido como enormes fábricas de desmemoria, en la medida que posicionan representaciones en muchos casos estereotipadas y falsificadoras de lo ocurrido en la historia reciente. Una muestra de esto último son las producciones televisivas de alto impacto en el *rating*, como *Los tres Caínes* (2013), acerca del origen del paramilitarismo; *El cartel de los sapos* (2008-2013) y *Narcos* (2015), acerca de la "época de oro" del narcotráfico; o *La niña* (2016), acerca de la vida de una adolescente dentro de la guerrilla de las FARC y su posterior reintegración en la sociedad (Schuster 2017). La agenda mediática, así como visibiliza y denuncia lo ocurrido, opera en la mayoría de los casos más como deshidratante de las memorias, como "encubridora de recuerdos". El resultado, en muchos casos, es el posicionamiento de una memoria banalizada, simplificada y esencialista de nuestro pasado y presente (Schuster 2017).

Por su parte, las narrativas disonantes juegan aquí como contramemorias, es decir, "narrativas otras" que tienen vocación de alternatividad frente a los relatos canónicos. Estas contramemorias pueden estar contenidas en marcos interpretativos, en experiencias biográficas, en vivencias comunitarias, en apuestas artísticas, en lecturas disruptivas, en memorias incómodas, en institucionalidades comunitarias, entre otros (Jaramillo, Castro y Ortiz 2017). Sin embargo, acogiendo ciertos trazos conceptuales de Achille Mbembe (2016), esgrimiendo que las memorias disonantes que nos interesan son las "memorias populares", las memorias que están conectadas con procesos de "insurgencias cotidianas" (Rivera 2018b), las no generadas por expertos ni gobiernos, y que están atravesadas por una sensación constante de estar afrontando siempre la "pérdida" desde la "esperanza" y por la necesidad de habitar profundamente que esas memorias nombran . Estas memorias no cuentan historias limpias, puras y diáfanas, y en ellas siempre están en juego los "claroscuros de nuestra historia reciente" (Hilb 2018), el "saber cómo vivir lo perdido", en reconocer "con qué nivel de pérdida se puede vivir" y en reinventar la vida desde múltiples estéticas (Alban 2009).

Para situar un ejemplo concreto. Un hito poco recordado como una contramemoria y que se inserta en un marco interpretativo de época es *El libro negro de la represión*, escrito por el Comité de Solidaridad con los Presos Políticos (CSPP) en 1974. Este libro, del cual ya casi nadie tiene recuerdo, condensa unas memorias que hablan de las violaciones emblemáticas producidas por el Estado colombiano a los derechos humanos, pero también unas contramemorias, las de la izquierda activista, que controvierten el discurso estatista del momento marcado por la tradicional "desmemoria institucional". La expresión de esta desmemoria se puede encontrar en las afirmaciones de Carlos A. Dunshee de Abranches, presidente de la Comisión Interamericana de Derechos Humanos (CIDH), quien, en una visita a Colombia en 1973, afirmaba que el país "daba un espectáculo de equilibrio democrático" (González Jácome 2016, 124). El informe se concentra en denunciar ese equilibrio, mostrando los cuerpos torturados y a la fuerza pública reprimiendo civiles; además, señala la ira popular expresada en su momento en jóvenes guerrilleros y movilizaciones populares.

Otro ejemplo concreto ocurrió hace cerca de 100 años con el pensamiento de liberación expresado por Manuel Quintín Lame, un indígena terrajero del Cauca. Sin detenerme en discutir si la figura de Quintín ha sufrido de inflación o devaluación antropológica o histórica, me refiero a él como expresión de la contramemoria a nivel local y regional. Su pensamiento, contenido en libros como *En defensa de mi raza* y también en algunos documentos que se editaron bajo el título de *Las luchas del indio que bajó de la montaña al valle de la civilización*, hablan del influjo de esa contramemoria en la invasión y la usurpación de la tierra, planteando los dilemas no resueltos entre resistencia y sumisión, entre integración a la nación o resistencia local (Vasco 2008).

Las tramas explicativas de la violencia en Colombia

En Jaramillo (2017) hemos mencionado unos ejes temáticos más o menos reiterativos e insoslayables como parte de las tramas explicativas que se han venido posicionando sobre las violencias, las cuales influyen en la forma cómo se reconstruyen las memorias de esas violencias desde la segunda mitad del siglo XX.[4] Estos ejes son seis: el que hace relación a los sustratos o agravios histórico-genéticos y a los factores de prolongación; el que enfatiza en las continuidades y las discontinuidades de las violencias; el que se interesa por las periodizaciones alargadas y las periodizaciones acortadas; el que se preocupa por el pragmatismo jurídico–político de la nominación y la complejidad semántica de lo acontecido; el que se deja interpelar por la cuantificación de los costos y la cualificación del horror; y, finalmente, el que da más importancia al debate sobre una gran ingeniería del posconflicto o los desafíos de unas institucionalidades locales para la paz.

En esta ocasión quisiera profundizar en uno de estos ejes, el de continuidades o discontinuidades, dado que es uno de los que más fuerza ha cobrado en ciertas lecturas canónicas y no canónicas sobre las violencias y las memorias. Inicialmente hay que decir que la lectura de las violencias desde las continuidades no pasa solo por el análisis de procesos que se repiten, reciclan, y acumulan en la historia del país, sino también por una catarsis emocional de aquello que se percibe como "invadiendo" desde siempre cuerpos, naturalezas, historias, relatos, biografías, vidas y emociones. Por su parte, quienes abogan por las discontinuidades, se ven interpelados por explicaciones asépticas y menos catastrofistas, que diseccionan lo ocurrido en ciclos y coyunturas, acontecimientos y estructuras, buscando superar lo fatídico del fenómeno.

Entre las narrativas que abogan por "el mito de la permanencia endémica"[5] y las que defienden la tesis de la discontinuidad se ha erigido gran parte de trama literaria y la anatomía académica sobre el tema en el país. Sobre esa base también las memorias de la violencia han oscilado entre catarsis y determinismos, asepsias y posibilidades. Sobre ellas se han estructurado los debates sociales y, como hemos analizado en varios trabajos, cabalga gran parte del trabajo de las comisiones de estudio sobre la violencia al que más adelante haré relación (Jaramillo 2014). Ahora bien, varias razones de fondo existen para considerar que unas y otras lecturas han llegado a colonizar la escena nacional y afectado también las "formas de la memoria".

En el caso de la primera lectura, si seguimos a Daniel Pécaut,[6] la violencia y la guerra son evocadas en el país en nombre de una trama histórica que es "violenta a lo largo y ancho, no dudando de ella ni por un segundo". Esta visión queda claramente expresada en la obra de García Márquez, la que "da cuenta, mejor que cualquier obra sociológica, de las estructuras míticas que soportan las concepciones de la violencia" (Pécaut 2003, 27). En esa macro lectura de país, muchos de los hechos relatados se resisten a la inserción en una narración que no sea la de la experiencia individual, haciendo que una y otra vez persista, en detrimento de una historia de conjunto, la representación de un país como signado por la violencia. Bajo ese lente, las violencias y la guerra son interpretadas en tanto fuerzas "anónimas e incontrolables que se sustraen a las determinaciones sociales, asumiéndose de una manera aleatoria por las entidades sociales y los individuos más diversos" (Pécaut 2003, 19). Además, se incorporan a un relato memorioso que nunca termina de cerrarse, porque está fabricado con fragmentos biográficos e históricos que deben sumarse, reciclarse, modificarse indefinidamente, mientras no haya cierre definitivo al desangre. En ese sentido, para Pécaut, dado que no se cierra la narrativa de la guerra, el relato de su "fatalidad" se hace interminable desde las narrativas.

Esta lectura defendida por amplios sectores sociales, institucionales, mediáticos y algunos académicos, encierra también un fuerte contenido mítico, dado que remonta la explicación del proceso a una especie de "origen" enraizado en lo más hondo del ser colombiano, que daría cuenta de su "fatum violento". Esta lectura se encuentra presente en algunos pasajes del libro *La Violencia en Colombia* (1962) bajo la metáfora de las "cadenas atávicas que signan el alma nacional" que conducen al desangre entre liberales y conservadores. Volverá a reaparecer, con algunas atenuaciones, bajo el problemático concepto de la "cultura de la violencia" esgrimido en el trabajo de los expertos *Colombia, Violencia y democracia* (1987). Y también acompañará el informe de la Comisión Histórica del Conflicto y sus víctimas con la noción de "grietas geológicas" (2015). Creo entrever algo de esto en el título de un trabajo de un reputado intelectual que visita con relativa frecuencia nuestro país, cuando se pregunta: ¿otros cien años de soledad? (Robinson 2016; 2013). Este "destino" se extiende, para algunos, hasta la guerra civil desatada por los partidos tradicionales en los años 50, la cual permite a su vez explicar gran parte de las violencias contemporáneas. Como si fuera un pasado siempre reciente en el relato, un pasado que no acaba de pasar en la narración del enunciador, la violencia de los años 80 o 90 en Colombia tendría así por origen para muchos la *Violencia* de los años 50, o 40, y estas a su vez, las violencias de los años 30, y así sucesivamente hasta llegar incluso a las guerras civiles del siglo XIX.

Como dice Pécaut (2003a), a partir de entrevistas realizadas en los años 80 en regiones de intensa violencia, cada relato es una enumeración de hechos violentos, donde siempre se encuentra un trasfondo narrativo en otras violencias pasadas y presentes. Aspecto que también se relaciona con la idea de la incesante búsqueda de la causalidad *ad infinitum*. Lo llamativo aquí es que, a pesar de que las guerras civiles, la violencia bipartidista, las violencias de los 80 y 90 presentan muchas discontinuidades en su naturaleza y alcances, como lo han señalado Pécaut (2003a, 2003b) y Malcolm Deas (2009), al ser nombradas, al ser enunciadas por el lenguaje y posicionadas en un momento histórico, ocurre que el sujeto enunciador termina identificándose con algún bando en conflicto de ayer y de hoy o termine siempre trayendo una y otra vez a cuento los mismos acontecimientos. En ocasiones, no obstante, el mismo enunciador añade alguna experiencia nueva a los ya fijados por la historia, para enriquecer la historia o dotarla de más dramatismo.

La lógica que imputa cierto contenido mítico a nuestras violencias, y que conllevaría a que algunos lean nuestra historia en código de una "situación excepcionalmente trágica"[7] en el continente, llega hasta el día de hoy, impresa en varias de las literaturas del yo, escritas por hombres de batalla, víctimas del secuestro o víctimas anónimas respaldadas por organizaciones no gubernamentales (Franco, Nieto y Rincón 2010, 11–41).[8] En todas esas literaturas, además de hacerse evidente desde los sujetos que narran una gran disputa por el pasado, por el posicionamiento de versiones sobre el presente, y por lo que debería ser o incluir un futuro nacional, se estructura de manera notoria un relato en el que prima el pasado por encima de los otros marcos temporales. Así, en los relatos, todos ellos fueron víctimas de una guerra endémica, que parece estar cabalgando enfermizamente en la historia nacional desde siempre. Es decir, todos ellos, independiente de su condición estratégica en la guerra, vulnerabilidad o poder diferencial para reclamar o victimizar, terminan posicionándose en dichos relatos como víctimas de violencias recicladas desde siempre. A través de estas narrativas, reivindican unas memorias con las que buscan "redención" para ellos mismos o para la nación (Rabotnikof 2007).[9]

En el caso de la segunda lectura, la que defiende la tesis de las discontinuidades, se parte del hecho de que, aunque es innegable que Colombia se encuentra sumergida en una guerra prolongada, o al menos ante una que históricamente y socialmente ha cambiado de piel, protagonistas, escenarios e intenciones justificadoras durante este medio siglo, no son pocas las razones de fondo para argumentar críticamente contra su sedimentación discursiva. Lo que se cuestiona es que a través de un mito comprensivo de nuestro pasado reciente se quiera leer la totalidad de la cartografía histórica nacional como si fuera siempre de violencia, como si no hubiera nada diferente en la nación. Contra esa visión que ondea por doquier el "gran mito" colombiano, que al igual que en otros países con mitos fundacionales o mitomanías nacionales, para utilizar una expresión del antropólogo Alejandro Grimson (2018), parece llevar la reflexión hasta un origen naturalizado en el que el colombiano está preso de sus cadenas atávicas predatorias, se levantan tres críticas, esgrimidas por académicos e intelectuales. Aunque no son los únicos que acometen tal labor, sí nos parecen representativos de unas anatomías académicas de lo sucedido en el país, de las cuales también beben mucho las memorias posicionadas por los informes del Centro Nacional de Memoria Histórica.[10]

La primera de ellas, sugerida por Marco Palacios,[11] considera que lo más que se puede llegar a afirmar cuando se trata de descifrar la historia reciente del país, es que nuestras violencias no son continuas. En ese sentido, si el análisis lo hacemos a partir de las tasas de homicidio (un indicador muy utilizado para examinar la situación de violencia en los países), lo único que nos permite afirmar esta evidencia empírica es que estas fluctúan en la segunda mitad del siglo XX, por lo tanto, es precario afirmar la "permanencia" de la violencia.[12] En esta perspectiva, la tendencia histórica de desangre continuo es problemática.[13] Aun así, desde su lógica como historiador, tampoco se niega a aceptar, por ejemplo, que al menos en el período de la *Violencia* " 'ésta permanezca en el sustrato de la vida y la cultura colombianas" (Palacios 2003, 192). Llama a ser precavidos sobre afirmaciones muy utilizadas por el común denominador de las personas, entre ellos muchos investigadores, alrededor de que somos violentos debido a nuestras tasas de homicidio. Aserción que se torna aún más sospechosa en su rigor cuando la intensidad de estas resulta ser el criterio decisivo para definir nuestra historia, acometer programas o laboratorios de luchas contra ella, o hacer memoria histórica de lo que somos.

La segunda crítica la enuncia Malcolm Deas,[14] para quien "Colombia ha sido, a veces, un país violento".[15] Al respecto es bien conocida la anécdota según la cual " un grupo de ornitólogos que viajó a lo largo del país durante la segunda mitad del siglo XIX dejó expresa constancia de que se sentían seguros y a salvo de la posibilidad de asalto o aún de robo menor" (Deas 1999, 16). A lo cual el narrador luego agrega: "quizá contaron con suerte o quizá los colombianos no tenían el menor interés en asaltar ornitólogos" (16). Más allá de lo anecdótico de su cita, al igual que Palacios, Deas intenta señalar y reconocer, con una tesis que ha tenido gran impacto, que, si bien Colombia es un país con guerras y violencias, históricamente no es más ni menos violento que otros en su afán por constituirse como Estado-nación. En esa dirección llama a contemplar las historias de Italia, México, Irlanda y Perú, que, en sus múltiples procesos de constitución como naciones, no poca fue la sangre que derramaron. Su visión es una provocación a sus propios colegas, especialmente cuando, buscando explicaciones a la guerra y la violencia, solo se concentran en ese aspecto contribuyendo a amplificar el determinismo. A este abuso de buscar similitudes entre épocas y violencias, Deas lo considera como un "sentimentalismo que consiste en buscar lo viejo en lo nuevo"; sentimiento que, por cierto, puede estar tan presente en un ciudadano de a pie o en un consumado historiador (Deas, 2009).

La tercera proviene de Daniel Pécaut, autor ya mencionado y quien considera que el gran mito colombiano de una historia continua de violencia es solo eso, "un mito" (Pécaut 2003, 89). Para él, quienes más lo han fortalecido son aquellos analistas preocupados de forma desmedida por encontrar continuidades más que discontinuidades. Es decir, queriendo encontrar las causas de unas violencias en otras, han tendido a considerar que todo es continuo y que siempre hay causas permanentes y similares. El problema es que la búsqueda de causalidad se puede tornar infinita, terminando desvanecida su fuerza explicativa en el asunto de la "cultura de la violencia". Así, este analista sugiere reconocer reflexivamente que, aunque nuestras violencias pueden presentar puntos de encuentro en el tiempo, miradas comparativamente, es importante no subvalorar los puntos de ruptura (Pécaut 2003, 30-31; Pécaut 2015). Esta lectura revela que quizá a nivel de los relatos haya continuidades, dado que siempre aparece la violencia como una especie de potencia anónima en el que narra, como si ella invadiera todo su relato. Sin embargo, a nivel de los procesos, existen muchas discontinuidades: "las violencias actuales tienen su propio dinamismo, producen sus propias normas, engendran su propio contexto" (Pécaut 2003, 96).

Ahora bien, habiendo mostrado las lecturas que defienden ya sea las continuidades o las discontinuidades, es importante anotar algunas consideraciones adicionales:

- Son diversos los sectores sociales, comunitarios, académicos e institucionales que, posicionados desde sus lugares de enunciación, construyen relatos sobre lo sucedido en el país acudiendo a uno u otro lineamiento. Aunque ambas lecturas recreen de forma distinta la realidad nacional y puedan ser leídas bajo un estatus epistemológico diferenciado, terminan conjugándose una y otra vez en los marcos interpretativos de nuestras memorias. En el caso de los expertos, ellos posicionan unas tramas explicativas que reconocen que en las violencias—pese a la continuidad de algunas de sus manifestaciones y lógicas—son innegables las rupturas históricas y consideran que hay que intentar no ceder al embrujo del "catastrofismo" (Pécaut 2017, 441–43). En el caso de otros sectores con afectaciones históricas innegables, vivencias temporales del conflicto, trayectos biográficos móviles y difusos, lo continuo de nuestras violencias es parte de lo que somos y no podemos liberarnos tan fácilmente de ello. Como argumenta Pécaut recientemente (2017, 424), siguiendo a Ricoeur, el relato es un "mediador" entre estructura y acontecimiento, entre continuidad y discontinuidad. La selección, edición y legitimación de ciertos hechos e hitos relevantes para entendernos como país pasa por un duelo entre lo continuo y lo discontinuo, entre lo catártico y lo aséptico, entre estructura y acontecimiento, entre catastrofismo y progresismo.
- Los relatos de lo continuo y lo discontinuo acompañan históricamente los sentidos sobre lo sucedido, y por esto no estamos necesariamente ante un déficit de memoria, como se acostumbra a decir, sino ante una efervescencia continua de relatos en fricción y negociación. En este movimiento narrativo, se tienden a tensionar y entrelazar las temporalidades nacionales con las biográficas. Además, las macro temporalidades sociales de las violencias y las transiciones de paz por las que hemos pasado condicionan las micro temporalidades de las trayectorias personales y estas a su vez transforman las primeras. Cada quien busca también los canales para legitimar la situación que ha conocido, interpretado, vivido o sigue viviendo, así como las razones por las que ha actuado de determinada manera dentro de un contexto de violencia,

o incluso las razones que aduce para que el país sea de manera distinta (Franco, Nieto y Rincón 2010, 11).
- Los pasados de violencia y sus secuelas están casi siempre presentes en los relatos individuales y colectivos, de allí que se prefiera hablar siempre de pasados–recientes. Los presentes del conflicto son más alargados al punto de estar ante eventos omnipresentes, lo que dificulta establecer cortes analíticos y cierres históricos. Los futuros, aquellos marcos de temporalidad que tienen como misión situar en el horizonte "la promesa de cambio" o la "imaginación de porvenires",[16] no logran cristalizarse del todo para muchos. Sin caer en fatalismos, es innegable que nuestros futuros han sido bastante postergados, pese a experimentar más de diez grandes experimentos de paz entre 1958 y 2016 y la consecuente cadena de amnistías, rondas de negociaciones largas y acortadas, desmovilizaciones fallidas y exitosas, participación internacional, agendas de reintegración parcialmente acertadas y precarias.

Las comisiones y el encuadre institucional de las memorias

Uno de los principales vehículos para la generación y puesta en escena de marcos interpretativos de lo ocurrido en el país desde mitad del siglo XX hacia adelante han sido las comisiones de estudio sobre la violencia (Jaramillo 2014; 2017). Estas comisiones fueron experimentos caseros e inéditos en el mundo por su cantidad (catorce en total). A diferencia de las comisiones de la verdad, como habitualmente se les conoce en otras latitudes, su vocación expresa no operó dentro de un modelo estándar de transicionalidad, motivado por el esclarecimiento de lo ocurrido desde distintas voces, el esbozo de responsabilidades institucionales, la recomendación de macro reformas y la contribución a la reconciliación de un país (Castillejo 2015; Ceballos 2009; Hayner 2008; Kalmanovitz 2005; Nauenberg 2015).

Estas comisiones funcionaron más como expresión de espacios instituidos, ya sea por decreto gubernamental o por esfuerzo de la sociedad civil, con cierta funcionalidad a los gobiernos, a algunos sectores sociales y a coyunturas críticas, proveyendo un mapeo histórico nacional, regional o local de lo ocurrido hasta donde las coyunturas y encuadres políticos lo permitieron (Jaramillo 2014; Jaramillo y Torres 2015). De las más importantes que hemos tenido están la Comisión investigadora del 58, la Comisión de expertos del 87, el Grupo de Memoria histórica (2007–2011) y la Comisión Histórica del Conflicto y de las Víctimas (2015).

Las comisiones del año 58 y del año 87 estuvieron integradas por personalidades políticas y académicas "notables" y en una línea política definida (o bien de pacto frente nacionalista o de nuevo pacto nacional preconstituyente), mientras el Grupo de Memoria Histórica y la Comisión Histórica del Conflicto y de las Víctimas fueron más abiertas en su conformación y líneas de pensamiento sobre el país. Sin embargo, históricamente estos espacios estuvieron todos ellos afectados por los "enmarcajes sociales y políticos de época" (Jaramillo 2014). En la conformación de estas experiencias ha brillado por su ausencia una participación efectiva de las organizaciones y colectivos de derechos humanos y, especialmente, de las mujeres y de sectores subalternos.

En relación con lo que nos compete en este texto, que es el enmarcaje institucional de las formas de memoria, considero que estas comisiones no pueden soslayarse de la discusión, por varias razones:

- Debido a lo prolongado y degradado del conflicto político y armado en el país, las comisiones históricas han contribuido a unas memorias diagnóstico donde el fin ha sido enunciar lo sucedido y proveer insumos de política pública para contribuir en el mediano plazo a la superación de algunas de sus condiciones objetivas de gestación. Hasta la reciente creación de la Comisión de Esclarecimiento, Convivencia y No Repetición (CEV) en 2017, este tipo de experiencias estuvieron funcionando a medio camino de las denominadas comisiones de la verdad. En el caso colombiano, estas comisiones de investigación tienen un sello: han pluralizado los relatos sobre lo acontecido. Sin embargo, dado el panorama actual de la CEV, existe el interrogante de si debemos avanzar hacia una "narrativa integradora de sentido" o una "memoria mínima" como la llama Claudia Hilb para el caso argentino (2018).[17]

- Las comisiones de investigación de la violencia deben leerse como dispositivos de sentido que permiten movilizar formas de representación y procesamiento de las violencias. Con ellas no han cambiado mucho las cosas del país político, pero sin ellas tendríamos menos memorias de lo acontecido. Estas formas de la memoria instituidas se traducen en la producción de unas génesis del pasado, unos diagnósticos de presente y unas lecturas sobre el futuro. La proliferación de este tipo de iniciativas en Colombia sugiere, desde nuestra óptica, la existencia de una constante histórica: la creación, en medio de la violencia, de unos espacios institucionales de tregua para el recuerdo, para explicar las

violencias, para narrar, exhibir y archivar el dolor y dotar a ciertos actores de herramientas y recomendaciones contra el silencio.
- Las comisiones han sido espacios rituales en los que eclosionan verdades y se condensan silencios, se generan encubrimientos o se potencian resistencias. Por ejemplo, la Comisión Investigadora de 1958, la primera, recuperó el pasado de las regiones, pero encubrió la responsabilidad de las élites en el origen de la Violencia; la Comisión de Expertos del año 87 hizo visible el rigor de las violencias, pero no dijo mucho sobre el narcotráfico y los crímenes contra la UP; y el Grupo de Memoria Histórica reconstruyó un mapa amplísimo del terror paramilitar y logró abordar temas y conversaciones difíciles como el de los secuestros, la UP, el desplazamiento forzado, el asesinato de sindicalistas, las memorias LGBTI, el asesinato de diputados, entre otros, pero solo años después de constituido cuando hiciera parte del CNMH. Desde este espacio, como ha señalado Pécaut, también quedó la deuda de un análisis más profundo y enfático sobre el narcotráfico (Pécaut 2017). Esto quiere decir que la producción de verdades y silencios tiene ritmos, depende de las coyunturas en la que se insertan estos dispositivos, de los ánimos institucionales, y de las ataduras y desataduras de los gobiernos, de los discursos legitimadores, de los intelectuales y del poder social de las comunidades.
- El proceso histórico de producción de verdades y silencios implica una manera particular de archivar y articular social e institucionalmente las lecturas políticas sobre lo ocurrido. En ese sentido, siguiendo a Castillejo (2010), las comisiones reescriben y editan la realidad y, por tanto, en las lecturas que ellas producen y que quedan consignadas, habitualmente en informes o en otro tipo de registros, se ilumina tanto como se oscurece.
- Finalmente, estos espacios son fundamentalmente para la administración y trámite de lo ocurrido, y en ese sentido son espacios de generación de memorias en tensión. Las comisiones han hecho inteligible la magnitud de las violencias y las tecnologías del terror, a través de una serie de lenguajes, escrituras y prácticas nominativas. Estas iniciativas son referentes interpretativos de acontecimientos colectivos y, por tanto, alrededor de ellas siempre, siempre, habrá disputas.

Una nota adicional a lo dicho en los parágrafos 2 y 3. Es innegable la existencia de una copiosa literatura diagnóstica de las violencias en el país, así como la configuración de una enorme empresa de reconstrucción de su anatomía, de sus efectos y causas, dinámicas y desenvolvimientos. Esta literatura ha permitido también entender ciertos marcos epocales y cómo ellos han sido detonadores de memorias instituidas, de prácticas de encubrimiento y de relatos disonantes. Estos marcos epocales han sido los de la Violencia de los años 50, los de las violencias de los años 80, los de las masacres de los paramilitares de los 90, la guerra con las FARC y, muy probablemente, lo será la paz recientemente firmada con esta organización.

Nuestra contribución al tema ha sido la de analizar estos marcos epocales a través de ciertos dispositivos y registros como las comisiones de investigación de la violencia y, más recientemente, a través de lo que hemos denominado las institucionalidades comunitarias (Jaramillo, Castro y Ortiz 2018). Sin embargo, la comprensión de nuestros dolores e iras, horrores y esperanzas, obsesiones y duelos requiere del análisis de muchos otros tipos de registros, sobre todo si no queremos quedar cautivos de la novedad del "*boom* de las memorias". Este tipo de trabajo ya se ha comenzado a hacer en el país, pero requiere más continuidad. Pensemos en la sátira política desde comienzos del siglo XX, en los libros radiografía de época (uno de ellos ha sido el libro *La Violencia en Colombia* o más recientemente *El Basta Ya*, pero hay muchos otros); los informes denuncia (como el libro *Negro de la Represión*); los archivos personales, comunitarios y estudiantiles; la imagen fotográfica; el documental independiente; el cine; las canciones populares; los museos nacionales y locales de la memoria; los libros de texto escolares; la prensa independiente; las obras de los artistas; los relatos de comunidades en los márgenes y las que se ubican en los centros; las series televisivas; las figuras emblematizadas históricamente como Jorge Eliécer Gaitán, Laureano Gómez, Manuel Marulanda, Álvaro Uribe Vélez, Pablo Escobar,[18] Alberto Lleras Camargo,[19] entre muchas otras, y las no tan emblemáticas, pero generadoras de memorias rebeldes.[20]

Las memorias activadas y tejidas desde prácticas de reexistencia

La discusión dada hasta el momento no agota el contenido, potencialidad y naturaleza de las formas de memoria en el país. En esta última parte quisiera referirme a aquellas que se activan y tejen desde prácticas de reexistencia. Habiendo dedicado varios años a pensar mecanismos y escenas de gestión institucional de los pasados y los presentes de la violencia, en los últimos tiempos he venido rastreando la activación de la memoria como estética y política de reexistencia. En esta dirección reconozco la "deuda intelectual" con los trabajos de Calveiro (2015), Riaño y Lacy (2017), Richard (2000), Mbembe (2011) y Albán (2009).[21]

Por esta ruta, la memoria tiene menos de anatomía académica, de trama explicativa o de incrustamiento institucional, y más de alquimia social, territorial, colectiva, creativa, disruptiva. Más que encapsular el pasado, el presente y el futuro desde la gestión institucional o la mirada experta, lo que interesa es cómo diversos agentes colectivos e individuales (organizaciones de víctimas, colectivos de trabajo popular, plataformas organizativas en los territorios, colectivos de defensa de los derechos humanos, artistas independientes y también canónicos, líderes locales, sujetos estudiosos de sus propios territorios)[22] abren esos marcos temporales a través de concepciones propias, "relatos otros" para hacer frente a políticas de miedo y de muerte.

En el caso colombiano son múltiples las experiencias que se movilizan por estos senderos de la memoria (Jaramillo, Parrado y Torres 2017). Sin entrar a evaluar los alcances y límites, los logros y las fisuras organizativas que les dan forma, creo necesario y justo con los procesos mostrar los que considero son los sentidos de estas formas de la memoria. Por ejemplo, en el Proceso de Comunidades Negras en el Pacífico es posible entrever una apuesta de la memoria como práctica de lucha frente a desarraigos históricos de comunidades locales y, en ese orden de ideas, como gramática de defensa de la vida, del bienestar local y de los territorios colectivos. En el caso de las víctimas o familiares de víctimas del Magdalena Medio o las víctimas reunidas en torno a los Oficios de la Memoria en Bogotá y otras zonas del país hay un énfasis de la memoria como espacio de sanación y tejido frente a las fracturas producidas a raíz del desplazamiento y la desaparición forzada. En la Asociación de Trabajadores Campesinos del Carare, el MOVICE, las Madres de Soacha o las Madres de los doce jóvenes asesinados en Punta del Este en Buenaventura, entiendo las memorias como prácticas dinamizadoras de entornos pacíficos y de recuerdos que no encubran lo sucedido.

En lo que posibilita el Foro Internacional de Víctimas está la idea de las memorias como dinamizadoras de unas narrativas necesarias sobre lo no contado del exilio, lo aún ausente en los relatos hegemónicos sobre la diáspora de colombianos. En el Semillero por la Vida, en la Escuela de Comunicación Popular Ubuntu, en la Fundación Espacios de Convivencia y Desarrollo Social Fundescodes (Buenaventura) y en la Asociación Minga en varios territorios del país, entiendo que la memoria se torna en un horizonte político y cultural posible, que ante geografías violentadas activan nuevas formas de ser y hacer ciudadanía en el espacio público a través del arte. En colectivos políticos como Hijos, UP, ANUC y Plataformas organizativas como REDEPAZ, Movimiento estudiantil o Ruta Pacífica de Mujeres, las memorias juegan como práctica de movilización de demandas de justicia y reparación frente a la persecución y/o exterminio a raíz de sus adscripciones políticas de izquierda u opciones de trabajo por la paz o la defensa de la movilización y la protesta. Son memorias en las que se politizan los lazos íntimos "teñidos de sangre, amor y vientre", como lo ha abordado la investigadora Diana Gómez Correal (2016, 103). En organizaciones como el Comité de Integración del Macizo Colombiano CIMA, o el Espacio de Organizaciones de Población Desplazada Étnica y Campesina de los Montes de María OPDS, es posible percibir unas memorias con vocación de visibilización de los derechos territoriales y la soberanía alimentaria ocluidos por los conocimientos hegemónicos, así como por las lógicas extractivas en el territorio. En procesos como la Organización Femenina Popular, las memorias serían una práctica de soberanía organizativa para la construcción de archivos femeninos de violaciones a los derechos humanos.

Un capítulo que merecería más espacio analítico es el de las memorias como recurso estético-político, o el de las memorias donde gravitan diversas "gramáticas" (las de la escucha, las del silencio, las de la mirada).[23] Diversidad de productores culturales reconocidos, entre ellos artistas plásticos, fotógrafos, cineastas, coreógrafos, se han movido aquí, como Erika Diettes, Doris Salcedo, Clemencia Echeverry, Juan Manuel Echavarría, Simone Bruno, Marta Rodríguez, Amado Villafaña y Álvaro Restrepo. A través de sus obras percibo una narración de lo doloroso y unos archivos de memoria visual, plástica, sonora, audiovisual, corporal orientados hacia distintos públicos, donde el espectador, el artista y diversos sectores sociales tienen la posibilidad de encontrarse o distanciarse frente a lo acontecido en la historia reciente del país. Pero la atención sobre estas figuras más o menos canónicas no pueden sustraernos del conjunto de mecanismos, repertorios, ensambles, *performances* producidos local y regionalmente por otros productores culturales en el país.

Ahora bien, de un tiempo para acá viene rondando mi interés por comprender el lugar de la fotografía como activador de memorias incómodas. Creo encontrar algunos rasgos de esto en la obra de Jesús Abad Colorado y Luis Alberto Gaitán "Lunga" (1914–1993). Del primero hay que decir que ha estado recorriendo el país desde finales de los 90 documentando con imágenes la tragedia y la esperanza en Bojayá, San José de Apartadó, las "mingas" indígenas, las desmovilizaciones de los paramilitares en el Catatumbo o en el Valle del Cauca, el Chocó, el Magdalena Medio, Córdoba. Del segundo, es importante referenciar que ha sido uno de los grandes fotorreporteros del siglo XX, quien desde los años 30 registró muchos acontecimientos del país, como el ascenso y muerte de Gaitán, el Bogotazo, el dorado futbolístico, la entrega de los guerrilleros liberales de los Llanos, los cambios arquitectónicos de Bogotá, las diásporas de campesinos en Tolima y Norte de Santander. ¿Por qué menciono aquí la fotografía y a estos dos fotógrafos? Porque considero que la fotografía no solo ha servido para "documentar", "conmover", "asombrar", "provocar" y "sensibilizar", sino también para "afinar la mirada" ante la que podría ser la contramemoria más radical: "la esperanza".[24]

Quiero cerrar este apartado vinculando estas memorias de resistencia a las experiencias biográficas y vivencias comunitarias de sobrevivencia a través de dos viñetas etnográficas, una propia y otra tomada prestada. La primera está relacionada con un trabajo de fortalecimiento del Consejo Comunitario y activación de memorias de la colonización y la resistencia afro y campesina en Puerto Gaviotas, Calamar, Guaviare, acompañado por el Cesycme y el Semillero Colectivo de estudios sobre memoria y conflicto, espacios en los cuales he tenido la oportunidad de participar (Torres et al. 2017). La segunda deriva de un libro de Natalia Quiceno (2016), *Vivir sabroso,* resultado de su tesis doctoral en el que acometió la tarea de una etnografía sobre las luchas cotidianas de la población del Medio Atrato chocoano, en el Pacífico Colombiano.

En la primera, Don Laureano, líder comunitario que fue parte del sindicato de Manuelita en los años 70, luego concejal por la UP en Calamar en los 90 y hoy una de las figuras centrales del Consejo Comunitario que lleva su nombre, nos dijo alguna vez en una conversación: "hacemos memoria porque queremos hacer frente al desprecio del centro". En la segunda, aparece Doña Cleotilde, líder local del Medio Atrato, quien se nombra a sí misma como "mujer que ha caminado, se ha embarcado, pasado trabajo y luchado". Esta mujer le decía a Natalia en uno de sus múltiples ires y venires etnográficos: "Amiga, vivir sabroso es saber caminar, poder andar, embarcarse... Ah, y aprender tal vez alguna cosa para protegerse, usted sabe, para defenderse". En ambas viñetas habla la voz de la tierra y la experiencia, la de dos personajes locales en las que se activan memorias biográficas, esculpidas por el dolor (a Don Laureano lo persiguieron y estigmatizaron como Concejal, a doña Cleotilde le desaparecieron un hijo) pero sobre todo movilizadas por el universo de lo cotidiano que embarga la vida y que resulta sabroso y disruptivo, ya sea para potenciar la reclamación de derechos individuales y colectivos violentados como para reexistir de diversas formas en medio del estigma, la censura, la persecución y los despojos.

Para seguir pensando

Este texto ha querido provocar la discusión sobre la necesidad de pensar diversas formas de la memoria. Una sugerencia hacia delante es seguir comprendiendo los eslabones significantes entre ellas, para entender en diversas coyunturas epocales cuáles han sido más débiles y fuertes o cuales más delgadas y gruesas. No basta solo con entender los marcos de memoria, como se lee habitualmente tan a la ligera trayendo a colación una expresión de Maurice Halbwachs, sino también interpretar los eslabones significantes de las memorias.

Quizá esto pueda facilitar un horizonte distinto de análisis para salir del encierro de la gestión pública del pasado o de la cápsula de la memoria histórica. También para reconocer que, en Colombia, la memoria o las memorias tienen unos acumulados enormes cuando se trata de las prácticas de reexistencia que ellas movilizan. Hoy se requiere comprender sus repertorios, símbolos, discursos, imágenes, artefactos, su activación por diversos sujetos colectivos e individuales y, cómo con ellas, el propósito básico, el acuerdo fundamental, es seguir defendiendo e imaginando de múltiples maneras la vida donde sea posible.

Notas

1. Inicialmente presenté este texto bajo la figura de "notas inconclusas" en el Simposio Internacional Conflicto, Memoria y Justicia, Universidad de Valle/Pontificia Universidad Javeriana/Universidad Autónoma de Occidente, Cali, 9 y 11 de mayo de 2018. Evento al que me invitó a participar el profesor Delfín Grueso, de la Universidad del Valle y con el que estoy muy agradecido. Por invitación de él, decidí transformar dichas notas, acudiendo también al "reciclaje creativo de ideas" presentes en otros textos míos y en coautoría, citados en el texto. También es resultado de "colocar en limpio" algunas de las sugerencias que surgieron en el marco de este encuentro en conversaciones con Fernán González, Alberto Valencia, Carlos Andrés Tovar, Ana Yancy Montoya y Alberto Berón entre otros. El texto también será reproducido con leves cambios en un libro de memorias titulado *Conflicto, Memoria y Justicia. Repensando las vías hacia la paz* en Colombia.

2. Resalto esta expresión, dado que con el cambio de gobierno nacional y con la nueva dirección del CNMH es aún incierto cuál será el futuro del espacio y del guion museográfico.

3. "Palabras mágicas" han adobado varias coyunturas nuestras, así como las agendas investigativas y la movilización de recursos y esto debe ser puesto en perspectiva analítica crítica: la paz, el desarrollo, los derechos humanos, la multiculturalidad, la reconciliación, la convivencia, la seguridad, etc.

4. Varias de estas tramas explicativas en lógica de una batalla narrativa entre visiones rupturistas y visiones reformistas "de los intelectuales que interpretan el conflicto", han sido trabajadas recientemente por Garzón y Agudelo (2019).

5. La expresión la retomo del trabajo del reconocido historiador colombiano Gonzalo Sánchez (1985), quien la utiliza para señalar que en el país la guerra es una cuestión que amerita una comprensión en términos de procesos históricos de larga duración. Este tema en particular ha generado acaloradas reacciones, especialmente con su inclusión como tesis en el trabajo *Colombia, Violencia y democracia* (1987) que coordinó el mismo historiador. Creo encontrar nuevamente una huella de este tema en el informe de la Comisión Histórica del Conflicto y sus víctimas (2015).

6. Cómo ha reconocido Sánchez (2008b), Pécaut hace parte de toda una generación de franceses "que en gran medida vinieron a Colombia para quedarse", entre los cuales vale destacar a Pierre Gilhodes, Christian Gros, Jon Landaburu, Ivon Lebot. Fue director de Estudios de la Escuela de Altos Estudios en Ciencias Sociales de París y ha sido asesor externo del Centro Nacional de Memoria Histórica y miembro de la Comisión Histórica del Conflicto y sus Víctimas. Recientemente se publicó una larga y profunda conversación con el profesor Alberto Valencia, muy recomendada para los interesados en los marcos comprehensivos y contextuales de las violencias y las transiciones de paz en el país (Pécaut 2017).

7. Tomo esta expresión del libro *¿Dónde está la Franja Amarilla?* (1997), del ensayista colombiano William Ospina. En el reciente libro de conversaciones entre Pécaut y Valencia (2017, 439–42) se revisita esta discusión con William Ospina.

8. En esa literatura destacan las memorias de militares, policías o políticos secuestrados por las FARC y posteriormente liberados o fugados, al igual que la literatura testimonial de paramilitares como Carlos Castaño, Jorge 40 o Salvatore Mancuso, entre otros. Esta literatura testimonial fue también común en los años 50, 60 y 70 en Colombia, con los protagonistas de la denominada Violencia. En ella aparecen el coronel guerrillero escribiendo su memoria sobre las guerrillas del Llano (Eduardo Franco Isaza), el oficial del ejército analizando las tácticas guerrilleras (Gustavo Sierra Ochoa), el sargento del ejército penetrando una reconocida banda y planeando su destrucción (Evelio Buitrago), el jefe guerrillero contando sus andanzas personales (Saúl Fajardo) o el líder guerrillero campesino relatando el acontecer de la guerra en las zonas de influencia comunista (Manuel Marulanda Vélez) (Cfr. Sánchez 2009/1986). Para una discusión reciente sobre las literaturas testimoniales en Colombia se recomienda: Suárez 2016.

9. En algunos discursos políticos de Álvaro Uribe Vélez fue común una memoria de "víctima del terrorismo", lo que sirvió de correa transmisora para acometer la tarea mesiánica de redimir a la patria de los terroristas.

10. A estas lecturas, habría que sumar posiciones intermedias o de intersección entre continuidades y discontinuidades (Gutiérrez 2015); o las generadas por especialistas que demandan la necesidad de las "comparaciones" con otros países para

mirar que tan "excepcionales" son nuestras violencias (Wills 2015); o las de aquellos que insisten en las "combinaciones analíticas" entre contradicciones estructurales y tensiones de orden regional y local en la formación de lo estatal (González 2015; Vásquez 2015).

11. Reconocido por sus análisis históricos sobre la formación del Estado-nación en Colombia. Fue dos veces rector de la Universidad Nacional de Colombia y es profesor del Colegio de México, sus trabajos más importantes giran alrededor de *El café* (1979); *El populismo* (2001) y *Entre la legitimidad y la violencia* (1995).

12. Lo que los datos históricos reflejan es que entre 1950 y 1965 el país tiene tasas altas, por encima de la media latinoamericana. Según cálculos de las Naciones Unidas, Colombia ocupa, para finales de los años 60, el primer lugar en tasas de homicidio con 34.0 personas asesinadas por cada 100.000 habitantes, seguido por México con 31.1 (1958), Nicaragua con 22.1 (1959), Sudáfrica con 21.2 (1959), Birmania con 10.8 (1959), Guatemala con 9.8 (1960), y Turquía con 6.1 (1959) (Wolfang y Ferracuti 1982, citado en Valencia). De 1965 a 1975 tienden a la baja, quedando al nivel de Brasil, México, Nicaragua o Panamá. En la segunda mitad de la década de 1970 comenzaron en ascenso y en la última década del siglo XX tuvo las más altas del mundo (Palacios 2002, 629). En la dos primeras décadas del siglo XXI, si bien las tasas siguen siendo altas, otros países de la región las sobrepasan.

13. La tendencia no lineal de la criminalidad en el país será demostrada empíricamente con series de datos por los economistas Fernando Gaitán Daza y Mauricio Rubio. Sobre el tema se ha seguido profundizando más recientemente en el trabajo coordinado por Guzmán Barney (2018).

14. Historiador inglés y reputado colombianólogo, especialista en el siglo XIX, aunque también con estudios sobre historia venezolana, ecuatoriana y argentina. Sobre Colombia, es célebre su trabajo sobre *El poder de la gramática* (1993).

15. Se recomienda también la reseña de este libro realizada por Uribe (1999).

16. Una discusión sobre esto se puede encontrar en Castillejo (2010; 2015), Jiménez (2010) y Marais (2003)

17. Según Claudia Hilb, el *Nunca Más* es "la barrera infranqueable para los argentinos", es decir, lo que condensa que "aquello que sucedió no debió suceder, para siempre y sin sobresaltos". Esta es la certeza ético-política básica y fundamental, la memoria mínima, lograda con la Conadep. Más allá de ello, "todo lo demás puede ser objeto de controversia, dado que la construcción de la memoria exige una multiplicidad de relatos" (Hilb 2018, 165–68). ¿Será posible esto con la reciente comisión de esclarecimiento en Colombia? ¿Será que este mínimo no es posible encontrarlo propiamente en la comisión sino más bien en el Acuerdo de Paz? ¿Será que el "Basta Ya" colombiano no podría jugar al mismo nivel de esa memoria mínima del "Nunca Más"? Estas preguntas me surgen de un reciente intercambio con la autora en Argentina.

18. Más allá de toda la literatura convencional existente sobre Pablo Escobar, me parece digno de mencionar el reciente trabajo de investigación y creación de

Gabriel Caldas para obtener el título de Magíster en Educación y Derecho Humanos de la Universidad Autónoma Latinoamericana de Medellín (2018), titulado *La Pasión de San Pablo Escobar, una propuesta pictórico-literaria para una comprensión de la memoria histórica-mítica de la violencia en Colombia.*

19. Un aporte central a la figura de Alberto Lleras Camargo y Manuel Marulanda en las búsquedas locales, regionales y nacionales de "paz criolla" en los años 50 y 60, es el reciente libro del profesor Robert Karl (2018).

20. Aquí ubico el libro de Alonso Salazar (2017).

21. La idea de "activación" y "tejido" y no de "reconstrucción" tiene rasgos compartidos con el trabajo que viene desarrollando el Cesycme en varias regiones del país (Jaramillo, Parrado y Torres 2017) y con el acercamiento al escenario de trabajo Memorias en Diálogo en Medellín, a través del investigador social y comunicador popular Leonardo Jiménez.

22. Retomo esta noción de una charla a la que asistió Offray Vladimir Luna en el marco de la Bienal de los 10 años del Doctorado en Ciencias Sociales y Humanas, en la que abordó temas relacionados con ciudadanías digitales y hackerspaces.

23. Recientemente me he encontrado con el trabajo de la filósofa María del Rosario Acosta, quien está contribuyendo en sus investigaciones por esta vía. A propósito, recomiendo el dossier *Filosofía y Violencia: Voces Femeninas*, de la *Revista Ideas y Valores* 68, Suplemento n.º 5 (2019), coordinado por María del Rosario Acosta y Camila de Gamboa.

24. Entrevista personal e inédita con Jesús Abad Colorado (Jaramillo 2020). La noción de esperanza en la que pienso aquí está en sintonía con lo que plantea Terry Eagleton (2016) como aquello que requiere reflexión y compromiso.

Bibliografía

Albán A, Adolfo. "Pedagogías de la re-existencia. Artistas indígenas y afrocolombianos". *Arte y estética en la encrucijada decolonial.* Compilado por Zuma Palermo, 443–68. Buenos Aires: Ediciones del Signo, 2009.

Acosta, María del Rosario y de Gamboa Camila. Dossier *Filosofía y Violencia Voces Femeninas. Revista Ideas y Valores* 68, Suplemento n.º 5. Universidad Nacional de Colombia, 2019.

Calveiro, Pilar. "Políticas de miedo y resistencias locales". *Athenea Digital* 15, n.º 4 (2015): 35–39.

Castillejo, Alejandro. *La imaginación social del porvenir. Reflexiones sobre comisiones de la verdad.* Buenos Aires: Clacso, 2015.

Castillejo, Alejandro. "Iluminan tanto como oscurecen: de las violencias y las memorias en la Colombia Actual". En *Memoria, silencio y acción psicosocial. Reflexiones sobre por qué recordar en Colombia.* Edición de Edgar Cuellar

Barrero y Julio Roberto J. Salas, 21–54. Bogotá: Ediciones Cátedra Libre /Fundación Manuel Cepeda/Fundación Mundos Posibles, 2010.

———. *La imaginación social del porvenir. Reflexiones sobre comisiones de la verdad*. Buenos Aires: Clacso, 2015.

Caldas, Gabriel. *La Pasión de San Pablo Escobar, una propuesta pictórico-literaria para una comprensión de la memoria histórica-mítica de la violencia en Colombia.* Trabajo de investigación y creación para obtener el título de Magíster en Educación y Derecho Humanos de la Universidad Autónoma Latinoamericana de Medellín, 2018.

Comisión de Estudios sobre la violencia. *Colombia, Violencia y democracia. Informe presentado al Ministerio de Gobierno*. 5ª edición. Medellín: La Carreta-Iepri, 2009.

Ceballos, Marcela. Comisiones de la verdad: Guatemala, El Salvador, Sudáfrica. Perspectivas para Colombia. Medellín: La Carreta, 2009

Deas, Malcolm. "Algunas interrogantes sobre la relación guerras civiles y violencia". En *Pasado y presente de la violencia en Colombia*. Compilado por Gonzalo Sánchez y Ricardo Peñaranda, 81–85. Medellín: La Carreta, 2009.

———. *Intercambios violentos*. Bogotá: Taurus, 1999.

Eagleton, Terry. *Esperanza sin optimismo*. Buenos Aires: Taurus, 2016.

Franco, Natalia, Patricia Nieto, y Omar Rincón. "Las narrativas como memoria, conocimiento, goce e identidad". En *Tácticas y estrategias para contar [historias de la gente sobre conflicto y reconciliación en Colombia]*. Edición de Natalia Franco, Patricia Nieto y Omar Rincón, 11–41. Bogotá: Centro de Competencia en Comunicación para América Latina Friedrich Ebert Stiftung, 2010,.

Freud, Sigmund. "Sobre los recuerdos encubridores". En *Obras completas*. Tomo II, 297–315. Buenos Aires: Amorrortu Editores, 1986.

Garzón, Iván y Andres Agudelo. "La batalla por la narrativa: intelectuales y conflicto armado en Colombia". *Revista de Estudios Sociales* 69 (2019): 53–66.

Gómez, Diana. "De amor, vientre y sangre: politización de lazos íntimos de pertenencia y cuidado en Colombia". *Otras Palabras* 26 (2016): 103–19.

González, Fernán. *Poder y violencia en Colombia*. Bogotá: Odecofi-Cinep, 2015.

González-Jácome, Jorge. "Derechos humanos y pensamiento de izquierda en Colombia (1974–1978): una relectura de *El libro negro de la represión*". *Universitas* 133 (2016): 105–38.

Grimson, Alejandro. *Mitomanías argentinas, ¿Cómo hablamos de nosotros mismos?* Buenos Aires: Siglo XXI, 2018.

Gutiérrez, Francisco. "¿Una historia simple?". En *Contribución al entendimiento del conflicto armado en Colombia*. Compilado por la Comisión Histórica del Conflicto y sus Víctimas. Bogotá: Desde Abajo, 2015.

Guzmán, Germán, Orlando Fals Borda y Eduardo Umaña. *La Violencia en Colombia*. Tomos I y II. Bogotá: Taurus, 2015.

Guzmán Barney, Álvaro, coordinador. *Violencia en cinco ciudades colombianas a finales del siglo XX y principios del siglo XXI*. Cali: Universidad Autónoma de Occidente, 2018.

Hayner, Priscilla. Verdades innombrables. México: Fondo de Cultura Económica, 2019

Herrera, Martha y José Cristancho. "En las canteras de Clío y Mnemosine: apuntes historiográficos sobre el Grupo Memoria Histórica". *Historia Crítica* 50 (2013): 183–210.

Hilb, Claudia. *¿Por qué no pasan los 70? No hay verdades sencillas para pasados complejos*. Buenos Aires: Siglo XXI, 2018.

Jaramillo, Jefferson. "Expertos y comisiones de estudio sobre la Violencia en Colombia". *Revista Estudios Políticos* 39 (2011): 262–89.

———. "La importancia de las memorias en Colombia. Breve balance de una década de apuestas y retos para el porvenir". *Revista Javeriana* (2016): 22–27.

———. *Pasados y presentes de la violencia en Colombia. Estudio sobre las comisiones de investigación, 1958–2011*. Bogotá: Pontificia Universidad Javeriana, 2014.

———. "Pasados y presentes de la violencia en Colombia. Marcos de diagnóstico, núcleos duros interpretativos y preguntas para desafiar el porvenir". En *Violencia y desigualdad: ADLAF Congreso 2016*. Compilado por Svenja Blanke y Sabine Kurtenbach, 19–34. Buenos Aires: Nueva Sociedad/Friedrich-Ebert-Stiftung, 2017.

———. "Narro con imágenes la tragedia de mi país: Jesús Abad Colorado". *Ciencia Nueva. Revista de Historia y Política*, 4, 2: 194–199.

Jaramillo, Jefferson, Berón, Alberto y Parrado, Erika "Perspectivas disruptivas sobre el campo de la memoria en Colombia". Utopía y Praxis Latinoamericana. 25, 4: 162–175.

Jaramillo, Jefferson, Fabio Castro y Daniel Ortíz. Instituciones Comunitarias para la Paz en Colombia: esbozos teóricos, experiencias locales y desafíos sociales". Bogotá: Universidad Nacional de Colombia, 2018.

Jaramillo, Jefferson, Erika Parrado, y Johanna Torres. "Los trabajos de y con la(s) memoria(s) en Colombia (2005–2016)". En *Las ciencias sociales en sus desplazamientos: nuevas epistemes y nuevos desafíos*. Edición de Sara Alvarado et al., 119–46. Buenos Aires: CLACSO/Universidad de Manizales/CINDE/Universidad Javeriana/Instituto de Bioética/Universidad Simón Bolívar/ARNA, 2017.

Jaramillo, Jefferson, Fabio Castro y Daniel Ortíz. *Instituciones comunitarias para la paz en Colombia: esbozos teóricos, experiencias locales y desafíos sociales*. Bogotá: Universidad Nacional de Colombia, 2018.

Jaramillo, Jefferson y Torres, Johanna. "Comisiones históricas y Comisión de la verdad en Colombia. Lecturas históricas y claves para entender desafíos entre unos y otros dispositivos". En Camilo González Posso y Carlos Eduardo Espitia (eds). *En la ruta hacia la paz. Debates hacia el fin del conflicto y la paz duradera. Bogotá: secretaria de gobierno.* Bogotá: Centro de Memoria Paz y Reconciliación /OEI/IPAZUD/Universidad Santo Tomas/Pontificia Universidad Javeriana /Indepaz; pp. 29-57, 2015

Jiménez, Sandro. *Transiciones guerra–paz: entre la administración de la excepción y la biopolítica del daño social en Colombia.* Disertación doctoral. Ecuador: Programa en Estudios Políticos, Facultad Latinoamericana de Ciencias Sociales (Flacso), 2010.

Karl, Robert. *La paz olvidada. Políticos, letrados, campesinos y el surgimiento de las FARC en la formación de la Colombia contemporánea.* Bogotá: Lerner, 2018.

Kalmanovitz, Pablo. Verdad en vez de justicia. Acerca de la justificación de las comisiones de verdad. En Seminario Internacional de Justicia Transicional en la Resolución de Conflictos y Secuestro: memorias, Vicepresidencias de la República, Bogotá: Universidad Nacional de Colombia, pp. 29-47, 2005.

Marais, Hein. *Limits to Change: The Political Economy of Transition.* Ciudad del Cabo: University of Cape Town Press, 2003.

Marvin, Wolfang y Franco Ferracuti. *La subcultura de la violencia.* Ciudad de México: Fondo de Cultura Económica, 1982.

Mbembe, Achille. "Cuando el poder brutaliza el cuerpo, la resistencia asume una forma visceral" Entrevista concedida a *El Diario* (2016). https://www.eldiario.es/interferencias/Achille-Mbembe-brutaliza-resistencia-visceral_6_527807255.html.

———. *Necropolítica seguido de Sobre el gobierno privado.* Barcelona: Melusina, 2011.

Nauenberg, Saskia. "Spreading the truth: How truth commissions address human rights abuses in the world society". *International Sociology* 30, 6: 654-673.

Orozco, Iván. *La justicia transicional en tiempos de deber de memoria.* Bogotá: Temis/Universidad de los Andes, 2009.

Ospina, William. *¿Dónde está la franja amarilla?* Bogotá: Norma, 1997.

Palacios, Marco y Frank Safford. *Colombia: país fragmentado, sociedad dividida.* Bogotá: Norma, 2002.

Pécaut, Daniel. *En busca de la nación colombiana. Conversaciones con Alberto Valencia.* Bogotá: Debate, 2017.

———. "Un conflicto armado al servicio del *status quo* social y político". En *Contribución al entendimiento del conflicto armado en Colombia.*, 2003a. Compilado por la Comisión Histórica del Conflicto y sus Víctimas. Bogotá: Desde Abajo, 2015.

———. *Violencia y política en Colombia. Elementos de reflexión.* Medellín: Hombre Nuevo Editores, 2003b.

———. "Reflexiones sobre el nacimiento de las guerrillas en Colombia", en *Violencia y Política en Colombia. Elementos de reflexión*. Medellín: Hombre Nuevo Editores, pp. 45–75, 2003c.

———. "¿Es posible aún una interpretación global de los fenómenos recientes de violencia en Colombia?" en *Violencia y Política en Colombia. Elementos de reflexión*. Medellín: Hombre Nuevo Editores, pp. 77–92, 2003d.

———. "Ciudadanía Aleatoria, Transacciones y Violencia", en *Violencia y Política en Colombia. Elementos de reflexión*. Medellín: Hombre Nuevo Editores, pp. 93–112, 2003e.

Quiceno Toro, Natalia. *Vivir sabroso. Luchas y movimientos afroatrateños en Bojayá, Chocó, Colombia*. Bogotá: Editorial Universidad del Rosario, 2016.

Rabotnikof, Nora. *Memoria y política: el juego del tiempo en las transiciones*. Ciudad de México: Fundación Friedrich Ebert, 2007.

Reyes-Mate, Manuel. *Justicia de las víctimas. Terrorismo, memoria y reconciliación*. Barcelona: Anthropos, 2008.

Riaño, Pilar y María V. Uribe. "Constructing Memory amidst War: The Historical Memory Group of Colombia". *International Journal of Transitional Justice* 10, n.º 1 (2016).

Riaño Alcalá, P y S. Lacy. "Skins of Memory: Art, Civic Pedagogy, and Social Reconstruction". En *Collective Situations: Readings in Contemporary Latin American Art, 1995-2010*. Edición de G. Kester y B. Kelley, 203-19. Durham: Duke University Press, 2017.

Richard, Nelly. *Políticas y estéticas de la memoria*. Chile: Editorial Cuarto Propio, 2000.

Rivera Cusicanqui, Silvia. "Palabras mágicas. Reflexiones sobre la naturaleza de la crisis del presente". Acceso en 2016a. http://obieg.u-jazdowski.pl/en/numery/terradeformacja/magiczne-slowa.

———. "Micropolítica andina. Formas elementales de insurgencia cotidiana" En: S. Rivera. Un mundo ch'ixi es posible. Ensayos desde un presente en crisis. Buenos Aires, Tinta Limón, pp. 135-142, 2018b

Robinson, James. "Colombia: Another 100 Years of Solitude". *Current History* (2013): 43–48.

———. "La miseria en Colombia". *Desarrollo y Sociedad* 76 (2016): 9–90.

Rousso, Henry. *Vichy: L'événement, la mémoire, l'histoire*. Paris: Gallimard, 2001.

Salazar, Alonso. *No hubo fiesta. Crónicas de la revolución y la contrarrevolución*. Bogotá: Aguilar, 2017.

Sánchez, Gonzalo. "Los estudios sobre la violencia. Balance y perspectivas". En: *Pasado y presente de la violencia en Colombia*. Compilado por Gonzalo Sánchez y Ricardo Peñaranda, 17–32. Medellín: La Carreta, 2008 [1986].

Sánchez, Gonzalo. *Memorias, subjetividades y política. Ensayos sobre un país que se niega a dejar la guerra*. Bogotá: Crítica, 2019

———. "Nuestras deudas pendientes con Daniel Pécaut". *Análisis Político* 63 (2008a): 103-105.

———. "Reflexiones sobre genealogía y políticas de la memoria en Colombia". *Análisis Político* 92 (2018b): 96-114.

———. "Tiempos de memoria, tiempos de víctimas". *Análisis Político* 63 (2008c): 3-21.

Schuster, Sven. "Memoria sin historia: una reflexión crítica acerca de la reciente 'ola memorial' en Colombia". *Metapolítica* 96, n.° 2 (2017): 44-52.

Suárez, Jorge Eduardo. *La literatura testimonial como memoria de las guerras en Colombia: siguiendo el corte y 7 años de secuestrado*. Medellín: Fondo Editorial de la Universidad de Antioquia, 2016.

Todorov, Tzvetan. *Los abusos de la memoria*. Barcelona: Paidós, 2000.

Torres, Johanna et al. *El vuelo de las gaviotas: memorias de colonización y resistencias afro y campesinas en Guaviare*. Bogotá: Pontificia Universidad Javeriana /Centro Nacional de Memoria Histórica/Consejo Comunitario Laureano Narciso Moreno, 2017.

Traverso, Enzo. *El pasado, instrucciones de uso. Historia, memoria, política*. Madrid: Marcial Pons, 2007.

Uribe, María Victoria. "Reseña de *Intercambios violentos*, de Malcolm Deas". *Análisis Político* 38 (1999).

Valencia, Alberto. *La invención de la desmemoria. El juicio político contra el general Gustavo Rojas Pinilla en el Congreso de Colombia (1958-1959)*. Cali: Programa Editorial Universidad del Valle, 2015.

———. *Violencia y Constituyente. Propuesta para un estudio de la violencia en Colombia. Documento de Trabajo No. 25*. Cali: Cidse, 2015.

Vasco, Luis Guillermo. "Quintín Lame: resistencia y liberación". *Tabula Rasa* 9 (2008): 371-83.

Vásquez, Teófilo. *Territorios, conflicto armado y política en el Caquetá: 1900-2010*. Bogotá: Uniandes, 2015.

Wills, María E. "Los tres nudos de la guerra colombiana". En *Contribución al entendimiento del conflicto armado en Colombia*. Compilado por la Comisión Histórica del Conflicto y sus Víctimas. Bogotá: Desde Abajo, 2015.

CAPÍTULO 7

1968

Memorias y resistencias cinematográficas en los filmes de Luis Ospina y João Moreira Salles

Wolfgang Bongers

Sous les pavés, la plage.
—Killian Fritsch, 1968

I

En busca de las luciérnagas (Didi-Huberman *contra* Agamben), y a pesar de todo; no queda más que buscar las luces bajas, frágiles y centelleantes, en medio de los *spots* del espectáculo financiero y consumista; esperar sin saber a qué exactamente, y resistir; resistir, por sobre todo, la tentación de resignarse, como hacen las pensadoras y los pensadores que ya no ven ninguna luz al final del túnel, opción legítima y comprensible en los escenarios políticos contemporáneos en gran parte del mundo.[1]

En mayo de 2018 se conmemoraban, a través de las más diversas actividades y espectáculos en todo el mundo, los 50 años de un acontecimiento emblemático en la historia y la cultura del siglo XX: el "mayo francés", la revuelta estudiantil, obrera y artística en las calles, galerías, películas y libros de la capital europea de la posguerra. Desde luego que se trata de un acontecimiento que a fines de los años 60 se produce no solo en París, sino en muchas regiones y capitales del mundo, convirtiéndose en síntoma de un quiebre cultural y político a nivel global. En 2018, se recordaba ese legado de una revuelta contracultural, a la que siguió una ola de restauraciones violentas del orden conservador, encarnado simbólicamente en la política austera del general Charles de Gaulle en Francia, y en las represiones brutales de las movilizaciones callejeras, tanto en el Este como en el Oeste, en Francia, Checoslovaquia, Alemania, Brasil, México y Argentina.

1968: la cifra funciona hasta la actualidad hipercapitalista como figura-potencia, un punto de fuga de un pensamiento rebelde y contracultural (Lipovetsky 2006; Lipovetsky y Serroy 2010). Es la memoria de una alternativa al orden establecido, sea cual fuese el sistema político-económico que lo instale. Ese año también es la culminación de los "largos años 60" (Jameson 1997), una época que comienza en los años 50 del siglo XX con los procesos de descolonización del "tercer mundo", pasando por el hito de la Revolución cubana en 1959 y la sangrienta guerra de Vietnam, para terminar en 1973 o 1974 con la crisis económica mundial y los autoritarismos que se impusieron en muchos países del mundo, especialmente en África y América Latina.[2] En Paraguay (1954) y Brasil (1964), ya estaban instaladas dos dictaduras militares en 1968, y pronto les siguieron Bolivia (1971), Ecuador (1972), Chile (1973), Uruguay (1973), Argentina (1976), y varios países centroamericanos. Los proyectos culturales de esos años se mutilaron y fueron aniquilados por regímenes dictatoriales en el poder que aplicaron métodos autoritarios—muchos de ellos apoyados y financiados por las agencias de inteligencia de las grandes potencias—que normalizaron la persecución, la tortura, la desaparición y muerte de los opositores políticos, causando traumas colectivos e individuales en las sociedades afectadas.

En este ensayo, propongo pensar el 68 desde los films de dos directores latinoamericanos como una figura que alberga, en el contexto de la ideología del "realismo capitalista" (Fisher 2017), un valor insoslayable de memoria y resistencia.

II

Antes de comentar las películas del colombiano Luis Ospina (1949–2019) y del brasileño João Moreira Salles (1962–), quisiera referirme a algunos antecedentes. En primer lugar, los hitos del panorama cinematográfico de esos años. En los escenarios culturales y políticos sesentistas, inspiradas principalmente en el cine revolucionario ruso, las películas de Jean-Luc Godard, Chris Marker, Alain Resnais, Jean Rouch, Agnès Varda y otros cineastas franceses, se convirtieron en herramientas esenciales de discusión, crítica y expresión del descontento, mucho más allá de las fronteras de Francia y Europa.³ Un elemento decisivo es la introducción al mercado de equipos de filmación más pequeños y manejables de 16 y 8 mm durante los años 50 y 60 que hicieron posible el registro directo de imágenes y sonidos en la calle. El resultado más palpable es el *Cinéma vérité* que marcó profundamente los mecanismos expresivos del cine documental. El cine de los años 60 es ciertamente un ejemplo paradigmático de la paradoja generada por la confluencia entre tecnología, estética y política, debatida desde las revistas de cine de los años 70, y que provocó diferentes maneras de entender el cine y realizarlo.⁴

Por otra parte, en esos mismos años, a partir de las ediciones I (1967) y II (1969) del Festival de Cine de Viña del Mar en Chile, y el Festival de Mérida en Venezuela (1968), nace lo que dio en llamarse el Nuevo Cine Latinoamericano (NCL), acompañado por manifiestos y programas, entre ellos los famosos textos "El tercer cine" (Getino/Solanas), "Por un cine imperfecto" (García Espinosa), "Estética del hambre" (Rocha), que definieron un nuevo rumbo del quehacer cinematográfico en la región. Se mostraban y discutían las películas más emblemáticas de esa época—*Terra em transe* (Glauber Rocha, 1967); *La hora de los hornos* (Fernando Solanas y Octavio Getino, 1968); *Memorias del subdesarrollo* (Tomás Gutiérrez Alea, 1968); *El chacal de Nahueltoro* (Miguel Littín, 1969); *Yawar Mallku/Sangre de cóndor* (Jorge Sanjinés, 1969)—y se celebraron los primeros encuentros de los cineastas latinoamericanos en los que se discutían las contingencias políticas y el rol del cine en sus diversos formatos y expresiones (documentales, noticieros, ficciones) como instrumento de la lucha revolucionaria, siguiendo los pasos del temprano cine cubano a partir de la Revolución, representado por el ICAIC (Instituto Cubano del Arte e Industria Cinematográficos), fundado unos meses después de la victoria por los cineastas Santiago Álvarez, Nicolás Guillén-Landrián, Sara Gómez, Alfredo Guevara y Julio García Espinosa. El cine producido y pensado en estas circunstancias se posicionó como antagonista del espectáculo y la industria cultural, cuyo modelo ideológico era Hollywood. Paralelamente al desarrollo de las neovanguardias artísticas y la nueva novela latinoamericana en los años 50 y 60, los Nuevos Cines en Cuba, Argentina, Brasil, Bolivia y Chile descubrieron el cine como arma contra el imperialismo y el neocolonialismo: politizaron el arte en contra de la estetización y espectacularización de la política llevada a cabo por los totalitarismos y los imperialismos capitalistas multinacionales, fenómeno que comenzó a analizar Walter Benjamin en los años 30. En el *Cinema Novo* de Brasil, el cine indigenista del Grupo Ukamau en Bolivia, el Cine Liberación y el Cine de la Base en Argentina, y en el

Nuevo Cine Chileno, la vanguardia política, revolucionaria y antiimperialista se fusionó con una vanguardia estética, literaria y cinematográfica, en diálogo y tensión con proyectos de cine europeo y norteamericano de posguerra en el marco del neorrealismo, la *Nouvelle Vague*, el *Nouveau Roman*, el *Free Cinema*, y el Nuevo Cine estadounidense.[5]

III

Mirta Varela inicia su ensayo sobre la relación entre los intelectuales y los medios de comunicación con la siguiente pregunta: "¿Qué es un letrado en un mundo donde la imagen se vuelve indisociable de la política?" (2010, 759). Para la autora, la emergencia del intelectual mediático en la región puede situarse precisamente en los años 70, durante y después del proceso de restauración del orden neoliberal y dictatorial post 68. En aquellos años, las teorías de la dependencia de los nuevos imperialismos y neocolonialismos en Latinoamérica, y, con esto, la denuncia y reivindicación de proyectos de transformación radical reclamados por los intelectuales orgánicos de una izquierda más tradicional, comienzan a diluirse.

En este contexto, Varela establece una diferencia entre dos estrategias mediáticas antihegemónicas en Latinoamérica: por un lado, los proyectos de "comunicación alternativa" y, por el otro lado, los movimientos de "contrainformación". En el primer caso, y en oposición a las estructuras transnacionales de comunicación, se trata de proyectos de integración y participación de comunidades populares e indígenas, siguiendo modelos de intelectuales como el brasileño Paulo Freire (*La pedagogía del oprimido*, 1970) o la "Teología de la Liberación", iniciada desde algunos sectores de la Iglesia Católica en la Conferencia del Episcopado en Medellín en 1968.[6] Los Nuevos Cines y nuevas agencias de prensa revolucionaria, en cambio, inician proyectos de contrainformación que fueron especialmente relevantes en tiempos de dictadura. Varela señala los casos emblemáticos del escritor Rodolfo Walsh y del cineasta Raymundo Gleyzer, desaparecidos en 1976 y 1977 por la dictadura militar en Argentina; ellos, desde varias líneas de operación, se dedicaron a producir una escritura radical y un cine contestatario urgente. Por otra parte, Armand Mattelart, Héctor Schmucler, Óscar Masotta y Eliseo Verón pueden considerarse precursores de una intelectualidad crítica que, desde la semiología y el psicoanálisis, promueve un desdibujamiento de fronteras entre disciplinas académicas, entre arte y teoría, y entre las distintas producciones culturales; esto en sintonía con escritores latinoamericanos como Manuel

Puig, Guillermo Cabrera Infante, Julio Cortázar y Andrés Caicedo, que en esos años incorporan a nivel temático y estético el cine, el folletín, el teatro, la música y otros materiales populares a sus obras.[7]

Por otra parte, Néstor García Canclini, Carlos Monsiváis, Jesús Martín-Barbero y Beatriz Sarlo, entre varios otros, se convierten, durante los años 80, en referencias claves de un análisis cultural que articula la literatura con la música popular, el cine y la televisión como medios de producción cultural. En sus conclusiones, Varela señala un proceso de desaparición de la política en la región en un sentido fuerte de la palabra, fenómeno que marca la transición entre los años 60 y 70 a los 80 y 90, de un fervor revolucionario y sus ideales a la desilusión absoluta, provocada por los golpes militares y sus secuelas en muchos países, hasta llegar a las democracias posdictatoriales y neoliberales, caracterizadas principalmente por el espectáculo y la "videopolítica" (Sarlo 1994). Dice Varela al final: "El desplazamiento del concepto de ideología por el de cultura, del de dependencia por el de mundialización, del de producción por el de recepción, del intelectual comprometido por el intelectual mediático, hablarían de un renunciamiento a las utopías" (2010, 780). Estos desplazamientos coinciden con los últimos años de la Guerra Fría, la disolución de los bloques y la Unión Soviética, y la caída del muro de Berlín en 1989, máximo símbolo del derrumbe de un orden mundial vencido. Las alternativas al sistema capitalista neoliberal se volvieron inocuas, y los años 90 se caracterizan por la expansión del "capitalismo mundial integrado" (Guattari 2004).

En América Latina, es interesante observar que después de la imposición del neoliberalismo durante las dictaduras y las posdictaduras—en este último caso, el menemismo argentino es uno de los ejemplos más crasos—reaparecieron, durante la primera década del nuevo milenio, fuerzas políticas de izquierda en varios países de la región, como Argentina, Brasil, Bolivia, Chile, Ecuador y Venezuela. Se trata de una fase de más de 10 años que fue contrarrestada completamente en los últimos años por fuertes crisis y la vuelta al poder de la derecha y ultraderecha en varios países. En los escenarios actuales, las democracias latinoamericanas parecen estar en peligro, amenazadas por un autoritarismo ejercido ya no por la persecución directa, la desaparición y tortura de personas—aunque siguen existiendo casos de esta índole—, sino por otros medios más blandos e invisibles de control biopolítico, a través de las nuevas tecnologías y sus programas y aplicaciones.

¿Qué lugar ocupan, bajo estas circunstancias, los trabajos de memoria y contramemoria en las artes y la crítica cultural? Amenazados por ser ignorados en la contingencia capitalista y consumista, pueden perder su razón de ser; y, sin embargo—y más que nunca—, hay que resistir.

Aquí me concentraré en las obras de dos intelectuales mediáticos latinoamericanos—uno perteneciente a una familia tradicional brasileña de políticos y banqueros, el otro de una familia colombiana de la burguesía acomodada—que apuestan por la resistencia del cine. Luis Ospina, integrante del Grupo de Cali, en *Agarrando pueblo* (1978), *Un tigre de papel* (2007) y *Todo comenzó por el fin* (2015) realiza un cine crítico, irónico y autorreflexivo, posrevolucionario y contrainformacional, un cine comprometido y autobiográfico, que expresa una idea de la comunidad de los sujetos cinéfilos que comparten el trabajo de memoria cinematográfica. Por otra parte, João Moreira Salles, discípulo, amigo y productor del documentalista Eduardo Coutinho y hermano del también cineasta Walter Salles, en *No intenso agora* (2017), pone su vida, su cuerpo y su voz en la puesta en escena de un archivo de memoria cinematográfica, compuesta enteramente por materiales encontrados de diversa índole, provenientes de archivos públicos y personales—salvo un único plano grabado en 2017—centrados en los acontecimientos del 68 en Brasil, China, París y Praga. Son films que reivindican el pasado y sus lecciones para la memoria cultural, y convierten el futuro en un horizonte de la memoria activa.

IV

Luis Ospina es un cineasta caleño que cuenta con una trayectoria notable de 50 años haciendo documentales, series y películas de ficción en diversos formatos. Desde 2009, desarrolla un importante archivo audiovisual y documental del Grupo de Cali al cual pertenece. Ospina sobrevivió a dos de sus compañeros, el escritor de culto, actor y crítico de cine Andrés Caicedo, y el cineasta Carlos Mayolo. Caicedo se suicida en 1977 a los 26 años, el día en el que recibe de la editorial un ejemplar de su única novela, *¡Que viva la música!*; Mayolo muere en 2007 de un infarto. Ospina es un cineasta que articula, desde los años 70, un cine comprometido con un cine de memoria sobre la historia de Colombia y América Latina. Desde una izquierda desencantada, Ospina se perfila como un intelectual mediático y paradigmático que vivió en carne propia el 68 como estudiante de cine en EE. UU., y que forma parte de los productores de sentidos alternativos en la región. Articula una crítica cultural con una política contemporánea de contra información, al apropiarse de las estrategias audiovisuales y mediáticas dominantes para construir antimemorias y contar historias alternativas del país y de la región. Se trata, con todo, de un discurso de resistencia y desacato en el escenario latinoamericano actual.[8]

Ospina y Mayolo filman *Agarrando pueblo* en 1978, un año después de la muerte de su amigo Andrés Caicedo, y 10 años después del 68. Es una película de apenas media hora que marca un hito en el documental latinoamericano, porque pone en crisis el documental social de la época desde una postura ética: es, en primer lugar, una protesta en contra del miserabilismo o "pornomiseria", como dicen los directores, una sátira sobre el lucro con la pobreza en el cine. Los dos directores son, en el film, los *vampires of poverty*—el título del film en inglés—en busca de imágenes de la pobreza de exportación que venden a Europa. Para conseguir estas imágenes, filman a mendigos, niños desnudos, vagabundos harapientos, pero también recurren a métodos de un "verdadero" falso documental, porque contratan a actores que hablan de sus condiciones miserables en escenarios de barrios pobres donde ellos no viven, con textos escritos por los guionistas. Podemos asociar este proyecto de Ospina y Mayolo con la puesta en escena irónica de la imagen intolerable o abyecta de la que hablan, en diferentes contextos europeos, Serge Daney (1998) y Jacques Rancière (2011).

Sin embargo, el proyecto macabro de los cineastas vampiros es interrumpido por un personaje, Luis Alfredo Londoño, lugareño del barrio donde se filma, que de repente aparece en la escena y la perturba, ataca a los directores y actores con agresividad, se baja el pantalón y muestra su trasero, y finalmente saca y destruye los rollos de la película. Esa irrupción es la puesta en escena del monstruo como "pura cultura" (Cohen 1996), un ser rebelde e inaccesible, agresivo y transgresor; el hambriento real—entre la "estética del hambre" de Glauber Rocha y el "realismo capitalista" de Fisher—que devela, en sus gestos, las mentiras del mundo neoliberal y las del cine documental. Ospina y Mayolo demuestran y ejercen la conciencia discursiva del cine, juegan con registros entre color y blanco y negro para diferenciar los planos de lo real y lo ficticio, una diferencia que al final se difumina para cuestionar el propio lugar de enunciación del documentalista.

Toda la película es una puesta en escena, montada e inventada por los mismos directores, en un nivel metarreflexivo, autocrítico. Es un cine de resistencia que parodia el documental de observación social. En este sentido, *Agarrando pueblo* se distancia del cine políticamente correcto expresado, por ejemplo, en la película *Chircales* (1968) de Marta Rodríguez y Jorge Silva, que retrata cuidadosamente el mundo de los pobres de Colombia, pero sin renunciar al paternalismo intelectual y una crítica de las circunstancias de vida de corte tradicional, en la línea del cine comprometido de los años 60. Por otro lado, se aleja de la clásica guerrilla cinematográfica en los proyectos del Tercer Cine de Solanas y Getino o el Cine de la Base de Raymundo Gleyzer, proyectos que quedaron atrás con sus promesas incumplidas y que necesitan, junto a conceptos como "pueblo" y "comunidad", ser revisados y criticados después de la desilusión del 68.[9] En el caso de Ospina y Mayolo, la ironía y la parodia funcionan como herramientas de una desestabilización del discurso documental tradicional, y con esto, de la relación entre el autor y el público. Se trata de una mirada compleja, situada, dirigida, y claramente apunta a un "espectador emancipado" (Rancière 2010) que busca una nueva relación con el director. Ospina y Mayolo son conscientes de que sus artefactos forman parte de circuitos audiovisuales y mediáticos, insertan esas imágenes complejas en el sistema de comunicación de los medios masivos, y proponen una política audiovisual activa y transformadora, inclusiva y colectiva.

Hay otro punto que hace de la película un artefacto extraordinario: se expone a sí mismo y muestra su propia fragilidad, y con esto, retomando la idea de Foster (2017), la fragilidad de lo real. En sus imágenes vacilantes y pensativas devela la crisis de la crítica como construcción: el miserabilismo contamina la propia crítica, aunque esta trate de ofrecer otro tipo de imágenes, artísticas quizás, imágenes en potencia, que se oponen a las imágenes planas y comerciales de los circuitos comunes de comunicación. La figura de Londoño, el monstruo, ridiculiza y deconstruye cualquier crítica, y personifica la energía autodestructiva del film en la que se reactiva el germen contracultural del 68. Y en ese nivel, hay un cuestionamiento de la praxis del artista como "productor cultural", en el sentido de Benjamin (2004 [1934]). El epílogo del film consiste en una conversación entre los directores y Londoño. Hablan de la misma película en la que participa y actúa, pero también sobre el cine, su rol social y como espectáculo. Esta metarreflexión en imágenes funciona, más allá del distanciamiento brechtiano, como factor de quiebre en un nuevo nivel, otro elemento de la deconstrucción del documental como *Cinéma vérité*.

Un tigre de papel (2007) es filmada 30 años después de *Agarrando pueblo*, el mismo año de la muerte de su compañero Carlos Mayolo, y es un *mockumentary* sobre un artista apócrifo, Pedro Manrique Figueroa (PMF). Ospina trabaja con testimonios falsos, burlándose del documental testimonial, y varios materiales y metrajes encontrados que incorpora en esta historia sobre el precursor inventado del *collage* en Colombia y activista político anarquista. Los inserta, junto a otros artificios y *collages*, durante las entrevistas que realiza con varios personajes que cuentan anécdotas y sus experiencias con PMF. En otro nivel el film, desde una postura irreverente e irónica, cuenta la historia del desencanto de la izquierda latinoamericana en sus luchas revolucionarias de los años 60 y 70, y las secuelas violentas que provocaron en muchos países los acontecimientos en torno al 68. Pero la película, en un nivel metarreflexivo, se burla del mismo género del falso documental. Es un *collage* cinematográfico e intermedial en el que resuena la estética de Godard en *Histoire(s) du Cinéma*; mezcla entrevistas, textos, citas (por ejemplo, de los dadaístas Kurt Schwitters y Tristán Tzara), intertítulos, cuadros-*collages* y material de archivo de diversas procedencias. El film nace de un profundo desencanto ideológico y posrevolucionario que articula una reflexión (auto)crítica sobre el arte y la política de los años 60 y 70 en pleno realismo capitalista.

En la doble memoria e historia del falso artista y de una izquierda latinoamericana desmantelada y sin fuerza, Ospina introduce un fragmento sorprendente, un breve y temprano *spot* oficial sobre la revolución cubana. Este *spot* y la decisión de Ospina de montarlo en su película, son síntoma del trabajo de desarticulación entre arte, política, medios y memoria desde una crítica cultural desencantada, y sobre la función del intelectual contemporáneo, un intelectual que cuestiona su propio estatus de pensador y activista político en un mundo en el que la cultura y la política están dominadas y controladas por el consumismo neoliberal y sus agentes, en primer lugar el "cuarto poder" de los medios masivos de comunicación. El *spot* "Adelante cubanos" (28:20–30:50) es un canto a la gloria de la Revolución cubana que invita a consumir las mercancías nacionales hechas por el pueblo cubano, en primera instancia productos cosméticos para mujeres. El *spot* exhibe su función consumista y la vincula superficialmente con los logros de la revolución; en el fondo no hay diferencia con otras publicidades hechas en los países capitalistas. Varias de las mujeres que aparecen en pantalla son blancas y cumplen perfectamente con el modelo de belleza promovido por las estrellas de Hollywood. Se trata de un documento ambiguo que suscita dudas sobre su motivación y autenticidad. Frente al *Cinéma vérité* en el documental político de años anteriores, *Un tigre de papel* declara el "cinéma mentiré" en otra escena a propósito de la película *gore* italiana *Holocausto caníbal* (Italia 1980, Ruggero Deodato), filmada en la selva de Colombia, en la que PMF supuestamente participa como actor (1:31:07–1:34:00). Hay otros fragmentos que ponen en escena una crítica lúdica, desaforada. En una secuencia aparece la "Satuple", *Elputas* al revés, la "Sociedad de Artistas y Trabajadores Unidos para la Liberación Eterna" de la que participa PMF, una de cuyas obras es un corto en blanco y negro con fragmentos de imágenes montadas que simulan el lanzamiento de una bomba sobre la Casa Blanca en Washington (59:00– 1:02:00). Se trata del trabajo de grado de Ospina cuando estudia cine en Los Ángeles. Otra sigla inventada, A.B.A., representa a la Asociación Bolivariana de Artistas, en la cual militaba PMF para formar parte de las brigadas allendistas en Chile (1:23:00- 1:25:00). En otra secuencia habla un exguerrillero sandinista y relata sobre el "proyecto falso" de PMF para "quebrar el imperialismo" y desestabilizar el sistema económico de EE. UU. (1:34:40–1:36:52): sellar todos los billetes de dólares con un timbre que dice FALSO. Sin embargo, la locura de este proyecto generó sospechas entre los revolucionarios; es un proyecto que PMF, como dice otra testigo, quiso repetir con los billetes de pesos colombianos.

Con todo, se desinfla cualquier deseo utópico y revolucionario, y el propio arte se convierte en mercancía: hay varias alusiones al mercado del arte, por ejemplo, en esta cita de George Grosz, a la que se adhiere PMF para convertirse en artista: "El artista no es más que una fábrica de billetes de banco. El culto al individuo y a la personalidad al que son sometidos los pintores y poetas no es más que una invención del mercado del arte. ¿Cómo consigue el artista, en la actualidad, adquirir prestigio? Mediante el fraude, la febril actividad en torno al propio yo, carece totalmente de importancia" (1:18:00– 1:19:20). Las obras híbridas, neobarrocas de PMF desfilan por la pantalla (1:41:20–1:43:00) mientras los comentarios en *off* las clasifican como "arte naif". Aparecen los íconos del 68, el Che Guevara, Mao Zedong, desfigurados y deconstruidos en *collages* irreverentes. Después desaparece PMF y nadie sabe dónde está. Pero como dice un testigo al final del film, "solo existe en esos fragmentos de recuerdos", en un trabajo de memoria colectiva.

Todo comenzó por el fin (2015) es un "falso" testamento de Ospina que se convierte en una celebración del cine y la cinefilia de una comunidad, el Grupo de Cali, por medio del archivo de imágenes que despliega la película. Con esto, Ospina va más allá del documental en primera persona, y lo expande a un archivo de memoria coral.

En 2012, a Ospina le diagnostican un tumor intestinal, y esta enfermedad se convierte en un posible obstáculo para finalizar el proyecto del documental *Todo comenzó por el fin*, iniciado el año anterior.[10] Dadas las nuevas circunstancias, Ospina decide presentar un testamento irónico con este documental de casi tres horas y media, cuyo fracaso presenciamos, como espectadores, a lo largo de la película, porque su propia muerte no ocurre, aunque podría haber ocurrido, con elevadas probabilidades, antes de terminar el film. Este suspenso entre la vida y la muerte se mantiene todo el tiempo, y no sabemos, hasta el final, si Ospina sobrevive o no al rodaje y la producción del film. Por otra parte, y a raíz de la lucha por la supervivencia de Ospina, también presenciamos la oscilación entre dos planos presentes en el documental. Por un lado, es un documento estremecedor de *memento mori* autobiográfico en varias secuencias del comienzo y del final, inscribiéndose en cierta tradición de filmaciones del acompañamiento hasta la muerte de artistas y cineastas, como en *Lightning over Water* (1980), el documental de Nicholas Ray y Wim Wenders, filmado durante las últimas semanas del moribundo director estadounidense que tiene un cáncer incurable, cuya muerte en 1979 finaliza el rodaje. La función curativa del cine, y la mezcla de filmaciones en 35 mm y en formato video, junto al trabajo con el material de archivo de películas, son rasgos que comparten los dos proyectos. Por otro lado, el documental de Ospina se transforma, a lo largo de cinco capítulos, en archivo y modelo de memoria cinematográfica de Caliwood y sus integrantes. Caliwood es el nombre imaginario y autoirónico de las actividades realizadas por un grupo de entusiastas, artistas y cinéfilos en esa ciudad colombiana. Vemos, entonces, cómo funciona esa doble perspectiva entre *memento mori* y memoria cinematográfica que hace de este documental un film único, atravesado por la vida y la muerte, y un archivo de memoria coral.

El documental comienza literalmente con "el fin", esa palabra que siempre aparece en la pantalla al finalizar una película, en varios idiomas. Entre los letreros se ve material de archivo en blanco y negro mostrando la destrucción de edificios, entre ellos "El café de los turcos", un lugar importante de encuentro del grupo de Cali, que fue derrumbado en 2013. A continuación, hay un prólogo de carácter performativo y reflexivo de unos 18 minutos que tiene dos partes. En la primera vemos imágenes del archivo familiar de Ospina filmado en Super 8 o 16 mm durante los años 50 por su padre, en escenas familiares en las que aparece el niño Luis. Son fragmentos acompañados por comentarios sobreescritos en la pantalla en los que el cineasta comenta con ironía situaciones tempranas en las que se sentía en peligro de muerte; es una suerte de *memento mori* exagerado y paródico. En la segunda parte del prólogo, vemos a Ospina en la cama del hospital, en 2012, ahora seriamente enfermo. La cámara registra situaciones íntimas y dramáticas en torno a una biopsia a la que se somete el cineasta para prevenir y combatir el cáncer. Las imágenes y los comentarios de Ospina nunca abandonan el tono irónico y lúdico, a pesar de la gravedad de la situación. En estas secuencias, el documental mezcla imágenes actuales de Ospina y sus amigos en el hospital con escenas de películas encontradas y de la propia producción, que están relacionadas con enfermedades o situaciones similares. Al final del prólogo, Ospina, después de haber sobrevivido la operación, vuelve a casa con su compañera Lina González (5:08–10:17).

El capítulo 1 es titulado "Itinerario de una cinefilia" y se dedica a la historia de los integrantes del Grupo de Cali, sobre todo de uno de sus máximos protagonistas, Andrés Caicedo, que a estas alturas se ha convertido en mito y figura de culto de la disidencia literaria y artística del país. El film incorpora y mezcla testimonios de amigos, fotos, cartas y fragmentos de películas, entre ellas el film inconcluso de Caicedo y Mayolo de comienzos de los años 70, *Angelita y Miguel Ángel*. Todos estos materiales filmados son de diferentes momentos, entre 1968 y 2014, agrupados en torno a un encuentro entre los amigos de Cali en la vivienda de Ospina en 2012, durante el que el anfitrión, en otro plano del registro, también filma a todos los invitados. Este encuentro funciona como núcleo del film para retroceder o avanzar en el tiempo y recordar a diferentes personajes, escenas, lugares y películas de Caliwood, un conjunto que forma la estructura de una memoria coral y anacrónica. El film, en este sentido, genera un vórtice de temporalidades superpuestas desde el archivo de imágenes-recuerdos sin tiempos definidos, filmadas en color y blanco y negro. Es una memoria *in actu* que opera en los tiempos y espacios espectrales del cine. Los años que aparecen en la parte de arriba del cuadro al iniciar varias secuencias, son los únicos indicadores cronológicos de los registros que informan al espectador, pero no es un método consecuente o confiable de orientación, y no hay orden cronológico en la presentación de estos fragmentos.

Por otra parte, la Ciudad Solar en Cali, hoy una ruina, fue el centro de acción de las actividades artísticas y disidentes de la comunidad, entre la literatura, la fotografía, el cine y el teatro. El teatro experimental de Cali, el Club de Cine, las películas y la revista *Ojo al Cine* fueron las iniciativas más destacadas de Caicedo y sus amigos entre los 60 y 70. El film vuelve a esos lugares y materiales en forma reiterativa en varios capítulos y construye un itinerario audiovisual por esos lugares de memoria que incorpora y mezcla imágenes variadas, actuales y de archivo, y las voces de los que participaban del grupo de una u otra manera, voces que se manifiestan en entrevistas realizadas por Ospina entre los años 2011 y 2014, o en fragmentos de películas de otras épocas.

El capítulo 2, "Relaciones peligrosas", sigue la misma estructura y mezcla fragmentos de películas y testimonios. Está centrado, por un lado, en las relaciones amorosas entre Carlos Mayolo y varias mujeres y, por otro lado, en las circunstancias del suicidio de Caicedo, al cual, en forma de homenaje, Ospina y Mayolo habían dedicado la película *Unos pocos buenos amigos* en 1986, de la que aparecen varios fragmentos a lo largo del documental. En el contexto de la publicación de la novela de Caicedo, *¡Que viva la música!*, encontramos una secuencia notable de superposición explícita de tiempos y espacios en las imágenes, cuando Clarisol, amiga de Caicedo en los años 70, es enfrentada, en Barcelona, en 2013 y junto a su hija, a registros fílmicos de esos años. En esas escenas, las caras se confunden en un efecto de reflejo en la pantalla (1:37:55–1:39:49).

El corto capítulo 3 está dedicado explícitamente a "Caliwood", y comienza con una cita de Jonas Mekas que merece ser repetida, porque refleja el proyecto del Grupo de Cali y el espíritu de esta película: "La auténtica historia del cine es historia invisible: historia de amigos que se unen y hacen aquello que aman". En las primeras secuencias, el capítulo se centra en *Agarrando pueblo* y su crítica ácida y autorreflexiva de la pornomiseria en el cine *for export*. También se ven fragmentos de otras producciones: *Pura sangre*, film de ficción de 1982, y la colaboración del grupo con Werner Herzog y Klaus Kinski en *Cobra verde*, film rodado parcialmente en Colombia en 1987. Una lista de las producciones realizadas por el grupo entre 1971 y 1991 finaliza este apartado.

El capítulo 4 es "La celebración", y también la muerte: fiestas, drogas, narcotráfico; violencia, guerra, destrucción. Los años locos. La primera secuencia es un *collage* de imágenes y música en formato *clip* de mucha velocidad que ilustra y escenifica los conceptos recién enunciados. Pero también volvemos al encuentro de los amigos en la casa de Ospina, año 2012, que ahora se dedican a ver, entre todos, fragmentos del material de archivo del grupo. Lo disfrutan, lo comentan, y se ríen. Y Ospina los filma viéndose en escenas filmadas hace años. Son momentos condensados de capas de tiempos y memorias, desplegadas a lo largo del film. También vuelve en este capítulo el *memento mori* y la muerte, esta vez del compañero Mayolo, personaje que ahora pasa al centro de la atención del film en entrevistas y en material inédito del *making of* de sus films que podemos ver por primera vez en *Todo comenzó por el fin*. En una escena, por ejemplo, se expresa magistralmente el delirio y la ironía que caracteriza a Mayolo "dirigiendo" una orquesta en estado totalmente ebrio (2:26:10–2:28:00). En otra escena habla una de las parejas de Mayolo con

Ospina y cuenta la historia emotiva y afectiva del grupo, y esta escena explica la motivación que lleva a Ospina a hacer su película (2:33:58–2:35:12).

El capítulo 5, "No podemos regresar a casa", muestra las ruinas y la desaparición de las casas de Cali relacionadas al grupo, y de la banda de rock Band-Aids, formada por algunos integrantes del grupo en 1985. Son símbolos del derrumbe, del desencanto y de la desaparición de proyectos y utopías de toda una generación de artistas, un tema también presente en *Un tigre de papel*. Y, sin embargo, el epílogo desmiente ese tono nostálgico y desencantado. Nos lleva de nuevo a la situación crítica de salud de Ospina. En noviembre de 2013, un año después de la primera operación y fase de quimioterapia, el cineasta se somete a una segunda intervención quirúrgica, más complicada que la primera. Esta vez sobrevive con complicaciones mayores y alucinaciones paranoides, y está en peligro de muerte. Pero finalmente, lo dan de alta y, en una secuencia memorable con la que termina y recomienza el film, puede regresar a casa, poniendo una vez más en entredicho la consigna del último capítulo (3:21:29–3:23:42).

En *Todo comenzó por el fin*, todo finaliza por el comienzo. Luis Ospina estará vivo. Es un inmortal del cine, un fantasma. Este documental de Ospina es un modelo y un archivo de memoria cinematográfica, personal y grupal, que celebra la supervivencia de las imágenes y del Grupo de Cali.

V

El cineasta carioca João Moreira Salles se ha perfilado como voz imprescindible en el cine documental brasileño contemporáneo. Filmado junto con Katia Lund, *Notícias de uma Guerra Particular* (1999) es un documental revelador sobre las violencias urbanas causadas por el narcotráfico en Brasil. *Nelson Freire* (2003) retrata al pianista brasileño; y *Entreatos* (2004) acompaña al candidato a la presidencia Luiz Inácio Lula da Silva durante su campaña en 2002. *Santiago (uma reflexão sobre o material bruto)* (2007) versa sobre un film inacabado, basado en material filmado en 1992 y no editado sino hasta 2005, año en el que el director retoma el proyecto; es un retrato íntimo de un personaje singular: el mayordomo argentino que trabajó durante 30 años en la casa de los padres de Moreira Salles. A la vez, es un film reflexivo con una mirada y un relato muy personales del director sobre su relación con Santiago y sobre la naturaleza del documental y el proceso fílmico; la *voice over* contribuye al modo afectivo de la narración. *Santiago* expone una voz particular, un tratamiento del cine como acto de memoria en una temporalidad específicamente cinematográfica que permite enlazar diversas capas de memoria en tiempos diferentes de registro.

Un procedimiento similar se instala en *No intenso agora*, film que le sigue a *Santiago*, 10 años después del estreno de este.[11] Esta vez, el personaje con el que dialoga el director es su madre, pero no en entrevistas como en *Santiago*, sino a través de material fílmico rescatado de archivos diversos, entre ellos el archivo familiar y el de la misma madre. El film activa la figura-potencia del 68 en un sentido amplio, mostrando y comentando las ilusiones y desilusiones que provocó la efervescencia de la revolución cultural. Desde un punto de vista muy personal, como en *Santiago*, este film desarrolla un juego potente con las temporalidades del cine, expresado desde el título. Ese intenso "ahora", ¿cuándo es? ¿La intensidad vivida en el 68? ¿En 2017 al editar el material encontrado? ¿En el cine al ver el film? ¿Quién experimenta esa intensidad? ¿La madre, el director, el espectador o toda una generación?

El prólogo abre con imágenes encontradas en archivos desconocidos. Una enigmática escena filmada en Super 8, un auto y una mujer en un paisaje de verano, con un pueblo y un castillo al fondo, sin sonido. Después dos escenas de 1968: la primera es un festejo familiar y veraniego en Checoslovaquia, acompañado por una *voice over* femenina que comenta las escenas mudas desde una primera persona que suponemos es el director, un procedimiento que se usa a lo largo del film.[12] La segunda, también en blanco y negro, contrasta con la anterior y es otra escena familiar de la época, esta vez en Brasil. Se ven los primeros pasos de una niña durante un paseo en la calle, pero también se ven, como dice la voz, las relaciones de clase en esos tiempos, porque la niñera hace un paso al costado cuando la niña avanza hacia la cámara: aquella no hace parte de la familia filmable. Esta escena, si bien anónima, refleja la situación que vive el cineasta desde el estatus social de su familia e indica una problemática que atraviesa todo el film: ¿cómo pensar y filmar la memoria de las revoluciones (contra)culturales, políticas y estéticas, tomando en cuenta las distintas miradas, desde la clase alta a la que pertenece la madre de Moreira Salles, desde los actores revolucionarios (estudiantes, obreros, artistas), y desde el ojo-cámara que observa estos procesos? El comentario de la escena remata en una suerte de cifra para todo el film, y quizá para todo el cine: "No sabemos siempre lo que estamos filmando". La cámara registra, y este mismo acto crea una realidad cinematográfica de imágenes actuales y virtuales, activadas y reactivadas por los espectadores en los momentos de la proyección.

Las últimas dos películas de Moreira Salles, en toda su complejidad, pueden asociarse a la categoría de "imagen-tiempo" (Deleuze 2001), y específicamente en el contexto de los procesos de memoria que nos interesan aquí, a la idea del anacronismo, desarrollada por Didi-Huberman (2008). El 68 atraviesa *No intenso agora* como una figura anacrónica, reactualizada constantemente desde el archivo de registros fílmicos, fotogramas, fotos. La última secuencia del prólogo son imágenes filmadas por la madre de Moreira Salles en China, en 1966, acompañadas por la lectura de un texto escrito por ella durante el viaje. Es el primer material encontrado que el director pudo identificar, quien lo rescata 40 años después de ser filmado para insertarlo en la lógica anacrónica del film.

La primera parte, "Vuelta a la fábrica", comienza con otras imágenes del archivo familiar, antes de pasar a varios materiales encontrados que oscilan entre Francia y China. Los primeros consisten en registros realizados en París durante 1967 y 1968, entre ellos el discurso televisivo del fin de año de 1967 pronunciado por Charles de Gaulle; el primer registro callejero del 2 de mayo de 1968, realizado por profesores y estudiantes de cine, en el que la cámara se instala en medio de las movilizaciones estudiantiles, las barricadas, los policías, mostrando y grabando las consignas e himnos de la revolución; escenas de estudiantes de Nanterre y de la Sorbonne protestando y luchando contra la universidad retrógrada, en las salas y las calles. Poco a poco, se perfila una voz que escuchamos por la radio, y la pantalla se queda en negro: habla el estudiante Daniel Cohn-Bendit, que se convertirá en portavoz del movimiento, invitado unos días después a un programa de televisión durante el que toma la palabra y demuestra una consciencia mediática sorprendente.

La *voice over* cita a un estudiante que escribe en sus memorias: "Cada segundo adquirió la densidad de la eternidad". Y sigue la voz: "Espero que mi madre haya experimentado algo de eso. Creo que en China estaba cerca" (21:40–22:00). Y aquí el film pasa a mostrar fotos y filmaciones de su madre en China, y la voz comenta la experiencia estética intensa de esa otra Revolución cultural que ella vivió, siendo la China de esos años lo opuesto a lo que representaba ella y su propia cultura y clase. El film, alternando los escenarios, vuelve a las imágenes del 68 en París, las para, las ralentiza, las examina y la voz las comenta. Se muestran fragmentos de *May Days*, de William Klein, documental en el que se escuchan las voces de los obreros franceses que nunca se habían escuchado; se menciona la entrevista famosa que Sartre le hace a Cohn-Bendit, a sus 23 años de edad, en el *Nouvel Observateur*. El 6 de mayo culmina la movilización, hay graves enfrentamientos con las fuerzas policiales, 6 millones de obreros están en huelga y se solidarizan con los estudiantes, se para el país. Pero solo dura unas semanas y el film intenta explicaciones: el movimiento no es tan radical como se pensaba y como se desarrollaba en EE. UU.; es masculino y blanco, con las estudiantes muy pasivas y con los negros y africanos marginados en los mismos registros; los obreros comienzan a ver a los estudiantes con suspicacia. Por otra parte, Cohn-Bendit se transforma en estrella de la sociedad del espectáculo que había denunciado Guy Debord el año anterior, y como el mismo Cohn-Bendit escribe en sus memorias: sin recursos propios, viaja a Berlín financiado por la revista semanal *París Match*. En el mismo mayo del 68, la revolución y su líder se convirtieron en mercancías. También los famosos *slogans* utópicos y surrealistas del 68 comienzan a venderse y reciclarse en contextos diversos. Cambio de escenario: registros de la madre en China, los *slogans* de la revolución china escritos en los muros de los edificios importantes, frases que ella filma sin saber y que ignora en sus escritos, pero que la *voice over* rescata, indicando que la madre no tiene una visión política de su tiempo, sino que observa China desde una óptica puramente estética.

Y al final de esta parte, una vez más, la cara y la voz de De Gaulle, hacia fines del mes de mayo, anunciando reformas conservadoras, convencido de que el pueblo vuelve a la razón y que él no se retirará del poder. Después de escuchar el discurso de De Gaulle por la radio, sus seguidores se toman la calle en apoyo al general y al orden restaurado, en contra de la anarquía. Y todo vuelve a la normalidad.

La segunda parte, "Salida de la fábrica", abre con registros anónimos en Super 8 de julio del 68 en Francia: playa, mar, vacaciones; y en esta secuencia vuelven también las imágenes del inicio del film: el auto, la mujer, el verano. Todo vuelve a la normalidad y el orden. Y ahora vemos registros del archivo familiar: la familia de Moreira Salles, que vivía en París durante el 68 y que volvió a Brasil a fines de mayo por miedo al caos y la revolución; dice la voz, en un comentario lacónico y mordaz, que sus padres no habían previsto el retorno a la normalidad que se instaló justo después de su partida. Mientras tanto, Cohn-Bendit vuelve clandestinamente de Berlín a París. Este hijo de alemanes se había refugiado durante el nazismo en Francia, pero luego el gobierno francés le quería prohibir la entrada y expulsarlo. Vemos imágenes de él, vemos una gran cantidad de estudiantes que lo escuchan y apoyan, pero el movimiento ya había perdido su mayor fuerza. En agosto, Cohn-Bendit publica, en Hamburgo, un libro bien pagado sobre la revuelta del 68, mientras la Unión Soviética prepara la invasión de Checoslovaquia. El film pasa a mostrar imágenes filmadas por *amateurs* anónimos en Praga. Los rollos registran cuidadosamente, cada uno a su manera, el fin brutal de la primavera de Praga y la destitución del poder del reformador Alexander Dubcek por las fuerzas hegemónicas, esta vez del Este. *No intenso agora*, en estas secuencias, rescata estos archivos desconocidos y despliega un trabajo fílmico de memoria, el registro urgente, casero y estremecedor del fin de una utopía.

El film pasa, comentando y mostrando casos ejemplares, las muertes y víctimas causadas por los acontecimientos de 1968. Después del fracaso y la rendición, el estudiante checo de 20 años Jan Palach se inmola y muere en una calle de Praga, en enero de 1969, simbolizando el estado de ánimo del país. Brasil, marzo del 68: el estudiante Edson Luís, 18 años, es asesinado por la policía militar en Río. En París, el escolar Gilles Tautin, 17 años, es víctima de los enfrentamientos con la policía en junio del 68. Este último caso es documentado en dos films de la época, de los que vemos fragmentos: lo declaran mártir de una causa, de una revolución irreversible, lo mismo que hacen los registros de la muerte del obrero de la fábrica de Peugeot, Pierre Beylot, 24 años, quien es asesinado por la policía. Como contrapunto, también vemos imágenes del funeral del policía René Lacroix quien murió en los enfrentamientos, filmadas por un noticiero de provincia. Y una vez más, la cara del general De Gaulle en televisión, esta vez en su discurso del 31 de diciembre de 1968, firme y orgulloso, restablecido el orden que él representa, aunque también menciona los problemas sociales que lo preocupan. Moreira Salles, después, pasa a mostrar fragmentos del film *Morir a los 30 años*, de Romain Goupil, según la voz que escuchamos el más hermoso sobre el período, dedicado a los jóvenes y amigos de Goupil, muertos por la revolución.

Después de una reflexión sobre el famoso *slogan* del 68 "*Sous les pavés, la plage*" (Debajo del pavimento, la playa), va el único plano filmado por Moreira Salles en 2017 (1:54:20–1:54:42): un plano fijo de la estación de metro Gaité (alegría), con los andenes vacíos, lugar en el que se mató Killian Fritsch, el supuesto inventor del *slogan*. Vuelve una secuencia de registros de la madre en China, y la voz comenta su predilección por la sorpresa sobre lo previsible. China y Mao, dice la voz, dice Moreira Salles, eran eso para su madre, y esta sensación la hizo feliz en esos años. En el cierre del film, aparece Mao, esa figura que encarna todas las ambigüedades de una revolución cultural, en distintas imágenes desde su juventud hasta la vejez; la figura que logró causarle sorpresa a la madre de Moreira Salles, y que también luce en el afiche de *Un tigre de papel* de Ospina, pues el título es la frase que enuncia en 1956: el imperialismo, decía el presidente chino, es solamente un tigre de papel.

VI

Los dos proyectos cinematográficos analizados nacen de un profundo desencanto posrevolucionario, sin que deriven en un discurso nostálgico sobre las utopías perdidas y las nuevas esperanzas, tal como se trasluce en el documental *Utopia e Barbárie* (2009), del director brasileño Silvio Tendler, por ejemplo, que al final de su film admite el fracaso de las izquierdas después de 1989, y deposita sus esperanzas en los movimientos juveniles de protesta del nuevo milenio, identificados como reminiscencias y actualizaciones del movimiento del 68. En cambio, Ospina y Moreira Salles activan el potencial político y estético del 68 en sus contradicciones y ambigüedades: por un lado, mediante un cine de memoria irónico, lúdico e irreverente (Ospina) y, por el otro, en un cine de memoria reflexivo e indagador en los mismos procesos fílmicos (Moreira Salles); los dos lo hacen desde una enunciación decididamente autobiográfica y consciente de las construcciones temporales propias del cine, entendido este como herramienta imprescindible de un pensamiento crítico sobre y desde las imágenes técnicas.

En el escenario actual de la vuelta al poder de las derechas neoliberales en América Latina y en otras partes del mundo, este potencial (auto)crítico es valiosísimo. El cine realiza un trabajo de memoria al interior de las imágenes cuyo valor anacrónico invita a los espectadores a involucrarse con sus propias imágenes y recuerdos en estas construcciones; así esboza, en un proceso siempre inacabado, las comunidades por venir, pues la "imaginación *altera* y *reinventa* constantemente *la figura humana* en el espacio mismo de su comunidad" (Didi-Huberman 2014, 105).

Notas

1. Me refiero al comentario que Georges Didi-Huberman (2012) hace de la imagen de las luciérnagas en Dante, rescatada por Pasolini, motivo para entrar en diálogo con el pesimismo cultural y el mesianismo melancólico de Giorgio Agamben (1996).

2. Suri (2009) analiza las relaciones entre el movimiento contracultural y los diversos fenómenos de la Guerra Fría y comenta las formas de una creciente violencia entre el final de los años 60 hasta mediados de los años 70.

3. David Cortés y Amador Fernández-Savater (2008) presentan los diversos alcances del cine político y los debates alrededor de 1968 en Francia.

4. Es interesante cómo Jean-Louis Comolli (2011), uno de los protagonistas de esos debates, reinterpreta su propia propuesta crítica de 1971 sobre las implicancias ideológicas de la técnica cinematográfica en su libro sobre el cine contra el espectáculo, que publicó en su versión original en 2009.

5. En los últimos años, se ha iniciado una revisión del NCL por parte de varios críticos que proponen dejar atrás las categorizaciones esquemáticas en la evaluación de esos cines en los años 60. En los libros de Mestman (2016), León Frías (2013) y Del Valle (2014), por ejemplo, el NCL se presenta como un fenómeno atravesado por diversos proyectos, debates y rupturas, nacionales e internacionales, articulados con otros discursos y estéticas entre lo contracultural y lo político, entre la vanguardia, la experimentación y la militancia política.

6. También unos pocos gobiernos emprendieron iniciativas estatales de transformación a nivel estructural e implementaron, durante los años 70, políticas alternativas de comunicación a nivel nacional, como en Venezuela y Perú.

7. Graciela Speranza (2000 y 2006) estudia las nuevas constelaciones en la producción literaria y artística a partir de los años 60: por un lado, el caso paradigmático de Puig, quien se inspira en el cine, la literatura popular y el arte de vanguardia para la construcción de sus obras; por otro lado, la impronta que dejan las estrategias vanguardistas de Marcel Duchamp en la literatura canónica argentina.

8. Barrero (2017) propone una lectura abarcadora de la "mirada intelectual" de Ospina y sus estrategias intermediales y contrainformacionales en dos duplas: *Agarrando pueblo* y *Un tigre de papel*; y los documentales sobre escritores, *Andrés Caicedo: unos pocos buenos amigos* (1986) y *La desazón suprema: retrato incesante de Fernando Vallejo* (2003).

9. Didi-Huberman (2014) señala: "No abandonar al enemigo la palabra—es decir la idea, el territorio, la posibilidad—de la que intenta apropiarse, prostituyendo, a sabiendas o no, su significación" (20). Se refiere a "pueblo", "democracia", "comunidad", "imagen", conceptos corrompidos por el uso tergiversado de ellas desde una lógica neoliberal. En estas circunstancias, el pensador francés apunta a la función fundamental de la crítica: "Por estar los pueblos expuestos a desaparecer tanto en el uso de las palabras como en el de las imágenes, hay que 'resistirse en la lengua' y reconstruir, sin descanso, las condiciones de una reaparición de los pueblos en el espectáculo de nuestro mundo" (21).

10. "Todo comenzó por el fin" es una cita que otro integrante del grupo de Cali, Sandro Romero, enuncia en un fragmento de la película *El pobre Lara* (1984).

11. Es interesante contrastar el método íntimo, subjetivo y reflexivo de Moreira

Salles con el de Silvio Tendler en *Utopia e Barbárie* (2009), *opus magnum* realizado y editado durante 19 años. Este "road movie histórico", como denomina su film ese otro cineasta carioca que cuenta con una larga trayectoria internacional (Brasil, Cuba, Chile, Francia) de cine político desde la izquierda militante, presenta un caleidoscopio fílmico de los acontecimientos políticos y sociales más relevantes de la segunda mitad del siglo XX a escala mundial, con énfasis en Brasil y América Latina, identificando el 68 como punto de convergencia del pensamiento utópico que se rebela contra la barbarie omnipresente. El documental reúne mucho material de archivo, fragmentos de películas, las voces de intelectuales, políticos, escritores y cineastas, junto a una *voice over* que se divide en varias voces distintas y que acompaña el material y constituye otra herramienta para este trabajo de reconstrucción cinematográfica del *Zeitgeist*.

12. Reconocemos este desplazamiento de una primera persona masculina a una voz femenina como estrategia y cita de *Sin sol* (1985), de Chris Marker, en el que la persona que escribe las cartas leídas por la voz es el cámara ficticio Sandor Krasna, un *alter ego* del director francés. Los dos films-ensayos comparten varios rasgos más, entre ellos la mirada melancólica sobre los acontecimientos históricos y personales, la itinerancia de personas e imágenes por varios continentes, el trabajo con el material de archivo, el juego con los tiempos y el tono poético y melancólico.

Bibliografía

Agamben, Giorgio. *La comunidad que viene*. Valencia: Pre-textos, 1996.

Barrero, Lina. *La mirada intelectual en cuatro documentales de Luis Ospina: un discurso intermedial del audiovisual latinoamericano*. Nueva York: Peter Lang, 2017.

Benjamin, Walter. *El autor como productor*. Traducción y presentación de Bolívar Echeverría. Ciudad de México: Editorial Ítaca, 2004.

Cohen, Jerome. *Monster Theory: Reading Culture*. Minneapolis: University of Minnesota Press, 1996.

Comolli, Jean-Louis. *Cine contra espectáculo seguido de Técnica e Ideología (1971)*. Buenos Aires: Manantial, 2011.

Cortés, David y Amador Fernández Savater, editores. *Con y contra el cine: en torno a Mayo del 68*. Barcelona: Fundación Antoni Tàpies, Sevilla/UNIA, 2008.

Daney, Serge. "El travelling de Kapo". *Perseverancia: reflexiones sobre el cine*, 9–44. Buenos Aires: El amante, 1998.

Deleuze, Gilles. *La imagen-tiempo: estudios sobre cine 2*. Barcelona: Paidós, 2001.

Del Valle, Ignacio. *Cámaras en trance: el Nuevo Cine Latinoamericano, un proyecto cinematográfico continental*. Santiago: Cuarto Propio, 2014.

Didi-Huberman, Georges. *Ante el tiempo: historia del tiempo y anacronismo de las imágenes*. Buenos Aires: Adriana Hidalgo Editora, 2008.

———. *Pueblos expuestos, pueblos figurantes*. Buenos Aires: Manantial, 2014.

———. *Supervivencia de las luciérnagas*. Madrid: Abada, 2012.

Fisher, Mark. *Realismo capitalista: ¿No hay alternativa?* Buenos Aires: Caja negra, 2017.

Foster, Hal. "Real Fictions: Alternatives to Alternative Facts". *Artforum* (abril de 2017): 1–7.

Guattari, Félix. *Plan sobre el planeta: capitalismo mundial integrado y revoluciones moleculares*. Madrid: Traficantes de sueños, 2004.

Jameson, Frederic. *Periodizar los 60*. Córdoba: Alción, 1997.

Lacan, Jacques. *De los nombres del padre*. Buenos Aires: Paidós, 2007.

———. *Seminario 22. R.S.I.*, inédito (1974). https://www.bibliopsi.org/docs/lacan/27%20Seminario%2022.pdf

León Frías, Isaac. *El Nuevo Cine Latinoamericano de los años sesenta: entre el mito político y la modernidad fílmica*. Lima: Universidad de Lima, 2013.

Lipovetsky, Gilles. *Los tiempos hipermodernos*. Barcelona: Anagrama, 2006.

Lipovetsky, Gilles y Jean Serroy. *La cultura-mundo: respuesta a una sociedad desorientada*. Barcelona: Anagrama, 2010.

Mestman, Mariano, coordinador. *Las rupturas del 68 en el cine de América Latina*. Buenos Aires: Akal, 2016.

Rancière, Jacques. *El destino de las imágenes*. Buenos Aires: Prometeo Libros, 2011.

———. *El espectador emancipado*. Buenos Aires: Manantial, 2008.

Sarlo, Beatriz. *Escenas de la vida posmoderna: intelectuales, arte y videocultura*. Buenos Aires: Ariel, 1994.

Speranza, Graciela. *Fuera de campo: literatura y arte argentinos después de Duchamp*. Barcelona: Anagrama, 2006.

———. *Manuel Puig: después del fin de la literatura*. Buenos Aires: Grupo Editorial Norma, 2000.

Suri, Jeremi. "The Rise and Fall of an International Counter-culture, 1960–1975". *American Historical Review* 114, n.° 1 (2009): 45–68.

Varela, Mirta. "Intelectuales y medios de comunicación". En *Historia de los intelectuales en América Latina*. Edición de Carlos Altamirano, 759–81. Buenos Aires: Katz Editores, 2010.

CAPÍTULO 8

Alzar la voz

Testimonios y memorias de género de mujeres sobrevivientes de las dictaduras del Cono Sur

Bernardita Llanos M.

Dentro del debate y las disputas sobre las pasadas dictaduras del Cono Sur, los recientes relatos de memoria de las mujeres militantes de los 70 sobrevivientes al terrorismo de Estado ocupan un lugar crítico desde donde pensar el género y la estructura de poder que lo rige y reproduce en las relaciones sociales. Pensar la violencia sexual y de género de estos textos plantea el cuerpo femenino como lugar de disputa por el poder, por una parte, y, por la otra, revela la función reparadora que tiene el relato sobre la subjetividad de las sobrevivientes y el tejido social, en especial dentro de sociedades que han vivido bajo estados autoritarios y la guerra global contemporánea.

En la gran revuelta social y política que ha experimentado la sociedad chilena a partir del 18 de octubre de 2019, donde marchas y protestas se resumen con la consigna "Hasta que la dignidad se haga costumbre", el rol del movimiento feminista ha sido fundamental. El estallido feminista del 8M del 2018 consolidó una nueva ola feminista originada en las universidades, instituciones donde el abuso de autoridad y el acoso a estudiantes mujeres por parte de sus profesores varones ha sido sistemático como han revelado las denuncias en diversas casas de estudios a lo largo del país. La ola feminista "desbordó todo" y se tomó la calle a través de movilizaciones masivas lideradas por estudiantes que demandaban espacios seguros y protocolos al interior de las instituciones educativas. La radicalización de las demandas se dio también con respecto a las organizaciones estudiantiles tradicionales, conformando nuevas formas de organización avaladas por nuevos marcos conceptuales en los cuales las jóvenes harían sus propias demandas desde sus propias organizaciones (Boletín, Red Chilena contra la Violencia de Género 2019). En este contexto rupturista e innovador, se dio origen a la creación de un sinfín de colectivos en las artes, el teatro, la televisión, la historia y la literatura. Destaco aquí el colectivo de las autoras chilenas AUCH, cuyo trabajo y presencia ha posibilitado la organización de escritoras chilenas dentro y fuera del país junto a la creación de un manifiesto feminista.[1] Cabe mencionar también la reciente creación del partido Chile Feminista que se origina como respuesta a la violencia estructural en todos los ámbitos de la sociedad y llama a la transformación social y política.[2]

Dentro de la contingencia chilena actual, las violaciones de los derechos humanos (tortura, tratos crueles y degradantes) y violaciones sexuales por parte de Carabineros en el gobierno de Sebastián Piñera han sido documentadas en los informes de la Comisión Interamericana de Derechos Humanos, Human Rights Watch y el Instituto Nacional de Derechos Humanos (INDH).[3] La cantidad de personas heridas, detenidas y con lesiones oculares (más de 400 según cifras recientes), producto de los balines y lacrimógenas lanzadas por personal de Carabineros, ha puesto de manifiesto la vulneración sistemática de los derechos humanos como una política de Estado. El símbolo del ojo herido aparece hoy en pintadas callejeras, grafitis, bordados y diversas expresiones artísticas que rechazan la violencia del gobierno contra la ciudadanía por ejercer el derecho a la protesta, hoy en día criminalizado. La impactante imagen *post mortem* de la recientemente fallecida Mónica Echeverría (4 de enero de 2020), actriz, escritora y activista de derechos humanos, quien pidió ser velada con un parche rojo en el ojo "como homenaje con los manifestantes que sufrieron pérdidas oculares durante los últimos meses", forma parte del imaginario nacido en el fragor de la protesta por otro Chile. Su homenaje reafirma el compromiso de escritoras y artistas con los derechos humanos y la lucha de las mujeres por una sociedad democrática, paritaria y justa.[4]

El horror que gatilla la violencia contemporánea tiene como blanco al inerme, como afirma la filósofa política Adriana Cavarero, cuya humanidad es ultrajada y "criminalmente ofendida" en la historia de los genocidios y las masacres y en los "teatros de la tortura y el suplicio" (2009, 11–12). A partir de esta constatación, Cavarero agudamente señala el marco del horrorismo para entender la violencia de los siglos XX y XXI para poner la atención en las víctimas en vez de los guerreros, quienes han tenido preponderancia en Occidente desde la épica de Homero. De este modo, el paradigma epocal de Cavarero coloca en primer plano al inerme y su vulnerabilidad como manifestación de su humanidad (12).

El *corpus* que los relatos de sobrevivientes conforman entre testimonios, autobiografías, documentales, ficciones y otros textos memorialísticos, dan cuenta de la violencia sexual como una experiencia de género diferenciada de otras formas de tormentos, la cual revela cómo el régimen patriarcal organiza tanto las prácticas sociales como los imaginarios del Cono Sur. La tortura sexual ha sido una expresión cruenta de lo que podríamos llamar una hegemonía masculina tóxica, como se la denomina hoy en día después del movimiento *#Yotambién* (*#Metoo* en su versión anglófona). Al ser usadas las agresiones sexuales y la violación sexual como armas de un régimen del terror específicamente dirigido contra las mujeres, estas se convierten en crímenes paradigmáticos de un sistema patriarcal que hace del cuerpo femenino su territorio y campo de batalla sobre el cual se ostenta la masculinidad dominante. En este contexto la violencia sexual aparece como una gramática sobre el cuerpo de las mujeres, al decir de María Sonderéguer, lo que nos permite entenderla dentro de un *continuum* de violencias, por un lado, y, por el otro, como la cristalización del despojamiento arcaico de las mujeres y la privación de sus derechos (Sonderéguer 2012, 11–12). En el cuerpo de las mujeres se inscribe la soberanía de una jurisdicción y un territorio, como afirma la antropóloga Rita Segato en la conferencia virtual "Violencia expresiva y guerra contra las mujeres", de ahí que la guerra se haga en el cuerpo de las mujeres para destruir las comunidades de las que son parte.[5]

Desde la violencia sexual hasta el feminicidio nos encontramos con una agresión marcada por el género y donde el poder ejecuta su fuerza mediante el temor y el horror. En este sentido, la violencia sexual realiza un doble gesto: uno dirigido a las mujeres como mujeres y otro dirigido a los "otros" derrotados. O como argumenta Segato, la violencia se expresaría a través de dos ejes, uno vertical hacia la mujer y otro horizontal hacia los pares hombres donde el violador establece una relación de competencia y alianza a través del género (2003, 14). El violador no es un sujeto solitario o anormal pues siempre está en compañía de otros "interlocutores en la sombra" como los denomina Segato al referirse a aquellas masculinidades que lo acompañan (padre, hermanos, tíos, etcétera) y que determinan el "mandato de masculinidad". En este eje horizontal compuesto por los pares y las sombras, los otros darán fe de que se es efectivamente un hombre. En este paradigma la masculinidad es siempre potencial y por eso tiene que enfrentarse a desafíos y pruebas ante quienes la comprueban y ratifican (como potencia sexual, política, económica e intelectual). De acuerdo con Segato, de estas voces y presencias masculinas proviene el mandato de masculinidad para el varón, el cual tiene su analogía con los pactos mafiosos donde la impunidad, el ocultamiento y el silencio protegen a los miembros del grupo. Un caso análogo lo encontramos en los Estados dictatoriales y los Estados fallidos donde los crímenes y las violaciones a los DD. HH. se encubren mediante lo que Jean Franco llama "un pacto de sangre" (1992, 107). La masculinidad del torturador en estos contextos se afirma mediante su poder absoluto para ejercer dolor, poder que se refuerza con el uso de sobrenombres totémicos de animales y ceremonias iniciáticas para entrar en el grupo. En *Confesiones de un agente de seguridad*, Andrés Valenzuela, un ex agente entrevistado por Mónica González, cuenta cómo un grupo selecto fue llevado a ver la sesión de tortura de una prisionera cuyo novio era militante del MIR.[6] El grupo debía observar y aprender cómo se le aplicaba electricidad, oír sus gritos y contemplar su agonía. El objetivo—como lo resumiera Hannna Arendt en su célebre frase "la banalidad del mal"—era constatar quién soportaba más ver el sufrimiento del otro hasta logra su insensibilización, y el efecto final de deshumanizarse.[7] Los futuros agentes tenían que pasar pruebas de valor y aguante para ser aceptados y empleados en el servicio de la policía secreta del régimen de Pinochet. Los ritos de pasaje violentos iban adentrándolos en el sistema y sellaban la incorporación de los miembros a través de la participación u ocular en acciones violentas de responsabilidad compartida (Franco 1992, 107).

En esta fraternidad criminal, como argumenta Segato, la violencia sexual y la violación del cuerpo femenino se erigen como constatación de la identidad masculina hegemónica. Esta prueba para adquirir la masculinidad en una competencia feroz se realiza sobre el cuerpo de quienes ocupan posiciones subalternas y vulnerables por lo que se les puede agredir, humillar y vejar. Segato afirma que la masculinidad misma es una potencia conectada a la "dueñedad", a ser poseedor y dueño, cualidades que se ponen a prueba siempre y que tienen que ser demostradas a los rivales que compiten por los cuerpos de las mujeres y el territorio. En esta economía simbólica la mujer sin un hombre que la proteja o reclame es vista como propiedad de libre acceso para otros hombres, quedando totalmente desprovista de libertad y autonomía. Para

Segato, la violencia y la violencia sexual, en especial, estructuran un régimen de despojo como condición de la existencia y reproducción de la identidad masculina y de otras identidades enraizadas en el poder (2003, 30 y 47). Según la autora, el género es una experiencia fundante que organiza el mundo e informa nuestras percepciones tanto sobre el ámbito social como el natural (57). De ahí que el despojo de la mujer y las poblaciones indígenas sean paralelos a los de la tierra y los recursos naturales como nos muestran hoy las políticas extractivistas en el continente. En este modelo económico neoliberal expoliador, la figura de la rapiña es usada como metáfora de la extirpación que la relación entre los géneros implicaría en tanto estructura de poder, donde quien detenta la autoridad (normalmente el varón) le arranca a la mujer (o a quien esté en una posición subordinada y feminizada) el don que posee de otorgar identidad a su amo. Desde la mujer, nos dice Segato en la mencionada charla, fluye la posibilidad de conformar esta potencia masculina mediante la subordinación, admiración, cuidado y devoción femenina. Para el varón es una suerte de exhibicionismo de su potencia ante ojos que evalúan la masculinidad del sujeto dando lugar a una "violencia expresiva" dentro de un contexto histórico de acumulación capitalista sin límites.

El Estado en este sentido sería masculino puesto que se erige como estructura macro nacional a partir de un acto de fuerza, tal como los diversos movimientos de independencia durante el siglo XIX muestran en Latinoamérica. La fuerza masculina militarizada define al Estado por encima de la ciudadanía y, en particular, por sobre la mujer a quien no interpela como sujeto de derecho. Segato señala que el Estado nunca le habla a la mujer ya que se define de espaldas a ella. La crítica Mary Beard comenta de modo similar que sobre la mujer ha predominado el silenciamiento con respecto al discurso público y al político, en particular, como parte del patriarcado occidental. La voz femenina históricamente y desde las formas escritas más antiguas, aparece silenciada por el varón (joven o mayor) tal como *La Odisea*, de Homero, lo representa en el personaje de Telémaco. En la historia el adolescente imberbe hace callar a la inteligente Penélope aduciendo que el discurso público pertenece a los hombres, así como también el gobierno de la casa. Según Beard, esta tradición de acallar a las mujeres ha sido parte central en la tradición patriarcal occidental en su administración de la esfera pública y las instituciones: herencia que persiste hasta nuestros días (2018, 16).

Por su parte, en su libro *Horrorismo. Nombrando la violencia contemporánea*, Cavarero nos recuerda que el terrorismo nace con y del Estado, y se expresa en la historia como "terrorismo de Estado" (2009, 130). Thomas Hobbes es uno de los "padres fundadores" del Estado moderno en tanto "Estado territorial y soberano", pues argumenta que la inclinación natural de todo hombre es el deseo perpetuo de poder y, por lo tanto, vive en un estado de guerra de todos contra todos. Descritos como lobos que se desuellan unos a otros si es necesario para eliminar al rival, los hombres en esta visión animalizada siempre se hallan en riesgo de muerte. Cavarero afirma que los hombres hobbesianos son propensos a matar y temen ser matados pues viven atormentados por la contradicción entre el deseo de poder y la amenaza permanente de morir por ello. De este modo, el orden natural se presenta como el orden del miedo y la forma de salir de él es mediante la génesis del Estado, basada en un pacto entre los hombres por conservar la vida y vivir en paz bajo una voluntad única y absoluta que debe detentar "la espada en exclusiva" a la que ellos entregan su propio poder (2009, 12–13 y 130–31). Más aún, sin el terror a un poder que obligue a seguir las leyes, el Estado moderno no tendría legitimación ni fundamento como "instancia aseguradora" de paz y seguridad. El terror, como advierte Cavarero, es interno al Estado y se explicita como garantía del orden social. En este sentido, el terror viene a ser su categoría fundadora y generativa. En el sistema liberal y democrático la violencia se mantiene, pero el terror ha desaparecido o se ha desplazado a regímenes que no son ni liberales ni democráticos como los Estados totalitarios y las dictaduras militares que demuestran el terror y el "uso de la violencia colectiva" mediante asesinatos a gran escala junto a múltiples modos de degradación premeditada del cuerpo y la dignidad, como subraya Cavarero siguiendo a Arjun Appadurai (132–35). Aquí el poder absoluto de Hobbes pierde legitimidad, pues no ha podido brindar paz ni seguridad, sino que ha expandido el terror a toda la sociedad, reduciendo a los ciudadanos inermes a "víctimas potenciales". Junto al terror impone un sistema de control que induce a "la denuncia recíproca" y la "autodenuncia", a través de "perversos mecanismos ideológicos" (135). Como señala la socióloga Ximena Bunster en su ya clásico artículo "Surviving Beyond Fear: Women and Torture in Latin America" (1994), el Estado en las dictaduras latinoamericanas se vuelve torturador de sus enemigos políticos y diseña formas específicas de tortura física y psicológica en particular contra las mujeres militantes, quienes habían alcanzado puestos de liderazgo en sus comunidades, partidos y sindicatos en Argentina, Chile y Uruguay, despojándolas de todos sus derechos y cosificando sus cuerpos mediante abusos sexuales y torturas humillantes y dolorosas. El escarmiento corporal y sexual aquí cumple una función pedagógica para quienes sobrevivieron pues tenía la finalidad de quebrar, silenciar y reeducar a mujeres que habían participado activamente en política, muchas de las cuales tenían altos cargos en sus organizaciones.

La misoginia de la ideología machista atraviesa todo el sistema dictatorial y en las prisiones ilegales se manifiesta a través de la esclavitud sexual, el desprecio hacia el cuerpo femenino y otras formas institucionalizadas de violencia sexual. Bunster es una de las primeras en visibilizar el abuso sexual como una violación de los derechos humanos básicos de las mujeres sobrevivientes (1994, 156–76). Son las mujeres fuertes que no se doblegan frente al poder masculino, la tradición de género sexista y la hegemonía militar, las que serán castigadas cruelmente para que su valor y rebeldía se extinga mediante el terror y la vejación sexual. Este contexto muestra que hay sociedades y ambientes propensos a la violación, ya que no se valora el respeto mutuo en las relaciones personales ni la igualdad, como advierte la antropóloga Peggy Reeves Sanday. Las sociedades libres de violación, por el contrario, se caracterizan porque hay una "mayor oportunidad de participación de todos sus miembros" (citado por Sanyal 2018, 259).

Para Segato, en el reportaje documental *Vidas debidas* (2017), de Ana Cacopardo, es imposible separar las diversas violencias hacia las mujeres del contexto histórico de hoy en día, el cual está dominado por un capitalismo "apocalíptico", según su propuesta, que aparece signado por la acumulación de la riqueza de formas nunca antes vistas, la explotación feroz de los recursos naturales y la precarización de la vida a tal punto que se asemeja a una época anterior, como la Edad Media, donde los señores feudales gobernaban territorios específicos a voluntad.

El machismo, como advierte la activista feminista indígena Julieta Paredes, en coincidencia con Segato, forma "la matriz patriarcal que sostiene un sistema colonialista, racista y capitalista" (2016). El patriarcado para ambas pensadoras vendría a ser la suma de todas las opresiones y se erige sobre el cuerpo femenino. Como sostienen, el proyecto colonial no ha terminado sino, por el contrario, se halla vigente y aparece en las formas expresivas de las violencias de género y en una suerte de guerra contra las mujeres, sus cuerpos y territorios (Segato 2019b).

Postular una mirada feminista a las políticas y estéticas de la memoria a partir de los procesos transicionales manejados desde el Estado, plantea un horizonte distinto en que se abren preguntas nuevas frente a la normativa patriarcal de género imperante. Se trata de reconocer las tramas del poder y la agencia de quienes participaron en los escenarios dictatoriales como protagonistas, víctimas y sobrevivientes y hoy denuncian las violencias de género y su normalización en el pasado dictatorial y en el presente neoliberal (Bilbija, Forcinito y Llanos M. 2017, 11–18). Más allá de los relatos escritos anteriormente, en los cuáles la política del cuerpo femenino quedaba en segundo plano frente a la urgencia de interpelar al Estado y responsabilizarlo judicialmente, ahora las violaciones a los derechos humanos se extienden al género y la sexualidad en el juicio que se hace del mismo período descubriendo un secreto avergonzante tanto para los y las protagonistas como para la cultura que lo justifica.

Susana Draper aborda los modos que estructuran los sentidos provenientes de la violencia de género y las representaciones del pasado autoritario uruguayo al analizar el relato testimonial *Oblivion* (2007), de Edda Fabbri. Dicho texto, escrito 20 años después de la liberación de Fabbri de la cárcel, es una suerte de *performance* crítico sobre el hecho mismo de recordar y las maneras en que la escritura problematiza el proceso de la memoria y los clichés memoralísticos que hoy son parte del sentido común y de una suerte de pensamiento automatizado (Draper 2017, 138–39). El texto de sobrevivencia de Fabbri aparece más interesado en las zonas marginadas y oscurecidas por la razón militante, aquellas que han quedado fuera del heroísmo épico (eminentemente masculino) y, por lo tanto, aparecen despojadas de valor simbólico. En el espacio de los afectos y la otredad de los sujetos militantes se instala esta reflexión testimonial, mostrando la cara transgresora de la subjetividad, el afecto y la política que las ex-presas políticas desplegaron (142). Dar forma a una nueva legibilidad, como advierte Draper, es parte de lo que tanto el relato de Fabbri como el de otras sobrevivientes intentan hacer (144), donde lo político se desplaza de su hegemonía partidista para abarcar lo cotidiano, la reproducción de la vida y los afectos como parte integral de la agencia y la resistencia femeninas.

En palabras de la socióloga Gabriela Fried, el *corpus* que conforman los testimonios de mujeres uruguayas exdetenidas del Penal de Punta Rieles constituye una "historia de des-silenciamiento y emergencia pública" sobre la violencia sexual y experiencias tabú y deshumanizantes del terrorismo de Estado que habían permanecido fuera del conocimiento y debate públicos (2017, 148). Este proceso de habla y simbolización después de un período de 35 años se inicia al momento en que las ex-presas comienzan a reunirse y culmina en la denuncia penal que realizan en 2010–2011 (154). La emergencia de estas memorias silenciadas por tanto tiempo posibilita la transformación subjetiva con el acompañamiento de otras y otros. El contexto social y cultural es de vital importancia para que estos relatos sean audibles, así como el resurgimiento del feminismo como movimiento social plural ha servido para visibilizar la violencia contra la mujer tanto en democracia como en dictadura. Sin embargo, es importante considerar que las múltiples violencias sexuales contra las militantes fueron posible porque ya había otras violencias que estaban "fuera de los campos de detención, de violación y usurpación de derechos" (Sonderéguer 2012, 13). Como afirma Sonderéguer, "la violencia de género es un continuo en el caso de las mujeres" (13) y una manifestación de lo que Carol Sheffield denomina "terrorismo sexual" en tanto sistema social que excusa al victimario y culpabiliza a la víctima (citado en Sonderéguer 298).

La violencia sexual y la violación, en particular, representan métodos de tortura crueles y perversos cuyas secuelas persisten décadas después. Como afirma la psicoanalista Inger Agger, este tipo de tortura, poco atendida críticamente hasta hace unos años, hace a la víctima partícipe del acto mismo que le produce terror, y contribuye a su dolor y daño físico y psíquico, haciendo de ella cómplice de su propia vejación, marcando la sexualidad y la identidad de maneras demoledoras (306-6). El nudo entre sexualidad y política que la tortura sexual genera es precisamente el que las sobrevivientes deben desatar para poder rearmarse como sujetos y agentes políticos. Dentro de un contexto de acompañamiento profesional (psicológico y legal) y con el apoyo de otras sobrevivientes y organizaciones feministas, el relato de memoria de género repara y permite reconstituir la identidad de las sobrevivientes para luego entender la tortura sexual y la violación como crímenes de lesa humanidad donde se castiga a la mujer por su condición de género y a través de la sexualización de su cuerpo. La violación es una forma de inscribir el poder que no tiene nada que ver con la libido del violador, sino que, por el contrario, aúna acceso sexual y daño (Segato 2019b).

En este contexto hostil y desigual, el cuerpo subordinado es blanco del ataque misógino sexual y sus diversas expresiones, por una parte, y, por la otra, teatraliza el poder que se confiere al varón en una sociedad patriarcal donde se permite y acepta su dominio sobre otros, partiendo por la mujer. El miedo y la ansiedad arcaica a que las mujeres tengan más poder (como en el caso de las militantes) que los hombres (en este caso agentes civiles y militares de la policía secreta), gatillan un castigo severo y ejemplar sobre las presas, precisamente sobre su sexualidad, para anular la agencia política y reducirla a pura corporalidad. En este sentido, Segato postula una guerra contra las mujeres y los sujetos racializados sobre los cuales el sistema global actual hoy en día ejerce toda su violencia con el fin de cosificarlos y destruirlos, desplegando una suerte de pedagogía de la crueldad donde el Estado es un cómplice más junto al gran capital.

El trabajo de memoria realizado por las sobrevivientes de violencia político-sexual inicia un proceso de empoderamiento que tiene como etapa final la re-politización y la participación en colectivos feministas o de agrupaciones de ex prisioneras. Como lo han demostrado los hechos recientes en el Cono Sur, estos colectivos suelen tener repercusiones políticas más amplias al convocar y participar en movilizaciones por la justicia de género y contra la violencia sexual, cuyo ejemplo más célebre han sido las protestas por *Ni una menos*.

Ejemplos de un cambio sustancial de los códigos tradicionales de género, del silencio sobre la sexualidad femenina frente a la agresión y la tortura sexual, son el pionero documental *La venda* (2000), de la fallecida cineasta chilena Gloria Camiruagua,[8] y más recientemente los relatos testimoniales de las sobrevivientes uruguayas Beatriz Benzano y Mirta Macedo en el programa de la televisión uruguaya "Esa boca es mía" del 2011, que fue seguido por la publicación del libro *Laurencias. Violencia sexual y de género en el terrorismo de Estado uruguayo* (2012), compilado por Soledad González y Mariana Risso.

Para el caso argentino los testimonios de sobrevivencia de los últimos años se encuentran en el libro *Putas y guerrilleras* (2013), de las militantes Miriam Lewin y Olga Wornat, que plantea una reflexión sobre la tortura desde el género ahondando en las implicaciones éticas de la vida concentracionaria y la victimización por la tortura y el acoso sexual como factores determinantes en la confusión de roles (de víctimas y victimarios) en la que se vivía en los campos. Más de una década antes, en el libro *Ese infierno: conversaciones con cinco sobrevivientes de la ESMA* (2001), Lewin y otras cuatro sobrevivientes de la Escuela Mecánica de la Armada (ESMA) construyen un relato grupal e individual de la experiencia del cautiverio, la tortura y la sobrevida de las mujeres militantes durante la dictadura. En una entrevista en *Página/12*, Lewin afirmaba que el objetivo de escribir sobre estas experiencias límites consistía en abrir un diálogo libre de la culpa. En efecto, la necesidad de la reflexión sobre el pasado dictatorial aparece como uno de los objetivos de estos relatos:

> [...] se trata de mover una reflexión sobre las relaciones de cada una de las personas que vivían en el país en la época de la dictadura, de por qué

los militares y los grupos económicos hicieron lo que quisieron, se trata de pensar todos juntos eso. La culpa paraliza y nosotras lo sabemos, es lo que el sobreviviente sabe. Se trata en todo caso de pensar en las responsabilidades, en las relaciones cotidianas con la represión, los compromisos, las pequeñas agachadas a que nos obligó el terror. (Dillon)

Este "pensar en las responsabilidades de toda una sociedad" es también central en su libro *Putas y guerrilleras*, donde la violencia de género y la agresión sexual son parte de una narración que retoma el binomio sexista mujer/traición para desmontar los supuestos políticos y de género que encierra y el impacto nocivo que tuvo sobre las sobrevivientes. En un detallado recuento sobre las múltiples formas de coerción, acoso y violencia sexual, Lewin da cuenta de las salidas obligadas a la discotecas y restaurantes caros con su verdugo El Tigre Acosta. Recordando su visita al programa de Mirtha Legrand en 2014 cuando la animadora le pregunta sobre sus "salidas" con el torturador, Lewin le contesta que como prisionera no tenía derecho a negarse, reiterando lo escrito en *Ese infierno: conversaciones de cinco mujeres sobrevivientes de la ESMA*, experiencia que aún no era escuchada por muchos argentinos y argentinas incluida la propia entrevistadora (nota de prensa de *Putas y guerrilleras* 2014, 12). Como ha señalado Ana Forcinito al referirse a la sobrevida de las ex-presas políticas, la ausencia de consentimiento y la imposibilidad de libertad para decidir sobre sus acciones determina todas sus acciones y confirma la ausencia de elección. Más aún, Forcinito agrega que la "coartada del romance" es usada para limpiar el "honor" de la masculinidad militante que aparece traicionada sexualmente y no políticamente (2017, 188–89). Precisamente el título del libro, *Putas y guerrilleras*, revisa y deconstruye la idea de la militante como "traidora sexual" tanto a nivel del partido, como en las formas en que el centro concentracionario reeditó imperativos sexistas de género. El machismo dictatorial aparece en el insulto de "putas montoneras" que luego se suma a la tortura por su opción política, vinculándola a la sexualidad y a las relaciones afectivas por tener novios o compañeros de izquierdas que las habían corrompido cuando podían haber tenido una vida plena de seguridad y bienestar en un hogar pequeñoburgués.

Como subraya Ana Longoni, la figura de la puta en el imaginario argentino asocia a la mujer con la traición. Por esta razón, concluye que "estas mujeres, condenadas a un lugar que no eligen, son injuriadas con el peor insulto" tanto por sus organizaciones políticas, como por sus maridos o parejas y los militares que "las arrastraron a la cama" (2007, 150–52). Ana, la sobreviviente de la ESMA en el documental *Montoneros. una historia* (1998), de Andrés di Tella, reitera este patrón cultural sexista hacia las mujeres militantes al relatar que cuando salió libre su pareja y padre de su hija no quiso verla porque atribuía su sobrevivencia a su traición sexual (152). El cambio del estatuto del género y del crimen sexual en Argentina es más visible en el documental *Lesa humanidad* (2012), realizado por la Subsecretaría de DD. HH. de Córdoba, una producción que tiene una línea similar al documental chileno *La venda* (2000) ya que coloca en primer plano los relatos de cuatro sobrevivientes que sufrieron persecución política, cárcel, tortura sexual y exilio junto a otras 40 militantes que demandan justicia de género. En el documental, el crimen se nombra y denuncia a la vez que se lleva a la justicia, mostrando un avance significativo en los derechos de las mujeres y el reconocimiento de la violencia de género como una tipificación específica contra las mujeres.

Los juicios a las Juntas argentinas de 2010–2011 fueron cruciales en el avance de la verdad, la memoria y la justicia. Los testimonios de miles de ex militantes sobrevivientes televisados a todo el país tuvieron un fuerte impacto en las formas en que los relatos de memoria de las mujeres que fueron torturadas y vejadas sexualmente por la dictadura fueron entendidos. Las sobrevivientes describieron en detalle las torturas sufridas y la violencia sexual de la que fueron víctimas en testimonios que tuvieron la victimización y la agencia como sus pilares centrales. Cecilia Macón subraya en su libro *Sexual Violence in the Argentinean Crimes Against Humanity Trials. Rethinking Victimhood* (2017), que estos testimonios configuran un espacio de agencia femenina al hablar públicamente del agravio y desde el punto de vista de la mujer, quien expone sus emociones y sentimientos negativos como la vergüenza y la culpa (2017, 66–67). El desafío que estos testimonios plantean al orden social y su sistema de género se da precisamente en la transformación de la victimización en una acción emancipatoria que permite entre otras cosas la autocomprensión y la reflexión sobre la experiencia vivida (67–69). El cambio en la definición de la violación de un delito contra la decencia a uno contra la integridad transforma sustancialmente el valor del testimonio de la víctima ya que su voz adquiere protagonismo, pues la existencia de la denuncia depende de la decisión de la demandante (52). El cambio de paradigma legal ha sido esencial para escuchar y dar valor a los testimonios de las sobrevivientes. Como explica Ana Forcinito, el cambio de paradigma para definir y entender la violencia sexual y de género como un crimen de lesa humanidad en el campo de los derechos humanos después de la guerra en la antigua Yugoslavia, tiene un impacto significativo en Argentina y los juicios de 2010 que consideran los testimonios de las sobrevivientes como evidencias del delito sufrido. La posibilidad de que exista el consentimiento en una situación de cautiverio, marcada por la coerción y la violencia sexualizada tal como lo experimentaron las militantes detenidas, es nula: hace imposible el ejercicio de la libre elección (Forcinito 2017, 194–95).

Los Encuentros Anuales de Mujeres y los colectivos feministas en Argentina han tenido también un impacto significativo a largo de las tres últimas décadas en la lucha por los derechos de género, lo que ha permitido que los testimonios de las sobrevivientes sean parte de la discusión sobre la violencia sexual y la tortura durante la pasada dictadura. Para el año 2012, los avances en materia judicial internacional se reflejan en que la violación y las agresiones sexuales se consideran delitos de lesa humanidad imprescriptibles por haber sido planeados, organizados y ejecutados por el mismo Estado. A partir de entonces, se han judicializado una serie de causas cuyos fallos han reconocido la violación sexual como un crimen diferenciado de la tortura que puede probarse con testimonios.

El primer juicio en el 2010 en Mar del Plata condenó al suboficial y exjefe del centro clandestino de La Cueva, Gregorio Rafael Molina, por violaciones reiteradas y agravadas por ser el guarda de la víctima, además de otros delitos de lesa humanidad (Sonderéguer 2012, 293). Las nuevas definiciones de violación sexual en los códigos penales de Argentina y Uruguay también contribuyen a interpretar este delito como un crimen ya sea contra la integridad física y psicológica o la libertad personal de la mujer. Como sostiene Forcinito, la lucha contra la violencia de género en Uruguay ha dado origen a un nuevo paradigma en el que las presas políticas tienen un lugar central en la transformación del machismo y la memoria. Refiriéndose precisamente al impacto y significado del libro *Laurencias. Violencia sexual y de género en el terrorismo de Estado uruguayo* (2012), Forcinito plantea que el personaje de Laurencia en la obra *Fuenteovejuna* (1619), de Lope de Vega, "irrumpe en un espacio masculino con un discurso que logra persuadir a los presentes de la propia participación en los abusos a través del silencio y del sometimiento" (16). Traspolando la situación de género y de agresión que experimentaron las expresas políticas uruguayas, Forcinito concluye que la seducción es una de las formas de violación en este contexto de supervivencia y sometimiento sexual (Forcinito 2016, 16). Las nuevas Laurencias van paulatinamente planteando una discusión sobre el género sexual a medida que construyen la memoria y la subjetividad como un quehacer colectivo anclado en la mirada individual y grupal que les permite recuperar la solidaridad y la resistencia a través de la lucha y la denuncia (16).

El libro *Género y poder. Violencias de género en contextos de represión política y conflictos armados* (2012), compilado por María Sonderéguer, representa un aporte significativo a la investigación y al pensamiento crítico relacionado con la tortura sexual en América Latina. En él los aportes teóricos sobre el género se incorporan al análisis social de la violencia hacia la mujer y las relaciones de poder en el contexto del terrorismo de Estado. Dentro de esta línea de investigación se encuentra también el libro *Poner el cuerpo: rescatar y visibilizar las marcas sexuales y de género de los archivos dictatoriales del Cono Sur* (2017), publicado recientemente en Chile y que editamos con Ana Forcinito y Ksenija Bilbija. Los diversos artículos reflexionan sobre la relación entre violencia política, género y sexualidad en el contexto dictatorial y su legado en el presente a más de cuatro décadas después de los acontecimientos. Se intenta responder desde diversos ángulos y enfoques feministas a la pregunta sobre la importancia de estos relatos autobiográficos de sobrevivencia y cómo cuestionan o alteran el relato oficial en democracias que han invisibilizado esta experiencia. Alzar la voz como lo hacen las sobrevivientes del Cono Sur, coloca la experiencia de la persecución política y la violencia sexual en el espacio público, legitimando la militancia femenina y el valor social y legal del derecho a la justicia debida. El relato de memoria es central para enmarcar estas experiencias y su sentido en el presente democrático que hoy vive el resurgimiento masivo del feminismo en la cuarta ola. La voz, el cuerpo y la experiencia de estas activistas políticas señalan la represión autoritaria y la ideología machista que las acompañó, realzando su legado hoy en una cultura patriarcal que está siendo desmontada por el feminismo.

Tanto la imagen como la palabra dan cuenta del trauma sexual en un relato testimonial memorístico que se torna crucial para reenmarcar la experiencia, asociándola con otras experiencias e identidades que permitan pensar entre el presente y el pasado, integrar la escisión identitaria acaecida y reintegrar la visión de mundo que la tortura sexual tienen como objetivo y resultado cuando se trata de los traumas de las sobrevivientes según Agger. Para Betina Kaplan, la terapia de los sobrevivientes precisamente "pretende integrar el hecho traumático con una serie de imágenes asociativas, a partir de las cuales se pueda construir un relato"(2007, 47). Los relatos ficcionales y los testimonios de mujeres ex-prisioneras cruzan la frontera entre descripción y pornografía, como sugiere Jean Franco, y con ello inauguran una nueva ciudadanía junto con una demanda por justicia, en particular justicia de género. En su artículo "Gender, Death, and Resistance", Franco sostiene que a pesar de la tortura y la cercanía a la muerte, el relato testimonial *La escuelita*, de la argentina Alicia Partnoy, muestra su rechazo a ser deshumanizada y convertida en víctima pasiva haciendo uso de la imaginación.[9] Las metáforas de la maternidad que pueblan el texto posibilitan no solo la empatía hacia el otro sino que le dan fortaleza y fuerza para sostenerse durante la tortura (Franco 1992, 110–111). María Rosa Olivera-Williams, por su parte, realza que el decálogo de vejámenes no oscurece el objetivo de Partnoy de reclamar justicia y hacer un llamado ético, en especial con la reaparición del texto en su versión en español en 2011 (2017, 68–69). *La escuelita* fue usada como evidencia en el proceso legal en Bahía Blanca por parte del fiscal en la causa contra el general Catuzzi sentando un precedente para los textos testimoniales en Argentina (Simón 2014).

De modo similar a Partnoy, la sobreviviente chilena del MIR Miriam Ortega recurre a su propia maternidad y al legado de compromiso y justicia social que quiere dejar a sus hijos como una manera de resistir la tortura y el cautiverio durante 13 años. Sus convicciones como militante la sostienen y le permiten mantenerse fiel a los principios del partido y no quebrarse. En su testimonio en el documental *La flaca Alejandra* (1993), de Carmen Castillo, no hablar y no delatar equivale a no morir y mantener la identidad. Tanto Partnoy como Ortega comparten la noción de familia que se hace extensiva a sus compañeros militantes. Este modelo relacional, como explica Franco, permite sobrevivir y mantener un sentido de la propia humanidad como la de los demás mientras experimentan el dolor (1992, 112).

La trivialización de la violencia sexual y de la agresión sexista en nuestras sociedades actuales las sigue ubicando como asuntos privados que se condenan al silencio por pudor, sin nombrar el delito como tal: un crimen de lesa humanidad cuyos perpetradores gozan de impunidad. Como sabemos, la agresión sexual hacia las mujeres no es un fenómeno privativo del mundo latinoamericano, tal como las recientes revelaciones de violaciones y acosos sexuales a mujeres en diversas industrias norteamericanas—desde Hollywood y la televisión hasta los deportes, la política y la academia—han mostrado. La interseccionalidad como aparato crítico analítico revela que las violencias sexuales se manifiestan en todo tipo de sociedades donde el poder se expresa en un régimen heteronormativo, sexista y racializado cuya base es jerárquica y desigual. En contextos patriarcales, el cuerpo y la sexualidad de la mujer—así como de otras sexualidades no normativas—son los lugares de esta disputa ya que, como observamos también a propósito de las sociedades del norte, conllevan décadas de ocultamiento, pactos de silencio y complicidad entre hombres con poder que se protegen unos a otros a través de una maquinaria de clientelismo, donde casi nadie reconoce su responsabilidad o implicación. Por el contrario, la mayoría naturaliza y sigue reproduciendo diversas formas de discriminación y abusos, en particular sexuales, en todas las instituciones a lo largo de los años (como lo muestran la iglesia y la educación en especial). La irrupción del feminismo de la cuarta ola y la campaña *#Metoo* han sacudido la sociedad y revelado en el ámbito público las agresiones sexuales que los hombres en posiciones de poder se han permitido por décadas en todas las regiones del globo, demostrando el funcionamiento del patriarcado. En el extremo de las formas de violencia contra la mujer latinoamericana se encuentra el feminicidio, que en dictaduras tales como la guatemalteca, se alineó con una política genocida y violadora de las poblaciones indígenas.

 La política del terror y la crueldad sistemática que caracterizó a las dictaduras del Cono Sur evidencia la matriz del régimen de género y las diversas interseccionalidades que el poder genocida y sexista impuso al mundo social y político, cuyo legado discriminatorio subsiste hoy en la violencia de género hacia las mujeres y las minorías sexuales y étnicas. Estos delitos muestran, de manera brutal y contundente, la vigencia y "aceptación de la división sexual del trabajo y de la subordinación de las mujeres" (Navarro citado por Kaplan 53). El feminicidio en mi lectura vendría a ser la forma más cruenta de la violencia sexo-política que termina aniquilando a la víctima. Como muestra Kate Manne en su reciente libro *Down Girl. The Logic of Misogyny* (2018), los golpes, maltratos, la violación sexual y los estrangulamientos son parte de las expresiones de la violencia doméstica, agresiones que refuerzan el lugar social subordinado y el cuerpo/otro de la mujer. El sentimiento de vergüenza, la culpa y el silencio de las víctimas las encierra en ciclos de violencia cada vez más devastadores. Por esta razón, tomar la palabra y hablar públicamente del abuso y la violencia sexual sufrida bajo los represores implica una intervención y quiebre fundamental con el discurso cultural hegemónico, convirtiendo a la mujer en sujeto de derecho con voz frente a estas violaciones.

 Relatar la experiencia de victimización y sufrimiento que experimentaron, ha tomado décadas para quienes debieron hacer un trabajo de recolección memorialística y así tejer una narración que ha encontrado audiencias sociales minoritarias pero también un sistema jurídico esquivo, machista y arcaico. Por otra parte, el contexto social y la escucha son cruciales para que estas experiencias se conozcan y no se repitan. Estos relatos se han hecho audibles públicamente hace poco tiempo gracias a los medios sociales y el internet, que han sido un mecanismo de difusión estratégico a pesar de que muchos de estos testimonios se publicaron en Chile en el reporte de la Comisión Nacional sobre Prisión Política y Tortura, Valech II (2004–2005).[10] Muestra de la falta de voluntad política de confrontar la tortura sexual en Chile es que solo en el 2016 se promulga una ley que tipifica el delito de la tortura y los tratos crueles, inhumanos y degradantes.[11] Sin embargo, aún hoy la justicia chilena no reconoce la tortura político-sexual como un crimen de lesa humanidad.[12]

Casi todas las sobrevivientes recuerdan cómo los torturadores se mostraban asqueados por sus cuerpos sucios, malolientes y cubiertos de sangre (Agger 1989, 306). Al reducir a las mujeres a mera carne, considerando el cuerpo femenino como despreciable y sexualizando la violencia contra ellas, la inteligencia militar intentaba transformar la identidad de la mujer militante en víctima abyecta. Las sobrevivientes, con frecuencia, se sentían cómplices, como si hubieran aceptado la autoridad de sus captores en lugar de sucumbir ante su poder. El restablecimiento de los lazos solidarios con sus aliadas políticas en la prisión y fuera de ella se convirtió en un elemento esencial para preservar la memoria de antiguas aspiraciones y reconectarse con identidades personales de las que se sentían orgullosas, como subraya Temma Kaplan al referirse a la importancia de revertir la vergüenza a través de la conciencia de género (2007).

Como sabemos, "El Estado terrorista fortaleció las instituciones dominadas por hombres e intensificó la ideología misógina" (Kaplan 53). A pesar de que los torturadores buscaron aniquilar física y psicológicamente a las presas políticas, la resiliencia y la escucha que han ido desarrollando mediante su participación en colectivos y organizaciones sociales de diverso tipo, permite la habilitación a través de la solidaridad, la entrega y el compañerismo, al igual que activa nuevos aprendizajes como señalan Lala Mangado y María Cecilia Robaina (2012, 34). Estas prácticas afirmativas devuelven la confianza en los seres humanos y la posibilidad de creer en los otros además de permitir el tránsito individual y colectivo entre un pasado violento y un presente democrático, recordando la ofensa primero y haciéndola pública luego. Se trata, por tanto, de "desenmascarar a los responsables de los delitos y lograr que sean juzgados jurídicamente y moralmente" (36). Estos relatos de la violencia sufrida desenredan el nudo ciego entre política y sexualidad para visibilizar no solo una memoria negada y silenciada durante décadas de democracia, sino también para romper con un secreto a voces—tanto social como autoimpuesto—que hasta hace poco no se había dado a conocer públicamente al hablar de tortura, desaparición y otras violaciones de DD. HH. cometidas por el Estado.

La violencia contra las mujeres se basa en la desigualdad de poder "construida, reproducida y actualizada en las prácticas concretas" (Cassino 2012, 275). Como muchas sobrevivientes y estudiosas plantean, se trata de "deconstruir el silencio e identificar los rastros invisibilizados" por el horror y el miedo (Risso 2012, 39). Este es un largo, complejo y doloroso trabajo, pues se trata de simbolizar el daño, reinscribiendo su peso subjetivo y social en relatos que revisan experiencias traumáticas. El proceso requiere de diversas formas de apoyo terapéutico y social como de políticas públicas reparadoras que legitimen la voz y las experiencias de las sobrevivientes. El pasaje del pasado al presente requiere de un primer paso que es poder hablar "en un proceso de reconstrucción interna", donde se produzca el reconocimiento como víctima para luego, en un segundo momento, "moverse de esa posición y transitar un proceso de empoderamiento que habilite e impulse el actuar político, jurídico y social" (Mangado y Robaina 2012, 30).

Al irrumpir en la esfera pública, los testimonios convierten a las sobrevivientes en testigos y a sus experiencias en "prácticas políticas de denuncia y resistencia" (Larrobla 2012, 73), prácticas que subrayan que "la agresión sexual es siempre en primer lugar una agresión política, porque implica un ejercicio de poder y una naturalización del derecho a ese ejercicio" (Risso 2012, 46).

La naturaleza androcéntrica del discurso bélico propio de las dictaduras, cuya legitimación se basa en una épica de la violencia entre pares, hace que la violencia hacia las mujeres fuera reducida a un elemento residual o individual, debido a que tanto los agentes del Estado como la sociedad civil en general, compartían y hasta hoy comparten en las generaciones mayores, ese mismo imaginario como afirma Risso. Ana Longoni y Rafael Sanseviero, por su parte, concluyen que la deslegitimación de las experiencias femeninas de agresiones sexuales en las cárceles clandestinas de Argentina y Uruguay, respectivamente, está relacionada con las estructuras simbólicas que dan forma a los imaginarios de sociedades militaristas y patriarcales donde las mujeres son desvalorizadas. Esta devaluación se expresaría en la descalificación de las sobrevivientes en Argentina, según Longoni, y en el "silencio, negación y desconocimiento de las violencias sexuales" en Uruguay, de acuerdo con Sanseviero (2012, 65). Este mismo fenómeno se observa en Chile, donde la tortura sexual (tanto de naturaleza política como doméstica) solo desde 2015 se torna tema de debate público junto a las protestas de diversos colectivos de mujeres y organizaciones feministas agrupadas en torno a la campaña *Ni una menos*. El impacto que dicha campaña ha tenido desde su origen en Argentina lo observamos hoy a través del continente donde grupos y colectivos feministas se han organizado junto a otras agrupaciones de DD. HH. y estudiantes, expandiendo su alcance a través de diversas plataformas y redes sociales.

La gran mayoría de las sobrevivientes afirman que poder hablar sobre la vejación sexual y violaciones continuas ha sido parte de un largo proceso y trabajo colectivo con otras compañeras. Ver y escuchar los testimonios de las sobrevivientes uruguayas Beatriz Benzano y Mirta Macedo en el programa de la televisión uruguaya "Esa boca es mía" en 2011 aún hoy tiene impacto para muchos, pues se trata de dos adultas mayores, quienes con entereza y valor cuentan cómo fueron desnudadas y abusadas sexualmente de forma reiterada durante su detención en tiempos de la dictadura. Su conclusión de lo que les sucedió reitera la perspectiva de género y la tortura sexual como disciplinamiento de mujeres que habían rechazado el mandato patriarcal y que eran criminalizadas por su propio género.

Forcinito observa que uno de los puntos centrales de las declaraciones de Benzano y Macedo es que presentan la violación como crimen de lesa humanidad y no como un asunto solo de mujeres. Además, dejan claro que el grupo de las 28 ex-presas que presentaron su denuncia de violencia sexual como tortura ante los tribunales en 2011, padeció diversas formas de abusos sexuales que habían sido invisibilizados hasta entonces tanto por el propio silencio de las sobrevivientes como por el tabú social en una cultura que normaliza la violencia de género. Benzano define la tortura como un delito y un "crimen de género, específico y autónomo" para el que el grupo quiere "reconocimiento y sanción" por parte de la sociedad (citado en Forcinito 2016, 18 y 20). De esto modo, mediante la visibilización y la denuncia del crimen, las sobrevivientes realizan una intervención testimonial feminista que cuestiona la agresión sexual junto con la normativa de género cultural y legal en Uruguay.

Como afirma por su parte la sobreviviente Beatriz Batashew, exmilitante del MIR en Chile y miembro de la organización *Sobrevivientes de Prisión y Tortura. Siempre Resistentes*, las mujeres sufrieron doblemente tanto por su género—en particular por haber abandonado su rol de madre y esposa—, como por su identidad como militantes de izquierda. De acuerdo con la ideología patriarcal y autoritaria del régimen de Pinochet, estaban fuera del orden natural y de lo que correspondía a una mujer. Los torturadores se ensañaban no solo mediante insultos y denigraciones verbales sexualizadas, sino en la aplicación de la tortura misma que Batashew dice "se hacía con odio", porque esas mujeres se habían salido de su sitio. El hecho de que estas mujeres hubieran abandonado el lugar que la tradición de género les había otorgado dentro de sus hogares, al lado de su familia y marido, las colocaba en el espacio proscrito de las rebeldes, libres y capaces de cuestionar y transgredir la norma cultural con el cuerpo y la voz. Su militancia las había entrenado en el discurso político, por lo que habían entrado en un campo vedado para su género de acuerdo con el discurso dictatorial, que no solo consideraba la política como asunto exclusivamente masculino sino que había corrompido a la sociedad chilena en su totalidad, por lo que era imperioso proscribirlas. Miriam Lewin, por su parte, cuenta que para sobrevivir muchas ex-presas argentinas simulaban obediencia y respeto a la ideología patriarcal de sus captores: "nos acomodábamos a los roles que creíamos más compatibles con nuestra supervivencia—recuerda Miriam—, con más o menos conciencia cumplíamos su deseo". Lo cual se traducía en mostrarse como mujeres sumisas y apegadas a la familia y a los valores occidentales y cristianos: "el leitmotiv de la dictadura". (Entrevista, 2014)

El hecho que la mayoría de los insultos conjugaran los apelativos de "putas izquierdistas", como señalan las sobrevivientes de Argentina, muestra el desprecio machista por la libertad y autonomía sexual femenina, así como la animadversión que la opción política revolucionaria despertaba, como señala Risso; ambas eran consideradas expresiones de la enfermedad que recorría el cuerpo social y que debía extirparse por medios violentos según la ideología de la dictadura. La sobreviviente uruguaya Mariana Risso coincide con Batashew al subrayar la criminalización que sufrieron las militantes de los 60 y 70 por haber "supeditado sus roles femeninos tradicionales como la maternidad y los quehaceres domésticos, a la actividad política reinvindicativa" y ser doblemente culpabilizadas por su género y postura política (Risso 2012, 41). Como reitera cada uno de estos relatos sobre la experiencia concentracionaria en dictadura, las mujeres fueron abusadas y torturadas por ser mujeres, sufriendo vejaciones sexuales que tardaron en visibilizar e identificar incluso ellas mismas en el panorama de las atrocidades y las muertes de las que ellas u otros/as fueron testigos. La invisibilización de aquellos que socialmente se consideran torturables está vigente aún hoy en día cuando se examinan los casos de la población LGBTQI, donde el silencio, las barreras sociales, la vergüenza y la discriminación imposibilitan que las violaciones de los derechos humanos que sufrieron sean audibles, como subrayan Diego Sempol y Federico Graña para el caso uruguayo, que bien puede extenderse a Argentina y Chile (2012, 102). Por eso, cuando la agresión sexual se ignora socialmente o se tolera, se fortalece el derecho patriarcal punitivo que se basa en el dominio del más fuerte. Como señala Risso, "esa modalidad de sujeción a la lógica del más fuerte constituye el pilar ideológico de las estrategias de domesticación social, y constituye las bases normativas de una ciudadanía acrítica" (2012, 41–42).

Los avances en Argentina en la judicialización de la violencia sexual como crimen diferenciado y de lesa humanidad contra la mujer trazan un camino hacia la justicia en la región que en la ley chilena y uruguaya no se ha logrado aún. Sin embargo, la visibilización pública y el debate de estas experiencias ha significado un giro en las formas de pensar la violencia, en especial la violencia sexual contra la mujer, con el propósito de concientizar y reclamar por "una efectiva y eficiente garantía de los derechos de las mujeres" y "la eliminación de la violencia sexista", como proponen las movilizaciones de #NiUnaMenos para "institucionalizar el derecho de todos y, en particular de las mujeres, de vivir en sociedades más justas e igualitarias" (*#NiUnaMenos* 2017, 85 y 215).

Los relatos de sobrevivencia, como hemos visto, iluminan la estructura de género que organiza las sociedades patriarcales-capitalistas contemporáneas donde la violencia contra la mujer es uno de los aspectos que caracteriza la fuerza letal del contrato social y que, en situaciones de crisis como la que se vive hoy en Chile, se torna sistemática. La emergencia masiva del movimiento feminista y del movimiento social hoy en día, por otro lado, portan la esperanza de un cambio social que reconoce en las sobrevivientes las primeras voces femeninas en denunciar la agresión sexual por parte del estado transformado en torturador. Como señala el sociólogo chileno y excandidato presidencial Alberto Mayol, el estallido social de 2019 es una suerte de Big Bang en un escenario "inusual" de movilizaciones y marchas, ya que carece de banderas partidistas (2019, 97). La primera fila de lucha es de los encapuchados, los estudiantes, las jóvenes y las mujeres que organizan *performances*, recitales y otras actividades dentro de las marchas usando de forma efectiva los medios sociales. En este contexto, la antigua Plaza Baquedano, hoy llamada Plaza de la Dignidad, se ha convertido en el epicentro del estallido y las demandas ciudadanas. Hay que buscar en las miles de rayadas de las calles el nuevo horizonte utópico que rechaza las fuerzas hegemónicas que han gobernado Chile en los últimos 40 años dejando a la gran mayoría visiblemente excluida. La política visual que representan las frases, murales y grafitis en paredes y murallas de las grandes ciudades del país, revelan ciudadanas y artistas empoderadas cuyos antecedentes datan de las intervenciones de la Brigada Ramona Parra en la posdictadura (Latorre 2019, 58–59).

La cientista política feminista Nancy Fraser en su propuesta de "un feminismo del 99%" plantea que para afrontar la crisis actual de los derechos reproductivos dada la caída de apoyo estatal, la tríada igualdad-reconocimiento-representación debiera ser el eje central para la construcción de un nuevo proyecto político y una esfera pública que incluyan a todos los sujetos (2019, XII). Según Fraser, las mujeres y sus objetivos vitales se han visto muy afectados por la crisis económica actual que ha puesto gran presión sobre ellas. De ahí que las demandas feministas actuales denuncian esta situación y "cuentan con un gran potencial progresista" (XII). Precisamente el compromiso con la igualdad y la redistribución de los recursos articula en el movimiento estudiantil un proyecto político plural y amplio que cuestiona radicalmente el neoliberalismo y el dominio de pocos. Sus puntos centrales coinciden con la propuesta feminista del reciente 8M en Chile, donde la educación aparece como un derecho social desmercantilizado. Ambas movilizaciones dan cuenta de un activismo transversal feminista y *queer* en todos los ámbitos sociales que reconoce que construir una memoria "feminista, antirracial, antipatriarcal, anticoloial y anticapitalista" es fundamental en las luchas y resistencias actuales.[13]

El legado y transmisión generacional de las ex militantes lo encontramos hoy en el activismo de jóvenes feministas y en el movimiento de estudiantes, en especial en Chile y también en Argentina como afirma Barbara Sutton en su libro *Surviving State Terror. Women's Testimonies of Repression and Resistance in Argentina* (2018). Así, las sobrevivientes del terror dictatorial se han convertido en faros que iluminan el camino de las/los jóvenes. La transgresión política y de género, como el compromiso con una utopía, son parte de su legado en Argentina donde las memorias de cambio social y las perspectivas políticas tienen un valor crucial (Sutton 2018, 253). Sus historias apuntan en una dirección más humana para construir una sociedad más justa e inclusiva.

El rechazo frontal a la sociedad de mercado donde prima la razón económica por encima de los derechos políticos y sociales es el rasgo fundamental de la posición de las nuevas generaciones que participan en los movimientos sociales y estudiantiles, que encuentran inspiración y formas de entender el mundo en proyectos políticos emancipatorios del pasado donde participaron muchas de las exmilitantes y sobrevivientes de las dictaduras. Los cantos y consignas en las protestas de Chile a partir de la explosión social retoman muchas de las letras y demandas que se escuchaban en la calle durante la década de los 70, revelando no solo las fallas del sistema neoliberal sino los anhelos de cambio y justicia social de la gran mayoría.

Notas

1. Consultar en https://www.facebook.com/groups/2290788301169386/.
2. Consultar en http://www.chilefeminista.cl/quienes-somos.html.
3. Para el informe del INDH de noviembre 2019, ver https://bibliotecadigital.indh.cl/bitstream/handle/123456789/1701/Informe%20Final-2019.pdf?sequence=1&isAllowed=y.
4. Consultar en https://www.cooperativa.cl/noticias/cultura/literatura/monica-echeverria-fue-velada-como-lo-pidio-con-un-parche-en-el-ojo-como/2020-01-05/141959.html.
5. Curso virtual impartido por Rita Segato: *Nos queremos vivas. Violencias machistas, patriarcado y neoliberalismo.*
6. Entre las actividades de represión que Valenzuela revela, se encuentra la práctica de desaparecer los cadáveres de detenidos quemándolos para desfigurarlos y luego los enterraban. A otros los drogaban y lanzaban al mar desde aviones y helicópteros con el estómago abierto para que no flotaran.
7. Revisar http://colectivoepprosario.blogspot.com/2011/10/chile-confesiones-de-un-agente-de.html.
8. Para un análisis más profundo sobre este documental, ver mi artículo "Memoria y testimonio visual en Chile: el documental *La venda* de Gloria Camiruaga".
9. El texto fue publicado como *The Little School* en 1986 en Estados Unidos, donde Partnoy estaba exiliada, y en 2006 se publicó en español por primera vez.
10. A pesar de sus falencias en términos de perspectiva de género, este informe es considerado como uno de los más fundamentales en el avance de la construcción social de una verdad pública por la gran cantidad de personas que se reconocen en él y su llegada a la opinión pública (Ver el artículo de Anne Pérotin-Dumon, "El pasado vivo de Chile en el año del informe sobre la tortura").
11. Ver la página web del Instituto Nacional de Derechos Humanos sobre la entrada en vigencia de la Ley 20.968 en noviembre de 2016 sobre la tortura. https://www.indh.cl/entra-en-vigencia-ley-que-tipifica-el-delito-de-torturas/.

12. Ver el artículo de Cristina García, "Las chilenas que sufrieron violencia político sexual siguen esperando" que señala la relación entre las sobrevivientes de la dictadura y las 30 estudiantes del 2012 que fueron abusadas por la policía. https://broadly.vice.com/es/article/mbqxwq/chile-violencia-sexual-dictadura.

13. Demandas feministas del 8M (Coordinadora 8M, Instagram 8 de marzo, 2019): "1. Fin a la violencia política, sexual y económica hacia mujeres, disidencias sexuales, cuerpos racializados, migrantes y comunidades. Denunciamos la justicia patriarcal y racista. ¡No más femicidios en la impunidad! 2. Trabajo digno, estable y seguro para todxs. Fin a las AFP. Por un nuevo sistema de seguridad social, salud y cuidados. ¡Cuidar y criar también es trabajar! 3. DD. HH. y constitucional a la vivienda digna. Producción social del hábitat en manos de pobladoras y pobladores. Banco de suelos y movilidad. 4. Nueva ley de migración con enfoque de derechos y género. Libre organización y sindicalización de mujeres migrantes. Transversalizar el antirracismo en el feminismo. 5. Despenalización social del aborto. Derecho al aborto libre, legal, seguro y gratuito. Reconocimiento de derechos sexuales y reproductivos como DD. HH. 6. Justicia y Verdad ante violaciones de DD. HH. que precarizan la vida. Construir memoria feminista, antirracista, antipatriarcal, anticolonial y anticapitalista como herramienta para las luchas y resistencias. 7. Derecho a la educación artística interdisciplinaria. Nuevo sistema de financiamiento público a la cultura y las artes. Ley de medios en Chile con perspectiva feminista. 8. Fin al extractivismo: No más zonas de sacrificio. Soberanía y autodeterminación de pueblos y territorios en resistencia. Desmilitarización en Wallmapu. Justicia para Macarena Valdés, Camilo Catrillanca y todxs los que luchan. 9. Activismo feminista y *queer* en todos los territorios. Reconocimiento social y tipificación de incitación y crímenes de odio. Programas educativos sobre disidencias sexuales y género en educación y salud pública y privada. 10. Educación como derecho social desmercantilizado. Modelo educativo democrático, no sexista, anticolonial y laico".

Bibliografía

Actis, Munú, Cristina Aldini, Liliana Gardella, Miriam Lewin, Elisa Tokar. *Ese infierno: conversaciones con cinco mujeres sobrevivientes de la ESMA*. Buenos Aires: Sudamericana, 2001.

Agger, Inger. "Sexual Torture of Political Prisoners: An Overview". *Journal of Traumatic Stress* 2, n.°3 (1989): 305–25.

Arrusa, Cinzia, Bhattacharya, Tithi and Fraser, Nancy. *Feminism for the 99%. A Manifesto*. London: Verso, 2019.

Beard, Mary. *Mujeres y poder: un manifiesto*. Traducción de Silvia Furió. Barcelona: Planeta, 2018.

Benzano, Beatriz y Mirta Macedo. "Entrevista en *Teledoce*: *Esta boca es mía*". Programa de entrevistas dirigido por Victoria Rodríguez. Acceso el 14 de marzo de 2019. https://www.youtube.com/watch?v=zSi_jdcCUXc.

Bilbija, Ksenija, Ana Forcinito y Bernardita Llanos M. En *Poner el cuerpo: rescatar y visibilizar las marcas sexuales y de género de los archivos del Cono Sur*. Santiago: Cuarto Propio, 2017.

Boletín Informativo de la Red Chilena Contra la Violencia de Género. Marzo 2019. http://www.nomasviolenciacontramujeres.cl/wp-content/uploads/2019/08/Bolet%C3%ADn-marzo.pdf

Bunster, Ximena. "Surviving Beyond Fear: Women and Torture in Latin American". En *Women and Violence*. Edición de Miranda Davis, 156–76. Londres: Zen Books, 1994.

Cacopardo, Ana. "Vidas Debidas VIII: Rita Segato". *Ciclo Televisivo, Canal Encuentro. Estudios Pacífico* (2 de noviembre, 2017).

Cassino, Miranda. "Género y genocidio. Aportes a la reflexión sobre el terrorismo de Estado". En *Violencias de género en contextos de represión política y conflictos armados. Género y poder*. Coordinado por María Sonderéguer. Bernal: Universidad Nacional de Quilmes, 2012.

Cavarero, Adriana. *Horrorismo. Nombrando la violencia contemporánea*. Traducción de Saleta de Salvador Agra. Barcelona: Anthropos, 2009.

Dillon, Marta. "Sobrevivientes de la ESMA. 5 voces". *Suplemento Las 12. Miradas de mujer*. (28 de diciembre 2001): Acceso el 13 de marzo 2019. https://www.pagina12.com.ar/2001/suple/Las12/01-08/01-08-10/NOTA1.HTM.

Draper, Susana. "Violencia, política y género: descentramientos del recuerdo en el Uruguay postdictatorial". En *Poner el cuerpo: rescatar y visibilizar las marcas sexuales y de género de los archivos del Cono Sur*. Editado por Ksenija Bilbija, Ana Forcinito y Bernardita Llanos M., 131–46. Santiago: Cuarto Propio, 2017.

Fabbri, Edda. *Oblivion*. La Habana: Editorial Cabo Perdido, 2007.

Forcinito, Ana. "El nudo del consentimiento. Violencia sexual y nuevos paradigmas de interpretación en Argentina". En *Poner el cuerpo: rescatar y visibilizar las marcas sexuales y de género de los archivos del Cono Sur*. Editado por Ksenija Bilbija, Ana Forcinito y Bernardita Llanos M., 187–99. Santiago: Cuarto Propio, 2017.

———. "Las nuevas Laurencias y la violencia de género". *Revolución y Cultura* (2016): 14–21.

Franco, Jean. "Gender, Death, and Resistance. Facing the Ethical Vacuum". En *Fear at the Edge. State Terror and Resistance in Latin America*. Editado por Juan E. Corradi, Patricia Weiss Fagen y Manuel Antonio Garretón, 104–18. Berkeley, California: University of California Press, 1992.

Fried, Gabriela. "Las reglas de la casa. Violencia sexual como instrumento del terrorismo de Estado en los centros de tortura de Uruguay (1972–1984)". En *Poner el cuerpo: rescatar y visibilizar las marcas sexuales y de género de los archivos del Cono Sur*. Editado por Ksenija Bilbija, Ana Forcinito y Bernardita Llanos M., 147–70. Santiago: Cuarto Propio, 2017.

García, Cristina. "Las chilenas que sufrieron violencia político sexual siguen esperando justicia" . *Vice*, 2016. https://www.vice.com/es/article/mbqxwq/chile-violencia-sexual-dictadura. Revisado el 15 de enero de 2020.

González, Soledad y Mariana Risso, comps. *Las Laurencias. Violencia sexual y de género en el terrorismo de Estado uruguayo*. Montevideo: Trilce, 2012.

Instituto Interamericano de Derechos Humanos. *Atención integral a víctimas de tortura en procesos de litigio*. San José: Instituto Interamericano de Derechos Humanos, 2007.

La flaca Alejandra. Vida y muerte de una mujer chilena. Documental dirigido por Carmen Castillo. Chile: 1993.

Kaplan, Betina. *Género y violencia en la narrativa del Cono Sur (1954–2003)*. Rochester, NY: Tamesis, 2007.

Kaplan, Temma. "Revertir la vergüenza y revelar el género". *Mora* 13, n.º (2007). Acceso el 12 de febrero de 2019. http://www.scielo.org.ar/scielo.php?script=sci_arttext&pid=S1853-001X2007000100001.

Larrablo, Carla. "El horror femenino. Las representaciones de los episodios traumáticos en testimonios de mujeres víctimas del terrorismo de Estado". En *Las Laurencias. Violencia sexual y de género en el terrorismo de Estado uruguayo*. Compilado por Soledad González y Mariana Risso, 71–84. Montevideo: Trilce, 2012.

Lesa Humanidad. Subsecretaría de DD. HH. de Córdoba, 2012.

Latorre, Guisela. *Democracy on the Wall. Street Art of the Post-Dictatorship in Chile*. Columbus, Ohio: The Ohio State University Press, 2019.

Lewin, Miriam. "Putas y Guerrilleras". *Página 12* (lunes 5 de mayo 2014). https://www.pagina12.com.ar/diario/elpais/1-245499-2014-05-05.html

Longoni, Ana. *Traiciones. La figura del traidor en los relatos acerca de los sobrevivientes de la represión*. Buenos Aires: Editorial Norma, 2007.

Macón, Cecilia. *Sexual Violence in the Argentinean Crimes Against Humanity Trials. Rethinking Victimhood*. NY: Lexington Books, 2017.

Magnado, Lala y María Cecilia Robaina. "La emergencia de un prolongado y silenciado dolor". En *Las Laurencias. Violencia sexual y de género en el terrorismo de Estado uruguayo*. Compilado por Soledad González y Mariana Risso, 25–37. Montevideo: Trilce, 2012.

Manne, Kate. *Down Girl. The Logic of Misonigy*. Oxford: Oxford University Press 2018.

Mayol, Alberto. *Big Bang. Estallido social 2019. Modelo derrumbado-sociedad rota-política inútil*. Santiago: Catalonia, 2019.

"Mónica Echeverría fue velada como pidió: con un parche en el ojo como homenaje". *Cooperativa* (5 de enero de 2020). Acceso el 10 de enero de 2020. https://www.cooperativa.cl/noticias/cultura/literatura/monica-echeverria-fue-velada-como-lo-pidio-con-un-parche-en-el-ojo-como/2020-01-05/141959.html.

Montoneros. Una historia. Documental dirigido por Andrés Di Tella. Argentina: 1997.

Olivera-Williams, María Rosa. "Maldito cuerpo de mujer. Violencia de género y violencia sexual dentro del terrorismo de estado en Argentina y Chile". En *Poner el cuerpo: rescatar y visibilizar las marcas sexuales y de género de los archivos del Cono Sur*. Editado por Ksenija Bilbija, Ana Forcinito y Bernardita Llanos M., 61–83. Santiago: Cuarto Propio, 2017.

Paredes, Julieta. "El machismo es la matriz". *Resumen Latinoamericano* (2016). Acceso el 18 de febrero, 2019. http://www.resumenlatinoamericano.org/2016/11/15/julieta-paredes-feminista-comunitaria-de-bolivia-el-machismo-es-la-matriz-patriarcal-que-sostiene-a-un-sistema-colonialista-racista-capitalista/.

Partnoy, Alicia. *La escuelita. Relatos testimoniales*. Buenos Aires: La Bohemia, 2011.

Pérotin-Dumont, Anne. "El pasado vivo de Chile en el año del informe sobre la tortura". *Nuevo Mundo Mundos Nuevos* [En línea], Débats, publicado el 23 de mayo de 2005, consultado el 24 de noviembre de 2021. URL : http://journals.openedition.org/nuevomundo/954 ; DOI : https://doi.org/10.4000/nuevomundo.954

Risso, Mariana. "Entre el nudo subjetivo y el nudo político". En *Las Laurencias. Violencia sexual y de género en el terrorismo de Estado uruguayo*. Compilado por Soledad González y Mariana Risso, 39–52. Montevideo: Trilce, 2012.

Sanseviero, Rafael. "Soldaditos de plomo y muñequitas de trapo. Los silencios sobre los abusos sexuales en la tortura después que la tortura fue un sistema de gobierno". En *Las Laurencias. Violencia sexual y de género en el terrorismo de Estado uruguayo*. Compilado por Soledad González y Mariana Risso, 53–70. Montevideo: Trilce, 2012.

Sanyal, Mithu M. *Violación: Aspectos de un crimen, de Lucrecia al #MeToo*. Barcelona: Penguin Random House Grupo Editorial, 2019.

Segato, Rita Laura. "Conversación con Karina Bidaseca". En *#NiUnaMenos. Vivas nos queremos*. Compilado por Karina Bidaseca y Feminismos poscoloniales del Sur, 135–44. Argentina: Edición Milena Caserola, 2017.

———. "Entrevista a Rita Segato". *Historias Debidas*. Acceso el 18 de febrero, 2019a. https://www.youtube.com/watch?v=kMP21R_MQ1c&app=desktop.

———. *Las estructuras elementales de la violencia. Ensayos sobre género entre la antropología, el psicoanálisis y los derechos humanos*. Bernal: Universidad de Quilmes, 2003.

———. "Violencia expresiva y guerra contra las mujeres". *Aula virtual. Fundación de los comunes*. Acceso el 19 de febrero, 2019b. https://www.youtube.com/watch?v=UQJKW1UdWsM.

Sempol, Diego y Federico Graña. "Salvar a la patria y a la familia. Dictadura, disidencia sexual y silencio". En *Las Laurencias. Violencia sexual y de género en el terrorismo de Estado uruguayo*. Compilado por Soledad González y Mariana Risso, 85–103. Montevideo: Trilce, 2012.

Simón, Paula. "Diálogo sobre la lucha y la memoria con Alicia Partnoy". *Revista pueblos* (25 de noviembre de 2014). Acceso el 18 de marzo, 2019. http://www.revistapueblos.org/blog/2014/11/25/dialogo-sobre-la-lucha-y-la-memoria-con-ali.

Sonderéguer, María, coord. *Violencias de género en contextos de represión política y conflictos armados. Género y poder*. Bernal: Universidad Nacional de Quilmes, 2012.

Sutton, Barbara. *Surviving State Terror. Women's Testimonies of Repression and Resistance in Argentina*. Nueva York: New York University Press, 2018.

Valenzuela, Andrés. *Confesiones de un agente de seguridad*. Acceso el 15 de marzo de 2019. http://colectivoepprosario.blogspot.com/2011/10/chile-confesiones-de-un-agente-de.html.

TERCERA PARTE

Epistemologías en debate

CAPÍTULO 9

Memoria y resistencias

La enseñanza de las prácticas comunitarias

Pilar Calveiro Garrido

LA REORGANIZACIÓN CAPITALISTA, EN su fase global, corresponde con una gubernamentalidad neoliberal que se ha presentado con frecuencia como pacífica, flexible, tolerante, relajada. No obstante, en la medida en que encuentra resistencias, no tarda en exhibir su rostro oculto pero persistente, que es violento, estereotípico y excluyente. Los gobiernos de Donald Trump o Jair Bolsonaro son ejemplo de ello; no corresponden al fascismo ni constituyen un neofascismo, difícil de definir, sino que pertenecen a la más pura estirpe neoliberal.

En cualquiera de estas variantes, los gobiernos neoliberales denuncian como hostil, violento y peligroso todo aquello que se les opone o se les escapa, para eliminarlo. Su flexibilidad, cuando existe, se restringe al ámbito de los mercados y la circulación de capitales, siempre que les garantice condiciones de supremacía. Proponen y aplican un derecho diferencial, extraordinariamente duro para los infractores menores, pero ciego y sordo frente al cúmulo de ilegalidades en que sostienen sus propias formas de acumulación política, económica y tecnológica. Por fin, en su variante más "discreta" esgrimen la tolerancia de la indiferencia, es decir, el desinterés por la inequidad y, sobre todo, el abandono de las preguntas fuertes por la justicia, por la responsabilidad en relación con los otros y con nosotros mismos. En su modalidad "desnuda" se manifiestan abiertamente autocentrados y autorreferentes, haciendo gala de la superposición de los más diferentes prejuicios raciales, sociales, religiosos, de género.

Esta, como toda fase de instauración hegemónica, comprende grandes dosis de violencia o, más bien, de diferentes violencias que vale la pena identificar. Por una parte, están las violencias directas y terriblemente cruentas de los escenarios bélicos que construye, para sostener sus prácticas de dominio en lo internacional y lo nacional, como las llamadas guerra antiterrorista y guerra contra el crimen organizado. Por otra, y no menos importante, se multiplican las violencias estructurales de esta fase que comprenden: distintas formas de apropiación por desposesión, con el consecuente desplazamiento forzado de poblaciones que pierden toda clase de derechos abriendo, junto al Estado de derecho, un verdadero estado de excepción, al margen de toda protección legal, en el que quedan abandonados inmensos grupos, en especial indígenas y migrantes.

Estas violencias persiguen la imposición abierta de las nuevas formas de concentración política y económica, pero también generan políticas del miedo, es decir, utilizan el miedo como instrumento de control. "El mercado prospera cuando se dan condiciones de inseguridad; saca buen provecho de los temores humanos y de la sensación de desamparo" (Bauman 2007, 175) ya que "de la inseguridad y del miedo se puede sacar un gran capital potencial" (185). Mientras que, por un lado "el Estado social convirtió la confianza en uno mismo y en la accesibilidad de un futuro mejor en la propiedad común de todos los ciudadanos de ese Estado", por el otro lado, "[e]l Estado de seguridad personal, por el contrario, se inspira en el miedo y la incertidumbre... busca legitimarse, precisamente, con la defensa de un orden público amenazado" (199). Puede decirse entonces que el Estado propicia el miedo como forma de control y de autolegitimación.

Es posible pensar el miedo como una de las tecnologías de la gubernamentalidad neoliberal.[1] La perspectiva de la gubernamentalidad es interesante porque se trata de una idea que enlaza economía, población y seguridad con las "técnicas y procedimientos destinados a dirigir la conducta de los hombres". Según Foucault, en el neoliberalismo de la Escuela de Chicago, que es precisamente el que se ha impuesto, la gubernamentalidad se basaría en extender la racionalidad de mercado y, más propiamente la empresarial, a ámbitos no prioritaria ni exclusivamente económicos como la familia, la natalidad, *la delincuencia y la política penal* (2007, 365; el resaltado es mío). En efecto, todos esos ámbitos, así como las esferas política y cultural, han quedado sujetos a la racionalidad económico-empresarial-corporativa que retrae lo público al ámbito privado, a la lógica de acumulación y restringe garantías. Se crea así un estado de indefensión que suscita miedo, pero sobre todo necesita de él. Lo alienta como instrumento de gobierno de las almas, las conciencias, los ciudadanos. Implica nuevas formas de abordar "los problemas específicos de la vida y la población" (Foucault 2007, 366), en las cuales se agitan diversos miedos a enfermedades, catástrofes, enemigos internos y externos para configurar un ciudadano temeroso y asustado, retraído hacia la esfera privada de la seguridad personal y absorbido por el mercado.

Pero ni el Estado, ni los grupos corporativos legales o ilegales asociados con él, ni las sociedades son actores novatos o desprevenidos. Todos guardan memoria de antiguas prácticas de poder y resistencia que replican y, a la vez "actualizan", en las circunstancias cambiantes del mundo global. Por ello surgen distintas formas de ejercicio de un poder político y económico *reloaded*, así como nuevas formas de resistencias, prácticas de lucha y organización que, desde la sociedad civil, sobrepasan el miedo y, en consecuencia, a las redes de poder que lo instrumentan.

Toda gubernamentalidad se enfrenta a resistencias y es precisamente en este punto donde quiero focalizarme, en la observación de las prácticas que desafían el miedo y recurren a la memoria social para tal cometido. Así como existe una memoria del miedo, que los poderosos sostienen cuidadosamente, es posible afirmar que existe también una memoria del valor, como reserva capaz de emerger en los momentos de peligro. ¿Cuál es esta memoria? ¿Cómo entenderla?

Muchas veces pensamos en la memoria como un ejercicio, como una práctica consciente y voluntaria, que decide sostener ciertos recuerdos del pasado para traerlos a las necesidades del presente o que desde las necesidades del presente "recupera" fragmentos del pasado. En este sentido, actualiza las experiencias vividas trayendo de ellas lo que necesita para la acción en el momento actual. Esta práctica, ya sea individual o colectiva, es siempre significada socialmente. Sostener este tipo de memoria sobre las ofensas del pasado, en aras de mostrar sus continuidades o "reciclamientos" en el presente, es el trabajo de buena parte de los organismos de derechos humanos en el mundo actual y en México. Estos buscan las continuidades del pasado en el presente, con la esperanza de modificar las prácticas actuales para inaugurar futuros diferentes.

Sin embargo, también hay una memoria involuntaria que es principalmente discontinuidad y sorpresa. Puede y suele tomarnos por asalto, irrumpir cuando menos se la espera, apareciendo desde el pasado remoto, sin solución de continuidad con un presente del todo diferente, para conectar ambos momentos de manera sorprendente e inesperada. Esta es una memoria que irrumpe y se nos impone, descoyuntando los tiempos. Trae algo de la experiencia vivida, sin recuperarla por completo, algo que siendo antiguo es nuevo, que ahora adquiere un nuevo sentido, perdido o incluso insospechado en el momento de la experiencia inicial (Imperatore 2014, 17). Se podría decir que es una conexión que ilumina con una nueva luz tanto el presente como el pasado mismo; reabre uno con relación al otro; es la memoria de la que hablaba principalmente Walter Benjamin (1994, 188–91).

Estas dos formas de la memoria no se repelen, sino que se articulan en lo que podríamos llamar la replicación/actualización de la experiencia, ya que parten de ella y van hacia ella. En efecto, la experiencia es primaria en todo proceso de conocimiento, no porque refiera a una escasa elaboración de lo vivido sino porque está en la base del conocimiento.

No existe la experiencia como algo separado de su elaboración y de la posibilidad de su comunicación. Es en este sentido que el mismo Benjamin se refirió al fin de la capacidad de transmitir la experiencia, en el mundo de la primera posguerra, en el que todo había cambiado tanto que lo vivido no podía colocarse en coordenadas de sentido que lo hicieran transmisible (Benjamin 1991, 112). Y sin embargo, la asignación de sentido y la transmisión de aquellas y otras experiencias posteriores, quizás incluso más terribles, no se han detenido desde entonces.

La memoria, ya sea como restitución de ciertas continuidades (siempre limitadas), ya sea como irrupción de otro tiempo en el presente, permite nuevas asignaciones de sentido y, de tal suerte, la conservación y la actualización de la experiencia; en realidad, de experiencias múltiples y comunes, que se viven y se significan socialmente. En este sentido, lo comunitario es un espacio privilegiado de la memoria porque se sostiene en un enorme bagaje de experiencias compartidas a lo largo del tiempo, transmitidas intergeneracionalmente y que subsisten o que irrumpen de manera inesperada como memoria colectiva.

Dentro de las sociedades, como entre las personas, memoria y olvido se tejen uno sobre el otro, como bien sabemos. Y sin embargo, no podríamos decir que guardan entre sí una relación proporcional, del orden de "a más memoria menos olvido". Lo que a veces se considera "demasiada" memoria puede conllevar "demasiado" olvido también. La potencialización de ciertas memorias, su focalización en determinadas problemáticas sociales, puede acompañar enormes olvidos de otras cuestiones no menos importantes. Es decir, hay una selectividad de la memoria que puede dar lugar al desplazamiento de unas memorias por otras.

Las formas de articulación entre olvido y memoria, qué memorias se sostienen y cuáles se intenta obstruir o sencillamente se desconocen, tiene signos políticos precisos. Tanto desde el poder como desde la resistencia se construyen relatos relativamente homogéneos, archivos organizados que corresponden a una racionalidad específica, ya sea hegemónica o contrahegemónica. Pero también existen memorias múltiples y flexibles del poder—como el miedo—y memorias de la resistencia—como las formas de organización y lucha—. Cada una se acompaña de sus respectivos olvidos y silenciamientos. Estas memorias aparecen en los relatos testimoniales y, sobre todo, en las prácticas sociales y políticas, desplegando una enorme diversidad de experiencias y de interpretaciones de las mismas. Una de sus mayores cualidades es que esta diversidad es refractaria a la homogeneidad de los archivos, a los que tiende a cuestionar y romper de manera incesante. En este sentido, podríamos decir que la memoria es virósica porque tiende a multiplicarse, pero también porque tiende a descomponer la coherencia del archivo y a contradecirlo.

Lo peculiar de la memoria es la recuperación del pasado, pero a partir de sus "escombros", fragmentos abandonados, recuperados, que se ensamblan de distintas maneras de acuerdo con las urgencias del presente. No construye un relato completo, coherente, fijo y repetitivo ni se fija en el pasado para exaltarlo o traerlo intacto, sino que parte de lo roto, del "resto" recuperable. Tampoco se "clava" en las marcas que ha dejado el pasado sino que las incorpora para, a partir de ellas, "convocar" a las memorias del miedo o la resistencia. Aunque la marca sobre el cuerpo individual o social es intransferible en sentido estricto, ello no la hace inconcebible ni incomprensible. La marca y el dolor del Otro es comunicable y permite así el "pasaje" de lo vivido a los demás.

Al asignar sentidos a fragmentos de una experiencia antigua que puede articularse con los sentidos del presente y que puede comunicar, "pasar", para su uso aquí y ahora, es que la memoria adquiere su dimensión política y su capacidad de resistencia. De pronto, los antiguos genocidios resuenan con los del presente—Auschwitz con Gaza, pero también con nuestros pueblos originarios cuyo exterminio no ha cesado de ocurrir—, totalmente diferentes pero en una resonancia audible. Genocidios del pasado que iluminan y son iluminados por los del presente.

Una memoria viva está anclada en las ofensas de hoy; "revive lo pasado, siempre de maneras nuevas, para levantarlo contra las atrocidades del presente" (Calveiro 2013, 132). Esta es la memoria que quiero analizar como práctica de las comunidades indígenas en el mundo actual. Pero también es la memoria que creo que debemos perseguir en nuestro mundo académico, bastante desmemoriado por cierto: aquella que nos permita ver más allá de lo que se nos muestra, más allá de lo que aparece "naturalizado" o aceptado como irreversible, para ser capaces de fijar la vista precisamente donde incluso nosotros mismos nos resistimos a mirar. La reflexión y las prácticas en torno a la memoria deben implicar necesariamente una toma de responsabilidad sobre nuestro presente, en el sentido de buscar y dar respuesta a lo que se nos quema hoy entre las manos.

Los pueblos indígenas en el México actual—y en toda América Latina—son un ejemplo de esta memoria viva, que enfrenta las políticas de violencia y miedo del mundo global con una memoria que recupera antiquísimas prácticas de resistencia, acoplándolas con otras más recientes, hibridándose, superponiéndose y transformándose. Lo encontramos en las comunidades zapatistas de Chiapas, en la Coordinadora Regional de Autoridades Comunitarias (CRAC) de Guerrero, entre los purépechas de Michoacán, por mencionar las que se han visibilizado más en los últimos años, pero están ocurriendo en distintas partes del país y también de América Latina.

Cuanto más totalizante es un poder, más dificultad tiene para comprender y capturar lo pequeño, cuanto más globalizante más necesidad tiene de simplificar una complejidad inabarcable y, por lo mismo, más fugas ocurren, especialmente desde lo local.

Contra la lógica de las escalas, por la cual lo pequeño parece irrelevante en relación con lo gigantesco, lo que se verifica políticamente hoy es que, si bien todas las dimensiones—de lo global, lo nacional, lo local—están en sintonía o en resonancia, la peculiaridad de cada uno de estos niveles no deja de operar. Y una de las particularidades de lo local, y en especial de lo comunitario, es que los grupos de interés, sus vinculaciones, sus prácticas, sus violencias y sus políticas de terror se presentan allí de manera particularmente descarnada. Es lo que hemos podido ver en Ayotzinapa, en Tixtla y en gran parte de Guerrero; en Cherán, en Ostula y en muchas regiones de Michoacán, así como en otras entidades federativas, para el caso de México. Las violencias y las redes ilegales protegidas por sectores del Estado son allí mucho más visibles y, a la vez, extraordinariamente peligrosas; y es precisamente en estos ámbitos estratégicos, por razones generalmente económicas, donde se trata de imponer el terror como política de control poblacional.

Sin embargo, la exposición constante a la violencia que se verifica en esos territorios puede someter, pero en ocasiones puede funcionar también como una suerte de inmunización, que permite sobrepasar el miedo y, ante la ausencia de toda alternativa, empujar a la acción.

Ciertamente, el ámbito de lo local se revela hoy como un espacio privilegiado para observar tanto las políticas del miedo como sus resistencias. Allí es donde las violencias estatales y privadas, articuladas en las grandes redes corporativas que conectan lo legal con lo ilegal, hacen blanco de los cuerpos de los sujetos individuales y colectivos. Allí, "se deja ver la compleja trama resultado de factores estructurales, coyunturas y acontecimientos generados en distintas escalas por los actores.... El peso de las circunstancias locales hace la diferencia, imprime la particularidad al escenario donde los individuos ponen en juego sus intereses, ideas, deseos y utopías, y con ello, asumen su condición de actores" (Radilla 2013, 38). En el ámbito local, la opacidad de las redes de poder—como los vínculos entre las redes ilegales y las propias instituciones— se hace más visible e incluso evidente y permite, por lo mismo, comprenderlas y articular las resistencias de manera más eficiente.

Es en este sentido que vale la pena analizar las estrategias que se despliegan en las resistencias locales y, en especial, las que provienen de la población indígena, por diferentes razones. Por una parte, porque allí es donde estas violencias público-privadas se ejercen de manera más desnuda y descarada, como ya se mencionó. Pero también, por otra parte, porque en ellas existe lo que podríamos considerar una "reserva cultural" de matriz diferente, que permite visibilizarlas con más claridad y abordarlas desde otra perspectiva. La mirada que aportan las comunidades indígenas después de cinco siglos de dominación implica un doble conocimiento cultural (el propio y el del colonizador), cierta distancia con el modelo estrictamente occidental que siempre las desconoció, y un *know how* de la resistencia a partir de su ejercicio incesante, que no es en absoluto desdeñable. En algunos casos son perspectivas híbridas y en otros no; son "chejes"—al decir de Rivera Cusicanqui—, armando una trama que reconoce hilos diferentes, sin perder la particularidad de cada uno de ellos. Esto es lo que hemos visto en los últimos 20 años en relación con todas las resistencias indígenas, incluido el zapatismo.

Las luchas de los pueblos indígenas actualizan las antiguas demandas del autonomismo, para proponer puntos de partida no estatales ni partidarios que son, justamente, los que atraviesan una fuerte crisis de legitimidad. Sin embargo, tampoco se estructuran a partir del enfrentamiento abierto con el

Estado, y en algunos casos ni siquiera fuera de él por completo, sino desde la posibilidad de hacer a pesar del Estado y desde sus márgenes, "a bando". Conforman resistencias que, sin centrarse en lo estatal, tampoco desconocen necesariamente su relevancia ni la importancia de las luchas que se libran al interior del aparato, como las electorales. Simplemente hacen lo que han estado haciendo por siglos: construir alternativas y opciones limitadas de poder desde los bordes, sin desafiar abiertamente al Estado, pero poniéndolo en jaque una y otra vez—más allá incluso de su voluntad—por el solo hecho de mostrar la posibilidad de vivir, crear y construir alternativas por fuera del abrigo y el consentimiento estatal. Incluso se atreven a desempeñar funciones históricamente reservadas al Estado—como la seguridad o la justicia—de una manera más clara y eficiente. Por eso, siendo experiencias locales que no pretenden su generalización, impactan sin embargo en lo regional, lo nacional e incluso lo internacional, como se puede ver en el movimiento indígena actual.

Para el caso de México, voy a referirme a dos experiencias en curso: el caso del Municipio Autónomo de Cherán K'eri y el de la Coordinadora Regional de Autoridades Comunitarias de Guerrero (CRAC). Estas resistencias indígenas ocurren simultáneamente con otras, a veces en territorios aledaños, como en el caso de las Autodefensas de Michoacán, que siendo también experiencias interesantes tienen, sin embargo, características muy diferentes de las que ocurren en el contexto de lo comunitario. No voy a abordarlas aquí porque considero que justamente lo comunitario es una de las claves decisivas para comprender la potencia de estas resistencias y el desarrollo de sus proyectos autonómicos.

El caso de la Coordinadora Regional de Autoridades Comunitarias (CRAC)

La CRAC es una experiencia autonómica que tiene 25 años de antigüedad y beneficia a una población de entre 200 y 300 mil personas. Nació de la inseguridad generada por la violencia criminal que amenazaba las comunidades desde los años 90 y que, más tarde, se potenció con las grandes redes criminales asociadas con fracciones del Estado que pretenden apropiarse del territorio, sus riquezas y su gente. Por lo tanto, las poblaciones originarias construyeron, en primera instancia, un sistema de vigilancia propio que se realizaba a través de una policía comunitaria de rango regional, es decir más allá de lo específicamente comunitario. Se trataba de una policía armada, con conocimiento y control del territorio que protegía. Posteriormente, ante la ineficacia o colusión de las autoridades judiciales con las redes criminales, crearon un sistema jurídico propio basado en usos y costumbres, que recupera ciertas prácticas ancestrales al tiempo que incorpora nuevos elementos, como el reconocimiento de los derechos humanos y, dentro de ellos, el derecho de las mujeres. En su sistema jurídico, se establecieron mecanismos de sanción diferentes a los estatales, basados en la reeducación de la persona. Este consiste principalmente en el reconocimiento de la responsabilidad común frente a toda transgresión, así como en la reparación de la falta mediante el trabajo y la convivencia comunitaria. Construyeron, por lo tanto, un complejo Sistema de Seguridad, Justicia y Reeducación de carácter regional. A su vez, declararon su territorio libre de minería y tratan, desde entonces, de desarrollar proyectos productivos alternos.

Estas nuevas formas de defender el territorio, con el propio cuerpo e incluso con la vida, enlazan con las luchas de los años 70 del siglo pasado, en el mismo estado de Guerrero, pero también con las de la Revolución mexicana e incluso con otras muy anteriores como las desarrolladas por las comunidades indígenas a lo largo de la Colonia. Retoman memorias del valor y la resistencia, saberes y prácticas antiguas o más recientes, historias comunes que validan este derecho desde una, dos, tres, muchas generaciones atrás.

Como parte de la memoria recuperada, la CRAC identifica un conjunto de factores que incidieron en su práctica, entre los que destaca:

1. En primer lugar, "la cultura tlapaneca (en la que) hay el hábito de trabajar, discutir y construir en colectivo". Así, en la vida, en el trabajo, en las fiestas, se practica el "cambio de brazo" entre distintas comunidades o entre quienes viven en una misma comunidad, que consiste en ayudarse mutuamente. "Esta costumbre es uno de los factores que favorece la comunicación entre los pueblos y en el momento de la formación de la policía comunitaria fue lo que empujó a la población a afrontar de manera conjunta y colectiva la situación de inseguridad".
2. La existencia de un "activismo social en las comunidades... así como el trabajo previo de organizaciones productivas" campesinas que sentaron las bases de la organización y la resistencia.
3. "La presencia de sacerdotes" que acompañaron a las comunidades, como parte de la iglesia católica comprometida con la opción por los pobres.

4. La historia de la región, que ha sido "cuna y escenario de las luchas que han generado grandes transformaciones... desde las luchas por la Independencia, la Reforma y la Revolución de 1910, hasta las luchas guerrilleras de Genaro Vázquez Rojas y la Asociación Nacional Revolucionaria (ACNR)" (CRAC 2010, 66-67).

Como se puede ver, se recupera explícitamente una memoria antigua, fragmentaria, discontinua, que recupera "restos", que recoge experiencias muy diferentes tanto por sus prácticas como por las épocas de las que provienen, así como actores sociales muy variados.

Para observar las prácticas de memoria más de cerca, es interesante recuperar el proceso de conformación y crecimiento de la CRAC. Entre 1992 y 1995 la región vivió una ola de violencia criminal que atemorizó y, en un primer momento, inmovilizó a las personas. Sin embargo, parecen haber sido las ofensas a la dignidad las que desataron la acción: "Lo que más lastimó el sentimiento de dignidad de la región fue la violación de una niña de 6 años". En ese momento se sobrepasó el miedo y las comunidades entraron en la acción: "Nos dimos cuenta de que el enemigo principal era el miedo" (Torres Valencia en *La Jornada*, 8 de marzo de 2013).[2] "El miedo es el peor enemigo de una persona y de un pueblo... (pero) para eso sirve la organización y la participación, se tiene que romper ese miedo. Tenemos derecho y mucho que construir, pero si tenemos miedo, no se puede" (Entrevista CPV en Sánchez Serrano 2012, 243).

Fue así como decidieron iniciar tareas defensivas de vigilancia en tres municipios del Estado, incluyendo los caminos; es decir, comenzaron a organizarse a nivel regional y no solo comunitario. Las nuevas formas de vigilancia lograron una disminución de la violencia, pero el sistema de justicia del Estado resultaba inoperante porque cuando capturaban a un delincuente y lo entregaban a las autoridades, o bien sus pruebas no se consideraban suficientes o bien los delincuentes sobornaban a la autoridad y salían en libertad. Por lo tanto, decidieron hacerse cargo de la impartición de justicia recuperando "los procedimientos, sanciones, discusiones y la preeminencia de la reparación del daño sobre el castigo" (Sánchez Serrano 2012, 26), mecanismos propios de los pueblos originarios. Fue así como nació el Sistema de Seguridad, Justicia y Reeducación Comunitaria del que ya hemos hablado, que reconoce órganos y funciones diferenciados.

La Policía Comunitaria se forma con personas elegidas para esa función en cada comunidad y su encargo dura 3 años. La función es honoraria, de manera que los policías se turnan en sus tareas, para poder seguir realizando sus respectivos trabajos. Tienen un sistema complejo de coordinación entre las distintas policías, así como de designación de sus comandantes, y todo este sistema de seguridad, a su vez, se coordinan con el Comité Ejecutivo Regional.

El sistema jurídico de la Comunitaria recupera elementos del derecho corriente, del derecho indígena y otros completamente nuevos, en un claro ejercicio de interlegalidad. Como rasgo principal, busca el acuerdo y la conciliación entre los afectados y los responsables de una falta o delito, mediante largas deliberaciones para establecer sanciones reparatorias que satisfagan a ambas partes. A su vez, la sanción consiste en un proceso de reeducación.

La reeducación se realiza, básicamente, mediante el trabajo comunitario, en libertad, y pláticas para "generar conciencia". Su duración depende, de alguna manera, de la gravedad de la falta, donde la importancia que se le asigna a los diferentes delitos o "errores" —como se los designa— refleja una alta valoración de la vida, en todas sus formas. Sin embargo, no se parte de una suerte de código con sanciones fijas, donde a cada transgresión le corresponde una determinada sanción o reparación, sino que estas se establecen según las circunstancias, las personas y el comportamiento que vayan mostrando a lo largo del proceso de reeducación. Este proceso se evalúa anualmente por órganos comunitarios, que establecen si debe continuar con este o si la persona ya ha comprendido su falta y está en condiciones de reiniciar su vida normal dentro de la comunidad. Este procedimiento favorece el restablecimiento del vínculo no solo entre los involucrados sino también del transgresor con la comunidad en su conjunto.

El sistema de justicia de la CRAC reivindica los derechos colectivos, así como los derechos humanos. En lo que se refiere a los derechos de las mujeres, se los reconoce formalmente, pero existen muchas deficiencias en su aplicación efectiva. Los derechos a decidir sobre su cuerpo, a tener una vida libre de violencia, a heredar bienes y tierras —no siempre reconocidos en las normas comunitarias—, a no tener relaciones sin consentimiento y a no ser vendidas —práctica aún vigente en algunas regiones—, son recuperados por la Comunitaria pero su cumplimiento efectivo se encuentra con grandes obstáculos sociales y culturales.

Otro rasgo interesante del Sistema de Justicia es que es interétnico e intercultural, ya que su aplicación comprende a diferentes etnias de la región, incluida la población mestiza. Por lo mismo, garantiza el respeto a la lengua de los involucrados, incluido el español. Asimismo, permite a las partes elegir entre la instancia de la justicia convencional o la comunitaria. En muchas ocasiones, incluso los mestizos optan por el sistema comunitario ya que está libre de pagos y, por lo tanto, de sobornos. De esta manera, se pone en entredicho la lógica racista que supone que la policía y la justicia comunitarias solo deben aplicar para los pueblos originarios.

Todas estas prácticas autonómicas son posibles, entre otras cosas, porque se trata de experiencias armadas; no confrontativas, no ofensivas, pero armadas. Ello les permite, en primer lugar, detener actos de poder y de fuerza tanto del Estado como de las organizaciones criminales que operan en los territorios circundantes. Su estructura jurídica, por ejemplo, estipula que la policía del Estado debe avisar antes de entrar a su territorio. Asimismo, han declarado como "libre de minería" a la región, pero el cumplimiento efectivo de estas normas y decisiones no se puede desvincular del poder efectivo y armado de la Comunitaria en el territorio. De todo ello se desprende la existencia de una fuerte autonomía de las comunidades involucradas, que comprende ámbitos tan decisivos y exclusivos del Estado como la seguridad y la justicia, es decir, el monopolio en el uso legítimo de la fuerza, en un espacio que rebasa lo comunitario para alcanzar un rango regional.

La CRAC tuvo altas y bajas, momentos de apogeo como en 2013 y momentos de crisis y divisiones. Sin embargo, los ha ido sorteando. Para fines de 2016 contaban con cuatro Casas de Justicia comunitaria para la aplicación de su propio sistema jurídico, que aglutinaban 164 comunidades de catorce municipios (Calveiro 2019, 85).

Su quehacer se ha ido ampliando, tratando de abarcar—con gran dificultad—otros ámbitos como la producción, la educación y la comunicación, en especial a través de radios comunitarias.

Son políticamente independientes de los partidos políticos, de los que prescinden sin entrar en lucha o competencia con ellos. De la misma manera, aunque han rebasado de hecho al Estado central, no buscan la confrontación con este. Si bien no rehúsan recurrir a presiones o imposiciones directas, como la autonomía de facto que practican, tratan más bien de encontrar nuevas formas de diálogo, coordinación y reconocimiento que compatibilicen su sistema de seguridad y justicia regional con los otros órdenes de gobierno. La investigadora María Teresa Sierra es enfática al afirmar que la Comunitaria no rechaza al Estado, sino que construye "institucionalidad desde los márgenes". Este es probablemente el rasgo más claramente autonómico de su práctica que, reconociendo la incapacidad o falta de voluntad del Estado, no trata de confrontarse con él, sino que prescinde de su "asistencia" para trazar un proyecto diferente, que se sustenta en su territorio, su población, sus recursos, con su fuerza propia y una estrategia principalmente defensiva.

Lo que propone la Comunitaria es una alternativa posible en un Estado multicultural y multinacional, con fuertes autonomías regionales, lo cual acotaría significativamente la concentración de poderes económicos y políticos que persigue el orden neoliberal. Por otra parte, pone en evidencia las incapacidades del Estado para controlar la violencia, como consecuencia ya sea de su ineficiencia, de su desinterés o de su colusión lisa y llana con las redes mafiosas. Su exitosa práctica en la contención de las redes criminales muestra que la "delincuencia organizada" no es invencible. Por otra parte, su capacidad para controlar la inseguridad regional frente a un Estado que se dice impotente, hace evidente su ineficiencia o su complicidad con las redes ilegales.[3] Sus prácticas de organización social y resistencia desarticulan las políticas de control poblacional a través del miedo y desarman la promesa "securitaria" del Estado a cambio de la reducción de garantías.

Frente al modelo universalista del derecho —cuya "universalidad" no ha dejado de ser la defensa de una particularidad eurocéntrica—, la CRAC propone un pluralismo jurídico que puede abrir nuevas alternativas para realidades complejas como las latinoamericanas. También exhibe que el Estado de derecho "universal" rige solo para algunos, desmintiéndose a sí mismo.

Por otro lado, arma a un grupo importante de ciudadanos que controlan parte del territorio, limitando la "soberanía" no del pueblo, pero sí del poder estatal. En este sentido, al tomar el control de funciones fundamentales del Estado que este no puede o no quiere asumir —como la preservación de la seguridad, la vida o la impartición de justicia—, desnuda, exhibe y confronta la gubernamentalidad neoliberal. Así se convierte en una práctica contrahegemónica, es decir, que mina el poder hegemónico y su credibilidad.

El Estado ha recurrido a todas las herramientas con las que cuenta para detener diferentes experiencias como la de la CRAC. Las ha reprimido, ha intentado negociar con ellas, cooptarlas e incluso fragmentarlas, con éxito variable. Pero lo cierto es que la CRAC ha logrado subsistir por casi 25 años, no sin enormes dificultades. Lo ha conseguido con el sustento de un enorme bagaje de luchas previas y memorias vivas de esas luchas, que las replican y actualizan según las necesidades del presente. Pero la apertura temporal no se agota entre pasado y presente; existe siempre un vector que apunta al futuro. Y es justamente allí donde esta experiencia en particular nos interpela porque nos obliga a repensar el Estado de derecho en el que estamos supuestamente instalados. Cuestiona los principios de legalidad, legitimidad y justicia que nos rigen, al plantear otras formas de fijar acuerdos, normativas y sanciones. Nos propone imaginar nuevas relaciones entre autonomías regionales o locales y unidades nacionales más amplias. Contra la "universalidad" del derecho, pone de manifiesto la posibilidad efectiva de articular órdenes jurídicos diferentes y, además, elegibles. Al hacerlo, abre los sistemas jurídicos para su mutua influencia y eventual ampliación, generando propuestas mixtas que articulan lo individual con lo colectivo, lo natural con lo cultural, lo público con lo privado, la reparación con la sanción, rompiendo las lógicas binarias y excluyentes.

Municipio Autónomo de Cherán K'eri

Cherán es el único municipio de Michoacán cuya cabecera municipal se ubica en una comunidad indígena, con alrededor de 19 mil habitantes. Su territorio comprende grandes áreas boscosas de propiedad comunitaria que, sobre todo a partir de 2008, comenzaron a ser saqueadas por talamontes ilegales asociados con las redes locales del narcotráfico. A pesar de las múltiples denuncias, no hubo intervención de las autoridades municipales ni estatales, de manera que el problema fue creciendo. La comunidad intentó organizarse para la defensa de su territorio, pero se sucedieron asesinatos y secuestros de varios comuneros que tenían liderazgo y reconocimiento. El miedo, que ya se había instalado, comenzó a crecer y la gente no se atrevía a actuar, por lo que las acciones de los talamontes, protegidos por las redes criminales, resultaban cada vez más violentas y descaradas. Pasaban con sus camiones cargados de madera por el medio del pueblo y amenazaban de distintas maneras a las personas que, a determinada hora, se encerraban en sus casas para protegerse, en una especie de estado de sitio "voluntario". La falta de respuesta siempre envalentona a los criminales, de manera que la violencia fue creciendo ininterrumpidamente.

Cherán tenía una historia de lucha y reconocimiento en la región, pero en esta circunstancia de amedrentamiento generalizado no era capaz de reaccionar. Según los relatos, esa "sumisión" les resultaba vergonzosa, así que cuando los talamontes afectaron los árboles cercanos a La Cofradía—un ojo de agua que en otros tiempos había sido muy importante para el abasto de la comunidad—sintieron que se había llegado a un punto que los obligaba a actuar.

Después de varios intentos fallidos, y adelantándose a una fecha posterior que se había acordado para detener a los responsables de la devastación del bosque, un grupo de mujeres inició el levantamiento, deteniendo un vehículo cargado de madera. Era el 15 de abril de 2011. Un grupo de jóvenes, casi adolescentes se sumó de inmediato. Los antiguos sistemas de alarma, como campanadas y cohetes, se usaron para convocar a toda la población. Así, salieron a la calle, detuvieron otros dos vehículos y cerraron defensivamente el pueblo. A pesar del alboroto, la detención de los criminales, que los pobladores mantenían encerrados en la iglesia de Cherán, y el pedido de auxilio, las autoridades no se presentaron ni respondieron al llamado de la población hasta varios días después.

Los comuneros colocaron barricadas en los accesos de Cherán para impedir que los mafiosos intentaran rescatar a sus compañeros. Es decir, tomaron responsabilidad de su territorio y de la seguridad de su gente. Establecieron el límite entre el territorio propio, a defender, y el externo, donde reclamaron la intervención del Estado.

Dentro de la comunidad instalaron fogatas en cada bocacalle, involucrando a toda la población para defender palmo a palmo su territorio. En esos primeros días las fogatas fueron el centro de reunión de hombres y mujeres, de niños, jóvenes y mayores. Allí se restablecieron muchas de las relaciones comunitarias afectadas.

Las fogatas fueron también lugares fundamentales para la recuperación de la memoria, que remitía no solo a antiguas prácticas de vigilancia sino también de autoorganización y de solidaridad. Los mayores recordaban viejas experiencias, los jóvenes las escuchaban y anudaban nuevas y viejas formas de participación, los niños escuchaban y aprendían mientras jugaban. La fogata se convirtió así en el símbolo de la resistencia. De hecho, aun actualmente, la radio comunitaria se llama Radio Fogata y su lema es: "Radio Fogata, donde las ideas arden".

A partir del levantamiento, la comunidad decidió expulsar a los partidos—a los que acusaba de haber sembrado muchas divisiones y conflictos—. Se formó entonces un gobierno autónomo según la modalidad de asambleas y concejos. Cada uno de los cuatro barrios de Cherán formó su asamblea y en cada una de ellas se designó a las personas que conformarían el Concejo Mayor, órgano colegiado y deliberativo que rige la comunidad y cuenta con una serie de concejos operativos. Estos implementan las distintas acciones que se deciden en el Concejo Mayor y en las asambleas de barrio. También se restablecieron las "rondas", antiguo sistema de seguridad conformado por los propios pobladores, como forma alterna a la policía. Es decir, se creó una institucionalidad propia y diferente a la que existe en los municipios del sistema político formal.

Al mismo tiempo que Cherán echó a andar su nueva institucionalidad de facto, dio una batalla legal para obtener su reconocimiento, como parte del derecho de los pueblos indígenas de regirse por usos y costumbres, reconocido en la Constitución. Finalmente, con base en el reconocimiento de usos y costumbres, el Convenio 169 de la OIT y la Declaración de las Naciones Unidas sobre los Derechos de los Pueblos Indígenas, obtuvo una resolución favorable el 2 de noviembre de 2011.

Como se puede ver, el conflicto de Cherán se desencadenó por la apropiación ilegal de sus recursos naturales y territoriales, es decir, de bienes públicos, en este caso comunitarios, en un claro proceso de acumulación por desposesión que recurría al uso ilegal y mafioso de la fuerza. La red ilegal que operaba en la región contaba con el apoyo de la policía municipal y, por lo menos, la anuencia u omisión de autoridades políticas, pertenecientes a diferentes partidos. A lo largo del conflicto, los partidos políticos como tales permanecieron ajenos a las demandas comunitarias. Por su parte, la ausencia, omisión y colusión de distintos niveles de la autoridad favoreció el despliegue de la violencia mafiosa que se expandió e intensificó hasta abarcar todos los espacios de la vida, de manera que el miedo se adueñó de la situación. Finalmente, a pesar de los riesgos, la acción colectiva permitió retomar el control y salir del miedo. Se abrió así el proceso de resistencia de Cherán que le permitió consolidar un gobierno autónomo sostenido en formas de la democracia directa; cambiar el concepto de seguridad y garantizarla dentro de su territorio; fortalecer el tejido social; y servir de ejemplo a otros municipios de Michoacán.

La defensa de sus bosques, de sus manantiales, del territorio, es decir, la defensa de la vida, fueron claves; el reconocimiento del honor y de la dignidad mancilladas fue un elemento central para decidir el paso a la acción. Finalmente, esta no se produjo como resultado de una estrategia planificadísima, sino que ocurrió de forma muy pragmática y algo espontánea, después de una serie de intentos, de avances y retrocesos.

Es interesante señalar que el relato de la acción que hacen sus protagonistas es siempre de carácter colectivo, lo que facilita otra de las funciones de la memoria: la transmisión y la apropiación. En efecto, el levantamiento se cuenta siempre en plural. Los actores son "las señoras", "los jóvenes", "los mayores", "los malos"—designación tan sencilla y desprovista de odio con que nombran a esos vecinos violentos y amenazadores que debieron enfrentar—. La acción se funda, se explica y se legitima por la pertenencia al colectivo, que es lo que infunde el valor y el sentido.

Como en el caso de la CRAC, hay un ejercicio de la violencia, pero esta es de carácter defensivo. Consiste exclusivamente en recuperar el control del propio territorio, cuidando de no escalar el enfrentamiento ni ampliarlo. No hay una renuncia al uso de la fuerza, pero sí una autorrestricción que la limita a una función defensiva, solo para detener una violencia mayor. También aquí podría decirse que aparece la memoria como aprendizaje de otras experiencias que enseñan, por un lado, la necesidad del recurso de la fuerza para detener el abuso y, por el otro, la peligrosidad de desatarla más allá de ciertos límites.

La memoria viva del pasado fue una de las claves del éxito de estas organizaciones, ya que permitió recuperar no solo el recuerdo de la dignidad como móvil de la acción, sino también las prácticas y las formas de organización previas, articulándolas con otras posteriores. Frente al miedo, se despertó la memoria del valor, así como la intencionalidad de asentar la experiencia presente para la comunidad futura. Por eso en los relatos es tan importante la presencia de los mayores, que narran el pasado; como la de los adultos, que actualizan las prácticas; y la de los niños, que juegan a ser grandes defendiendo, ellos también, su territorio. En las fogatas, como ya se mencionó, esas tres generaciones comparten el espacio, se escuchan y se reconocen.

El levantamiento de Cherán buscaba abrir, inaugurar otra forma de la política. Lo ha ido logrando de manera gradual, reinventando los mecanismos de toma de decisiones y modificando los contenidos de la política.

Su interpretación de los usos y las costumbres ha dado lugar a formas de organización propias que son antiguas—como la asamblea—y a la vez novísimas—como la integración de las mujeres y los jóvenes en todos los órganos de gobierno—. No responden a la institucionalidad vigente en el sistema político, como el municipio, sino que inventan otras figuras en un claro ejercicio de autonomía. Reinventan las formas de una democracia antigua, de corte asambleario, que no es prepartidaria ni antipartidaria sino que se debería considerar, más bien, como alterpartidaria. Es decir, prescinde de los partidos en el ámbito local, después de haberlos "padecido", pero no se considera incompatible con el sistema de partidos que rige en el orden estatal o federal. A la vez, como la CRAC, se sostiene en un derecho y un orden jurídico propio y alternativo, basado en la restitución, aunque en este caso se autorrestringe a los casos de delitos menores, derivando los delitos graves al

Ministerio Público. Articula los usos y costumbres con el derecho occidental, en especial en lo que se refiere a derechos humanos y defensa del derecho de las mujeres. Es decir, recupera lo propio abriéndolo, modificándolo y reconociéndolo como particular, sin pretensiones de universalidad.

Con la ronda comunitaria—antiquísimo sistema de seguridad presente también en otros países de América Latina, como Perú—, Cherán cancela las policías profesionales para crear un sistema de seguridad ciudadana, mucho más moderno y extraordinariamente exitoso, con cero asesinatos en los dos primeros años y un índice bajísimo, que se cuenta con los dedos de una mano, en los siguientes.

Además, la comunidad ha logrado duplicar el número de estudiantes matriculados, reducir el consumo de alcohol y plantear programas para la recuperación de la lengua, así como la enseñanza del inglés, todo lo cual representa logros sociales significativos.

Se podría decir que Cherán ha optado por recuperar antiguas tradiciones a la vez que incorpora tecnologías y saberes nuevos, que resulten útiles para el desarrollo comunitario. Practica una democracia que profundiza en lo participativo y en formas de ejercicio directas tomadas de la memoria comunitaria que, como toda memoria viva, se ha actualizado a lo largo de los años y se sigue reformulando. Su experiencia, que no es única en el país, ofrece un tipo de respuesta posible, articulable con otros modelos—lo que no es una virtud menor—, como opción para atender asuntos de absoluta actualidad.

En todos estos sentidos, el Municipio Autónomo de Cherán K'eri y la Coordinadora Regional de Autoridades Comunitarias son solo un par de ejemplos, entre otros, de prácticas que logran sobreponerse a las violencias ilegales—ya sean estatales, privadas, delincuenciales o mixtas—para actuar, sobrepasar el miedo y evitar la entrada en el terror. Ello les permite reformular otros modos de la política, la seguridad y la justicia. Tensionan y desafían al sistema político y a las instituciones de la democracia representativa sin tratar de entrar en colisión con ellas. Antes bien, podrían entenderse como formas de "empujar" una apertura del Estado y de las formas de gobierno para ampliar la participación, diversificarla y construir procesos más acordes con las necesidades del presente.

En ambos casos, la memoria es una memoria viva y actuante. No se presenta como una reconstrucción lineal y continua del tiempo, sino que irrumpe, de manera desordenada, haciendo conexiones inesperadas entre pasados muy distintos—el mundo prehispánico, la Colonia, la Revolución, los movimientos sociales y políticos del siglo XX—y las urgencias del presente inmediato—como hacer frente a las redes mafiosas protegidas o a los grandes corporativos—, para evitar la desposesión de su territorio, que es la desposesión de la vida misma. Se compone de fragmentos, incluso desechos, en el sentido de prácticas desechadas en el tiempo—como los sistemas de justicia, la ronda comunitaria o los mecanismos solidarios—. Estas memorias provienen de experiencias compartidas en otras luchas, en otras cotidianidades, en otros momentos políticos que se pueden significar colectivamente por referencia a la propia cultura y a la lengua común como identidades claras, pero no fijas ni estables. Los protagonistas se reconocen como indígenas, pero también como campesinos, como mexicanos y como muchas identidades más que se articulan en la historia y en los relatos. Finalmente, estas son memorias vivas porque sirven para la acción y la transformación del presente. Es en ese sentido que son memorias políticas y resistentes.[4]

Notas

1. Se entiende por gubernamentalidad una cierta tecnología de gobierno de los niños, de las almas, de las conciencias, de una casa, de un Estado (Foucault 2006, 448).

2. Gonzalo Torres Valencia es uno de los coordinadores de la UPOEG.

3. Logró la notable reducción de 90% de la actividad delictiva en la región que controla, considerándose la más segura del estado de Guerrero (Sánchez Serrano 2012, 268).

4. Este texto elabora y amplía mis reflexiones sobre el municipio de Cherán K'eri publicadas en "Contextos; diferentes procesos indígenas; el caso del municipio autónomo de Cherán K'eri; las autodefensas en Michoacán" del volumen *Resistir al neoliberalismo*.

Bibliografía

Bauman, Zygmunt. *Miedo líquido*. Madrid: Paidós, 2007.
Benjamin, Walter. *Discursos interrumpidos*. Ciudad de México: Editorial Planeta, 1994.
———. *Para una crítica a la violencia y otros ensayos*. Madrid: Alfaguara, 1991.
Calveiro, Pilar. "Memorias 'virósicas'. Poder concentracionario y desaparición de personas en Argentina". *Acta Poética* 24, n.°2 (2013): 111-34.
———. *Resistir al neoliberalismo*. Ciudad de México: Siglo XXI, 2019.

CRAC (Coordinadora Regional de Autoridades Comunitarias). "Breve reseña y balance del Sistema de Seguridad y Justicia Comunitaria, a 14 años de lucha". En *Otras geografías. Experiencias de autonomías indígenas en México*. Edición de Giovanna Gasparello y Jaime Quintana Guerrero, 60–72. Ciudad de México: RedeZ, 2010.

Foucault, Michel. *Nacimiento de la biopolítica*. Buenos Aires: Fondo de Cultura Económica, 2007.

Imperatore, Adriana. *Literatura y memoria crítica*. Tesis doctoral. Buenos Aires: Universidad de Buenos Aires, 2014.

Radilla, Andrea y Claudia Rangel, coordinadores. *Desaparición forzada*. Ciudad de México: Plaza y Valdés, 2013.

Rivera Cusicanqui, Silvia. Entrevista (2017). http://www.youtube.com/watch?v=REF.w.U3A094I.

Sánchez Serrano, Evangelina. *El proceso de construcción de la identidad política y la creación de la policía comunitaria en la Costa-Montaña de Guerrero*. Ciudad de México: UACM, 2012.

CAPÍTULO 10

El pasado maya y el poder ladino

Raza, herencia colonial y política

Arturo Arias

EN GUATEMALA, LOS ESTUDIOS de memoria hicieron su aparición en 1996, en el contexto del final de 36 años de guerra civil. La paz se firmó entre el ejército y las organizaciones revolucionarias el 29 de diciembre de ese mismo año. Fue un momento de grandes esperanzas para una precaria transición política que muy pronto se trasformó en una gran decepción. En un período de tiempo muy corto, la desilusión se instaló como norma. La población maya, quienes constituyen más del 50% de la población total del país, no fueron reconocidos en sus derechos. Por el contrario, se convirtieron en el objeto de una nueva violencia estructural en la primera década de este siglo, debido a los vínculos entre políticos y empresarios corruptos con capitales transnacionales, decididos a despojarles de sus tierras para luego destinarlas a proyectos extractivistas, en lo que constituye una segunda oleada de expropiación y saqueo. Sin embargo, esta vez no fueron víctimas pasivas aisladas de la comunidad internacional.

Los carteles de drogas también comenzaron a ejercer micropoderes en muchas de las regiones del país, desplazando o cooptando autoridades locales y fuerzas policiales. El Estado guatemalteco se evidenció como estructuralmente débil, carente de autoridad, capacidad y voluntad política para hacer cumplir los acuerdos de paz. Funcionarios electos, coludidos con los carteles de la droga, limitaron su accionar a actividades delictivas. Los recursos financieros del Estado fueron literalmente robados. El propio presidente

Otto Pérez Molina, la vicepresidenta Roxana Baldetti y un puñado de miembros del gabinete fueron arrestados el 2 de septiembre de 2015, después de una investigación de la Comisión Internacional Contra la Impunidad en Guatemala, organizada por las Naciones Unidas, conocida como CICIG (Buchanan). El escándalo de corrupción, conectado a una estafa aduanera, dejó al Estado en bancarrota total. Desde su arresto, el general Pérez Molina ha sido acusado de fraude, soborno y lavado de dinero.

Su sucesor, el cómico de la televisión Jimmy Morales, intentó expulsar del país al fiscal colombiano Iván Velázquez, director de la CICIG, después de que su hermano e hijo fueron arrestados por negocios ilícitos el 27 de agosto de 2017. El propio Morales fue acusado de no declarar fondos de su campaña electoral. Una oleada de protestas surgió de inmediato. Morales fue rechazado por las Naciones Unidas. Los embajadores de Estados Unidos, Reino Unido, Francia, Alemania, Italia, España, Suecia y Suiza condenaron su intento de remover a Velázquez de su cargo. A pesar de ello, el congreso votó a favor de mantener la inmunidad política de Morales el 11 de septiembre para cubrir su propia corrupción y complicidad con Pérez Molina y Morales. Dos días después, votaron por legalizar los crímenes por los cuales Morales fue inicialmente acusado. Esta medida equivalía a una legalización de la corrupción: los funcionarios gubernamentales no hubieran tenido que declarar fondos recibidos de terceras personas.[1] La reacción popular no se hizo esperar. Los guatemaltecos rodearon el congreso y se rehusaron a marcharse hasta que los congresistas se retractaran. Finalmente, estos dieron marcha atrás y votaron en contra de lo aprobado el 15 de septiembre, el día de la independencia de Guatemala ("Diputados dan marcha atrás").

La periodista *freelance* Julie López describió Guatemala como un Estado peleando dos guerras: una contra el crimen organizado y otra contra sí mismo, confrontando la herencia de corrupción enraizada en los 36 años de conflicto armado. López enfatizó que el crimen organizado incorporó no solo redes criminales internacionales y organizaciones locales sino también autoridades civiles. El crimen organizado fue protegido por el conflicto armado y creció luego del fin de la guerra. La incursión de los carteles colombianos fue facilitada por la corrupción militar imperante. No fue sino hasta los Acuerdos de Paz de 1996 y el retiro del ejército de los círculos de gobierno—los contactos más importantes para los colombianos—que su influencia declinó y los carteles mexicanos entraron a llenar ese vacío. La novedad era que, por primera vez, fueron autoridades ladinas (mestizas) civiles quienes fueron cuestionadas por la sociedad civil.[2]

Considerando lo anterior, podemos afirmar que en Guatemala nunca existió una democracia genuina después del fin de la guerra civil. La transición significó la constitución de un narcoestado con un proceso avanzado de feudalización, en el cual diferentes regiones del país son controladas de facto por diversos carteles de la droga que colaboran con maras locales para imponer control social.

Esta lógica evidencia que, en Guatemala, la memoria nunca ha estado vinculada a proyectos de Estado. La aparición de los estudios de memoria como asociados a la consolidación de la democracia, y a un nuevo modelo de Estado que situaba los derechos humanos como uno de sus pilares para ejercer la gobernabilidad, surgió en el Cono Sur y en otros países del área como Brasil y Perú. Este modelo no fue replicado en Mesoamérica, aunque se usó retóricamente por autoridades gubernamentales de derechos humanos debido a la presión ejercida por las Naciones Unidas, la Unión Europea y los Estados Unidos, que condicionaron paquetes de ayuda económica a la observancia de los derechos humanos en estos países. Es obvio del ejemplo guatemalteco—pero también de países como México, El Salvador y Honduras—que la falta de rigor en los derechos humanos nunca disuadió la llegada de ayuda internacional, hasta el punto de que los abusos aumentaron cuando se hizo evidente para los gobiernos locales que no sufrirían de manera significativa por sus fallas en la defensa del derecho internacional.

Dada la falta de consenso nacional y la segmentación de la población guatemalteca en componentes racializados y subalternizados, siguiendo lo que Aníbal Quijano y Walter Mignolo han llamado la colonialidad del poder, argumento que en los países que han sido más violentamente marcados por la colonialidad, los estudios de memoria giraron desde su inicio hacia lo que tentativamente podríamos denominar "derechos culturales" o "étnicos". Estos serían de manera general los derechos de las poblaciones subalternizadas y racializadas, indígenas y afrodescendientes, según el país del cual se hable, si bien por razones también racistas rara vez se utilizan estas etiquetas. Sostengo que este modelo representa los "futuros de la memoria" más liberadores y emancipatorios en naciones con un significativo número de población racializada y subalternizada tales como Guatemala, pero también en Suramérica en su conjunto, como lo hacen evidente las luchas mapuches, de indígenas amazónicos o de afrobrasileños. Para argumentar mi tesis, en este capítulo me concentraré en los casos del Museo Comunitario Rabinal Achi' en el pueblo de Rabinal; del Centro Histórico y Educativo Riij Ib'oy en Río Negro; del

Museo Comunitario Kaqjay en el pueblo de Patzicía; y, finalmente, en el Museo Casa de la Memoria Kaji Tulam en ciudad de Guatemala.

Lo central: la colonialidad

Para desarrollar mi propuesta debemos volver al origen del colonialismo. Como sabemos, las primeras nociones de un imaginario *Latina/o* fueron forjadas en las luchas coloniales entre españoles, poblaciones indígenas invadidas y africanos esclavizados mientras negociaban ese remolino social denominado *Indias Occidentales,* llamado hoy las Américas. A la vez, debemos enfrentar las consecuencias del dominio epistemológico occidental resultantes de lo que hoy bien entendemos como la colonialidad del poder, así como la distinción entre el poder disciplinario y el biopoder, que explican diversos modos de racismo. Ambos se han convertido en factores críticos en las humanidades occidentales por lo menos desde los 80. En el primer caso, gracias a los estudios poscoloniales, los estudios subalternos y el pensamiento decolonial. En el segundo, gracias los estudios sobre el concepto de biopoder, entre los cuales el trabajo de Kim Su Rasmussen, "Genealogía del racismo en Foucault", es tan solo un ejemplo.[3] Desde la aparición de estas dos corrientes de pensamiento—y de otros enfoques teóricos demasiado largos como para enumerar aquí—una profunda crítica del etnocentrismo se ha desarrollado en diferentes campos del pensamiento social. Mignolo declaraba en su obra fundacional *The Darker Side of the Renaissance* (1995) que los efectos epistemológicos del colonialismo son los más perniciosos, de largo alcance y menos comprendidos que aquellos que impactan la occidentalización y la modernidad. Rasmussen ubica los orígenes del racismo en "la intersección de tecnologías disciplinarias que se enfocan en el cuerpo y en tecnologías biopolíticas dirigidas a la población" (2011, 37; mi traducción), premisa que podemos confirmar a diario en medidas implementadas por la administración Trump. En esta lógica, la noción de gubernamentalidad biopolítica enfatizaría la racionalidad política que conectó población, normalidad y raza, fenómeno detectable en Abya Yala desde la invasión española. Vemos aquí el poder soberano trabajando para crear lo que Mignolo denominó la diferencia colonial.

Las primeras expresiones de transculturación en América Latina ocurrieron, en consecuencia, en las zonas de contacto creadas por el colonialismo europeo y las respuestas subalternas al mismo.[4] Luego estas se trasformarían en un elemento crítico en la formación de identidades mestizo-ladinas contemporáneas. No obstante, el monopolio del colonialismo para narrar el encuentro entre europeos y pueblos indígenas privilegia los saberes coloniales e ignora los saberes originarios, los que muchas veces fueron deslegitimados por los sacerdotes españoles quienes los acusaron de herejía.

Pero, así como América fue un espacio privilegiado para la emergencia de identidades mestizas, es en este continente donde la colonialidad del poder se asocia a la racialización. David Theo Goldberg argumenta en *The Racial State* (2002) que la jerarquización de indígenas sobre africanos se origina en el debate de 1550 entre Bartolomé de las Casas y Juan Ginés de Sepúlveda. En su defensa de la salvación de las almas indígenas, Las Casas apoya la esclavitud africana en el Caribe, acto por el cual más tarde admitiría su culpa en su *Historia de las Indias*, como lo afirma Antonio Benítez Rojo en *The Repeating Island* (1996). Este gesto consagra la jerarquía racial en las Américas, marcando a su vez la configuración racializada y el racismo del poder del Estado moderno. La colonialidad del poder incorpora así la dominación y la racialización al concepto de colonialismo como una dimensión crítica de la modernidad. Se implementó un sistema de castas: en el mismo, los españoles fueron clasificados en la escala superior y los conquistados en la más baja, sobre la base de rasgos fenotípicos y la presunción de que su cultura era inferior.

Ejemplo de lo anterior es la procedencia del nombre de la península de Yucatán. Dennis Tedlock rastrea el origen de la palabra a la expedición de Francisco Hernández de Córdoba en 1517 (2010, 239). Tedlock señala que Hernández, "pensando que aprendería algo de la tierra que se encontraba más allá de la costa, escuchó a los pescadores decir algo que anotó como 'Yucatán'. Lo que dijeron fue *k'i ut'an*, que significa, 'La manera en la cual habla es divertida'" (239; mi traducción).

Más allá de si la historia de Tedlock es verdadera o apócrifa, dado que existen por lo menos otras dos versiones, estas alusiones retocan confusiones lingüísticas de parte de los españoles. La afirmación de Tedlock sobre el nombre, una construcción social imaginativa si bien algo tonta, es emblemática de los malentendidos lingüísticos y de una serie de tradiciones afines que borran los nombres nativos del continente. Esta topografía especulativa, combinada con la arrogancia y testarudez españolas, explica las denominaciones geográficas de buena parte de las Américas. Son signos aparentemente inocentes, aparentemente carentes de significación. Pero conllevan en su semántica la mancha y el rastro de campañas genocidas imperiales pasadas y presentes. Son gestos coherentes con las jerarquías institucionalizadas ajenas a la realidad del país, que evidencian la naturaleza de la colonialidad como un rechazo a cuestionar los patrones de conocimiento (o estupidez) impuestos por Occidente.

La colonialidad se implementó inevitablemente por medio de una violencia abyecta, cuyas consecuencias fueron, por un lado, los legados traumáticos de la subalternización y la racialización, pero también, por el otro lado, una obstinada voluntad de libertad ejercida con frecuencia de manera visceral. En cuanto a la primera, la violencia colonial fue justificada por medio de la conceptualización de los pueblos indígenas y esclavos africanos como inferiores a los sujetos europeos conquistadores. Esta naturalización ontológica del racismo operó en el centro de la violencia cotidiana que gobernó incluso los episodios domésticos más minúsculos. El colonialismo radicalizó y naturalizó el ejercicio de la violencia cotidiana. Junto con estos patrones de comportamiento, vinieron otros asociados a la guerra, como la violación. Este último afectó principalmente, aunque no de forma exclusiva, a las mujeres, permitiéndole a los invasores feminizar a los hombres de color, que se convirtieron de hecho en "sujetos penetrables" también.

Esta lógica apunta ya en dirección de Fanon, cuando afirma que, ante los ojos de los sujetos blancos, los negros no tienen resistencia o peso ontológicos. Este fenómeno está vinculado también a la concepción eurocéntrica de "ausencia de racionalidad" en los negros, cuya ubicación en una relación asimétrica de poder exige una respuesta "irracional". Con frecuencia deben ejercer la violencia simplemente para ser escuchados. Solo así pueden ejercer agencia correctamente y manifestar su peso ontológico. Sobra decir que, en este análisis, "negro" puede ser un tropo para cualquier sujeto racializado no occidental, ya sea indígena, árabe, vietnamita o cualquier otra variante posible. Es en esta misma lógica que Fanon se refiere a los negros como *damnés* [malditos], es decir, "los condenados de la tierra". Los pueblos colonizados no solo carecen de autoridad, sino que son siempre percibidos como una amenaza. La acción más pequeña de su parte es magnificada por las autoridades en crisis total que requiere respuestas histéricas y desproporcionadas. Las mujeres colonizadas, a su vez, son presa de la mirada violadora que a menudo desatan sus deseos con violencia.

En cuanto a la voluntad de libertad, esta se constituyó a menudo por medio de la fuga, escapándose de los controles coloniales. En este último sentido, el profesor de Estudios Africanos Neil Roberts ha afirmado que la libertad como concepto debe entenderse fundamentalmente dentro del espacio liminal y transitorio de la fuga de esclavos: es una forma de fuga perpetua. "Esclavitud y libertad están entrelazadas y son términos interdependientes" (2015, 4; mi traducción) agrega, en un análisis que racializa el concepto mismo de libertad, a diferencia de las teorías occidentales, y lo ubica en la intersección de raza, soberanía, colonialismo y libertad.

En su introducción a un simposio sobre la obra de Roberts publicada en *Theory and Event*, James Martel agrega que "en lugar de intentar retratar una forma poscolonial totalmente separada y libre de la subjetividad y la política, Roberts reconoce que la libertad es siempre parcial, siempre fugaz y temporal" (2017, 173; mi traducción). No es gratuito que Roberts desarrolle su noción de *cimarronaje* a partir de la experiencia caribeña de los cimarrones (esclavos fugitivos) y tome la palabra de un poema escrito por el gran poeta martiniqués Aimé Césaire (1913-2008), uno de los fundadores del movimiento *Négritude*, en el cual inventó el término en cuestión.[5] Las experiencias de los esclavos y pueblos indígenas—de hecho, de todas las poblaciones colonizadas subalternizadas y racializadas—son indicativas de lo incompleto de la noción occidental de libertad, tal y como se teoriza en el pensamiento político occidental moderno. Este campo siempre utilizó la experiencia de los revolucionarios blancos propietarios de tierras, ya fuera en Inglaterra, Francia o los Estados Unidos, como modelo para sus disquisiciones. De hecho, desde el escapar hasta el desafío abierto a la inmolación, agencia y lucha se ubican en la base de esta nueva concepción de libertad introducida por Roberts desde la perspectiva del sujeto subalternizado y racializado (y con frecuencia, esclavizado).

Después de la independencia de España, la mayoría de las élites latinoamericanas movilizaron sus propias "interpretaciones" de historias heroicas de poblaciones indígenas locales para resaltar la cohesión identitaria de sus naciones. Los ideólogos de las independencias latinoamericanas, fuertemente influenciados por el pensamiento iluminista francés, ejercieron una hegemonía intelectual casi total al beneficiarse del poder explicativo de la "ciudad letrada". Es decir, erudición, educación y conocimiento en general se produjeron dentro de marcos de dominación eurocéntrica. También los imaginarios sociales. Las jerarquías raciales coloniales no desaparecieron. Sufrieron modificaciones o transformaciones parciales que crearon la ilusión de generar mecanismos para la movilidad social y geográfica. Desde la perspectiva eurocéntrica, los ámbitos sociales se centraron en valorizaciones positivas de formas idealizadas de democracia en la configuración de los imaginarios sociales de las élites. Se identificaron con una sociedad abierta que garantiza el Estado de derecho, el orden y el pluralismo, rasgos que no se suelen ver en los Estados-nación reales, con pocas excepciones. De hecho, aún en las naciones hegemónicas del Norte global, vemos con mayor frecuencia convulsiones políticas violentas destrozando el tejido social en el que se basan las democracias, como ha sido el caso en Gran Bretaña con el Brexit y en los Estados Unidos con la elección de Donald Trump.

Entonces, ¿qué pasa con los estudios de memoria?

Si bien los estudios de memoria no estaban vinculados a la democracia, esfuerzos nacionales o gubernamentales en los países mesoamericanos previamente citados, se encontraban vinculados a los derechos humanos. Esto, porque los derechos humanos sirvieron como paradigma útil para impugnar y regular la violencia estatal y la violencia sistémica colonializada, respaldada por la ONU y naciones donantes del Norte global. Ya fueran exhibiciones, museos o manifestaciones del tipo más variado, los eventos de memoria en Mesoamérica fueron lanzados como iniciativas desde la sociedad civil, y con mayor frecuencia por miembros de los sectores sociales agraviados o en solidaridad con estos. Fueron concebidos para contrarrestar la visión dominante del Estado, que no sentía la necesidad de restaurar lo que podríamos denominar una democracia funcional.

Tal ha sido el caso en Guatemala. Como he indicado anteriormente, analizaré cuatro museos creados en este país: el Museo Comunitario Rabinal Achi' en la ciudad de Rabinal, el Centro Histórico y Educativo Riij Ib'oy ubicado en Río Negro, el Museo Comunitario Kaqjay en la ciudad de Patzicía y el Museo Casa de la Memoria "Kaji Tulam" en la Ciudad de Guatemala.

El Museo Comunitario Rabinal Achi' fue organizado por la comunidad local maya achi' para memorializar las masacres de las cuales fueron víctimas en 1982.[6] La idea del museo surgió en 1998, cuando organizadores locales establecieron contacto con la Unión de Museos Comunitarios de Oaxaca A.C., asociación civil mexicana fundada en 1994, de la cual se hablará más adelante. Este vínculo evidencia los contactos transmesoamericanos de comunidades indígenas de esta región. El Museo Comunitario Rabinal Achi' se inauguró en 1999. Al año ya tenían un local permanente (una antigua casa colonial muy cerca del centro del pueblo), una existencia jurídica legal y un comité ejecutivo permanente. Su objetivo consiste en memorializar la represión sufrida por la población maya achi' durante la guerra civil guatemalteca. En su página web afirman que es el primer museo comunitario en Guatemala. También definen el significado de "comunitario" así como "histórico" y "educativo" —categorías que determinan su esfuerzo— de la siguiente manera:

> Se caracteriza por ser comunitario porque las comunidades son miembros participativos e incluyentes ya que la labor es en y para las comunidades [...] Es histórico porque da a conocer los acontecimientos históricos del pueblo de Rabinal con énfasis en el período del conflicto armado interno desde 1960 [...] Es histórico porque contribuye a la recuperación de la memoria histórica [...] para que las futuras generaciones tengan conciencia para no repetir la violencia del pasado, además es una forma de dignificar a las víctimas sobrevivientes. Es educativo porque promueve el respeto mutuo a través de seminarios, talleres, encuentros y conferencias con personas de diferentes etnias y generaciones. ("Historia del museo comunitario")

Esta definición claramente marca un esfuerzo separado de, y en oposición a, los patrocinados por el Estado. Se encuentra anclado en esfuerzos indígenas locales desplegados por la misma comunidad, por lo cual prioriza subjetividades locales a la vez que resignifica las nociones de subalternización y racialización. Esto también implica que no se encuentra localizado dentro de sectores hegemónicos o urbanos de la nación.

La problemática expuesta al final del párrafo anterior también define la naturaleza de las exhibiciones. El museo tiene cinco cuartos, denominados "salas". La sala de cultura alberga artesanías producidas localmente. Es la más pequeña de las habitaciones. La exhibición es una muestra menor de la producción artesanal achi' que suele ser excelente, pero esta sala se encuentra casi siempre vacía. La "sala de historia", por otro lado, es el doble de grande. Muestra fotos de 8 x 11 pulgadas de las 4.411 víctimas documentadas de las masacres. Debajo de cada imagen están inscritos sus nombres y la fecha de su muerte. Según la explicación del museo, el objetivo consiste no solo en recuperar la memoria de los asesinados sino en enfatizar el hecho de que no han sido olvidados en una anónima zanja clandestina o bien en el cementerio local. Para los achi'es, están en el museo porque constituyen parte orgánica de la historia de Rabinal. Los asesinados todavía ejercen agencia, jugando un papel crítico en la comunidad, aun si están muertos. Son los héroes y heroínas del pueblo achi'. Los murales de esta sala están pintados a su vez con imágenes de las masacres. Además de esto, al final de la sala se exhibe equipamiento militar, en particular las armas utilizadas contra la población civil desarmada.

Esta es la sala más importante del museo sin ninguna duda, y es la preferida por los visitantes locales. La *sala Jewa' ri qakasleem*, es decir, "así es nuestra vida", tiene imágenes rotativas de eventos comunitarios contemporáneos. Sin embargo, fuera de nuevas inauguraciones, permanece relativamente vacía y es tan pequeña como la primera sala. El museo también tiene una videoteca. Esta última alberga una pequeña colección de videos sobre la construcción de monumentos a los muertos en el cementerio local, los funerales de líderes comunitarios celebrados públicamente como Fidel Raxcacoj Xitumul, uno de los fundadores de la guerrilla del país, y otras exhibiciones de organización comunitaria, lo cual revela su esfuerzo por empoderarse y reconfigurar la comunidad luego de la guerra.[7]

Si bien el legado de los derechos humanos se siente en el museo, y podría parecerles implícito a los extranjeros por su exhibición principal, la manera en que esta categoría opera dentro de la comunidad y lo que les dice a sus miembros no es algo que pueda ser definido con la categoría occidental de "derechos humanos". Más bien, lo que la población local se lleva del museo es la afirmación de una identidad achi', de la supervivencia de la comunidad frente a su tercer genocidio (para los mayas, el primero fue la invasión española; el segundo, la pérdida de sus tierras comunales en 1870; el tercero, la guerra civil de 1980), es decir, su continuidad tanto en el espacio como en el tiempo y la presencia permanente de los masacrados como sujetos y mártires. Esto, porque ejercen el papel de mentores para la comunidad, una lección ética sobre la importancia del sacrificio para garantizar la supervivencia de la nación achi' y un modelo de comportamiento ético en el caso de que resurjan conflictos con los ladinos (mestizos guatemaltecos), todavía conocidos despectivamente como *kaxlanes* [extranjeros]. El museo también es evidencia de que los achi'es no se han considerado nunca como parte, miembros o ciudadanos, del Estado-nación guatemalteco, ni esperan hacerlo en el futuro, incluso si aprendieran todas las leyes intrínsecas del Estado y sus regulaciones para defenderse del mismo y demandarlo si es necesario, como lo hicieron para exigir indemnización por la pérdida de sus tierras (llevaron este caso a cortes internacionales hasta que obligaron al gobierno guatemalteco a pagarles una compensación monetaria).

Los mayas achi'es han sido los más activos en muchas de estas iniciativas. Por lo tanto, no es sorprendente que abrieran un segundo museo, denominado Centro Histórico y Educativo Riij Ib'oy, localizado en Río Negro. Esta es la ciudad inundada por el ejército guatemalteco cuando construyeron la represa hidroeléctrica Chixoy entre 1975 y 1985 en el río Chixoy, con fondos del Banco Mundial y del Banco Interamericano de Desarrollo. El gobierno militar guatemalteco nunca le informó a la población maya achi' de sus intenciones, ni de la inundación que resultaría al terminarse la represa. Como he escrito en otra parte, el proceso de construcción comenzó en 1975 sin ninguna notificación previa a la población local (2010). No se estableció un censo de las personas que serían afectadas, como tampoco se adquirieron legalmente las tierras donde se construyó la represa e hidroeléctrica ni las tierras inundadas por el embalse. Tampoco se planificó compensación, reasentamiento o modo de vida alternativo para los aproximadamente 3.445 residentes, en su mayoría achi'es, que fueron desplazados. Las pérdidas sufridas por 6.000 familias cuyas tierras fueron inundadas no fueron evaluadas. Tampoco las pérdidas de sitios sagrados, ruinas prehispánicas importantes para comprender el pasado maya, la pérdida de acceso a tierras cultivables que no fueron inundadas o la ruptura de patrones de redes tradicionales de las comunidades. La población se enteró accidentalmente del proceso cuando vieron el inicio de la construcción y, luego, cuando un ingeniero alemán les dijo a unos campesinos que encontró trabajando sus tierras que esas tierras serían cubiertas por el agua. Aunque la mayoría de los achi'es aún no sabían lo que era una represa en ese momento, la noticia viajó rápido entre las comunidades a punto de ser damnificadas y empezaron a exigir explicaciones.

Muchas de las comunidades afectadas, especialmente en Río Negro, comenzaron a organizarse para enfrentar colectivamente la creciente tensión entre la supuesta regulación comunitaria y la emancipación social. El ejército los declaró "subversivos" y los acusó de colaborar con las guerrillas. Masacró la población de Río Negro en 1982. Las 150 familias sobrevivientes crearon la Asociación Campesina Río Negro Maya Achi' (ASCRA) en 1993, cuando los niveles de represión decrecieron a tal punto que sus ciudadanos pudieron denunciar públicamente los crímenes sufridos durante la guerra civil y comenzar a buscar justicia y reparación por sus pérdidas. A finales de siglo, regresaron donde se ubicaba Río Negro antes de ser inundado y construyeron una nueva comunidad en la orilla del lago artificial, nombrándola también Río Negro. Es allí donde se construyó el Centro Histórico y Educativo Riij Ib'oy en 2007.

El Centro también es un proyecto comunitario cuyo objetivo es sensibilizar a los visitantes sobre el impacto de la guerra civil. Se define como un espacio de aprendizaje sobre la historia y la cultura de la región, así como de las implicaciones de las pérdidas de los sitios sagrados que fueron también cubiertos por las aguas cuando se terminó la represa (algunos de hasta 2.500 años de antigüedad). El Centro tiene dos partes separadas: la Casa de la Memoria y el Pueblo Tradicional. Aunque la Casa de la Memoria expone los eventos históricos vividos por los achi'es en tiempos prehispánicos y coloniales, el tema principal es la experiencia de la guerra civil. Esta se encuentra en un cuarto separado, la Sala de Reflexión, donde se conmemoran las masacres y se memorializan a las víctimas. El "pueblo tradicional" es una reproducción de cómo era Río Negro antes de la inundación. El Centro también organiza el "Sendero de la Memoria 'El Sol renace en Pak'oxom'" que explica la masacre del 13 de marzo de 1982 en Río Negro.

Un esfuerzo similar al achi' ha sido implementado por los mayas kaqchikeles en el pueblo de Patzicía en las tierras altas occidentales del país, a unos 80 kilómetros de la Ciudad de Guatemala. Patzicía se encuentra localizada justo en el centro de la peor destrucción de las políticas de "tierra arrasada" desplegadas por el ejército guatemalteco en los años 80. El Museo Comunitario Kaqjay fue iniciativa del Colectivo Comunitario Kaqjay en 2006. El museo abrió en 2008. No es sustancialmente diferente del modelo de Rabinal. Uno de los organizadores es el sociólogo maya kaqchikel Edgar Esquit Choy, quien articula sus análisis desde la perspectiva de la colonialidad e insiste en pensar el presente como un dilema epistemológico colonial.[8] La sala principal contiene fotos de las víctimas de las masacres y los desaparecidos durante la guerra civil. Incluye imágenes de la vida cotidiana de algunas víctimas para que la comunidad no olvide sus luchas, sus tragedias y el sufrimiento de sus familias y parientes. El resto es menos importante. Incluye una exposición fotográfica de la historia y las tradiciones comunitarias de 1950 a 1990, así como una historia prehispánica constituida por fotografías de monumentos locales y objetos de cerámica. El museo funciona bajo los auspicios de la Asociación Comunitaria Kaqjay Moloj de Patzicía, compuesta por destacados ciudadanos locales mayas kaqchikeles, cuya meta es reflexionar sobre la naturaleza de la represión sufrida, cómo esta constituye parte de la historia colonializada del pueblo y cómo lo vivido por ellos está vinculado a las experiencias de otros pueblos mayas de Guatemala.

En el año 2014 se inauguró en Ciudad de Guatemala el Museo Casa de la Memoria "Kaji Tulam", con el lema *para no olvidar*. Está organizado por el Centro de Acción Legal para los Derechos Humanos (CALDH). A diferencia de los museos comunitarios, este se encuentra en la ciudad capital y es el único que no está organizado por una comunidad maya. Sin embargo, es un esfuerzo independiente de una ONG y su enfoque sigue siendo el genocidio maya de los años 80. *Kaji Tulam* significa cuatro puntos cósmicos, cuatro elementos o cuatro colores en maya k'iche'. Como los museos comunitarios, este esfuerzo contrarresta la visión oficial del Estado de lo oficialmente denominado "conflicto armado interno" en vez de guerra civil o genocidio. El CALDH comenzó en 1989 en los Estados Unidos como una asociación no oficial unida para luchar por los derechos humanos básicos y para ayudar a restablecer la paz luego de la guerra civil de 36 años en Guatemala. El centro se trasladó a Ciudad Guatemala en 1994. Luego de los Acuerdos de Paz de 1996, el CALDH fue reconocido como una institución oficial que promueve y defiende los derechos humanos, reconociendo conscientemente la memoria histórica de la guerra civil guatemalteca en su búsqueda de libertades básicas.

El museo rastrea la historia guatemalteca desde la gloria y esplendor de la civilización maya prehispánica hasta el presente. La exhibición incluye matemática maya, astronomía, códices y una explicación del *nawalismo*, que se define como la relación espiritual entre sujetos humanos y animales. Los nawales son también las 20 energías que representan cada uno de los días del calendario. La próxima exposición será sobre la invasión española y la conquista militar. Las otras salas albergan experiencias coloniales opresivas y racializadas sufridas por los mayas desde la invasión hasta la guerra civil. También hay una sala para personalidades distinguidas que combatieron atrocidades—tales como la galardonada con el Premio Nobel de la Paz Rigoberta Menchú Tum—y una sala dedicada a los jóvenes que han sufrido discriminación o abuso sexual. Hay un árbol del cual cuelgan pájaros con los nombres de las masacres y de las personas asesinadas durante la guerra. La exhibición se cierra con una enorme manta que cubre dos paredes y todo el techo de la habitación, donde están escritos los nombres de la mayoría de las víctimas de la guerra civil.

Hasta cierto punto, podríamos catalogar el surgimiento de estas instituciones comunitarias y ONGs como parte del paisaje de rememoración común en la década de 1990 en el Cono Sur, aun si no tenían vínculos gubernamentales ni expresaban intentos de reconciliación entre diferentes sectores de la sociedad civil. Sin embargo, lo que se destaca en los museos descritos aquí es que todos se centran en una afirmación identitaria maya. La defensa de los derechos humanos fue, en cierto sentido, un vehículo para denunciar el genocidio contra los mayas cometido por un ejército nacional ladino (mestizo). Este asunto proporcionó una conciencia compartida y un trauma que aglutinó a las comunidades mayas locales. Las memorias colectivas se filtraron por el palimpsesto de masacres, sufrimientos y victimización que fracturó el patrón histórico nacional y corrigió una historia alternativa incompleta e invisibilizada.

Como se indicó al inicio de la descripción del museo de Rabinal, el modelo de estas iniciativas proviene de Oaxaca, México. Un resumen de la iniciativa del museo comunitario de Oaxaca evidencia el paralelismo entre los objetivos zapotecas y mayas en el lanzamiento de estas iniciativas. En Oaxaca, los museos comunitarios también comenzaron como iniciativas de base en 1986, a raíz de la toma de conciencia generada por la Coalición Obrera, Campesina, Estudiantil del Istmo (COCEI), que comenzó a mediados de la década de 1970 en Juchitán, Oaxaca. La COCEI estaba compuesta inicialmente de campesinos indígenas zapotecas y fue apoyada por sectores de la sociedad juchiteca opuestos al Partido Revolucionario Institucional (PRI), que había monopolizado el poder político mexicano. La COCEI ganó las elecciones municipales de Juchitán en 1981 con el objetivo de "rescatar la cultura zapoteca" y lograr el desarrollo urbano con autonomía. La COCEI convirtió al pueblo zapoteco en el foco de las elecciones, publicitando en su idioma y promoviendo su cultura. El entusiasmo que generó esta victoria entre la población en general contribuyó al crecimiento vertiginoso del orgullo zapoteca, así como a su voluntad de afirmarse en los espacios públicos. La COCEI inició campañas de alfabetización en barrios marginales, se coordinó con la Universidad Independiente de Guerrero para crear escuelas preparatorias y el Colegio Popular de Formación de Maestros del Istmo, e inició la Radio Popular del Ayuntamiento que se emitió sin permiso del gobierno estatal o federal (Cal y Mayor 2000, 117-24). El PRI se planteó destruir a la COCEI políticamente. Fuera de sus tradicionales tácticas para silenciar a sectores sociales "problemáticos", los atacaron violentamente y desaparecieron a sus principales líderes, incluyendo a Víctor Yodo, el padre de la gran poeta Irma Pineda (McCaughan 1998, 86-87). Su legado atañó sobre todo la cultura indígena. Podemos incluir en este la creación de museos comunitarios.

El primero de ellos fue el Museo Comunitario "Shan-Dany" (debajo de la colina) en Santa Ana del Valle. Desde entonces, 18 museos comunitarios han sido fundados en el estado de Oaxaca. Esto condujo a la creación de la Unión Nacional de Museos Comunitarios y Ecomuseos luego de una conferencia en el "Shan-Dany" en 1994. Posteriormente, a la creación de una Red de Museos comunitarios de las Américas, con representantes del Brasil, Bolivia, Chile,

Perú, Venezuela, Colombia, Panamá, Costa Rica, Nicaragua, El Salvador y Guatemala (Cervantes 2000). En estos países, los museos comunitarios han sido organizados por grupos indígenas.

Los Museos Comunitarios Oaxaqueños afirman que su objetivo es que sea la comunidad quien vuelva vivo o activo al museo. Es la iniciativa comunitaria la que crea los espacios, define los temas, quien investiga cómo establecerlos y quiénes donan objetos o emblemas (Pérez García 2014). Agregan que un museo comunitario es un espacio de memoria, construido para reforzar la identidad y empoderamiento comunitarios, pero enfatizando su historia y logros culturales. El objetivo explícito sigue siendo el de reforzar la identidad subalternizada y racializada comunitaria por medio de su cultura y memoria, como mecanismo para impulsar las luchas descolonizadoras. Los museos oaxaqueños, como los guatemaltecos, han sido creados colectivamente por comunidades indígenas que permanecen activas manejando sus exhibiciones.

¿Qué hay de nuevo?

Como lo demuestran los dos museos achi'es mencionados, la memoria histórica comunitaria fue más allá de la voluntad de elaborar una autopsia o darle cierre a su historia de sufrimiento racializado. Ciertamente aspiraron a esquivar cualquier esfuerzo nacional de enmarcar su lucha dentro de la narrativa hegemónica ladina de lo sucedido. Pero no se conformaron con definir su posicionalidad dentro de un "nuevo presente democrático" estabilizado luego de los extremos traumáticos sufridos a causa de los gobiernos militares del pasado. Tampoco estaban satisfechos con "simplemente" informarle al público en general que estaban de luto por sus muertos y su forma de vida perdida al reagruparse al inicio de un nuevo período.

Si bien la población afectada entendía la importancia crítica de preservar la memoria histórica, también valoraba la importancia estratégica de educar a nuevas generaciones sobre lo sucedido. Sin duda querían proteger sitios sagrados y estaban interesados en celebrar la cultura achi' en todas sus dimensiones. Sin embargo, esos logros eran insuficientes. Los achi'es no querían reproducir obsesivamente memorias y experiencias de las víctimas y los sobrevivientes traumatizados en un discurso de victimización. Al posmemorializar sus experiencias, utilizaron los museos como instrumentos para elaborar reivindicaciones de naturaleza descolonizadora. Mejorar sus niveles de vida les permitiría ganar tracción para una mayor autonomía. Un nuevo modelo social centrado en su identidad maya achi' reconstituiría su relación con otros pueblos mayas y con ladinos guatemaltecos, que gradualmente aboliría la subalternización y actitudes racializadas. Los achi'es no querían negar la experiencia-límite de su "terror originario", pero ya no querían seguir siendo sujetos subalternizados dependientes del desarrollismo estatal, ni verse a sí mismos como eternas víctimas que constantemente necesitaban dádivas del Norte global. Fue por eso que Mario Chen Rojas, líder achi' y uno de los fundadores del Museo Rabinal Achi', me dijo:

> Estamos elaborando todo lo que queremos. Lo que queremos es: primero, vivienda. Segundo, agua potable. Luego, energía [...] También buscamos fondos para poder trabajar la tierra; y un puesto de salud [...] Las calles no tienen mantenimiento, la lluvia las está barriendo [...] No tenemos canales ni sistemas de drenaje. Escuelas [...] y lugares para trabajar [...] También, producción artesanal. Queremos una fábrica en nuestro distrito [...] de esa manera, podemos salir de la pobreza [...] Queremos áreas verdes [...] Queremos compensación por los árboles frutales que perdimos. Ellos deben pagar [...]. (Entrevista dada al autor en Rabinal, 7 de agosto de 2008)

En esta línea de pensamiento, ASCRA presentó el caso Chixoy a la Comisión Mundial de Represas (WCD) en su reunión de Río de Janeiro en 2000.[9] Su objetivo era obtener una compensación retroactiva y restaurar el ecosistema dañado. Las recomendaciones no fueron aceptadas por el Banco Interamericano de Desarrollo (BID), el Banco Mundial (WB) y el gobierno guatemalteco. En consecuencia, los líderes achi'es consultaron a las ONG internacionales para determinar los pasos a seguir. En julio de 2003 elaboraron, junto con la Red Internacional de Ríos, Acción de Derechos y la Campaña para Reformar el Banco Mundial, y en coordinación con el Centro de Ecología Política en California, un estudio sobre el valor de la propiedad de la tierra afectada. También investigaron la naturaleza de la documentación existente, elaboraron un sondeo de las familias afectadas y una evaluación de daños, para presentarle al gobierno guatemalteco un informe sólido que tuviera la posibilidad de convertirse en proyecto de ley. En el mismo afirmaron que el Banco Mundial y el BID deberían compensar y ofrecerles reparaciones a las comunidades afectadas por la represa del Chixoy. Su demanda incluía: 1) compensación por tierras y bienes personales o comunitarios perdidos o robados; 2) reparaciones por pérdida de vidas y sufrimiento relacionado con la represión; 3) reparaciones por 17 años de pérdida de ingresos debido a la falta de acceso a la tierra y propiedad personal y comunitaria; 4) reparaciones por la pérdida de apoyo familiar debido a los asesinatos de cabezas de familia; 5) reparaciones por daños psicológicos; y 6) reparaciones por pérdida de tierras para sepultura y patrimonio religioso y cultural (Oliver-Smith 2010, 152). ASCRA también quería que el BM y el BID designaran una comisión independiente para investigar e informar públicamente sobre su papel y responsabilidad en la experiencia de Chixoy. Proponían que esta comisión considerara: 1) la falta de consulta previa y negociación; 2) diseño, evaluación y monitoreo defectuoso del proyecto; 3) corrupción en el uso de fondos por militares guatemaltecos y otros funcionarios; 4) lo que los funcionarios del BM y el BID sabían sobre la represión y cuándo se enteraron.

Para presionar la aprobación de este proyecto, ASCRA organizó una manifestación pacífica en el sitio de la represa el 8 y 9 de septiembre de 2004. Antonio Vásquez Xitumul, otro líder achi', dijo:

> Entramos pacíficamente y nos fuimos pacíficamente. [...] Había mucha gente, autoridades guatemaltecas [...] Por un lado, teníamos demandas; por el otro, fuimos procesados. Los nueve líderes, yo incluido, y el compañero Carlos [...] Pasé un día de prisión en Cobán, me capturaron aquí. Pasé 19 días escondiéndome en mi casa, porque la policía me buscaba. Fue el 3 de febrero de 2005. Ese día capturaron a Carlos en Salamá [...] Gracias a Dios que logramos un plan de desarrollo. Es una lucha que hemos ganado a los bancos [...] Quiero seguir luchando, ver qué tan lejos podemos llegar. Creo que esto es solo el comienzo. (Entrevista dada al autor en Rabinal, 9 de agosto de 2008)

"Reunimos 23 comunidades para hacer la manifestación", dijo Mario Chen Rojas. "Lo que hicimos fue imponer nuestras demandas. Por eso estamos bien organizados, porque sin una organización fuerte, ninguna institución nos daría atención [...]" (Entrevista dada al autor en Rabinal, 7 de agosto de 2008).

Conclusiones

De la experiencia general achi'/ASCRA, podemos sacar algunas conclusiones importantes. Primero, a diferencia de las explicaciones convencionales de lo que fueron las masacres guatemaltecas a mediados de los 80, ahora podemos ver que la represión fue un fenómeno que operó como consecuencia directa de un proceso de modernización acelerada implementado de arriba hacia abajo. El Estado ladino fue incapaz de articular cualquier forma de conectividad con una población local subalternizada y racializada que, a mediados de 1970, ya estaba desafiando la hegemonía ladina y tratando de arrebatarle el control de las políticas desarrollistas para implementarlas a nivel de base local, precisamente para salir de sus condiciones colonializadas.

Segundo, en el proceso de modernización acelerada de mediados de los 70, los intereses globalizados involucrados en la construcción de la represa ya operaban en el Sur global, pero su presencia solo salió a la luz a fines de la década de 1980. Tercero, el intenso grado de violencia y la absoluta impunidad ejercida por el ejército guatemalteco tuvo mucho que ver con la condición colonializada de la población maya y con el racismo concomitante generado por lo que Quijano y Mignolo llaman la "colonialidad del poder". En su manifestación local concreta, esto mantuvo a las poblaciones achi'es y kaqchikeles (así como a las otras mayas y garífunas afrodescendientes) en el escalón más bajo de una jerarquía extrema, a pesar de que la población achi' de Río Negro era relativamente acomodada de acuerdo con los estándares indígenas guatemaltecos. La invisibilidad en la cual los mayas fueron sumergidos por la colonialidad significó que el ejército guatemalteco se sintió autorizado y legitimado para practicar una forma genocida de desarrollo y represión. Para ellos, como para un sector significativo de la población ladina, los mayas no eran considerados sujetos modernos. En consecuencia, no tenían derecho a ser tratados como seres humanos. Quienes financiaron la construcción de la represa del Chixoy quizás reconocieron algunos rasgos positivos entre los mayas, pero su pensamiento también se enmarcaba en un conjunto eurocéntrico de principios epistemológicos y metafísicos que asociaban construir la nación con ganancias capitalistas. Los mayas guatemaltecos permanecieron atrapados en el modelo tácito del indigenismo mexicano que intentó incorporar poblaciones indígenas a un sistema dominante "nacional" y "moderno" que eludía conocimientos, culturas y creencias indígenas, y se oponía a construcciones subalternas de subjetividad y agencia, como la propia respuesta del gobierno mexicano a la COCEI en 1981 y a los zapatistas en la década de 1990 hicieron evidente.

Después de los Acuerdos de Paz, la población maya estableció redes autónomas de contactos con el mundo exterior. Pese a cuán contingentes, fluidos o multifacéticos hayan sido, esos procesos rompieron el imaginario tradicional de lo que eran los mayas. Los "mayas" como tropo, emblema, signo gramatical o palimpsesto de deseos más amplios, se convirtieron en símbolo y participantes de redes globalizadas con orientación ecológica. La transnacionalización de sus luchas fue posible cuando numerosos grupos dispersos por el Norte global empatizaron con sus preocupaciones, leyéndolas desde su perspectiva y dándoles atención como problemáticas vinculadas a la ecología. Los achi'es desarrollaron esta causa común desde su realidad y problemática local, conscientes de que compartían temáticas importantes con estas organizaciones internacionales, pero que también diferían en lo más fundamental para ellos: problemáticas descolonizadoras. Los achi'es establecieron sin embargo estas alianzas a pesar de sus divergencias estratégicas y heterogeneidad con ellas, porque estas redes les permitían articular su voz en espacios globalizados por primera vez. Para principios de este siglo estaban siendo escuchados desde los pasillos de las Naciones Unidas hasta los centros académicos estadounidenses y europeos, organizaciones internacionales de mujeres, grupos religiosos progresistas y asociaciones ciudadanas heterogéneas en muchos continentes.

Como podemos ver en el ejemplo de ASCRA, esta construcción de redes permitió a los mayas experimentar con formas innovadoras de conocimiento. Nunca renunciaron a sus demandas locales específicas y rechazaron enmarcarlas de acuerdo con una perspectiva exclusivamente internacional. Pese a ello, aprendieron a cabildear internacionalmente gracias a estas organizaciones extranjeras y adaptaron estos discursos—las problemáticas ecológicas—para explicar las demandas que traían a la mesa de negociaciones a una audiencia global. Gracias a este conjunto de contactos y a la destreza achi' para captar la diferencia entre objetivos locales estratégicos y necesidades tácticas para forjar alianzas internacionales, la comprensión de los mayas, su cultura, su vasto conocimiento y sus capacidades políticas, transformaron radicalmente muchos espacios transnacionales a su vez. Los mayas llegaron a ser vistos, aunque fuera en espacios limitados, como una cultura cuya riqueza y complejidad tenía mucho que ofrecerle al pensamiento eurocéntrico tradicionalmente reductivo, inclusive si sus preocupaciones estratégicas fueran desconocidas o invisibles para sus aliados globales. Sin embargo, al involucrarse con interlocutores occidentales dialógicamente, los achi'es constituyeron de facto un imaginario simbólico alternativo que problematizó la naturaleza colonial del Estado-nación guatemalteco y evidenciaron la existencia de procesos colonializados históricos que aseguraban la continuidad de alteridades y conflictos aporéticos. Sus posicionalidades y estrategias evidenciaron su voluntad, subjetividad y agencia. ASCRA evidenció que los productores de conocimiento alternativos ofrecían una conciencia autogenerada que provenían de lugares que no eran ni tradicionales ni convencionales. Por lo tanto, provincializaron a los críticos cosmopolitas eurocéntricos y la máquina productora de conocimiento en general. En este proceso, también transformaron con éxito nuestra comprensión del papel de la memorialización.

Notas

1. Pérez Molina, general, fue el oficial responsable del genocidio del pueblo maya ixil en Nebaj durante la guerra civil, quien dirigió la Operación Sofía, que tuvo lugar del 8 de julio al 20 de agosto de 1982. Ver Kate Doyle, *Operación Sofía* (2009).

2. En Guatemala, como en el estado mexicano de Chiapas, la palabra ladino se utiliza para nombrar a la población mestiza.

3. Este asunto se comenzó a debatir por lo menos desde la publicación de *Raza, nación, clase: identidades ambiguas,* de Étienne Balibar e Immanuel Wallerstein, en 1991.

4. "Zonas de contacto" es concepto acuñado por Mary Louise Pratt en *Imperial Eyes: Travel Writing and Transculturation*.

5. Roberts explica en su introducción que tomó el término del poema de Césaire de 1955 "El verbo *cimarronaje*, una respuesta a René Depestre, poeta haitiano" (2017, 5).

6. *Rabinal Achi* es el título con el cual se conoce la obra teatral prehispánica *Xajoj Tun*, que se continúa representando en este pueblo hasta la fecha. La frase significa "danza del tambor". Celebra la ceremonia calendárica del fin del ciclo de 52 años, de acuerdo con Ruud van Akkeren (19). Elementos del *Rabinal Achi* se remontan al período epiclásico del siglo XI e.c.

7. El dirigente comunitario achi' Fidel Raxcacoj Xitumul y Enrique Román López fueron fundadores de las Fuerzas Armadas Rebeldes (FAR), con los seudónimos de Socorro Sical y Pascual Ixpatá. Fueron brazos derechos del legendario comandante Marco Antonio Yon Sosa (1940-1970). Los tres fueron asesinados por un oficial del ejército mexicano en la frontera con Chiapas el 16 de mayo de 1970. El cuerpo de Raxcacoj fue repatriado y recibió un entierro multitudinario en Rabinal en 1997.

8. Comunicación personal. Lunes, 28 de octubre de 2013, Oaxaca, México.

9. La Comisión Mundial de Represas inició sus actividades en 1998. El informe final de la comisión lo hizo público Nelson Mandela en noviembre de 2000. Ver https://archive.internationalrivers.org/sites/default/files/attached-files/wcdguide-s.pdf

Bibliografía

Arias, Arturo. "The Ghosts of the Past, Human Dignity, and the Collective Need for Reparation". *Latin American and Caribbean Ethnic Studies* 5, n.° 2 (julio de 2010): 207-18.

Balibar, Étienne e Immanuel Wallerstein. *Race, Nation, Class: Ambiguous Identities*. Traducción de Étienne Balibar por Chris Turner. Londres: Verso, 1991.

Benítez-Rojo, Antonio. *The Repeating Island: The Caribbean and the Postmodern Perspective*. Durham NC: Duke University Press, 1996.

Buchanan, Elsa. "Guatemala President Otto Pérez Molina resigns following arrest warrant in corruption probe". *International Business Times* (3 de septiembre de 2015). Acceso el 15 de septiembre de 2017. http://www.ibtimes.co.uk/guatemala-president-otto-perez-molina-resigns-following-arrest-warrant-corruption-probe-1518266.

Cal y Mayor, Araceli, editora. *Indigenous Autonomy in Mexico*. Copenhagen: IWGIA, 2000.

Cervantes, Eduardo. "Breve historia de los Museos Comunitarios en Oaxaca". *Ciudadanía Express* (27 de agosto de 2014). Acceso el 2 de octubre de 2017. http://ciudadania-express.com/2014/08/27/breve-historia-de-los-museos-comunitarios-en-oaxaca/.

Crawford, Neta C. *Argument and Change in World Politics: Ethics, Decolonization, and Humanitarian Intervention*. Cambridge: Cambridge University Press, 2002.

"Diputados dan marcha atrás a reformas al Código Penal con 130 votos". *Prensa Libre* (15 de septiembre de 2017). Acceso el 15 de septiembre de 2017. https://www.prensalibre.com/guatemala/politica/reformas-al-codigo-penal-quedan-archivadas/.

Doyle, Kate. *Operación Sofía. Guatemala Documentation Project, National Security Archive*. Acceso el 15 de septiembre de 2017. http://nsarchive2.gwu.edu//NSAEBB/NSAEBB297/Operation_Sofia_hi.pdf.

Fanon, Frantz. *The Wretched of the Earth*. Prefacio de Jean-Paul Sartre y traducción de Constance Farrington. Nueva York: Grove P, 1964.

Goldberg, David Theo. *The Racial State*. Oxford: Blackwell, 2002.

"Historia del museo comunitario". *Museo comunitario Rabinal Achi*. Acceso el 2 de octubre de 2017. http://www.museo.rabinal.info/historia.html.

"Kaji Tulam, la casa-museo con la memoria histórica de Guatemala". *Casa patrimonio*. Acceso el 2 octubre 2017. http://www.canalpatrimonio.com/kaji-tulam-la-casa-museo-con-la-memoria-historica-de-guatemala/.

Lopez, Julie. "Organized Crime in Central America". En *Wilson Center Latin American Program Conference* (14 de diciembre de 2010). Acceso el 8 de septiembre de 2017 https://www.wilsoncenter.org/event/organized-crime-central-america.

Martel, James. "Symposium—On Neil Roberts' *Freedom as Marronage* Introduction". *Theory & Event* 20, n.° 1 (2017): 172-76.
McCaughan, Edward J. *Reinventing Revolution: The Renovation of Left Discourse in Cuba and Mexico*. Boulder, CO: Westview University Press, 1998.
Mignolo, Walter. *The Darker Side of the Renaissance: Literacy, Territoriality, & Colonization*. Ann Arbor: University of Michigan Press, 1995.
———. *Local Histories/Global Designs: Coloniality, Subaltern Knowledges, and Border Thinking*. Princeton: Princeton University Press, 2000.
Oliver-Smith, Anthony. *Defying Displacement: Grassroots Resistance and the Critique of Development*. Austin, TX: University of Texas Press, 2010.
Pérez García, Carina. "Oaxaca, pionero en la creación de museos comunitarios". *Old.nvnoticias.com* (4 de abril de 2014). Acceso el 2 de octubre de 2017. http://old.nvinoticias.com/oaxaca/cultura/museos/204824-oaxaca-pionero-en-la-creacion-de-museos-comunitarios.
Pratt, Mary Louise. *Imperial Eyes: Travel Writing and Transculturation*. Londres: Routledge, 1992.
Quijano, Aníbal. "Colonialidad y Modernidad/Racionalidad". *Perú Indígena* 13, n.° 29 (1991): 11-20.
———. "Coloniality and Modernity/Rationality". *Cultural Studies* 21, n.° 2–3 (2007): 168–78.
Rasmussen, Kim Su. "Foucault's Genealogy of Racism". *Theory, Culture & Society* 28, n.° 5 (2011): 34-51.
Roberts, Neil. *Freedom as Marronage*. Chicago: The University of Chicago Press, 2015.
Tedlock, Dennis. *2000 Years of Mayan Literature*. Berkeley: The University of California Press, 2010.
Van Akkeren, Ruud. *Place of the Lord's Daughter: Rab'inal, its History, its Dance-Drama*. Leiden: Research School CNWS, School of Asian, African, and Amerindian Studies, 2000.

CAPÍTULO II

Repensando los derechos
Memoria y derecho a castigar

Jean Pierre Matus Acuña

EN ESTE CAPÍTULO SE sostiene la tesis de la mutación en el concepto de los derechos humanos en materia penal, desde la defensa de los derechos de los justiciables a la del derecho de castigar de las víctimas, que incluye dejar de lado garantías tradicionales como el principio de legalidad de los delitos y las penas, la prescripción, la cosa juzgada, el juez natural, el derecho a un juicio en un plazo razonable y otras consideraciones de carácter humanitario (amnistía e indulto). Esto puede atribuirse no solo a manifestaciones de *populismo penal* o expresiones de una *expansión del derecho penal*, sino también, y principalmente, a la internacionalización (globalización) del sistema jurídico y de la economía y la cultura en el cambio de siglo, cambios que incluso encuentran justificación en el renacimiento del idealismo kantiano en la filosofía del castigo.

Estos múltiples factores explicarían por qué, al mismo tiempo que se promueven reformas democratizadoras, como la introducción de procesos penales adversariales con el conjunto de garantías que ello importa bajo la idea del debido proceso, la Corte Interamericana de Derechos Humanos (Corte IDH) ha llegado a la convicción de que existiría no solo un derecho a la reconstitución de la memoria histórica *(derecho a la verdad)*, sino también un *derecho de la víctima al castigo de los culpables de las graves violaciones a los derechos humanos y un deber correlativo del Estado a perseguir y sancionar a los culpables,* no consagrado en la literalidad de la Convención Americana de Derechos Humanos, pero cuya fuerza, sumada a las *exigencias de la justicia*, permitiría pasar por alto, mediante el mecanismo de la "ponderación", derechos literal y explícitamente garantizados a *todo* justiciable como el principio de legalidad (incluyendo la prohibición de la retroactividad, Art. 9), el derecho a un juicio en un plazo razonable (Art. 8.1.) y hasta la prohibición del doble enjuiciamiento (Art. 8.4), como critica Malarino (2010, 45–48). Esto ha llevado a una serie de paradojas tales como que los perseguidos de ayer se alcen implacables contra sus perseguidores, celebrando llevar gente a prisión cuando antes ello era visto como opresión estatal, según denuncia Daniel Pastor (2006); que la Corte IDH pase por sobre la literalidad del Art. 6.5. del Protocolo II de las Convenciones de Ginebra, para afirmar que al término de un conflicto armado no es posible, *en ningún caso,* amnistiar a los vencidos como se hizo al término de la ocupación norteamericana de Alemania respecto de criminales nazis (Matus 2006); y que la Oficina del Fiscal de la Corte Penal Internacional haya presentado un escrito de *Amicus Curiae* ante la Corte Constitucional de Colombia señalando que el acto legislativo que implementa el proceso de paz en ese país "podría frustrar los esfuerzos de Colombia por cumplir sus obligaciones de investigar y juzgar los crímenes internacionales", sugiriendo implícitamente que no se implemente la paz para cumplir con esas obligaciones respecto del concepto de *responsabilidad del superior*, contrariando así los propósitos declarados de las Naciones Unidas, esto es, "mantener la paz y la seguridad internacionales y fomentar el respeto de la libre determinación de los pueblos para tomar medidas adecuadas para fortalecer la paz universal" (Fiscal De La Corte Penal Internacional*)*, entre otras manifestaciones de la mutación indicada.

Para llegar a dichas conclusiones, expondremos, en primer lugar, la fenomenología de las mutaciones del sistema penal chileno y luego un análisis crítico de las explicaciones que se han dado al respecto, para concluir con la explicación propuesta.

Fenomenología

a. Democratización y diversificación de la respuesta penal

Una vez terminada la dictadura militar en el año 1990, el primer impulso legislativo en materia penal condujo a la superación de los rasgos autoritarios de la legislación heredada, esto es, un movimiento *democratizador* del derecho penal.

Así, en el gobierno de Patricio Aylwin (1990-1994), las denominadas *leyes cumplido,* principalmente las Leyes N.º 19.027, de 24 de enero de 1991, que modifica la Ley N.º 18.314 que determina las conductas terroristas y fija su penalidad, y N.º 19.047, de 14 de febrero de 1991, que modifica diversos textos legales a fin de garantizar en mejor forma los derechos de las personas, establecieron nuevos requisitos para la configuración de los denominados delitos terroristas; así se redujo significativamente la competencia de los tribunales militares para juzgar a civiles, se morigeraron las penas de los delitos contra la seguridad del Estado de la Ley N.º 12.927 y se procuró morigerar el sistema procesal entonces vigente. Al mismo tiempo, se dictaron leyes de vigencia temporal para conmutar penas a condenados por delitos terroristas y contra la seguridad del Estado y favorecer la delación compensada con el propósito de desarmar los grupos que no se habían desmovilizado al término de la dictadura. Estas leyes fueron complementadas con nuevas disposiciones tendientes a la reinserción de los condenados por delitos políticos cometidos durante la dictadura militar y el comienzo de la restauración democrática en el gobierno de Ricardo Lagos, como las Leyes N.º 19.962 y N.º 19.965, ambas de 25 de agosto de 2004, y la Ley N.º 20.042, de 23 de julio de 2005.

Esta tendencia a la instauración de un orden democrático se siguió manifestando en los siguientes gobiernos, afectando incluso legislación que había sobrevivido a los importantes cambios operados por la dictadura militar pero que, de alguna manera, era contraria al proyecto *neoliberal* de la "sociedad de derechos" y "libertades" que ella instauró. Así, en el gobierno de Eduardo Frei Ruiz-Tagle (1994-2000) se deroga la Ley N.º 11.625 de Estados Antisociales y los delitos de vagancia y mendicidad (Leyes N.º 19.313 de 21 de julio de 1994 y N.º 19.567 de 1 de julio de 1998); el adulterio y el amancebamiento son derogados y quedan reducidos a un asunto de familia privado (Ley N.º 19.335, de 23 de septiembre de 1994); y los delitos de carácter sexual se modifican radicalmente considerándolos atentados contra la libertad antes que contra la moralidad sexual (Ley N.º 19.617, de 12 de julio de 1999). En el de Ricardo Lagos *se derogó la pena de muerte,* mediante las Leyes Nº 19.734, de 5 de junio de 2001, y Nº 19.804, de 24 de mayo de 2002; se despenalizaron los *delitos monopólicos,* transformándolos en infracciones de carácter administrativo (Ley N.º 19.911, de 14 de noviembre de 2003); y el *régimen de prensa* es "liberalizado", primero mediante una de las "Leyes Cumplido", la Ley N.º 19.048, de 13 de febrero de 1991, y luego a través de la Ley N.º 19.733, de 4 de junio de 2001, que estableció un nuevo régimen de *Libertad de opinión e*

Información y ejercicio del periodismo, restableciéndose el principio de que "no constituyen injurias las apreciaciones personales que se formulen en comentarios especializados de crítica política, literaria, histórica, artística, científica, técnica y deportiva, salvo que su tenor pusiere de manifiesto el propósito de injuriar, además del de criticar"; y, de paso, derogó expresamente el antiguo delito de *desacato* (injurias a la autoridad) Art. 6 b) de la Ley N.º 12.927, sobre seguridad del Estado, tras el escándalo nacional e internacional que se produjo por la censura e incautación del *Libro Negro de la Justicia Chilena* (1999), donde la periodista Alejandra Matus describía la indolencia y aprobación tácita (y a veces explícita) de los tribunales de justicia frente a las violaciones a los derechos humanos cometidas durante la dictadura militar. Finalmente, la Ley N.º 20.048, de 31 de agosto de 2005, vino a derogar el resto de los delitos de *desacato* como *injurias a la autoridad* que quedaban en los Arts. 263 y 264 del Código Penal (CP) y en el Art. 276 del Código de Justicia Militar. Esta tendencia llegó incluso hasta el gobierno de Sebastián Piñera, en principio una alianza de derecha, contraria a la Concertación gobernante en los períodos anteriores. En efecto, ante la agudización de unas largas huelgas de hambre de presos mapuche, entre los años 2010 y 2011, se aprobaron dos importantes modificaciones a la Ley N.º 18.314, de 17 de mayo de 1984, que determina las conductas terroristas y fija su penalidad, suprimiendo el sistema de presunciones que contemplaba desde las "Leyes Cumplido", excluyendo a los menores de 18 años de su aplicación y morigerando su penalidad (Leyes N.º 20.467, de 8 de octubre de 2010 y N.º 20.519, de 21 de junio de 2011); y la Ley N.º 20.477, de 30 de diciembre de 2010, que excluye completamente de la jurisdicción militar a los civiles y menores de edad, independientemente de si cometen o no un delito militar.

En los aspectos procesales, la democratización del sistema se vio a poco andar reflejada en la tramitación y aprobación de una reforma procesal penal de corte adversarial, el *Código Procesal Penal de 12 de octubre de 2000*. Este nuevo sistema procesal establece derechos y garantías individuales como límites a los esfuerzos de los órganos estatales en la prevención, investigación y sanción de los delitos, introduciendo procedimientos adversariales junto con una amplia gama de *salidas alternativas* consensuadas entre los intervinientes que permiten importantes grados de *negociación* y reducción del uso de la prisión en los casos concretos. Posteriormente, la aplicación de este sistema se extendería a los adolescentes mayores de 14 años responsables de infracciones penales, con la Ley N.º 20.084, de 7 de diciembre de 2005, que vino a reemplazar el antiguo sistema tutelar bajo la égida del Estado de la *Ley de Menores*. Las reformas para "adecuar" la legislación a este nuevo sistema procesal, especialmente las contempladas en la Ley N.º 19.806 de 31 de mayo de 2002, produjeron importantes efectos, al restringir el uso de los llamados *Ministros en Visita* en las causas por delitos contra la Seguridad del Estado y la prisión preventiva en la persecución del delito de giro doloso de cheques del DFL 707 de 1982; y también influyeron sustancialmente en la expansión de las garantías procesales de carácter individual hacia otras áreas del derecho, como el tributario y aduanero, incluyendo una reforma sustancial a los delitos de contrabando (Ley N.º 19.738 de 19 de junio de 2001).

Estos cambios procesales introdujeron una cuota importante de la *diversificación* de la respuesta penal, que ya no se encuentra basada exclusivamente en las sanciones privativas de libertad previstas por el Código de 1874. Como veremos más adelante, este fenómeno de la *diversificación* de la respuesta penal se ha consolidado entre nosotros, además, por la necesidad de dar respuesta al tratamiento penal de los adolescentes y al problema del hacinamiento carcelario, lo que se atendió mediante la dictación de las Leyes N.º 20.084, de 7 de diciembre de 2005, N.º 20.587 de 8 de junio de 2012 y N.º 20.603, de 27 de junio de 2012. Estas nuevas regulaciones establecieron *sanciones* especiales para adolescentes basadas en principios socioeducativos y con personalizados y detallados planes de cumplimiento en libertad o en regímenes *semicerrados* o *cerrados*; la sustitución de las multas por penas de *trabajo en beneficio de la comunidad*; y el reemplazo del sistema de medidas alternativas a la privación de libertad de la Ley N.º 18.216 en su primera formulación, por uno más *diversificado* de *penas sustitutivas* que contempla nuevas y diversas formas de *reclusión domiciliaria* (diurna, nocturna, de fin de semana, con o sin control telemático), el *trabajo en beneficio de la comunidad*, y la *libertad vigilada intensiva* (con o sin control telemático), como sanciones sustitutivas a las privativas de libertad.

b. Intensificación del derecho penal

Sin embargo, en dirección opuesta a la anterior, a partir de la mitad de la década de 1990 se fue asentando un proceso de *intensificación* del uso del derecho penal, esto es, un fenómeno consistente principalmente en la agravación de las consecuencias penales por hechos antes sancionados más benignamente, particularmente en el ámbito de la delincuencia común.

En efecto, en cuanto a los *delitos contra la propiedad*, tras un fallido intento por elevar las cuantías de los delitos de hurto, transformando en simples faltas la mayor parte de los de ocurrencia común (Ley N.º 19.450, de 18 de marzo de 1996, reemplazada por la Ley N.° 19.501, de 15 de mayo de 1997, con un contenido punitivo diametralmente distinto), las penas para estos delitos han ido en constante aumento, tanto en general como en relación a casos específicos que se van explicitando en las sucesivas reformas: aparte de las modificaciones a las cuantías en los delitos de hurto, en los gobiernos de la Concertación de Partidos por la Democracia primero se elevó a categoría de delito autónomo la *receptación* de bienes hurtados o robados (antes una forma de encubrimiento por aprovechamiento), introduciéndose el Art. 456 bis A al Código Penal por la Ley N.° 19.413, de 20 de septiembre de 1995; después se elevó la pena del delito de robo con fuerza en lugar habitado, por la Ley N.° 19.449, de 8 de marzo de 1996; luego se reformó la regulación de los delitos de *abigeato* (Ley N.° 20.090, de 11 de enero de 2006); se sancionó la falta *frustrada* de hurto (Art. 494 bis, agregado y modificado por las Leyes N.° 19.950, de 5 de junio de 2004 y N.° 20.104, de 30 de diciembre de 2006); terminando por sancionar especialmente el robo de cables y alambrado público (Ley N.° 20.273, de 28 de junio de 2008). En el Gobierno de la Alianza por Chile, la primera presidencia de Sebastián Piñera, se agregó la figura de *robo con fuerza de cajeros automáticos* (Art. 443 bis, incorporado por la Ley N° 20.601, de 14 de julio de 2012) y se especificó y agravó el de *robo de vehículos* que se encuentran en bienes nacionales de uso público (Ley N.° 20.639, de 11 de diciembre de 2012). El hecho de la sobrevaloración que tiene la *propiedad* en las sociedades *neoliberales,* y especialmente en la Constitución de 1980, parece explicar este fenómeno de *intensificación* de su regulación penal, solo morigerada la *sustitución de la pena de muerte por presidio perpetuo calificado* en el delito de robo con homicidio, violación, mutilación o lesiones graves del Art. 433 N° 1 del Código Penal (Ley N.° 19.734, de 5 de junio de 2001).

Respecto al *orden público,* ahora confundido en la expresión *seguridad ciudadana,* la renaciente democracia se vio, primero, enfrentada a plantear regulaciones penales específicas, entre las que destacan las ya vistas respecto al desarme de los grupos armados que mantuvieron su actividad al término de la dictadura militar y el establecimiento del delito de *envío de cartas explosivas* del Art. 403 bis del Código Penal, considerado también como una figura propiamente terrorista (Ley N.° 19.047, de 14 de febrero de 1991). Sin embargo, este proceso de adecuación a las nuevas realidades tecnológicas (es evidente que una *carta explosiva* no existía como objeto de preocupación en 1874) fue inmediatamente seguido por la *intensificación* progresiva de la respuesta penal en estas materias. Así, durante el gobierno de Eduardo Frei Ruiz-Tagle se promulgó la Ley N.º 19.327, de 31 de agosto de 1994, que fija normas para la prevención y sanción de hechos de violencia en recintos deportivos con ocasión de espectáculos de fútbol profesional, recientemente modificada en el gobierno de Sebastián Piñera por la Ley N.º 20.620 de 14 de septiembre de 2012, que agravó las penas previstas primitivamente para los delitos de lesiones, daños y robos cometidos en tales circunstancias, e incorporó nuevos delitos, como el porte de elementos para producir lesiones o daños, la falsificación y reventa de entradas, la usurpación de nombres para ingresar a un estadio, y la interrupción del partido mediante desórdenes. La comisión de delitos portando armas también fue objeto de especial atención y en el gobierno de Ricardo Lagos se estableció como delito común el de porte de armas punzantes o cortantes en el Art. 288 bis Código Penal, derogándose la figura similar que antes contemplaba la Ley Seguridad del Estado, y agregándose, además, como agravante genérica del Art. 12 N.º 20 la de ejecutar el delito portando armas (Ley N.º 19.975, de 5 de octubre de 2004). En ese mismo período la Ley N.º 17.798 sobre Control de Armas fue objeto de importantes modificaciones: se incorporó al régimen de control la producción y posesión de fuegos artificiales, de bombas incendiarias (*bombas molotov*), de municiones o cartuchos, de armas con número de serie borrado o alterado y de las de fabricación artesanal o modificadas; se eliminó el carácter eximente de pena que antes se establecía respecto del porte y posesión sin permiso, pero intención de alterar el orden público, atacar a las Fuerzas Armadas o a las de Orden y Seguridad Pública o perpetrar otros delitos, pasando a ser este hecho solo una atenuante especial de la pena (aunque con un efecto muy importante), estableciendo una nueva eximente en su lugar, la de entregar voluntariamente las armas antes de ser perseguido judicialmente (Leyes N.º 19.680, de 25 de mayo de 2000 y N.º 20.014, de 13 de mayo de 2005, N.º 20.061 de 10 de septiembre de 2005). En todo caso, hay que señalar que estas leyes y otras vinculadas a la Reforma Procesal Penal morigeraron al mismo tiempo la severidad de los cambios expresados, al entregar el control de las armas prohibidas a Carabineros de Chile, permitir la entrega *anónima* de las armas prohibidas y, sobre todo, trasladar a la jurisdicción ordinaria el conocimiento y sanción de los delitos que allí se establecen. Finalmente, cabe destacar en esta materia la *intensificación* de las sanciones penales previstas por el Código de Justicia Militar y las respectivas Leyes Orgánicas, respecto de los atentados contra Carabineros, Policía de Investigaciones y Gendarmería de Chile, especialmente por medio de la Leyes N.º 20.064, de 29 de septiembre de 2005, y N.º 20.214, de 22 de septiembre de 2012.

En cuanto a los delitos de *carácter sexual,* y especialmente los que afectan a menores, el fenómeno de la *intensificación* de la respuesta penal se puede apreciar con gran claridad si se pone atención a la evolución legislativa, desde el primer proyecto de 1993 que el Ejecutivo envió a la Cámara de Diputados, con el propósito de adecuar la normativa que trataba los delitos sexuales a la actual realidad. Los cambios propuestos se fundamentaban en estudios que habrían demostrado que existían graves errores de percepción y apreciación pública del fenómeno de la violencia sexual en Chile, atribuyéndose esta, de modo determinante, a ofensores extraños, antisociales y marginales, y suponiéndose circunstancias infrecuentes en la comisión de los delitos, como la extrema y necesaria violencia y su ocurrencia en lugares y horarios de por sí peligrosos. El proyecto, que en un principio surgió principalmente con la idea de modificar el delito de violación, en atención a diversos casos de resonancia mediática fue siendo modificado en su tramitación y en 1994 ella incluía modificaciones a otras figuras penales que atentarían contra la libertad e indemnidad sexual, como el estupro, los abusos sexuales y la corrupción de menores. Uno de los últimos puntos de discusión, que condicionaron la entrada en vigencia de la ley, decía *relación* con la pretensión gubernamental de una supuesta "optimización" del llamado "efecto preventivo general" de la sanción penal, especialmente en relación a los delitos cuyas víctimas fuesen menores de 12 años. Para ello, se endurecieron las condiciones para que el condenado accediera a las medidas alternativas contempladas entonces en la Ley N.° 18.216; y se elevó el tiempo de cumplimiento de la pena para acceder a la libertad condicional de la mitad a los dos tercios. La ley, luego de casi 6 años en el Congreso, es promulgada bajo la Ley N.° 19.617, de 12 de julio de 1999. Sin embargo, al poco andar el nuevo sistema de delitos sexuales experimentó su primera reforma, precisamente en materias sobre delitos de pornografía infantil (Ley N.° 19.927, de 14 de enero de 2004). Este cuerpo legal tuvo como objeto castigar de manera más eficaz los delitos de pornografía infantil, incorporando en el articulado del CP circunstancias cuya punibilidad era dudosa al tenor de la antigua redacción, o que se regulaban en leyes especiales o simplemente su sanción no se contemplaba por la ley penal. La primera situación corresponde al actual Art. 366 *quater* CP, en cuyo inciso primero se agrega la circunstancia de hacer presenciar material de carácter pornográfico; la segunda, al nuevo Art. 366 *quinquies* CP, que incorpora al texto punitivo la sanción de la producción de material pornográfico infantil donde se hubiesen utilizado a menores de edad; y la última, a la criminalización de la adquisición y almacenamiento de esta clase de material (Arts. 374 *bis* y *ter* CP). Pero la modificación no quedó circunscrita únicamente a los delitos que se relacionan con la pornografía infantil, pues la ley introdujo cambios que afectaron al régimen general de los delitos sexuales, empezando por elevar la edad en que se estima válido el consentimiento sexual, pasando de los 12 a 14 años. Por otra parte, separa del sistema de delitos de abusos sexuales el delito que consiste en la introducción de objetos de cualquier índole o en la utilización de animales en la acción sexual, creando un tipo agravado del Art. 365 *bis*. En cuanto a la promoción y facilitación de la prostitución infantil fue propósito de esta modificación sancionar el ciclo completo de la conducta. Para estos efectos, se sanciona la promoción y facilitación en su forma simple, quedando las circunstancias de habitualidad, abuso de autoridad, confianza como sus formas agravadas, y no como las que calificaban el hecho de delito según la formulación anterior, incorporando también la circunstancia del engaño. También se establece el castigo del *favorecimiento de la prostitución de menores de edad impropio* (Art. 367 *ter* CP). Y, en general, en cuanto a las penas de los delitos, se observa una tendencia al alza en las mismas mediante una supresión del límite inferior para los delitos sexuales, obedeciendo a la crítica de los autores de la moción que los jueces suelen condenar al mínimo de la pena cuando fijan la sanción en el caso concreto. Además, se crea una nueva pena de inhabilitación absoluta temporal para cargos, oficios, empleos o profesiones en el ámbito educacional que involucren una relación directa y habitual con personas menores de edad, y el cierre definitivo del establecimiento o local de comercio. Esta última puede decretarse como medida cautelar durante la sustanciación del proceso. Por otra parte, asociado a la mayor eficacia preventiva que se pretende obtener con las penas, se permite el acceso al Registro Nacional de Condenas para informarse si una determinada persona ha sido condenada a esta nueva inhabilitación reseñada. Y, finalmente, se introdujo una norma de carácter eminentemente procesal para la investigación de estos delitos, en el nuevo Art. 369 *ter*, por cuya virtud se autoriza la interceptación de telecomunicaciones y otras intromisiones de carácter tecnológico, así como el empleo del agente encubierto y la entrega vigilada para investigar los delitos que afectarían a menores de edad. Sin embargo, el legislador estimó insuficientes estas modificaciones para lograr los objetivos propuestos y en el último decenio se sucedieron diversas leyes con la finalidad perfeccionar la normativa en la materia: así, la Ley N.º 20.207, de 31 de agosto de 2007, estableció una regla especial de prescripción para evitar la impunidad de los delitos cometidos contra menores de edad, haciendo que esta se cuente desde que estos cumplan 18 años. Después, la Ley N.º 20.480, de 18 de diciembre de 2010, en principio destinada a incorporar el delito de femicidio y aumentar las sanciones para la violencia intrafamiliar, modificó significativamente la regulación del delito de violación al reemplazar la expresión "para oponer resistencia" por la más amplia de "para oponerse" en el N.º 2 del Art. 361; incorporó las agravantes específicas del actual Art. 368 *bis*; y modificó de manera bien desafortunada la regulación del perdón del cónyuge o conviviente del inc. 4º del Art. 369. Luego, la Ley N.º 20.507, de 8 de abril de 2011, trasladó al Título VIII del Código el delito de trata de personas con exclusiva finalidad de prostitución, que antes se encontraba en el Art. 367 *bis*, y complementó su regulación estableciendo los delitos de tráfico de migrantes y trata de personas de los Arts. 411 *bis* a 411 *quáter* CP. Al año siguiente, la Ley N.º 20.526, de 13 de agosto de 2011, vino a modificar los artículos 366 *quáter* y *quinquies*, para permitir la sanción del llamado *grooming* y de la llamada pornografía infantil virtual. Un año más tarde, la Ley N.º 20.594, de 19 de junio de 2012, "creó" las actuales penas de inhabilidades del Art. 39 bis del Código, establecidas exclusivamente para esta clase de delitos e impuestas para quienes los cometan contra menores de edad en el que pasaría a ser el actual Art. 372, incluyendo la novedad de su "registro público". Finalmente, la Ley N.º 20.685, de 20 de agosto de 2013, limitó el acceso a la libertad condicional y a la cancelación de los antecedentes penales a los responsables de delitos sexuales contra menores de edad y agravó las penas para ciertos delitos de esta índole. Así, al cabo de una década, todas estas modificaciones consolidaron un especial estatuto para prevenir y sancionar la llamada *pedofilia*, esto es, los delitos de carácter sexual cometidos contra menores de edad y, más precisamente, contra personas impúberes, en lo que podríamos considerar la muestra más representativa del fenómeno de *intensificación* de la respuesta penal entre nosotros.

Expansión, huida y populismo penal

Una de las explicaciones más extendidas de la fenomenología expuesta, particularmente para comprender la intensificación del uso del derecho penal, consiste en sostener que, desde el punto de vista social, se habría consolidado la idea de que la solución a los problemas de convivencia actuales pasa por el castigo de quienes se consideran responsables de los mismos, considerando a los criminales como favorecidos por las leyes (anteriores) frente a víctimas más o menos indefensas y desprotegidas que (ahora) deben ser y son reconocidas y protegidas por las nuevas leyes del siglo XXI, cambio promovido por agentes morales y políticos interesados. Este proceso se ha descrito críticamente como *expansión del derecho penal* (Silva Sánchez 2008, 64–110), *huida hacia el derecho penal* (Carnevali 2000, 8, nota 2), *populismo penal* (Pratt 2007, 11) y otros conceptos similares. Según la visión crítica de este proceso, esta expansión o huida hacia el derecho penal se produciría por la intervención de defensores más o menos explícitos de intereses económicos en el origen de nuevas reglas penales, burocracias internacionales dependientes (por ejemplo, la UNODC), múltiples ONG de protección de víctimas de diversa naturaleza y otros emprendedores morales atípicos interesados que, mediante técnicas de *lobby* y comunicación estratégica en *medios masivos,* intervendrían para promover los cambios legislativos que buscan y terminan en nuevos delitos, agravaciones de los existentes o reformas en los procedimientos que hagan más fácil su persecución, reduciendo garantías tradicionales del derecho penal. Un ejemplo internacional de movimiento social sustentado en organizaciones de víctimas lo encontramos en la revalorización de los delitos de carácter sexual, que empezó con la pretensión de proteger más decididamente a los menores de edad respecto de la pedofilia, la pornografía, el *grooming* y otras manifestaciones de abuso, y ahora ha culminado, por una parte, en las reclamaciones del movimiento *#MeToo,* que exigen darle un valor prácticamente incuestionable a las denuncias de abusos de todo tipo hechas por mujeres de todas las edades, contrariando así el derecho de contrainterrogar o poner en cuestión las pruebas de cargo; y, por otra, en la de las víctimas de los abusos de miembros de la Iglesia Católica en orden a suprimir los llamados estatutos de limitaciones (prescripción). Según la visión dominante, estas presiones encontrarían respaldo político en la existencia de *políticos irresponsables* o *populistas,* basándose en el hecho de que siempre sería más fácil establecer una sanción penal que resolver los problemas sociales subyacentes (por ejemplo, la desigualdad económica, la existencia de estructuras patriarcales, instituciones supuestamente todopoderosas, etc.).

En Chile, la fuente sociológica de esta revalorización de la penalización de la delincuencia común parece encontrarse en el fenómeno que vino en denominarse de *inseguridad ciudadana,* cuyos orígenes en Chile se encuentran en las críticas que en la materia se hacían por la prensa al primer gobierno democrático (que se mostraría "débil" frente al delito, por contraposición al gobierno "fuerte" de la dictadura militar), críticas que se acentuarían con el secuestro del hijo del propietario del diario El Mercurio, Cristián Edwards, hecho tras el cual Agustín Edwards creó una ONG especialmente dedicada a influir en estas materias, la Fundación Paz Ciudadana (Ramos y Guzmán 2000). Incluso reformas democratizadoras, como el Código Procesal Penal, se ofrecieron como respuesta para atacar más eficazmente el problema de la *inseguridad ciudadana*.[1] Tampoco puede desconocerse la existencia de otros grupos de interés y de la forma cómo promueven sus propias agendas, como puede apreciarse de la lectura de las actas de la historia de la Ley N.° 20.480, de 18 de diciembre de 2010, que introdujo entre nosotros, al término del gobierno de Michelle Bachelet, el delito de *femicidio,* un anhelo de ciertos grupos feministas.

Sin embargo, lo cierto es que la fenomenología chilena del cambio de siglo no es propiamente la de una *expansión* del derecho penal, sino más bien la de su *intensificación* (Nilo 2010, 260 y 271). Para ello, basta con citar como ejemplo la inexistencia de normativa penal ambiental o de un reforzamiento penal de los derechos de los consumidores, entre otras materias que se critican como formas expansivas del derecho penal en las sociedades posindustriales. En efecto, en el Chile del año 2003 incluso se llegó a despenalizar los delitos contra la libre competencia (que después volvieron a ser delito, recién con la reforma de la Ley N.° 20.945, de 30 de agosto de 2016, tras un gran escándalo de acuerdo de precios entre farmacias) y todavía está en discusión la existencia de una verdadera legislación penal medioambiental.[2]

Por otra parte, tampoco puede desconocerse la atención excesiva de los medios de prensa en los hechos violentos o que provocan *inseguridad* o *alarma ciudadana*, lo cual podría dar pie a entender que las mutaciones del derecho penal en estos últimos años habrían sido gobernadas más que por un proceso de *expansión*, por la emergencia de una suerte de *populismo penal* y también del fenómeno del *neopunitivismo,* lo que explicaría mejor la *intensificación* que se ha constatado. Así, parece ser cierto que existe en la opinión pública manifestada en encuestas una cierta desazón respecto del funcionamiento de las instituciones del sistema penal y que, casos puntuales que se consideran como especialmente atroces por la opinión pública pueden desatar un cambio legislativo, como pudo verse en la discusión de la llamada Ley Emilia, N° 20.770, de 16 de septiembre de 2014, que propone penas fijas de al menos un año de cárcel para los casos de conducción bajo estado de ebriedad causando muerte, en cuyo proceso legislativo participaron activamente los padres de la menor cuyo deceso desencadenó la modificación legal.

Sin embargo, si bien es cierto que la aproximación de *no a la impunidad* que gobierna la aplicación jurisprudencial de los tratados internacionales sobre derechos humanos en materia de graves violaciones a los mismos cometidas durante la dictadura militar parece responder a los lineamientos de una tendencia *neopunitivista,* ello no es en principio objeto de una crítica de esta naturaleza, sobre todo si se tiene en cuenta que el trasfondo histórico de lo que ahora sucede en nuestros tribunales no es una "novedad" del cambio de siglo, sino una aplicación local muy atrasada del derecho internacional cristalizado en los juicios de Núremberg y Tokio, de fines de la Segunda Guerra Mundial.

Además, incluso si se plantea que el origen de los cambios que han llevado a la *intensificación* del derecho penal se explican *como si únicamente fuesen locales y el efecto del cambio legal propuesto fuese necesariamente más encarcelamiento,* es decir, si se adoptara la tesis de que entre nosotros también existe un cierto *populismo penal,* tampoco parece que nuestra situación se asemeje, en este momento, a la de las sociedades anglosajonas a las que Pratt analiza de acuerdo con su concepto de *populismo penal.* En efecto, en primer lugar, nuestros mecanismos de elección de autoridades y formación de la ley distan bastante de aquellos a que echa mano el *populismo penal.* Y, en segundo término, ya se ha expuesto que la fenomenología nacional no solo da cuenta de una *intensificación* en el tratamiento de ciertos delitos comunes, sino también de una extraordinaria *diversificación* de la respuesta penal concreta, incluso y preferentemente para tales delitos que son, precisamente, los de mayor ocurrencia: el nuevo Código Procesal Penal, la Ley N.° 20.084 sobre Responsabilidad de los Adolescentes por infracciones penales y la sustancial modificación de la Ley N.° 18.216 por la N.° 20.603, que sustituye las penas privativas de libertad de menos de 5 años.

Pero, aún cuando afirmemos que no es posible sostener que la sola influencia de predicadores morales atípicos y políticos populistas puedan, *per se,* explicar la fenomenología de los cambios en el sistema penal, queda pendiente la pregunta del *por qué,* cuando ellos han intervenido, dichos cambios se han producido.

A nuestro juicio, ello se explica porque para explicar la evolución del derecho penal chileno en el cambio de siglo, este no puede considerarse aisladamente de los dos principales fenómenos sociales de la época, que las explicaciones basadas en las ideas de la *expansión* y el *populismo penal* omiten: la internacionalización o globalización y la revolución cultural de fines del siglo XX, que incluye el renacimiento de la justificación kantiana del derecho penal.

Internacionalización del derecho penal

La globalización de la economía y los sistemas jurídicos no ha dejado de lado la necesaria adecuación del derecho penal local a las exigencias de la nueva sociedad mundial que se ha ido formando, particularmente tras la caída del Muro de Berlín. Es más, es posible afirmar que, al menos en Chile, la mayor parte de los cambios legales locales se han originado en la necesaria adaptación de antiguas leyes a las actuales condiciones de la internacionalización del derecho penal, pues buena parte de los delitos comprendidos en tratados y convenciones internacionales no son novedosos en modo alguno, salvo en formas completamente casuales de manifestación, derivadas de los avances tecnológicos y las facilidades de comunicación y transporte que ha generado la llamada globalización de la economía: el asesinato de personas por motivos políticos, la corrupción funcionaria, las organizaciones criminales, el tráfico ilícito de productos nocivos para la salud, la piratería, las falsificaciones, la corrupción de menores y el secuestro de personas, e incluso la criminalidad económica, son todos hechos que también eran sancionados de una forma u otra en todos los códigos decimonónicos y aún, entre nosotros, desde Las Partidas.[3] Aquí lo relevante es la decisión de la comunidad internacional en torno a hacer efectiva "implementación" de determinados tratados internacionales que reflejan su interés en evitar la existencia de "paraísos de jurisdicción" y facilitar la cooperación internacional cuando sea requerida (Nilo 2014, 69–84).

Así, en el Código Penal, la modificación a los delitos de cohecho y corrupción funcionaria por las sucesivas Leyes N.º 19.645, de 11 de diciembre 1999; N.º 19.829, de 8 de octubre de 2002; y Nº 20.341, de 22 de abril de 2009, transformaron completamente su antiguo carácter local para adaptarlos a las exigencias de la implementación de la Convención Interamericana contra la Corrupción (promulgada mediante DS N.º 1879, de 2 de febrero de 1999), la Convención para combatir el cohecho a funcionarios públicos extranjeros en transacciones comerciales internacionales (DS N.º 496, de 30 de enero de 2002) y la Convención de las Naciones Unidas contra la Corrupción (DS N.º 375, de 30 de enero de 2007) al punto de incorporarse la figura de soborno a funcionarios públicos extranjeros. En cuanto al Título VIII del Libro II del Código, la incorporación a él de los delitos de tráfico ilícito de migrantes y trata de personas mediante la Ley N.º 20.507, de 8 de abril de 2011, se vincula directamente con la implementación de la Convención de las Naciones Unidas Contra la Delincuencia Organizada Transnacional, o Convención de Palermo, del año 2000 y sus Protocolos sobre la materia (DS N.º 342, de 16 de febrero de 2005). El Protocolo facultativo de la Convención de los Derechos del Niño relativo a la venta de niños, la prostitución infantil y la utilización de los niños en la pornografía (DS N.º 225, de 6 de septiembre de 2003) influyó también en la modificación ya analizada de los delitos de prostitución y pornografía infantil introducida al Código Penal por la Ley N.º 19.927, de 14 de enero de 2004. Por su parte, la primera regulación de la violencia intrafamiliar por la Ley N.º 19.325, de 27 de agosto de 1994, pareció insuficiente frente a las exigencias de la Convención Interamericana para Prevenir, Sancionar y Erradicar la Violencia contra la Mujer, de 9 de agosto de 1994 (DS N.º 1640, de 11 de noviembre de 1998) y a la vuelta de la década se promulgó la Ley N.º 20.066, de 7 de octubre de 2005, que incorporó el delito de maltrato habitual y ciertas agravaciones a los delitos de lesiones, aunque sin incorporar completamente la idea de violencia de género.[4] Por otra parte, la Ley de Caza se modificó para implementar el Convenio CITES (Ley N.º 19.473, de 27 de septiembre de 1996) y, finalmente, las Leyes de Propiedad Intelectual e Industrial debieron adaptarse a las exigencias de los tratados de libre comercio suscritos por el país y las transformaciones tecnológicas del cambio de siglo (Leyes N.º 19.166, de 17 de septiembre de 1992; 19.912, de 4 de noviembre de 2003; 19.914, de 19 de noviembre de 2003; 19.928, de 31 de enero de 2004; 20.435, de 4 de mayo de 2010; y DFL Nº 3, de 20 de junio de 2006, que refunde las modificaciones sufridas por la Ley Nº 19.039, de 25 de enero de 1995, sobre Propiedad Industrial).

En materia de tráfico de estupefacientes, lavado de dinero y terrorismo, la necesidad de homologar la legislación local a las exigencias de los tratados y organismos internacionales que operan en la materia, particularmente la Oficina de las Naciones Unidas contra la Droga y el Delito, con sede en Viena, han supuesto reformulaciones importantes a la anterior legislación, como puede verse en las nuevas Leyes N.º 19.913, de 18 de diciembre de 2003, que crea la Unidad de Análisis Financiero y modifica la regulación del lavado de dinero; la Ley N.º 20.000, de 16 de febrero de 2005, que sustituye a la N.º 19.366, sobre tráfico ilícito de estupefacientes y sustancias psicotrópicas e introduce la figura del microtráfico; y las modificaciones introducidas por la Ley N.º 20.467, de 8 de octubre de 2010, a la Ley N.º 18.314, de 17 de mayo de 1984, que determina las conductas terroristas, para incorporar el delito de financiamiento del terrorismo, como exige el Convenio Internacional para la Represión de la Financiación del Terrorismo (DS N.º 163, de 13 de septiembre de 2002).

Incluso en lo que toca al cambio en la valoración de las atrocidades de la Dictadura, la internacionalización del derecho penal parece explicar mejor su evolución que las ideas de la *expansión* o el *populismo penal,* como procesos sociológicos *locales.* En efecto, su actual manifestación legislativa es tributaria de la regulación prevista en los tratados internacionales, como se manifestó en la introducción del delito de tortura, en los Arts. 150-A y B del Código Penal (Ley N.º 19.567, de 1 de julio de 1998), antes eufemística y benignamente castigada bajo la denominación de apremios ilegítimos; y en la tardía pero definitiva introducción entre nosotros de los crímenes de lesa humanidad, genocidio y de guerra por la Ley N.º 20.357, de 8 de julio de 2009, concebida como necesario complemento de la promulgación del Estatuto de Roma de la Corte Penal Internacional (DS N.º 104, de 1 de agosto de 2009).

Ello, por cuanto los mecanismos previstos para la implementación de los tratados internacionales parecen tener una fuerza que es independiente del apoyo de un político populista o un grupo de presión determinado. Un ejemplo de la operatividad y fuerza efectiva de las técnicas institucionales de prevención de conflictos a nivel internacional y forzamiento del cumplimiento e implementación de los tratados lo representa el proceso que condujo a la incorporación en Chile de la Ley N.º 20.393, de 2 de diciembre de 2009, que establece la responsabilidad penal de las personas jurídicas en los delitos de lavado de activos, financiamiento del terrorismo y cohecho, en las postrimerías de la primera presidencia de Michelle Bachelet, proceso gatillado por las exigencias del Grupo de Trabajo de la Organización OCDE que revisó la implementación entre nosotros de la antes mencionada Convención para combatir el cohecho a funcionarios públicos extranjeros (DS N.º 496, de 30 de enero de 2002).[5]

Otro ejemplo del efecto de la internacionalización del derecho en general y del poder de estos mecanismos institucionales de prevención de conflictos, es la transformación jurisprudencial de la legislación aplicable a las atrocidades de la Dictadura, donde el rol del derecho internacional y de la presión que pueden ejercer para su cumplimiento los organismos que lo aplican, como la Comisión y la Corte Interamericana de Derechos Humanos, produjo un significativo cambio en la forma de entender la aplicación del derecho penal local. Así, sin necesidad de una derogación expresa del Decreto Ley de Amnistía (DL 2.191 de 1978), en la práctica forense este ha dejado de regir, con el argumento de la aplicación directa de las Convenciones de Ginebra de 1949 (cuyo Protocolo referido a los conflictos armados de carácter no internacional se promulgó recién por DS N.º 752, de 28 de octubre de 1991) y del recurso a la autoridad de la Corte Interamericana de Justicia, cuya jurisdicción se reconoció al momento del retorno a la democracia con la promulgación de la Convención Americana de Derechos Humanos, mediante DS N.º 873, de 5 de enero de 1991. Este tribunal internacional, bajo la premisa del llamado rechazo a la impunidad, ha condenado la aplicación de las amnistías irregulares dictadas por los gobiernos de facto en Latinoamérica; rechazó el efecto de cosa juzgada de los procedimientos seguidos en Dictadura, pues no podían presuponerse serios y conducían derechamente a la impunidad; y declaró que no se debía tomar en cuenta la prescripción como modo de extinguir la responsabilidad penal por hechos cometidos en dictaduras que se prolongaban en el tiempo, más allá de todos los plazos normalmente previstos para hacer efectiva la responsabilidad penal de sus autores.[6]

Aunque a este respecto pudiera argumentarse que en las instancias previas a la formulación de los tratados y sentencias internacionales que gatillaron los cambios descritos también podría encontrarse la influencia de grupos de presión y predicadores morales atípicos organizados, lo cierto es que, por una parte, sería ingenuo pretender que las potencias internacionales no influyen directamente en ellos y, por otra, que inclusive si ese fuera el caso en algunos tratados, se trataría de organizaciones no gubernamentales de carácter internacional, y, por tanto, cuyos intereses y finalidades no pueden explicarse únicamente atendiendo a fenómenos locales.

Explicación y justificación: la sociedad de los derechos y el derecho al castigo

Si se quiere encontrar una fuente que permita encontrar una explicación común a los fenómenos aparentemente contradictorios de *democratización* e *intensificación del derecho penal,* más allá de la fenomenología que ofrece la existencia de una sociedad mundial basada en la internacionalización de ciertos elementos normativos comunes, mi impresión es que ella no es otra que la consolidación de la llamada *sociedad de derechos* (*individuales*). Según Hobsbawm, la *revolución cultural* operada a fines del siglo XX, puede "entenderse como el triunfo del individuo sobre la sociedad o, mejor, como la ruptura de los hilos que hasta entonces habían imbricado a los individuos en el tejido social", triunfo que habría producido una suerte de "liberalización social generalizada" y creciente "individualismo moral", aparentemente "progresista" (2011, 336–45). Esta ruptura puede verse reflejada—en términos de Hobsbawm—en el debilitamiento de las redes familiares y vecinales; la progresiva liberalización en materias sexuales y el aumento en las demandas por el control de la natalidad, con la correlativa pérdida de influencia de las iglesias occidentales en la conducta real de sus feligreses; el discurso de los "derechos" de cada uno sin atender a los "deberes" que ya no se suponen correlativos; y la pérdida de sensibilidad social manifestada en la creciente tendencia social a rechazar el tratamiento y la comprensión frente a quienes cometían delitos, pidiendo, en cambio, sencillamente que se castigase a los antisociales. La consecuencia de ello es la sobrevaloración del "derecho" de las víctimas al castigo de los supuestos victimarios, entendido como uno de carácter universal y absoluto, que debe imponerse aun a costa de las garantías básicas del debido proceso y de la función resocializadora de la pena, pues "cuando la justicia perece, entonces ya no tiene más valor la vida del hombre sobre la tierra" (Kant 1797, 332). La única "memoria" válida resulta así la de quien ha adoptado el rol de "víctima", pero ya no solo de las violaciones a los derechos humanos, sino también la de las mujeres y minorías sexuales excluidas, la de los niños víctimas de pedofilia, la de las víctimas de robos, hurtos y accidentes de tránsito, o la del pueblo mapuche víctima de una opresión centenaria, todos ellos necesitados de una justicia absoluta e inclemente cuya imposición a toda costa justifica la privación de los derechos de los victimarios y justiciables a un debido proceso y, en caso de ser condenados, a una ejecución penitenciaria que les ofrezca reales oportunidades de reinserción social (en vida).

Notas

1. En el mensaje que acompañó la tramitación parlamentaria del Código Procesal Penal se lee: "En fin, y ahora desde un punto de vista social, la reforma que se propone se traduce en una ganancia social por quienes son víctimas de la conducta delictual. En Chile, por motivos diversos, existe una gran inseguridad subjetiva, un fuerte temor a la criminalidad. Una de las fuentes de esa inseguridad subjetiva es la indefensión que provoca el deficiente diseño del proceso penal. En los hechos, el proceso penal pone de cargo de las víctimas la iniciativa de la persecución penal, puesto que la actividad de los organismos de persecución penal pública es ineficiente y, según ya se vio, no logra focalizarse sobre la criminalidad más grave

sino solo sobre los sectores sociales más vulnerables. La extrema dilación y la estructura de los procedimientos, por otra parte, distancian a la infracción del castigo, privando a este último de sus funciones simbólicas y protectoras. La reforma procesal penal, en la medida que instituye un órgano específico encargado de la persecución penal pública sometido a la conformidad de la víctima y, al mismo tiempo, en la medida que abrevia la distancia temporal entre la infracción y el castigo, contribuye a disminuir los factores que acentúan la inseguridad subjetiva en Chile. El Ministerio Público será un órgano estatal especializado en la persecución penal, en la protección de la víctima y en una represión imparcial y rápida de la delincuencia".

2. La derogación temporal de estos delitos solo puede explicarse como producto de la fuerza de la presión empresarial (oculta bajo el disfraz de un tecnicismo y minimalismo penal de conveniencia aparentemente compatibles con la democracia formal instalada después de 1990) para transformar estos delitos en meras infracciones administrativas, tal como hoy lo establece la Ley N.º 19.911, de 14 de noviembre de 2003.

3. Para justificar este aserto, véase la obra de Pacheco (2000), cuyo texto original, de 1856, es muy ilustrativo. Allí se encontrarán comentarios del autor y referencias de *Las Partidas* y otros códigos de la época para los siguientes temas "modernos": el asesinato de personas por motivos políticos (p. 607s), la corrupción funcionaria (p. 928ss), las organizaciones criminales (p. 725ss), el tráfico ilícito de productos nocivos para la salud (p. 816ss), la piratería (p. 600ss), y la corrupción de menores (p. 1075ss), entre otros. En cuanto a la criminalidad económica, baste esta cita de Pacheco para demostrar lo poco "moderna" que, en cierto sentido, es su represión: "Una carta falsa leída en la Bolsa, un posta simulado que se haga entrar ostensiblemente para divulgar cierta noticia, un anuncio hábil inserto en un periódico, pueden en determinadas circunstancias causar un trastorno en los precios, que enriquezca y arruine á mil personas. En esto hay delito real y verdadero. Por mas que pocas veces pueda alcanzarse á su autor" (2000, 1278). El comentario se refiere al Art. 462 del Código español de 1848, que castigaba a "los que esparciendo falsos rumores, ó usando de cualquier otro artificio, consiguieren alterar los precios naturales que resultarían de la libre concurrencia en las mercancías, acciones, rentas públicas ó privadas, ó cualesquiera otras cosas que fueren objeto de contratación".

4. Otra reforma a la Ley de Violencia Intrafamiliar, incorporada en las postrimerías del primer Gobierno de Michelle Bachelet, la Ley N.º 20.427, promulgada el 10 de marzo de 2010, pero publicada el 18 de ese mes, introdujo una intensificación de la respuesta penal frente al *maltrato de adultos mayores,* en un fenómeno puramente local, que vino a suplir falencias de la legislación en la materia y, especialmente, a reducir el ámbito de exclusión de la pena del Art. 489 del Código Penal respecto a los delitos patrimoniales contra adultos mayores, antes exentos de pena si eran cometidos por parientes y ahora punibles si la víctima tiene más de 60 años de edad.

5. Aunque la Convención no impone obligatoriamente la responsabilidad *penal* de las personas jurídicas, el Grupo de Trabajo consideró primero que la legislación civil y administrativa anterior era insuficiente (Fase 1, 2, y 1 bis) y aprobó, después, como "conforme" a dicha Convención la Ley N.º 20.393, con ciertas prevenciones relativas a los requisitos de interés directo y la aparente formalidad de los planes de prevención, los cuales determinó analizar en un proceso posterior (Fase 1, diciembre de 2009).

6. Véase, SCIDH, de 26 de septiembre de 2006, *Caso Almonacid Arellano y otros Vs. Chile. Excepciones Preliminares, Fondo, Reparaciones y Costas. Serie C No. 154*. Crítico con la expansión del empleo del derecho penal que ello conlleva, véase Pastor (2005).

Bibliografía

Carnevali, Raúl. "¿Es adecuada la actual política criminal estatal?" *Gaceta Jurídica* n.º 24 (8) (2000).

Fiscal De La Corte Penal Internacional. *Escrito de amicus curiae sobre la jurisdicción especial para la paz ante la Corte Constitucional de la República de Colombia, de 18 de octubre de 2017*. Acceso el 05 de noviembre de 2017. http://cr00.epimg.net/descargables/2017/10/21/17135b6061c7a5066ea86fe7e37ce26a.pdf?int=masinfo

Hobsbawm, Erich. *Historia del Siglo XX*. 10ª edición. Buenos Aires: Crítica, 2011.

Kant, Immanuel. *Die Metaphysik der Sitten, Akademische Ausgabe, T. VI*. http://www.korpora.org/kant/aa06/332.html.

Malarino, Exequiel. "Activismo judicial, punitivización y nacionalización. Tendencias antidemocráticas y antiliberales de la Corte Interamericana de Derechos Humanos". En *Sistema interamericano de protección de los derechos humanos y derecho penal internacional*. Compilado por el Grupo Latinoamericano De Estudios Sobre Derecho Penal Internacional, 25–62. Montevideo: Konrad Adenauer Stiftung, 2010.

Matus, Jean Pierre. "Informe sobre la ejecución de la sentencia en el caso Almonacid presentado a la Cámara de Diputados". *Ius et Praxis* 12, n.º 2 (2006): 385–96.

———. *La transformación de la teoría del delito en el derecho penal internacional*. Barcelona, Atelier, 2008.

Nilo, Joaquín. "Impacto de la globalización en la normativa sustantivo-penal nacional durante los gobiernos de Aylwin, Frei y Lagos". *Revista de ciencias penales* 41, N.º 2 (2014): 69–84.

———. "Normativa sustantivo-penal durante los gobiernos de Aylwin, Frei y Lagos. Chile: ¿un caso de expansión o intensificación del derecho penal". *Revista de Estudios de la Justicia* n° 13 (2010): 253–291.

Pacheco, Joaquín. *El Código Penal concordado y comentado*. 3ª edición. Original de 1856. Madrid: Edisofer, 2000.

Pastor, Daniel. "El derecho penal del enemigo en el espejo del poder punitivo internacional". En *Derecho Penal del enemigo. El discurso penal de la exclusión*. Edición de Manuel Cancio Meliá y Carlos Gómez-Jara Díez, 475–522. Madrid y Buenos Aires: Edisofer / B. de F, 2006.

———. "La deriva neopunitivista de organismos y activistas como causa del desprestigio actual de los derechos humanos". *Nueva Doctrina Penal* (2005/A): 73–114.

Pratt, John. *Penal Populism*. Londres: Routledge, 2007.

Ramos, Marcela y Juan Andrés Guzmán. *La guerra y la paz ciudadana*. Santiago: LOM, 2000.

Silva Sánchez, Jesús. *La expansión del Derecho penal. Aspectos de política criminal en las sociedades postindustriales*. Segunda edición, revisada y ampliada. Buenos Aires: B de F, 2008.

CAPÍTULO 12

Memorias y archivos visuales de la afrocolombianidad

Tania Lizarazo

La predominancia de lo escrito en la construcción de conocimiento ha marginalizado de la historia a quienes les ha sido negado el acceso a la escritura. La memoria se ha constituido como un género y un campo de estudio en la academia que no se centra solo en lo escrito y que se presenta en monumentos y narrativas que se autodenominan democráticas. Los procesos de reconciliación y monumentalización son públicos y toman muchas formas, pero la memorialización multimodal no garantiza la inclusión. La reproducción de narrativas oficiales excluyentes es inevitable. La naturalización de la identidad mestiza en la construcción de la nación colombiana y su memoria ha monopolizado la estética racial de los discursos de la colombianidad y de sus representaciones visuales. No es sorprendente que parte del esfuerzo por visibilizar grupos tradicionalmente marginados de la escritura de la historia, haya resultado en estudios etnográficos o sobre tradición oral u oraliteratura. Lo visual, sin embargo, ha solido pensarse como mera ilustración y solo en las últimas décadas ha emergido como un objeto académico autónomo.

Silvia Rivera Cusicanqui nos recuerda que los discursos públicos en Latinoamérica se han caracterizado por un no decir que esconde jerarquías raciales y separa la palabra de la acción. Nos enseña que "[l]as imágenes nos ofrecen interpretaciones y narrativas sociales, que desde siglos precoloniales iluminan este trasfondo social y nos ofrecen perspectivas de comprensión crítica de la realidad" (2010, 20). El colonialismo interno bajo el que, según Rivera Cusicanqui, las palabras encubren la realidad, se sustenta en la asociación entre conocimiento y escritura. El ocultamiento de estas jerarquías ha hecho que incluso políticas públicas promuevan la hegemonía del mestizaje al marcar como diferente todo lo que ha sido excluido bajo la categoría de otredad. Por ejemplo, la Ley 70 de 1993, conocida como "la ley de comunidades negras", reconoció la propiedad de territorios colectivos a las comunidades negras que habitaban en las áreas ribereñas del Pacífico colombiano. La necesidad de lo escritural para tener acceso a derechos y la centralidad del mestizaje en la construcción de lo nacional se evidencia en documentos como esta ley. El reconocimiento de derechos territoriales a grupos indígenas y afrodescendientes es evidencia, además, de la vigencia de binarios raciales (neutral/no neutral) en un contexto que se piensa multicultural. El acceso a derechos a través de políticas públicas no ha impedido así la reproducción y circulación de representaciones estereotipadas de afrodescendientes (Arriaga 2013).

Como respuesta a la Cátedra de Estudios Afrocolombianos, establecida por la Ley 70, ha surgido una serie de estudios sobre las imágenes utilizadas en textos escolares para representar a los afrodescendientes (Castillo Guzmán y Caicedo Ortiz 2016) y la reproducción de estereotipos en la implementación de la cátedra (Arocha et al. 2007). Como Elizabeth Castillo Guzmán y José Antonio Caicedo Ortiz afirman en su análisis sobre representaciones de afrodescendientes en contextos escolares: "lo afrodescendiente aparece como un asunto marginal, cuando no exótico" (2016, 9). La construcción visual de la afrocolombianidad no puede ser pensada independientemente del rol de lxs afrocolombianxs como actores sociales y sus luchas por el reconocimiento de sus derechos por parte del Estado. Pensar la afrocolombianidad en un contexto de predominancia escritural que ha marginado a las comunidades negras en Colombia es inseparable de la construcción de imágenes de la afrocolombianidad.

Partiendo de estas ideas, este ensayo plantea un breve recorrido por tres momentos de representación visual de comunidades negras en Colombia. Es bien sabido que aunque el 26% de la población colombiana se autoidentifica con la categoría de afrocolombianx, las memorias y archivos de la colombianidad han reproducido una imagen nacional basada en el mito de una mezcla racial que no solo niega la existencia de indígenas y negrxs sino que crea al sujeto mestizo como neutral. Así, detrás de la idea de multiculturalidad/multiculturalismo se esconde la exclusión implícita de comunidades que han sido marcadas históricamente como otras. En un esfuerzo por descentrar las representaciones oficiales, mi interés en este texto es crear un espacio para explorar la puesta en escena de representaciones, memorias y archivos visuales que escapan de las narrativas estereotipadas de la afrocolombianidad. Como nos recuerdan los editores del dossier *La performance del archivo*: "los archivos oficialistas, con sus verdades, pero también con sus tachaduras y silencios, siempre están sujetos al cuestionamiento, a la intervención, a la recombinación y a la creatividad disruptiva o imaginativa" (Lazzara, Blanco y Bongers 2014, 3).

Con el propósito de rastrear lo que escapa a los archivos oficialistas, en este ensayo identifico tres paradigmas visuales de la afrocolombianidad que evidencian posibles aproximaciones metodológicas en la producción de imágenes. El paradigma etnográfico, ejemplificado en el trabajo pionero de la antropóloga Nina de Friedemann, es la base del campo de la antropología visual en Colombia, y establece los puntos de fuga de las posibilidades políticas y colaborativas de la academia. El paradigma local, representado por la experiencia museográfica liderada por la Fundación Muntú Bantú en Quibdó, Chocó, como un espacio comunitario y pedagógico, refleja la potencialidad de narrativas con perspectiva afrocéntrica. Finalmente, el paradigma colaborativo, ilustrado por el proyecto de la cuenta de Instagram (y el hashtag asociado a esta) *Fotógrafas del Pacífico* es una reflexión sobre plataformas y tecnologías que permiten la producción, circulación y consumo de imágenes para una audiencia global.

El presente análisis es una aproximación preliminar a la construcción de memorias y archivos visuales de la afrocolombianidad, pensando tanto en su potencial político como en los métodos usados para su creación y sus implicaciones éticas. Lo que me interesa es la construcción de la afrocolombianidad que excede la obligatoriedad de la inclusión multicultural. Es decir, mi interés son los ejercicios de memorialización afrocéntrica como ejemplo de las negociaciones de representaciones visuales. Mi argumento central es que la creación de memorias y archivos visuales de la afrocolombianidad ha sido y sigue siendo un proceso paralelo al de la construcción de memorias y archivos visuales oficiales de la colombianidad que refuerzan el mestizaje como neutralidad. En cada una de las tres partes que estructuran este texto, según los paradigmas que propongo, se evidencia el mestizaje como un espectro estético de aceptabilidad en el que el distanciamiento de una etnicidad particular es leído como cercanía al poder. Mi propósito no es, entonces, establecer un recorrido cronológico ni exhaustivo, sino ofrecer una narrativa que incluya intentos de resistir a la homogeneización de la experiencia del pasado en la construcción de Colombia como una nación esencialmente mestiza.

El paradigma etnográfico

Nina de Friedemann fue una de las fundadoras del campo de estudios afrocolombianos. Siguiendo una tradición académica de intelectuales como Manuel Zapata Olivella, realizó un extenso trabajo antropológico evidente en sus 27 libros publicados. Su trabajo con afrocolombianos en Palenque, Providencia, diferentes comunidades en Chocó, e incluso Estados Unidos y África, permitió crear un interés en las comunidades negras en el campo de la antropología colombiana, que hasta entonces se había centrado en grupos indígenas. Este interés antropológico contagió rápidamente otros campos, creando un *corpus* académico significativo y con la autoridad necesaria para respaldar las exigencias de los movimientos de comunidades negras de reconocer sus derechos territoriales y su existencia como grupo étnico (que concluyó con la ya mencionada Ley 70 de 1993). Pero lo más interesante del trabajo de Friedemann es su trabajo de documentación audiovisual como metodología de investigación con el que, después de su muerte, se creó un fondo visual en la Biblioteca Luis Ángel Arango, que se puede consultar parcialmente en línea (Banco de la República 2018).

Aunque el proyecto de Friedemann fue criticado por centrar su atención en las poblaciones negras (Valencia Peña y Silva Chica 2014), es innegable su influencia en el campo de la antropología colombiana: hoy De Friedemann es un referente omnipresente para investigadores del campo de estudios afrocolombianos (Velandia y Restrepo 2017). Lo que me interesa resaltar particularmente es su uso de lo visual y audiovisual como antídoto a la invisibilización de la negritud en Colombia. Como afirman Inge Helena Valencia Peña y Laura Silva Chica, "De Friedemann se refiere a la invisibilidad como una estrategia de dominio proyectada en el tiempo y en el espacio, la cual se ha plasmado en ámbitos como la ciencia, la academia y la política" (2014, 29). El paradigma etnográfico que conceptualizo, y con el cual puede también identificarse a otrxs intelectuales, se inaugura con Friedemann y su uso de metodologías que exceden la etnografía tradicional. El conjunto de iniciativas que hacen posible una etnografía antirracista y colaborativa subraya los potenciales de este campo. Lo que hace este conjunto de trabajos distintivo es la intencionalidad de pensar críticamente los silencios de las narrativas oficiales y las estrategias que pueden usarse desde la academia para evitar la reproducción de la invisibilización o folclorización de las comunidades negras. El uso de imágenes como parte de un esfuerzo por hacer la etnografía menos jerárquica es particularmente relevante para pensar en metodologías más colaborativas que permitan incluir a las comunidades históricamente marginalizadas en lugar de reproducir su exclusión del lugar de enunciación.

Es difícil no estar de acuerdo con la afirmación de que "[t]odas las formas de producción cultural son visuales: incluso en las formas que no se apoyan directamente en la imagen, la *imaginación*, sin embargo, juega un papel importante en relación con su producción de sentido y afecto" (Yepes Muñoz 2014, 26–27). Las imágenes y lo imaginado sobre la colombianidad, así como las memorias y archivos que la constituyen, son creaciones ideológicas que normalizan y naturalizan cuerpos y estéticas predeterminados como neutrales.

Como nos recuerda Jaime Arocha en su texto sobre Friedemann, "llevamos tan troquelados los ejercicios de ocultar y reducir rasgos complejos a simplicidades de carácter invariante—atávico—que los practicamos mecánicamente. De ahí su insidia, así como la dificultad para erradicar una de las manifestaciones más perversas de la invisibilidad, la glorificación del mestizaje" (2016, 145). Como un conocimiento autocrítico, es imperativo reconocer los lugares de enunciación de una jerarquía que ha históricamente beneficiado a quienes, en el espectro de mezcla racial, se acercan a la blanquitud. En *La saga del negro: presencia africana en Colombia*, Friedemann nos enseña que "[e]l mestizaje, como ideología de acción política ha sido una de ellas y sigue siendo útil para aniquilar diversidades socio-raciales que reclamen derechos de identidad" (1993, 10). Este reconocimiento del poder ideológico del mestizaje para definir quién puede acceder a la ciudadanía y a los derechos asociados a esta es fundamental para entender la importancia de metodologías no cómplices en la reproducción de esta jerarquía. Más adelante, en el mismo texto, la antropóloga nos recuerda que el mestizaje es el "sustento en la construcción de la sociedad de castas cuyo tope ideal era ser o convertirse en blanco", por lo cual "llevaba implícita la ideología del blanqueamiento" (1993, 41). En contraposición a la ideología de mestizaje como blanqueamiento, su trabajo rastrea las "huellas de africanía entendidas como memorias, sentimientos, aromas, formas estéticas, texturas, colores, armonía" (1993, 57).

Aunque la escogencia del tropo de "lo etnográfico" para nombrar el trabajo de Friedemann ya invoca las relaciones de poder tradicionalmente asociadas con la imagen del *outsider* internándose en el territorio de una comunidad apartada, mi interés se centra en el carácter autocrítico de su trabajo, como lo ejemplifica su artículo "Cine documento: una herramienta para investigación y comunicación social", publicado en la *Revista Colombiana de Antropología* (1976). Lo interesante de este artículo no es exclusivamente la creación de imágenes de afrodescendientes y, por tanto, de uno de los primeros archivos fotográficos de la afrocolombianidad, sino la reflexión sobre el uso de imágenes fijas y en movimiento en colaboración con las comunidades que son representadas en ellas.

En este ensayo, De Friedemann describe dos trabajos visuales que realizó con poblaciones negras: *Villarica* (1974) y *Güelmanbí* (1972-1974). *Güelmanbí* pretendía representar la situación de los mineros en esta población y resultó en una muestra de 75 fotografías y una película que se presentaron tanto a mineros como al público en general de la región. Después de la muestra fotográfica y la proyección de la película, se hicieron entrevistas individuales con habitantes de áreas urbanas y entrevistas rurales con las comunidades rurales. Por su parte, *Villarica* consistió en la producción de una película para mostrar la experiencia de su gente frente a la expansión de ingenios azucareros en la región. La metodología de *Villarica* seguía la usada por Sol Worth, de la Universidad de Pensilvania, en su investigación sobre indígenas Navajos, que hacía una documentación visual de los espacios físicos de la comunidad y los comportamientos asociados a ellos, así como de actividades de la vida doméstica y celebraciones comunitarias. El resultado fueron 700 fotografías de las que se seleccionaron 34, organizadas por miembros de la comunidad para contar su perspectiva particular.

Aunque la metodología usada por Friedemann en estos dos proyectos tiene rasgos generales que se asocian con la práctica etnográfica, su carácter colaborativo es innegable y evidencia una preocupación ética por la creación y representación de la afrocolombianidad. Si bien las entrevistas y el uso de la tecnología refuerzan la autoridad de los investigadores y, por tanto, las relaciones de poder entre antropólogos y miembros de la comunidad, el diálogo generado por las imágenes desnaturaliza su poder para capturar la realidad de la afrocolombianidad. La valoración de las comunidades negras como audiencias e intérpretes de las imágenes producidas en el proceso de investigación valoran el conocimiento de los miembros de la comunidad y eliminan la idea de las imágenes como productos finales de la investigación. Para la antropóloga, la comunidad no solo es "el campo" ni el repositorio de informantes e información, sino el espacio de un diálogo que se extiende más allá del trabajo de campo.

Jaime Arocha recuerda que "en la noche del 21 de agosto de 1993, cuando en la sede de la Organización de Barrios Populares de Quibdó, OBAPO, celebrábamos [...] la que más adelante se denominaría Ley 70 de 1993 o "Ley de negritudes", esos líderes comunitarios reiteraran que la obra de Friedemann les había inspirado sus reivindicaciones" (2016, 140). Esta asociación de la Ley 70 con el trabajo etnográfico de Friedemann revela las posibilidades reales de un trabajo académico comprometido con una representación no estereotipada de las comunidades que representa. La confirmación de que la "combinación rigurosa de los métodos etnográfico y etno historiográfico tenía efectos sobre políticas públicas que antes habían excluido los derechos de los afrodescendientes" (2016, 140) revela además los usos que los movimientos sociales pueden darle a investigaciones académicas rigurosas.

Décadas después de la asociación de la obra de Friedemann con la Ley 70, el Museo Nacional realizó la exposición *Velorios y santos vivos. Comunidades negras, afrocolombianas, raizales y palenqueras*. Esta exposición evidencia los silencios y vacíos que las representaciones de la colombianidad todavía contienen. Según el grupo de trabajo que hizo esta exposición temporal, su propósito era "exaltar la riqueza estética, simbólica y espiritual contenida en los rituales fúnebres, la relación con los ancestros y la devoción a los santos católicos como renovadores de los lazos de solidaridad de las comunidades de ascendencia africana en Colombia" (Botero Mejía y González Ayala 2014, 289). Aunque hay opiniones encontradas sobre estas y otras exposiciones temporales que han tratado de remediar parcialmente la violencia simbólica de la narrativa oficial del Museo Nacional, es muy significante que con esta exposición "[p]or primera vez el Museo llenó el vacío que su narrativa sobre la formación nacional ostentaba acerca de los aportes que la gente de ascendencia africana realizó desde la Colonia" (Arocha Rodríguez 2016, 146).

Como espacio oficial, el Museo Nacional ha institucionalizado la supremacía blanca/mestiza al presentar la experiencia de la élite como referente de la identidad nacional. Y la inclusión histórica, pero temporal, de afrodescendientes recibió críticas como el cuestionamiento de que "su primera aparición en el Museo estuviera relacionada con la muerte" (Botero Mejía y González Ayala 2014, 289). Otra crítica relevante fue que "las espiritualidades de los afrocolombianos, negros, raizales y palenqueros con sus altares a los difuntos y a los santos son sagradas y por ello, no debían ser descontextualizados y puestos en escena en un museo" (Botero Mejía y González Ayala 2014, 289). Lo que evidencian estas críticas es la importancia de que la inclusión sea más que temporal y superficial. Es importante aclarar que la reciente renovación del Museo Nacional incluye ahora la serie *¡Quieto pelo!* de Liliana Angulo e incluso la fotocopia de un documento del Primer Encuentro Regional de Mujeres de la Costa Pacífica Colombiana. Estos esfuerzos por diversificar son productos también de un paradigma etnográfico basado en la colaboración entre curadorxs, artistas y comunidades.

Como nos recuerda Rivera Cusicanqui, "[l]a estructura ramificada del colonialismo interno-externo tiene centros y subcentros, nodos y subnodos, que conectan a ciertas universidades, corrientes disciplinarias y modas académicas del norte, con sus equivalentes en el sur" (2010, 63). Pensando en la afinidad tanto de De Friedemann como mía con el sesgo neocolonial que implica escribir desde el Norte global sobre el Sur global, me interesa terminar esta sección con la tensión entre la potencialidad de la academia por retar estos nexos y la insuficiencia de una inclusión que no cuestione las jerarquías inherentes a la producción de conocimiento y representaciones sobre comunidades negras. Así, el potencial del paradigma etnográfico nos permite imaginar los paradigmas local y colaborativo como formas de producción de conocimiento que exceden los límites de los cánones contemporáneos de conocimiento.

El paradigma local

La Fundación Muntú Bantú, un espacio museográfico fundado en 2008 por el historiador chocoano Sergio Antonio Mosquera, es el único museo nacional dedicado exclusivamente a conmemorar la historia afrocolombiana. Este museo ejemplifica cómo la ausencia (al ser mínima la cantidad de objetos expuestos y limitadas las fuentes para reconstruir una historia afrocéntrica en Colombia) se entrelaza con la creación de memorias visuales, como lo ilustra la obra hecha por dos jóvenes artistas chocoanos y exestudiantes de Mosquera. Fernelis Navia y Leison Rivas crearon murales e ilustraciones siguiendo lo que Mosquera describe como "un proceso de desentrenamiento de la estética occidental europeizante". Así, el resultado final es un ejemplo del entrenamiento descolonizador que hizo este museo posible. Las representaciones visuales logran invocar la "historia negra" con murales multicolor y citas que adornan las paredes de una casa de tres pisos en una zona residencial del barrio Nicolás Medrano, Quibdó. Entrar al museo es reemplazar el tráfico quibdoseño de motos por la evocación de un pasado ancestral en África en conexión con la identidad chocoana actual e imaginar un lugar común de donde pueda derivarse un futuro compartido.

El paradigma local está caracterizado por iniciativas culturales como la Fundación Muntú Bantú que reimaginan la historia desde una perspectiva afrocéntrica. Su narración evidencia los vacíos de la historia oficial y asume el rol pedagógico y político de cuestionar la naturalización del mestizaje con hechos y memorias, estableciendo un balance entre el reconocimiento de traumas y la celebración de las estrategias de supervivencia. Aunque espacios como la Fundación y su museo no son explícitamente contranarrativas ni se oponen al poder tradicional, confirman que el poder asociado a las narrativas oficiales no es omnímodo y, por tanto, es negociable. Así como la creación de las memorias y archivos visuales contenidos en el museo de la Fundación Muntú Bantú es identitaria, su difusión lo es también. La narrativa predominante no refuerza los límites nacionales (y ni siquiera los regionales) sino que, por el contrario, evidencia el carácter global de la identidad afrodescendiente.

Retratos de Martin Luther King, Abraham Lincoln, Luis Antonio Robles, Candelario Obeso y Bob Marley adornan las paredes junto a las escaleras que bajan a la primera sala del museo. Al descender las escaleras, hay una foto enmarcada de Malcolm X. Debajo, una cita de él: "vean por sí mismos, escuchen por sí mismos, piensen por sí mismos". Otra figura emblemática es Nelson Mandela, a quien se puede liberar de sus rejas, moviéndolas. Aunque a primera vista este *collage* de figuras afro transnacionales pueda parecer *kitsch*, significa la primera diferencia del museo frente a las representaciones visuales de afrocolombianos, cuyo énfasis suele recaer en el registro de actividades tradicionales como la pesca o la minería. No significa que las fotos de pescadores o mineros sean más o menos reales, sino que la exposición del Museo de la Afrocolombianidad es un intento de visibilizar una identidad transnacional negra y no una representación nacional superficial, acaso estereotipada; puesto de otro modo, es una muestra de la diversidad de la negritud y una invitación a una reflexión crítica y autónoma sobre la afrocolombianidad. La invocación del carácter transnacional de la identidad afrocolombiana no es, sin embargo, una novedad. El movimiento Cimarrón (Movimiento Nacional por los Derechos Humanos de las Comunidades Negras de Colombia) tuvo originariamente el nombre Soweto en su fundación en 1976, como una forma de rendir homenaje a la lucha contra el *apartheid* en Sudáfrica, y fue en principio un grupo de lectura donde se estudió a Martin Luther King y a Malcolm X.

De forma similar al Museo de la Afrocolombianidad, otros espacios como la *Muestra bíblica del misionero chocoano Gonzalo de la Torre* (2002) tiene su origen en espacios comunitarios de Quibdó, en particular el Centro Universitario de Estudios Bíblicos. Esta muestra establece una historia teológica que reconstruye las memorias traumáticas de la población afrocolombiana, invirtiendo la jerarquía de centro y periferia para reivindicar la diversidad y la espiritualidad locales. Aunque la interpretación del contexto afro de esta muestra podría leerse como reproducción del papel activo de la religión en la historia de catequización de comunidades negras, su narrativa establece paralelos entre el lenguaje mítico de la Biblia y los desafíos sociales de la teología a partir de una aproximación crítica al contexto histórico de ambos Testamentos. Su genealogía puede rastrearse a la teología de la liberación y la pastoral afrodescendiente como proyectos colectivos de liberación. La selección de imágenes que acompañan estos espacios locales es una apuesta política comprometida y no solo una experiencia estética.

El paradigma local, siguiendo la teoría socioterritorial, es una forma no institucional y transdisciplinar que "encuentra un lugar de enunciación en los pensamientos, narrativas, memorias y saberes de los pueblos en movimiento, e interactúa con tendencias críticas en el panorama intelectual del continente (por ejemplo, con el debate sobre el buen vivir, la autonomía y las economías otras), y con algunas tendencias de la teoría social (los conceptos de ontologías relacionales y pluriverso)" (Mina Rojas et al. 2015, 168). Este paradigma permite valorar la construcción de un conocimiento local que no solo no es impuesto desde (ni hacia) afuera, sino que tiene como objetivo crear espacios de aprendizaje de las creencias religiosas basados en referencias locales, entre ellas a la esclavitud y al adoctrinamiento impuesto, como una manera de reconocer las particularidades de la espiritualidad chocoana.

La experiencia investigativa de Mosquera sobre la diáspora africana, en particular sobre esclavitud y espiritualidad, es evidente en el espacio múltiple e interactivo de la muestra—que incluye desde una sala sobre religión (inspirada en su libro *Visiones de la espiritualidad afrocolombiana*) a una sobre cine—. Otras de sus publicaciones como *Afrochocoanos y troncos familiares* son la base del contenido de estas salas, donde conviven hechos e íconos locales y globales. En la muestra dialogan el trauma de la esclavitud y el conflicto armado con el sincretismo del catolicismo afrochocoano y otras prácticas espirituales y culturales que han permitido la supervivencia de la población afro a pesar de su exclusión de la nación. La muestra es un recordatorio del potencial pedagógico—no prescriptivo—de la colaboración entre el conocimiento académico y los procesos organizativos que llevaron a la consecución de los derechos territoriales de las comunidades negras. De igual forma, revela la importancia de buscar formas de difusión del conocimiento que trasciendan lo escritural. Nuevas adiciones a los murales de líderes políticos incluyen a las prominentes figuras afrocolombianas Paula Marcela Moreno (ex ministra de Cultura) y Piedad Córdoba (ex senadora) que han matizado la predominancia de figuras masculinas que este espacio museográfico tenía.

El proyecto de Mosquera puede verse como una construcción alternativa de conocimiento que se distancia de lo que él mismo describe como "[e]l pensamiento moderno/europeo/blanco/racional/colonial (esclavista-capitalista) [que] se proyecta a escala universal como deslocalizado, impersonal y sin condicionamiento social o étnico" (2001, 24). Al distanciarse de la producción de conocimiento colonial que se esconde tras las promesas del mestizaje, se abre un espacio para valorar conocimientos locales descolonizadores. En *Degrees of Mixture, Degrees of Freedom: Genomics, Multiculturalism, and Race in Latin America* (2017), Peter Wade explica que la mezcla racial asociada al mestizaje tiene un carácter dual: su potencial democratizador es paralelo a su potencial de reforzar jerarquías raciales preestablecidas. Las narrativas oficiales refuerzan ideas de pureza que usan la ambigüedad del mestizaje para marginalizar todo lo que cuestione la idea del mestizaje como mezcla, y simultáneamente, negar esa misma invisibilización. A diferencia de la historia homogeneizante presentada por el Museo Nacional como parte de un proyecto de identidad nacional,[1] la Fundación Muntú Bantú construye un archivo afrocéntrico donde las memorias no refuerzan ideas estereotipadas ni simplistas sobre la diáspora africana.

En un lugar como Chocó, donde la ausencia de espacios culturales es la norma y no la excepción, el Museo de la Afrocolombianidad y la *Muestra bíblica* constituyen un esfuerzo por recordar, educar y celebrar las herencias culturales, incluso las dolorosas. Como prácticas fuera del estatus de la escritura, permiten no solo un acceso a conocimientos excluidos de los centros de poder, sino que apelan a una audiencia local. Aunque estos espacios no haya contado con el apoyo financiero que merecen y sean todavía una iniciativa predominantemente personal, contar la historia de la afrodescendencia colombiana, que hasta recientemente no era una historia digna de curaduría, es ya un logro.

El paradigma digital

Partiendo de trabajos colaborativos y locales como los de Friedemann y Mosquera, que evitan reproducir la revictimización de quienes han experimentado la violencia, se constituye un paradigma digital que crea archivos visuales colectivamente. Las nuevas tecnologías y plataformas digitales como las redes sociales permiten borrar la frontera entre el consumo y la producción de objetos culturales. La reproducción en tiempo real de imágenes en plataformas permite también una interacción real con una audiencia desterritorializada. De igual importancia, este paradigma digital es ideal para visibilizar la agenda de activistas e intervenir directamente en la creación de representaciones y archivos visuales que cuestionan las narrativas de memoria existentes. Como nos recuerdan Pilar Riaño y María Victoria Uribe en su ensayo sobre su participación en el Grupo de Memoria Histórica, "[l]a construcción de memoria es un campo de tensiones donde compiten memorias diversas en busca de reconocimiento social" (2017, 14).

Para julio de 2019, la cuenta de Instagram de *Fotógrafas del Pacífico* (@fotografasdelpacifico) tiene 224 posts y 1.339 seguidores. Esta colección de fotografías es parte de *Enamórate del Chocó*, cuya cuenta de Instagram (@enamoratechoco) tiene 4.340 posts y 23.300 seguidores, es parte de un proyecto colectivo de visibilización del Pacífico. El diseñador gráfico y fotógrafo Andrés Mauricio Mosquera Mosquera es el fundador de estos proyectos y colabora constantemente con otrxs creadorxs locales. Otras cuentas de esta iniciativa incluyen *Enamórate del Pacífico* (@enamoratedelpacifico) y *Enamórate de Buenaventura* (@enamoratebuenaventura). Decido centrarme en *Fotógrafas del Pacífico* porque es una cuenta administrada por mujeres afrochocoanas que publica fotografías de mujeres que viven en el Chocó, particularmente negras e indígenas. En Colombia, las producciones culturales tradicionales como la televisión y el cine todavía están desproporcionadamente dominadas por una estética de blanqueamiento. Incluso la estética mestiza está orientada a unos marcadores explícitos de belleza que corresponden a la idea normativa de blanquitud: piel clara, pelo liso, ojos claros, etcétera. *Fotógrafas del Pacífico* ofrece imágenes no estereotipadas no solo de afrodescendientes, predominantemente mujeres y niñas, sino de escenas de la vida cotidiana, que desafían las imágenes que tradicionalmente circulan sobre espacios y habitantes del Pacífico.

En "Social Stories: Digital Storytelling and Social Media", Jessica Marie Johnson parte de las narrativas digitales [*digital storytelling*] como género para ampliar su definición a las redes sociales como espacios de construcción de narradoras y narrativas incluyentes: "social media can disrupt and construct inclusive narratives, highlight marginalized histories, and empower users" (2018, 39). En #fotógrafasdelpacífico—el hashtag usado por la cuenta *Fotógrafas del Pacífico*—es evidente que las narrativas digitales toman diferentes formas y se manifiestan en un rango amplio de plataformas que exceden el género del *digital storytelling*, normalmente entendido como narrativas audiovisuales cortas que cuentan historias personales. Estas nuevas tecnologías permiten crear espacios alternativos a los museos y archivos, que en un país centralista como Colombia no son ni siquiera accesibles para la mayoría de la población. Estas narrativas son fundamentales para ampliar las representaciones de la colombianidad y para evaluar críticamente por qué la afrodescendencia solo se incluye como accesorio de la multiculturalidad y no como parte fundamental de una memoria nacional.

En un contexto como el de Colombia, en el que las memorias institucionales como la del Grupo de Memoria Histórica preceden al rótulo de posconflicto que todavía no se ha materializado, la victimización (y revictimización) de quienes han sido excluidxs del ideal mestizo se ha vuelto norma. Así, la homogeneización del mestizaje es doblemente cruel cuando se suma a la homogeneización que las narrativas del conflicto implican: "el proceso para documentar la memoria histórica de la guerra tiende a homogeneizar la noción de víctima, mientras que aún cuesta trabajo darle cabida o comunicar narrativas plurales que reconocen disputas sobre la memoria y voces disidentes" (Riaño y Uribe 2017, 19).

Aunque esta competencia de memorias y narrativas es evidente en los paradigmas anteriores, es aún más explícita en el paradigma digital por su inevitable desterritorialización. Además de la tensión entre omnipresencia y desterritorialización que existe en el uso de nuevas tecnologías, el carácter asincrónico de las redes sociales, por ejemplo, permite que la interacción pueda extenderse. Aquí es particularmente útil el concepto de *temporalidades en red*, acuñado por Eduard Arriaga para describir una noción de tiempo utópica donde: "no hay un pasado como un espacio de tiempo separado e irrecuperable, ni un presente que no se contamine de lo ya superado sino que mira hacia un futuro ideal en el que el sujeto va a ser mejor (fundamento de la noción de progreso)" (Arriaga 2018, 286). Para Arriaga, esta temporalidad múltiple es particularmente visible en las representaciones africanas y afrodescendientes que escapan a la linealidad del colonialismo. Así, "los sujetos inmersos en ese tipo de representación temporal articulan tanto pasado como presente en función de un futuro que no promete ser mejor, sino que promete no olvidar el pasado (tanto el presente como el pasado del presente desde una visión centrada en el progreso y el futuro como *locus amoenus*)" (286). Si bien Muntú Bantú puede pensarse como ejemplo de temporalidades en red, el carácter colectivo y colaborativo entre productoras y audiencia evidencia la conexión entre pasado, presente y futuro como un proyecto político.

Fotógrafas del Pacífico ejemplifica la temporalidad en red como un *collage* utópico que mezcla lo que el Pacífico es con lo que puede ser. Sus publicaciones incluyen retratos, paisajes—el río Atrato sobresale entre otros ríos inmortalizados—y documentación de las fiestas de San Pacho, como se llama amorosamente a San Francisco de Asís en el Chocó. Estos retazos de vida cotidiana resaltan las diferencias con otras regiones del país, como el uso de ríos como forma de transporte, pero también las semejanzas, como celebraciones, imágenes religiosas y votaciones. También la presencia de frutas como plátanos verdes y amarillos, piñas, limones, marañones y mangos crean una abundancia que en representaciones visuales se le ha negado tradicionalmente al Chocó. Aunque casi todas las fotos tienen a Quibdó (la capital de Chocó) como escenario, otros espacios como Beté, Carmen de Atrato, Tumaco y Tutunendo hacen parte de la colección fotográfica. Algunas de las contribuciones son hechas por artistas, incluyendo las fotógrafas Paula Orozco y Luisa Paredes, la cantautora Marsh Waris y la actriz Mayra Luna, que tienen sus propias cuentas y seguidorxs en Instagram. Y, aunque la audiencia no es masiva, esta cuenta sigue creciendo constantemente.

Es posible pensar, siguiendo a Marie Johnson, en el proyecto *Fotógrafas del Pacífico* como un ejemplo de narrativa digital que usa un formato visual y de acceso más democrático para compartir imágenes que representan la complejidad de la vida en el Pacífico colombiano desde una perspectiva que no neutraliza el mestizaje. Las redes sociales, que a veces son descritas como espacios digitales no productivos, requieren ser repensadas desde una perspectiva política que desafíe las jerarquías de producción de conocimiento que reifican lo escrito y la industria editorial como espacios privilegiados. Reconocer el potencial transformador de las iniciativas derivadas de *Enamórate del Chocó* permitiría además identificar otras iniciativas afrochocoanas que pueden asociarse tanto como con el paradigma local como con el digital. Por ejemplo, Casa Motete, un espacio de encuentro para clubes de lectura, conciertos, charlas, y otras actividades interactivas organizado por Velia Vidal, usa activamente redes sociales—en particular su cuenta de Instagram @nuestromotete—para atraer audiencia a sus eventos. La valoración de narradoras y narrativas que no solo han estado ausentes de las memorias y archivos oficiales sino que han carecido de acceso a espacios físicos—en Chocó no hay librerías ni cines—es un compromiso político con una temporalidad en red que logra rescatar el pasado y atarlo a una visión de futuro no excluyente.

Es posible pensar en las redes sociales como herramientas con el potencial revolucionario de crear espacios y narrativas que antes se consideraban imposibles. Como nos enseña Roopika Risam, los *hashtags* en redes sociales funcionan como una herramienta archivística (2018) y hacen parte de lo que se denomina práctica archivística digital poscolonial [*postcolonial digital archival practice*]. El uso de *hashtags* hace que incluso quienes no tienen acceso administrativo a la cuenta puedan participar en la creación de un archivo. El carácter interactivo de plataformas como Instagram y Twitter aumentan el potencial democrático de una difusión que es además interactiva, al recibir *likes* y comentarios de forma instantánea. Este potencial democrático y colaborativo no debe pensarse como una romantización de plataformas como Instagram, pues la cooptación y posibilidad del fracaso de estos proyectos colaborativos están presentes en el uso de espacios digitales con fines claramente económicos y publicitarios. Pese a ello, las redes sociales son medios que son reapropiados por redes, grupos e individuos que han aprendido a usar otras plataformas antes y lo seguirán haciendo de manera simultánea al avance de sus proyectos políticos y creativos.

En su manuscrito "Afrolatin@ Digital Humanities or Rethinking Inclusion in the Digital Humanities", Eduard Arriaga (2019) afirma que si las humanidades digitales nos ayudan a analizar críticamente cómo sabemos lo que sabemos, el aporte de lxs afrolatinxs consiste en investigar la producción y difusión de conocimiento sobre sus comunidades para crear sus propias representaciones digitales. Como un proyecto colaborativo en constante construcción, *Fotógrafas del Pacífico* encarna la necesidad de crear saberes sobre comunidades y espacios históricamente pensados como objetos de investigación, en vez de interlocutorxs y colaboradorxs en el proceso de construcción de conocimiento. Así, descentrar las narrativas oficiales requiere de una experimentación en tiempo real con posibilidades narrativas revolucionarias.

Estos conocimientos alternativos a la memoria y a la historia oficial no existen en oposición a ellas, pero sí desafían la invisibilización y exclusión histórica. Como un proceso de producción de conocimiento cuyos resultados son públicos, lxs usuarixs cumplen un rol esencial pues participan activamente en todo el proceso de creación. A diferencia de las narrativas construidas desde afuera, estas memorias localizadas ofrecen una visión utópica de la existencia de afrodescendientes. Utopía—no como ingenuidad—sino como pensamiento especulativo sobre el potencial político de lo que todavía no es. Al crear y analizar estas narrativas personales, es posible imaginar nuevas formas de alterar las jerarquías que nos han hecho naturalizar el mestizaje como una mutación de la supremacía blanca.

Conclusión

Este recorrido por intentos de descentramiento de lo que he llamado supremacía mestiza permite reconocer la necesidad de cuestionar las narrativas que han promovido una versión homogeneizante del mestizaje como identidad nacional en archivos y memorias. Mi identificación incompleta de paradigmas debe pensarse como un espectro no lineal en el que podrían ubicarse paradigmas adicionales que nos permitan negociar nuestros propios dilemas éticos al producir o consumir imágenes que solidifiquen o no los estereotipos de la colombianidad. Así, no reproducir los silencios y vacíos de las narrativas oficiales requiere de la creación de otras formas no solo de producción sino de apreciación del conocimiento que circula en otras redes fuera de las instituciones académicas dominadas por la escritura.

Llamo paradigma etnográfico al resultado de esfuerzos académicos antirracistas, liderados por intelectuales como Nina S. de Friedemann, que se distanciaron explícitamente de la reproducción de estereotipos y la invisibilización de comunidades negras e indígenas. Aunque la audiencia de los productos de este paradigma sigue siendo principalmente académica, Friedemann intentó usar técnicas audiovisuales y literarias para hacer su trabajo accesible más allá de la academia. Que estas representaciones culturales sean hechas por *outsiders* no significa que la identidad personal sea un límite determinante del potencial de acción del campo etnográfico, sino que precisamente requiere un cuestionamiento de la ideología naturalizada que sostiene nuestra subjetividad y nuestros privilegios. Publicaciones recientes como "Etnografía comprometida en contextos de conflicto armado: lecciones de Bellavista—Bojayá—Chocó y Bahía Málaga—Valle del Cauca—Colombia" (Velásquez Prestán, Escobar García, y Vergara Figueroa 2018) demuestran que el paradigma etnográfico es un proceso de autocrítica constante para lxs intelectuales comprometidxs.

El paradigma local, por su parte, agrupa las prácticas de apropiación de lo simbólico y lo cultural con el fin de descentrar el mestizaje y las memorias oficiales que lo neutralizan en contextos locales donde lo afrocéntrico se escoge como complemento de iniciativas de inclusión a la nación multicultural. La audiencia de esta reapropiación participa de un consumo pedagógico y local de la propia cultura para desaprender la centralidad de lo mestizo y multicultural. El paradigma local no se ubica en oposición, sino como complemento de narrativas tradicionales que refuerzan las jerarquías raciales de poder y conocimiento. Al mismo tiempo, valora conocimientos locales que desestabilizan los discursos oficiales.

El paradigma digital se entrelaza con el paradigma local, aunque mi definición resalta el uso de plataformas y redes comunitarias autónomas para crear imágenes de autorrepresentación. Aunque la audiencia de este tipo de representaciones culturales se centra en la propia comunidad como en el paradigma local, la diseminación se expande más allá de los límites de la comunidad al usar nuevas tecnologías y plataformas para producir y consumir imágenes en tiempo real. La revaloración y apropiación de lo propio se puede pensar como la realización de una total transformación de quien produce y consume las memorias y archivos visuales, pero es evidente que las redes sociales no tienen la influencia de otros medios y géneros con financiación corporativa. Esto no significa que el potencial utópico de crear e imaginar nuevas formas de representar visualmente la afrocolombianidad no sea revolucionario en sí mismo.

Ya nos enseñó Rivera Cusicanqui que "[l]as ideas recorren, como ríos, de sur a norte, y se convierten en afluentes de grandes corrientes de pensamiento. Pero como en el mercado mundial de bienes materiales, las ideas también salen del país convertidas en materia prima, que vuelve regurgitada y en gran mescolanza bajo la forma de producto terminado" (2010, 68). Si las memorias y archivos son innegables e inevitablemente bienes colectivos, no tiene sentido que su proceso de construcción y reconstrucción no sea también colectivo y, sobre todo, colaborativo. Incluir intencionalmente en esta colaboración a quienes queremos incorporar, o al menos dejar de invisibilizar y excluir, es el único antídoto para imaginar nuevas memorias, archivos y narrativas.

Si la producción de representaciones o narrativas no es la respuesta para acceder al poder, ¿para qué sirve la visibilización de quienes han sido excluidos de una ciudadanía normativa? Posiblemente sea solo posible medir los efectos de la visibilización en el campo de lo intangible y el deseo, en tanto se piense que la visibilización es un punto de partida para situarse fuera de los márgenes o para desdibujar o replantear las relaciones de poder presentes en los procesos y lugares que dan origen a las narrativas de mayor circulación.

La lectura optimista de estos paradigmas es la posibilidad de reconstrucciones de memorias y archivos no hegemónicos, de espacios de diálogo donde haya un constante deshacer y rehacer de una memoria inevitablemente incompleta.

Notas

1. "*Quieto pelo*" es una serie de la artista Liliana Angulo sobre el trabajo de peinadoras y activistas de mujeres negras en Quibdó, Buenaventura, San Andrés, Medellín, Tumaco y La Habana, donada por la artista en 2018. Actualmente es parte de la colección permanente del Museo Nacional, junto a un volante del Primer Encuentro Regional de Mujeres de la costa pacífica colombiana que se llevó a cabo en 1992.

Bibliografía

"Archivo Nina S. de Friedemann". En la colección bibliográfica especial del Banco de la República. Acceso en 2018. http://admin.banrepcultural.org/coleccion-bibliografica/especiales/nina-s-de-friedemann.

Arocha Rodríguez, Jaime. "Nina S. de Friedemann (1930–1998): la etnógrafa de africanías y cimarronismos". *Revista de estudios colombianos* 47 (2016).

Arocha, Jaime, Natalia Guevara, Sonia Londoño, Lina Del Mar Moreno, y Liliana Rincón. "Elegguá y respeto por los afrocolombianos: una experiencia con docentes de Bogotá en torno a la Cátedra de Estudios Afrocolombianos". *Revista de Estudios Sociales* 27 (2007): 94–105.

Arriaga, Eduard. "Afrolatin@ Digital Humanities or Rethinking Inclusion in the Digital Humanities". Material inédito. 2019.

———. "Racismo y discurso en la era digital: el caso de la revista *Hola* y los discursos en las redes sociales". *Discurso & Sociedad* 7, n.°4 (2013): 617–42.

———. "Temporalidades en red: representaciones artísticas de lo africano y lo afrodescendiente en la era digital". *Foro Hispánico* 58 (2018): 284–307.

Botero Mejía, Juliana, y Sofía Natalia González Ayala. "Velorios, santos y marimbas en el Museo Nacional de Colombia: ¿de quién es el patrimonio de la nación?". *Universitas humanísticas* 77(2014): 277–301.

Castillo Guzmán, Elizabeth, y José Antonio Caicedo Ortiz. "Niñez y racismo en Colombia. Representaciones de la afrocolombianidad en los textos de la educación inicial/Childhood and Racism in Colombia: Representations of Afro-Colombian Identity in Early Childhood Education". *Diálogos sobre educación* 7, n.° 13 (2016). http://dialogossobreeducacion.cucsh.udg.mx/index.php/DSE/article/view/229.

Friedemann, Nina S. de. "Cine documento: una herramienta para investigación y comunicación social". *Revista Colombiana de Antropología* 39 (1976).

———. *La saga del negro: presencia africana en Colombia*. Bogotá: Instituto de Genética Humana, Facultad de Medicina, Pontificia Universidad Javeriana, 1993.

Johnson, Jessica Marie. "Social Stories: Digital Storytelling and Social Media". *Forum Journal* 32, n.° 1 (2018): 39.

Lazzara, Michael J., Fernando Blanco y Wolfgang Bongers. "Introducción. La performance del archivo: re imaginar memoria e historia en América Latina". *A Contracorriente: una revista de estudios latinoamericanos* 12, n.° 1 (2014): 1-13.

Mina Rojas, Charo, Marilyn Machado Mosquera, Patricia Botero, y Arturo Escobar. "Luchas del buen vivir por las mujeres negras del Alto Cauca". *Nómadas* 43 (2015): 167–83.

Mosquera, Sergio Antonio. *Afrochocoanos y troncos familiares*. Quibdó: Muntú Bantú, 2014.

———. *Visiones de la espiritualidad afrocolombiana*. Manizales: Editar, 2001.

Riaño, Pilar, y María Victoria Uribe. "Construyendo memoria en medio del conflicto: el Grupo de Memoria Histórica de Colombia". *Revista de estudios colombianos* 50 (2017).

Risam, Roopika. *New Digital Worlds: Postcolonial Digital Humanities in Theory, Praxis, and Pedagogy*. Evanston: Northwestern University Press, 2018.

Rivera Cusicanqui, Silvia. *Ch'ixinakax utxiwa: una reflexión sobre prácticas y discursos descolonizadores*. Buenos Aires: Tinta Limón Ediciones, 2010.

Valencia Peña, Inge Helena, y Laura Silva Chica. "Nina S. de Friedemann: Imágenes de la existencia negra en Colombia". *Revista chilena de antropología* 23 (2014): 27–61.

Velandia, Pedro J. y Eduardo Restrepo. "Estudios afrocolombianos: balance de un campo heterogéneo". *Tabula Rasa* 27(2017): 161–97.

Velásquez Prestán, María Eugenia, Natalia Escobar García y Aurora Vergara Figueroa. "Etnografía comprometida en contextos de conflicto armado: lecciones de Bellavista—Bojayá—Chocó y Bahía Málaga—Valle del Cauca—Colombia". *Antropológica* 36, n.°41 (2018): 59–91.

Wade, Peter. *Degrees of Mixture, Degrees of Freedom: Genomics, Multiculturalism, and Race in Latin America*. Durham: Duke University Press, 2017.

———. "Estudios afrodescendientes en Latinoamérica: racismo y mestizaje". *Tabula Rasa* 27(2017).

Yepes Muñoz, Ruben Darío. "El escudo de Atenea: cultura visual y guerra en Colombia". *Cuadernos de Música, Artes Visuales y Artes Escénicas* 9, n.°2 (2014): 23.

CAPÍTULO 13

Espectros y daños colaterales
Memorias mediáticas de la invasión estadounidense de Panamá

Emily F. Davidson

A PESAR DE QUE HAYAN pasado casi 30 años desde la invasión estadounidense de Panamá de 1989, aún queda pendiente resolver la incógnita del número oficial de víctimas. Los aniversarios de las fechas infames siempre se presentan como un punto de inflexión y quizás, en este caso, punto de partida para pensar en "los futuros de la memoria". Resulta una tarea compleja hablar de este modo en Panamá donde se podría argüir que un proyecto crítico de memoria apenas ha comenzado. A diferencia de otros países examinados en este volumen, en Panamá no se han institucionalizado los estudios interdisciplinarios de memoria en las universidades. Mientras se consolidaban estos estudios en el Cono Sur, los trabajos de memoria adquirieron formas diferentes en Panamá, a veces entrando en contacto con las tendencias de las tres oleadas del desarrollo del campo señaladas por Michael J. Lazzara (2018), y otras veces adquiriendo su propio carácter dentro de políticas y procesos históricos locales.[1] En Panamá, debido a las tendencias históricas del proyecto nacionalista y soberanista, la palabra "memoria" se suele asociar con la preservación de la historia del Canal de Panamá contada desde la perspectiva panameña. En los museos y libros de texto se narra un pasado celebratorio y selectivo de luchas por la soberanía que culminan en el traspaso del canal a manos panameñas al comienzo del nuevo milenio.[2] Como consecuencia, rara vez se encuentra la fecha fatídica del 20 de diciembre de 1989 dentro de la cronología canalera oficial a pesar del vínculo entre

"El Tratado de neutralidad" de los celebrados Tratados Torrijos-Carter y la nefasta política estadounidense de intervención militar. Pero esto no quiere decir que Panamá carezca de prácticas de memoria sobre la invasión. Existe un amplio archivo de producción cultural: estudios históricos, sociológicos y políticos, movimientos de base, discursos mediáticos, testimonios y otros géneros literarios, publicaciones y actos conmemorativos, producciones artísticas, cine, *performance* y proyectos digitales. No obstante, con pocas excepciones, lo que ha faltado a lo largo de estos 30 años es la labor crítica *sobre* estas producciones culturales. En términos generales, creo que ha faltado la distancia crítica del objeto de estudio—un pasado traumático, enredado, controversial y vergonzoso—que permita un análisis complejo, matizado y autocrítico de los procesos y trabajos de memoria en Panamá.

Para hablar de los futuros de la memoria en Panamá, hace falta empezar a adaptar las preguntas establecidas sobre las sociedades en transición posdictatorial o posconflicto. Hace falta abrir espacios, como el del presente volumen, para explorar las maneras en que los procesos y proyectos de memoria que caen fuera de los marcos interpretativos conosuristas puedan ampliar el debate y señalar nuevas direcciones para el campo en general. Según mi parecer, las claves para el presente y el futuro de la memoria en Panamá girarían en torno a cuestiones de raza, racismo y olvido, el papel de los EE. UU. en los procesos de memoria, y el legado complejo de la izquierda panameña. Como se verá a continuación, se podría argüir que las primeras prácticas de memoria relacionadas a la invasión surgieron inmediatamente después de la llamada Operación Causa Justa en los medios masivos de comunicación y en la prensa oficial y alternativa. Desde este espacio textual y audiovisual, se establece la memoria de la invasión como un campo de batalla, desde el cual se produce la díada invasión/liberación, el punto muerto discursivo que rodea el recuerdo de esta fecha. Al examinar los discursos en conflicto, habría que preguntar: ¿qué relación hay entre la incógnita de las víctimas y el racismo oculto o latente? ¿De qué manera influye los EE. UU. en la construcción de discursos oficiales nacionales sobre la invasión? ¿Qué secuelas se sienten hasta hoy en día de esta comprensión maniquea de los hechos? Las protestas de los damnificados y las organizaciones de familiares de los caídos, que se organizaron a principios de los años 90, ejemplifican los movimientos de base que lideraron e inspiraron los esfuerzos que continúan hasta la actualidad por investigar las violaciones de derechos humanos cometidas durante el ataque aéreo y la ocupación militar posterior. No obstante, a pesar de la declaración de la Asamblea

General de las Naciones Unidas en la que se condena la invasión como "una flagrante violación del derecho internacional y de la independencia, soberanía e integridad territorial", las políticas de memoria del Estado panameño tardarían en producirse hasta el 2016 con la creación de la vigente Comisión 20 de diciembre.[3] En relación a estos procesos tardíos surge una pregunta obvia y otra más compleja: ¿cómo se manifiesta la cultura de reverencia perpetua a la hegemonía estadounidense en diferentes formas de olvido y en la complicidad social con el conflicto? ¿Cuál es el vínculo entre la falta de políticas de memoria y el legado intocable de la izquierda panameña y sus líderes autoritarios de difícil clasificación? En las páginas que siguen, propongo un recorrido por los espectros que surgen de los archivos mediáticos de la invasión y de los daños colaterales, reales y metafóricos, del 20 de diciembre de 1989.

Espectros y daños colaterales

El 20 de diciembre de 2009 se conmemoró en Panamá el vigésimo aniversario de la invasión estadounidense de 1989. Los periódicos principales, como *La prensa*, *El Panamá América* y *La estrella de Panamá*, vendieron revistas conmemorativas a todo color que prometían contar toda la historia y entrar de frente a la díada invasión/liberación, el punto muerto en el discurso que perfila la memorialización de este evento. La selección diversa de textos recopilados, artículos y editoriales aparentaba ser equilibrada, al igual que la amplitud del archivo fotográfico, que incluía algunas de las imágenes más icónicas de la pre- y posinvasión: Noriega preso, las fosas comunes y vistas aéreas de los "daños colaterales". El término militar, "daños colaterales", normalizado dentro de la jerga popular, se define como "los daños accidentales, las heridas o muertes, causadas por una acción bélica, especialmente las bajas civiles resultantes de una operación militar" ("Collateral Damage"). En el vigésimo aniversario de la invasión, al igual que hoy en día, aún se sienten las secuelas del daño colateral: los efectos psicológicos, los discursos políticos polarizados que intentan ordenar e imponer su comprensión de los hechos, el olvido selectivo y las narrativas vacías de libertad y democracia.

El archivo fotográfico de la invasión, resucitado en el vigésimo aniversario, reveló espacios llenos de fantasmas, víctimas sin contar, figuras tachadas de "maleantes" y "norieguistas" y rostros cuya borradura ha sido facilitada por discursos osificados y simplistas sobre la guerra. La conmemoración de este acontecimiento traumático, captado en el título de la revista conmemorativa de *La prensa*—"La historia de una invasión que restableció la democracia en Panamá"—revela una reinterpretación problemática de los hechos que entra en conflicto inherente con el deseo, compartido por muchos, de aclarar el número real de víctimas, que varía entre 516 y 4.000 muertos.[4] El hecho de que el número oficial de muertos siga sin ser resuelto, contribuye a intensificar la espectralidad de las víctimas. No tienen nombre ni identidad. Existen en la esfera de la especulación. No obstante, esta presencia fantasmal es el lenguaje persistente de los espectros. "El fantasma", como plantea Avery Gordon, "no es simplemente un muerto o un desaparecido, sino una figura social, e investigarlo puede conducir a ese sitio denso donde la historia y la subjetividad constituyen la vida social" (1997, 8). Los espectros de la invasión son un recuerdo constante de la debilidad de las democracias construidas sobre los daños colaterales, democracias que abrazan doctrinas de violencia basadas en la premisa que algunas vidas valen más que otras.

En este capítulo propongo un recorrido por los espectros que emergen de las narrativas mediáticas de la invasión, un acontecimiento traumático cuya memoria en Panamá constituye un encantamiento [*haunting*], una presencia fantasmal del pasado que habita el presente. Siguiendo la propuesta de Gordon, arguyo que la reconstrucción de las historias de fantasmas presenta la posibilidad de "reparar errores de representación", "comprender las condiciones bajo las cuales se produjo una memoria" y trabajar "hacia una contramemoria para el futuro" (1997, 22). En otras palabras, la "espectrología" [*hauntology*] ofrece un método para afrontar un pasado en disputa, una forma de crítica retórica que reconozca a los muertos y figuras fantasmagóricas, literales y figurativas, que dan forma a nuestra comprensión de la realidad (Derrida 1995).

Comienzo con una exploración de las historias raciales y geopolíticas que convergen en el barrio de El Chorrillo, el punto central del ataque estadounidense, para entender la conversión de este espacio estigmatizado en daños colaterales. Establecido este trasfondo, examino varias figuras espectrales en las narrativas iconográficas, de la derecha y la izquierda, que enmarcaron la interpretación de los hechos antes de la intervención—durante la guerra de "baja intensidad"—y en los meses posteriores. Por un lado, analizo la cobertura selectiva de la prensa oficial, que prescribió cuáles serían los cuerpos y espacios privilegiados o invisibilizados en representaciones del conflicto codificadas por medio de categorías de raza y clase. Figuras heroicas o liberadoras fueron yuxtapuestas contra cuerpos enemigos y espectros sospechosos que amenazaban entre las ruinas de las zonas afectadas. Por otro lado, exploro diversas estrategias empleadas por la prensa alternativa para subvertir y cuestionar la cobertura selectiva de la prensa oficial, ofreciendo un contradiscurso contundente que visibiliza la destrucción y aboga por la justicia. Aún así, este discurso presentaría serias limitaciones al convertir las víctimas en mártires y resucitar memorias de un pasado plagado por sus propios fantasmas. Concluyo con una breve revisión de la cobertura periodística del vigésimo aniversario de la invasión (2009) en la cual se percibe cierta centralización y neutralización de los discursos polarizados del pasado. A pesar de la promesa de objetividad, la prominencia de algunas narrativas y la omisión de otras revela cuán inconveniente es afrontar a ciertos fantasmas de la invasión, especialmente la figura del ciudadano cómplice.

Si bien las fotografías "son un medio que dota de 'realidad' (o de 'mayor realidad') a asuntos que los privilegiados o los meramente indemnes acaso prefieren ignorar", también reservan la posibilidad de manipular y distorsionar la mirada (Sontag 2004, 7). La evidencia fotográfica de guerra no se convierte automáticamente en un discurso inteligible, ni se traduce en la capacidad de ver y percibir el dolor de otros. Las mismas imágenes pueden provocar reacciones diversas: "Un llamado a paz. Un grito de venganza. O simplemente la confundida conciencia, repostada sin pausa de información fotográfica, de que suceden cosas terribles" (Sontag 2004, 13). La revisión de la iconografía de la invasión que planteo en este breve recorrido, será guiada tanto por la propuesta de Gordon como por las intervenciones críticas de Susan Sontag, Judith Butler y Marita Sturken, teóricas que cuestionan el poder discursivo de las imágenes de guerra y sus posibilidades y limitaciones a la hora de transmitir el dolor ajeno de "otros" que habitan tierras lejanas, a un público occidental. A diferencia de estas críticas, estoy interesada no tanto en la mirada ajena, sino en la mirada propia panameña sobre los daños colaterales que existen en su país, es decir, la mirada de los que están más cercanos a la violencia.[5]

"Operación Causa Justa" y la conversión de El Chorrillo en daños colaterales

Para comprender la conversión de El Chorrillo en daños colaterales, es decir, en un espacio que se considera desechable, hace falta entrar en las historias raciales, sociales y geopolíticas que convergen en este sitio. A propósito, vale la pena recordar los tres objetivos oficiales de la "Operación Causa Justa", explicados en el informe posinvasión del entonces presidente estadounidense George H. W. Bush: 1) deponer al General Manuel Noriega—acusado de traficar armas, drogas y otras actividades ilegales—para restaurar la democracia; 2) salvaguardar las vidas de las tropas y civiles estadounidenses en Panamá y la Zona del Canal; 3) garantizar la seguridad y la neutralidad del Canal de Panamá, así ejerciendo el derecho de intervención establecido en 1903 y reafirmado en 1974 en el polémico "Tratado de la neutralidad" de Torrijos-Carter. El blanco principal de la invasión fue la Comandancia de las Fuerzas de Defensa, situada en el centro del barrio canalero de El Chorrillo, un barrio popular, históricamente marginado, habitado por diversas poblaciones incluyendo una numerosa comunidad afroantillana. Utilizo la designación "barrio canalero" para describir los barrios proletarios establecidos durante la construcción del ferrocarril y del canal que colindan con el antiguo territorio de la Zona del Canal. Políticas nacionalistas de carácter xenófobo, como las reformas constitucionales de 1941 que impedían la nacionalización de afroantillanos y asiáticos, han contribuido a la percepción de que los barrios canaleros, como El Chorrillo, son extensiones de la infamia del enclave colonial, zonas dispuestas fuera de la nación en las que residen extranjeros indeseables.[6]

La novela canalera *Luna verde* (1950), del escritor nacional Joaquín Beleño, capta con claridad la correlación entre la migración de las Antillas, descrita como "una etapa de antillanidad impuesta por este sedimento negro venido de las islas del Caribe" y la posterior estigmatización racial de El Chorrillo (206). En este *Bildungsroman* el protagonista que migra a la ciudad desde el interior, el centro simbólico de la hispanidad imaginada, observa la presencia de los "chombos" con disgusto, afirmando: "Me asfixio de *ellos* [...]. Sólo me consuela que escapo del barrio del Chorrillo cuando vuelvo al colegio por la mañana" (27). Si bien el final de la novela anuncia una protesta unificada en contra de la presencia colonial estadounidense así como el deseo utópico de una identidad nacional que supere las designaciones raciales, no logra unir las piezas fragmentadas del Istmo.

Como retrata el cierre de *Luna verde*, a mediados del siglo XX, debido a su proximidad a la Zona y El Instituto Nacional, El Chorrillo llegó a ser un centro importante de las luchas por la soberanía, como ocurrió en las manifestaciones estudiantiles de 1964. Tras el golpe del 68, que dio comienzo a "la dictadura" o "el gobierno populista" según el que recuerde, el General Omar Torrijos Herrera insistió en la ubicación de la Comandancia en el corazón de El Chorrillo como símbolo de su solidaridad con las clases populares.

Durante la época torrijista, panameños mestizos y afrodescendientes llegaron a ocupar puestos de importancia en "la yunta gobierno-pueblo" y en las fuerzas militares, derrocando el poder histórico de una oligarquía blanca. En sus recuerdos de la invasión de 1989, el escritor y militar José de Jesús Martínez lamenta la irónica responsabilidad de Torrijos en el porvenir de El Chorrillo como objetivo central de la ofensiva norteamericana: "Para mí es muy reconfortante saber que Torrijos está muerto y que no puede ver las consecuencias de ese acto de amor que le tuvo a su barrio del Chorrillo" (1994, 399). En esta misma reflexión, el poeta hace una afirmación que pocos se atreven a decir: "Era un barrio tan miserable, el Chorrillo, tan pobre, que uno mismo está al borde de estar contento de que ya no exista más [...]" (399).

En la actualidad El Chorrillo es considerado como una "zona roja", una designación utilizada eufemísticamente para connotar un "barrio de negros". En las noticias sobre la violencia que acecha al barrio, el término "chorrillero" se emplea de forma peyorativa como el equivalente de "maleante" o "pandillero". A pesar de la existencia del mes de la etnia negra, las campañas para promocionar el orgullo afro-panameño y la celebración folclórica de Panamá como "crisol de razas", aún queda mucho trabajo por delante para reparar la marginalización sistemática de las comunidades afrodescendientes. Destaco las historias intercaladas de El Chorrillo—de la época de la construcción del canal, de las manifestaciones de 1964, de los años divisivos de Torrijos, de la invasión y de los tiempos actuales—para esclarecer la complejidad del recuerdo espacializado, geopolítico y racial de este barrio proletario. Si algo se ha mantenido constante a través del tiempo, es la mirada sospechosa que se proyecta sobre el barrio y la percepción de su otredad. Esta forma negativa de experiencia de la alteridad informa la mirada histórica de la invasión, facilitando la conversión de este espacio estigmatizado en daños colaterales.

La prensa oficial: la pre- y posinvasión y la guerra mediática de baja intensidad

La imagen más notoria de la guerra mediática de baja intensidad de la preinvasión es la fotografía del ataque brutal al candidato para la vicepresidencia Guillermo "Billy" Ford Boyd de mayo de 1989. En Panamá, es una de las fotografías más reproducidas de la época, como se vio evidenciado en los homenajes que le hicieron a Ford cuando falleció en 2011. La escena, captada por el reportero gráfico Ron Haviv, sirvió como prueba fehaciente de la

FIG. 1. Ron Haviv. Ataque a Billy Ford (mayo 1989).
Imagen cortesía de Ron Haviv/VII. Archivo: Davidson_Fig1.JPG

intensificación de la violencia en Panamá que frustraba la anhelada transición democrática. Aún así, el impacto de la fotografía, dentro y fuera de Panamá, no reside solo en el acontecimiento captado, sino en el uso de la misma por los medios *mainstream* y la recepción de su dinámica racial. La maquetación de la fotografía en la portada omnipresente del ejemplar de *Time* del 22 de mayo de 1989, bajo el titular "Politics, Panama-Style", desencadena la creación implícita y explícita de varios espectros para justificar la intervención armada de diciembre. Oculta y olvidada en esta representación de "la política a lo panameño" es la larga y estrecha relación geopolítica entre la CIA y Noriega (apodado cariñosamente por Bush como "nuestro hombre en Panamá") y la financiación norteamericana de su oposición política cuando el caudillo dejaba de servir a sus intereses.

Dentro del contexto de la memoria mediática panameña, la imagen sirve como un antecedente importante del poder de las representaciones racializadas de la invasión. La imagen horripilante de Ford, un hombre blanco, vestido de blanco, indefenso y vulnerable contra un agresor negro y musculoso, pone en marcha los procesos simultáneos de humanización/deshumanización señalados por Judith Butler (2003). Además, el subtítulo de la foto constituye un llamado a la guerra: Noriega, representado por el batallonero, "*bludgeons his opposition and the U.S. turns up the heat*" [apalea la oposición y EE. UU. aumenta la presión]. Al destacar esta imagen, no pretendo en absoluto justificar la violencia infligida por el hombre en la foto ni desestimar su importancia como evidencia de una violación de derechos humanos. Mi intención es ilustrar visualmente la codificación racial inherente en las imágenes que rodean el recuerdo de la invasión y la respuesta problemática a la violencia mediante el uso de más violencia.

Ford, ensangrentado y victimizado, es una figura recordada en la memoria pública panameña que provoca indignación y horror. La guayabera blanca transmite la memoria de las manifestaciones multitudinarias de la Cruzada Civilista, un movimiento liderado por el sector bancario que exigía la transición a la democracia. Por otro lado, el agresor ha sido subsumido dentro del cuerpo anónimo del "enemigo espectral", plasmado en la figura del "batallonero", "norieguista", o "chorrillero". Refiriéndose a la presente "guerra contra el terrorismo", imaginada como "una guerra sin final", Butler arguye que los conflictos violentos se justifican "indefinidamente, siempre en relación al eterno espectro de su enemigo" (2003, 90). La espectralidad de los cuerpos enemigos en Panamá se construyó de forma explícita, a través de la guerra psicológica de baja intensidad transmitida por los medios estadounidenses y por la cultura del miedo promovida por el régimen norieguista. A la vez, de forma implícita, el miedo escénico a maleantes norieguistas de piel oscura en lugares como El Chorrillo, San Miguelito y Colón, fue condicionado por prejuicios preexistentes, construidos por las historias geográficas y raciales del canal.[7]

La noche de la invasión, el despliegue clandestino del avión Stealth, los helicópteros Apache, y 417 explosiones en las primeras catorce horas, servirían al ejército estadounidense para ensayar la técnica de *shock and awe* [conmoción y pavor] y del *surgical strike* [ataque quirúrgico] que utilizarían en las Guerras del Golfo. Cientos de periodistas fueron retenidos en el aeropuerto o en la sala mediática de la Zona del Canal, asegurando que en los días posteriores al ataque el mundo no vería los muertos, los 20.000 refugiados, ni el barrio del Chorrillo diezmado, sino imágenes de panameños celebrando en las calles, dándoles las gracias a las tropas liberadoras.[8] *La prensa* y *La estrella de Panamá* siguieron el patrón narrativo de los medios estadounidenses.[9] La imagen de Noriega preso llegó a ser la sinécdoque de la invasión. Con esta fotografía se transmitió el cierre de una narrativa simplificada y ubicua de guerra, en la cual la captura de un enemigo que personifica la maldad sirve para restablecer los "valores democráticos".

De manera similar a la cobertura mediática de la Guerra del Golfo Pérsico, analizada por Marita Sturken (1997), en la que el uso constante de la imagen de Saddam Hussein sirvió como substituto de los cuerpos ocultados de soldados iraquíes, la foto de prontuario de Noriega sirvió como substituto de los cadáveres de las Fuerzas de Defensa y los Batallones de la Dignidad. Paralelamente, las figuras robustas de soldados estadounidenses y panameños

FIG. 2. Noriega preso, *La estrella de Panamá* (06 de enero de 1990).
Archivo: Davidson_Fig1.JPG

FIG. 3. Panameños celebran en Chiriquí, *La prensa* (12 de enero de 1990).
Archivo: Davidson_Fig3.JPG

Espectros y daños colaterales 281

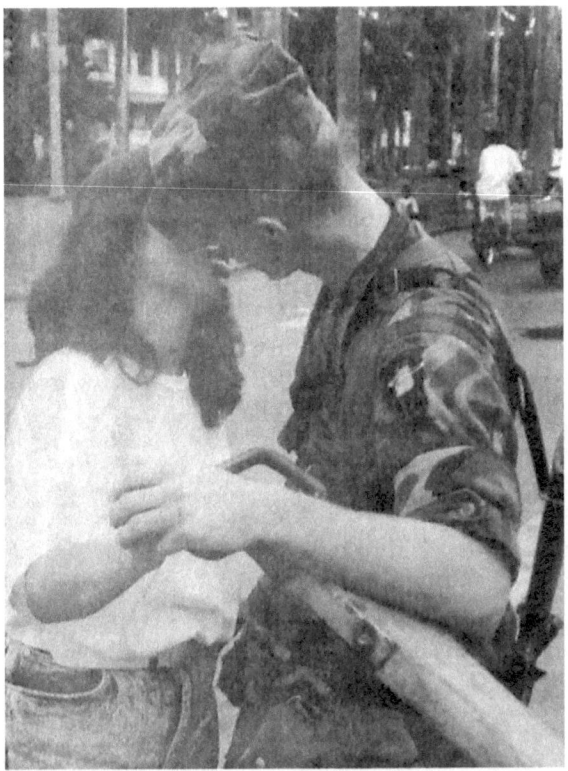

FIG. 4. Aurelio Jiménez. Pareja hermosa, *La prensa* (20 de enero de 1990).
Archivo: Davidson_Fig4.JPG

jubilosos reemplazaron la imagen de los cuerpos heridos y los muertos. En una portada de *La prensa,* la imagen de una relación romántica incipiente entre una panameña y un soldado de la marina imitó la famosa foto de Alfred Eisenstaedt "El beso" de 1945, una imagen sinónima de la felicidad de la posguerra. El subtítulo, "Esta hermosa y joven pareja nos da la oportunidad de definir la situación", transmite la resolución feliz del conflicto a través del amor heteronormativo. El héroe norteamericano salva a la doncella en apuros—un amor que cumple con el mandato de la guerra psicológica de "conquistar corazones y mentes"—.

La cobertura de *La estrella de Panamá* incluyó más imágenes de la destrucción de El Chorrillo; sin embargo, la mayoría de estas fueron vistas aéreas, demasiado alejadas para apreciar los daños. Además, la maquetación y textos acompañantes desviaron la mirada lejos de las víctimas y la violencia espantosa para enfocarse en el enemigo amenazante aún entre las ruinas. En múltiples

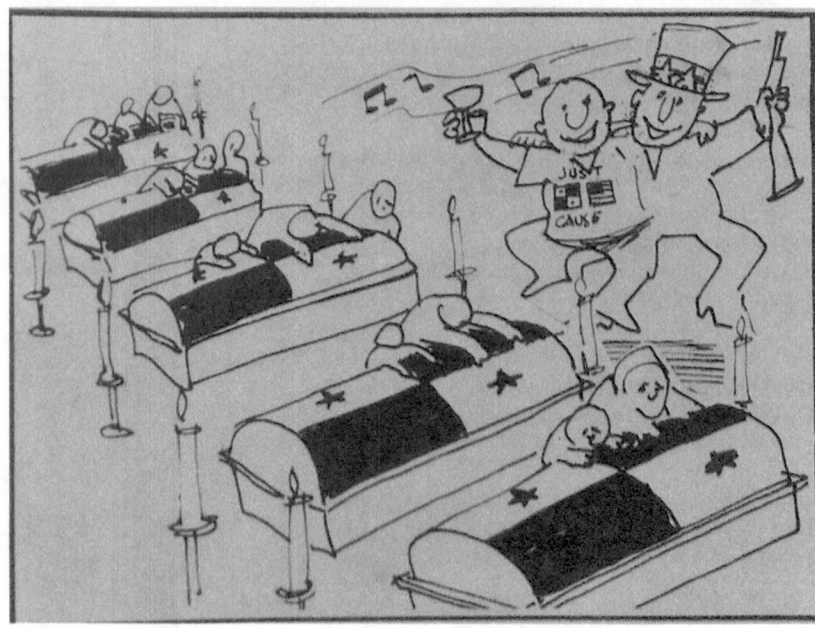

FIG. 5. Bailan sobre los muertos, *El periódico* (enero de 1990).
Archivo: Davidson_Fig5.JPG

ocasiones, las fotografías de la destrucción fueron yuxtapuestas con fotos de saqueadores o reportajes sobre la detención de seguidores leales a Noriega. El carácter indiferenciado entre la zona del ataque y el sitio de las actividades ilícitas transmitió una mirada sospechosa sobre los daños colaterales, socavando así los intentos de identificarse con las víctimas. Inclusive en un reportaje fotográfico sobre los damnificados, se capta el tono de sospecha cuando la reportera aplaude los esfuerzos de la Cruz Roja y el ejército norteamericano por "mantener el orden" en el campo, evitar "el robo entre los propios habitantes", y controlar "ciertos materiales ilícitos en su poder" (De Jiménez 1990, 4B).

"Los muertos indóciles": la prensa alternativa

La prensa alternativa, incluyendo revistas como *Diálogo social*, los periódicos *Bayano*, *Liberación* y *El periódico*, se opusieron al ataque estadounidense, clasificándolo como una aberración y una invasión ilegal.[10] Esta contranarrativa consistía en una mezcla de géneros, incluyendo periodismo investigativo, panfletario y amarillista, así como testimonios, caricaturas políticas y textos literarios. Una mezcla de tenores, desde los discursos de derechos humanos

FIG. 6. El Chorrillero. Tan rubio y tan bello. *El periódico* (enero 1990).
Archivo: Davidson_Fig6.JPG

a la retórica revolucionaria y patriótica, reflejó la diversidad de la izquierda panameña y constituyó una cacofonía de voces opositoras.

En las primeras semanas después de la invasión, *El periódico* y *Diálogo social* utilizaron caricaturas para denunciar el ocultamiento de las víctimas de El Chorrillo y la indolencia frente a la necesidad y el derecho al duelo. Los dibujos llamaron la atención a la aborrecible recepción celebratoria por parte de ciertos sectores de la población civil. En una viñeta de *El periódico*, un panameño que lleva una camiseta conmemorativa de la "Operación Causa Justa", brinda y celebra la victoria junto al Tío Sam.[11] Los efectos dañinos de las fotos originales se hicieron explícitos, ya que las figuras cómplices bailan literal y metafóricamente sobre las tumbas de los muertos. La portada de *Diálogo social* (feb.-mar. 1990) resaltaba los intereses neoliberales detrás de la invasión con otro Tío Sam que se asolea en la playa rodeado por dos mujeres identificadas como la "oligarquía panameña". La fuerza de la imagen recae en el hecho de que la vecindad playera en el dibujo se asienta entre las ruinas de El Chorrillo. El campo de crucifijos y el malicioso *ménage à trois* chocan con la imagen del sitio de memoria patriótico del Cerro Ancón, símbolo por excelencia de la lucha panameña por la soberanía y la recuperación del territorio de la Zona del Canal.

En otras escenas de cementerio se criticaba la postura cómplice del Gobierno de Reconstrucción y Reconciliación que nunca titubeó en su apoyo de la intervención militar estadounidense, a pesar de las denuncias internacionales de su ilegalidad y el uso extremo de la fuerza. El dibujo satírico de un artista, identificado como "El Chorrillero", pone en relieve la "jerarquía del duelo" establecida después de la invasión (Butler 2003, 89). En la imagen el nuevo gobierno lamenta la caída de *un* solo soldado estadounidense mientras da la espalda al Cerro Ancón—apenas visible en la distancia—y a centenares de tumbas y restos mortales en El Chorrillo. El sollozo del presidente Endara, "tan rubio y tan bello", destapa la codificación racial del duelo, mientras los crucifijos sin nombre recuerdan la ausencia de un obituario, cuya existencia, según Butler, es imposible bajo la lógica de la guerra: "No hay obituarios para las víctimas de guerra que los Estados Unidos producen, y no puede haber. Si hubiera un obituario, debería haber habido una vida, una vida digna de notarse, una vida digna de valorarse y preservar, una vida que califique para el reconocimiento" (90).

A través de la inversión retórica de la narrativa de liberación de la prensa oficial, los medios alternativos protestaron contra la impunidad de los líderes estadounidenses, que apoyan a las mismas dictaduras que terminan deponiendo a través de intervenciones bélicas. En una caricatura en la portada de *Bayano*, la famosa foto de prontuario de Noriega fue sustituida con la cara de Bush. En esta misma portada, la imagen sobresaliente de un cadáver sirve como un buen ejemplo de las tendencias sensacionalistas que empezaron a rodear las imágenes de los muertos. La proliferación de las fotografías gráficas de cadáveres sirvió, sin duda, para mostrar la materialidad indisputable del daño colateral. Pero los cuerpos de mujeres, hombres y niños, víctimas de una violencia inimaginable, corrieron el peligro de convertirse en un elemento más del ruido político. En la mayoría de estas portadas, las imágenes de los asesinados fueron utilizadas para evidenciar la violencia ocultada por el ejército estadounidense y borrada de la cobertura de la prensa oficial. Al carecer de testimonios y reportajes investigativos para explicar las escenas representadas, la exposición sensacionalista de los muertos creó distancia entre la figura espectral y la experiencia humana vivida.

Una portada de *El periódico* de abril de 1990 evidencia la apropiación política de las víctimas para reanimar los anhelos revolucionarios de ciertos sectores de la izquierda. En la fotografía conocidísima de la Morgue de Santo Tomás, el subtítulo identifica a los caídos como "mártires" que "[s]iguen pidiendo justicia", políticamente animando los cuerpos al servicio de un discurso nacionalista: "los devastadores efectos que en la población civil causó

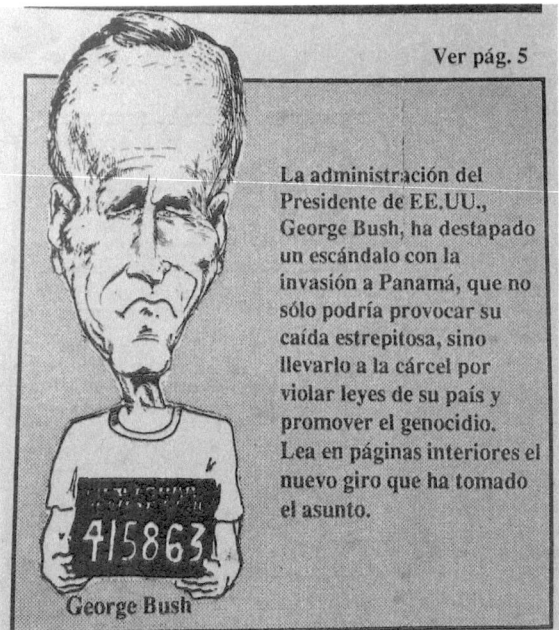

FIG. 7. Caricatura de Bush preso, *Bayano* (abr. 1990).
Archivo: Davidson_Fig7.JPG

la monstruosa agresión militar no han podido ser ocultados y cada día los mártires están más indóciles y pesan en la conciencia histórica de la Nación ocupada". La referencia a los mártires indóciles, sin duda provocó una fuerte reacción afectiva, ya que por asociación semántica resucita las almas de los mártires de las manifestaciones del 9 de enero de 1964, jóvenes estudiantes cuya protesta desencadenó los procesos de negociación que culminaron en los Tratados Torrijos-Carter.

Las imágenes de portada de las protestas para conmemorar el sexto mes después de la invasión, pusieron en evidencia el descontento generalizado de una gran parte de la población panameña. Bajo el titular "El pueblo en la calle", el artículo de primera plana de *El periódico* detalló las manifestaciones en contra de la ilegalidad de la invasión, el ocultamiento de los muertos, la represión política de la posinvasión y la falta de atención a los damnificados. La foto de las manifestaciones apareció sellada con el retrato del antiguo líder, Omar Torrijos, y la insignia "Torrijos vive". Empleando un tono profético, el autor resucita la memoria de Torrijos para unificar e inspirar al pueblo, elevándolo al estatus de un salvador: "Torrijos se alza por encima de la miseria y nos

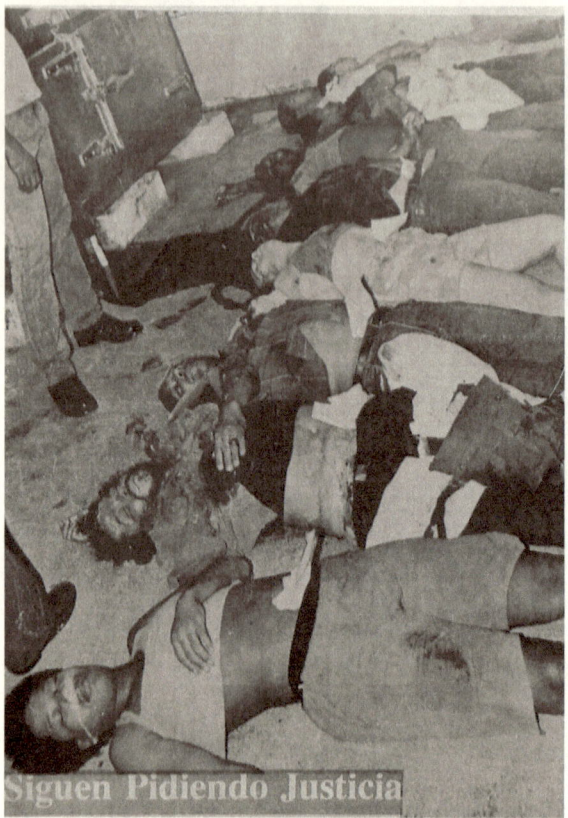

FIG. 8. Morgue de Santo Tomás, *El periódico* (abr. 1990).
Archivo: Davidson_Fig8.JPG

señala el camino seguro pavimentado en sacrificio, pero que tiene como premio dignidad, honor e independencia" ("El pueblo" 1990, 1).

La necesidad de recurrir a la imagen de un héroe nacional y a las memorias de la lucha por la soberanía, resulta comprensible dada la desilusión y división política de la época posinvasión. Sin embargo, en esta representación, el acto del duelo y de la protesta fue subsumido por la retórica revolucionaria del pasado, codificándolo como el acto exclusivo de los que se alineaban con el legado torrijista. Los manifestantes, que representaban comunidades, intereses e ideologías diversas, se presentaron como un cuerpo unificado, congregado alrededor del mártir nacional. Al alinear las identidades de los "mártires" con Torrijos, y por extensión al legado militar que dio inicio al régimen norieguista, representaciones de este tipo frustraron su propio intento de fomentar el duelo nacional y colectivo.

Los fantasmas del vigésimo aniversario de la invasión

El enemigo espectral que justifica la violencia, los fantasmas racializados del batallonero entre las ruinas, los damnificados sospechosos, los cuerpos que evidencian la tapadera, las tumbas anónimas de los chorrilleros, los mártires indóciles ligados a un pasado idealizado, son tan solo algunos de los espectros que surgen de los archivos mediáticos de la invasión. Historias de fantasmas que si bien pueden distorsionar la comprensión del pasado y facilitar el olvido, también ofrecen la posibilidad de conducirnos hacia una reinterpretación de las narrativas simplistas y osificadas de la guerra. Al mirar los fantasmas presentes en las narrativas iconográficas de la pre- y posinvasión, se evidencian al menos tres tipos de daño colateral como efecto de la manipulación discursiva: 1) la martirización de las víctimas que alinea a los muertos y el acto de duelo con una sola orientación ideológica; 2) la estigmatización de los cuerpos enemigos que perpetúa una mirada racializada y apoya una comprensión maniquea de los "buenos" y "malos" de la historia; 3) la mirada sospechosa hacia El Chorrillo y la incógnita del número real de muertos que acaban sosteniendo una jerarquía de la guerra en la cual algunas vidas son desechables.

En el vigésimo aniversario de "La invasión que restableció la democracia en Panamá", las mismas figuras fantasmales volvieron a aparecer, además de algunos espectros nuevos. Todas las publicaciones alternativas examinadas anteriormente habían dejado de existir, cediendo los trabajos de la memoria a los periódicos principales. No es mi intención desestimar los esfuerzos auténticos y bien intencionados de algunos colaboradores, quienes ofrecieron múltiples perspectivas y abogaron por el recuerdo histórico. Ante la ausencia de un día oficial de luto o un monumento para las víctimas, la conmemoración mediática se convirtió en un sitio importante de memoria. Sin embargo, no es suficiente exigir que se recuerde. Hay que tomar una posición respecto de *cómo* se recuerda. La crítica de la escritora Diamela Eltit a propósito de la saturación de imágenes mediáticas durante el trigésimo aniversario del golpe de 1973 en Chile, resulta útil para analizar semejantes "políticas de desmemoria" en la conmemoración panameña. Como advierte Eltit, hay que mantenerse vigilante ante "la sensatez odiosa de los equilibrios", la promoción artificial de "la objetividad en medio de una situación que resulta inobjetable" (2005, 31).

La centralización de las narrativas de la invasión, con su promesa falsa de objetividad, depende de la repetición de ciertos discursos, la borradura de otros, la comprensión y síntesis. En este proceso, detalles cruciales se dejan fuera o son relegados a los márgenes, perdidos en la conmoción, detalles que podrían inspirar una reflexión más compleja y profunda del pasado.

El artículo titulado "La violencia se instaló en El Chorrillo desde la invasión" trató la cuestión urgente de la relación entre las fallidas políticas de reparación y la violencia que aflige el barrio. A pesar de las buenas intenciones, la cobertura hizo tanto para abogar por la mejora del barrio como para reafirmar su estigmatización. Manteniendo una mirada alejada, la fotografía que acompañó el artículo ofreció una vista aérea de la destrucción de El Chorrillo. La juventud del barrio fue clasificada como una presencia amenazadora—"a los chiquillos es a quienes más se les teme por estos días"—, revelando la persistencia de una mirada sospechosa hacia el barrio (Sandoval 2009, 40). En todas las ediciones conmemorativas, la escasez de voces de los supervivientes de la invasión, de los damnificados que experimentaron la violencia de cerca, resultó en un silencio ensordecedor. A pesar de la existencia de colecciones de testimonios como *El libro de la invasión*, que contienen las voces de damnificados, familias de víctimas, militares y batalloneros, cuyas memorias complejizan los límites retóricos de las fotografías, las publicaciones privilegiaron a las voces estimadas como más legítimas para hablar. El artículo, "¿Quién arrasó el barrio?: incendio", volvió a encender el fuego y a reavivar el espectro de los norieguistas, al privilegiar el testimonio polémico del Padre Javier Arteta, quien identificó a los batalloneros—y no el inmenso ataque aéreo estadounidense—como los autores del incendio devastador que arrasó El Chorrillo (Galindo 2009, 12).

Un gesto positivo en la cobertura de todas las publicaciones conmemorativas fue la inclusión de artículos que detallaban las investigaciones diversas que se han realizado para resolver el número real de muertos. Algunos periódicos subrayaron el carácter incompleto del obituario al reimprimir el "Listado parcial de víctimas mortales", originalmente publicado en 1992. Aún así, el título del artículo para introducir el listado, "Para no olvidar", resultó irónico ya que el recuento de 1992 seguía sin alterarse (Koster 2009, 68). La impresión de los nombres de los muertos constituye un gesto importante de duelo público y colectivo. Sin embargo, este gesto no significará nada sin una investigación oficial de cuántas personas murieron y cómo murieron, sin importar su orientación política.

FIG. 9. Bush Asesino, *La estrella de Panamá* (20 de diciembre de 2009). Archivo: Davidson_Fig9.JPG

La ubicación central del letrero de protesta "BUSH ASESINO", que aparece en la fotografía del cementerio que acompañó el listado, reveló la centralización del discurso que denuncia el exceso de fuerza utilizado por el ejército estadounidense. No obstante, el mensaje recriminatorio del letrero también sugiere que resulta más cómodo denunciar a los Estados Unidos que afrontar la complicidad panameña en facilitar y aceptar la conversión de seres humanos en daños colaterales. Durante las conmemoraciones del vigésimo aniversario se borraron por completo las fotografías de panameños celebrando la llegada de las fuerzas de la "liberación". Las figuras de ciudadanos cómplices—la pareja hermosa con su beso de final feliz, los panameños bailando con banderitas norteamericanas, el presidente Endara posando orgullosamente con los marines—fueron eliminadas, acto de omisión que convirtió al cuerpo cómplice en otro fantasma de la invasión.

En *La prensa* se alteró una imagen originalmente subtitulada "Soldados comparten júbilo con panameños" (8 de enero de 1990). Se recortó la foto

FIG. 10. Fuerza militar, *La prensa* (20-12-2009).
Archivo: Davidson_Fig10.JPG

para eliminar el grupo alegre de panameños que celebraba al costado del vehículo de guerra norteamericano. El carácter polémico del subtítulo original fue neutralizado, convertido en una descripción banal: "Fuerza militar: durante y después de la invasión, en las calles de la ciudad se pudo observar gran cantidad de equipo bélico" (*La historia* 2009, 19). A pesar del intento de neutralizar el pasado, la presencia espectral del cuerpo cómplice emerge de la borradura. Desenfocadas en el fondo de la imagen aún se ven las astas de las banderas. El espectro nos guía a la escena original, revelando la verdad dolorosa y vergonzante de que muchos panameños apoyaron el establecimiento de una democracia construida sobre los daños colaterales de la invasión.

Para entender por qué se tardó hasta el 2016 para organizar la Comisión 20 de diciembre para investigar el número real de muertos y por qué no hay un día nacional de duelo o algún espacio oficial para recordar a las víctimas, hay que reconocer la presencia fantasmal del ciudadano cómplice y la cultura de reverencia perpetua a la hegemonía estadounidense.¹² Reabrir el caso de las víctimas constituiría una ruptura con la cultura promocionada por el "Tratado de neutralidad" permanente del canal, así abriendo el camino hacia una democracia más legítima. Si deseamos entender el pasado y contribuir al cambio en el presente y para el futuro, "tenemos que aprender a identificar las presencias fantasmales y afrontar los espectros, aprender a hacer contacto con lo que sin duda resulta doloroso, difícil y perturbador" (Gordon 1997, 23). Para llegar a una comprensión más compleja de la memoria histórica de la invasión y pedir alguna forma de justicia para las víctimas, hay que seguir los caminos hacia el pasado señalados por todos los fantasmas de la invasión, senderos que nos obligan a acercarnos a los daños colaterales, en todas sus manifestaciones.

Notas

1. Para una discusión sobre el desarrollo del campo de la memoria en América Latina, véase: "The Memory Turn" en *New Approaches to Latin American Studies: Culture and Power* (Lazzara 2018).

2. Sobre el campo de la memoria en Panamá, véase: "Among Spectators and Agents of History: Navigating through the Memory Sites of the Panama Canal" (Davidson 2013).

3. La Comisión 20 de diciembre fue creada por el Decreto Ejecutivo N.º 121 con el fin de "contribuir al esclarecimiento de la verdad y el pleno conocimiento del número e identidad de las víctimas, así como de las violaciones del derecho internacional, de los derechos humanos y del derecho internacional humanitario, ocurridas en la República de Panamá desde el 19 de diciembre de 1989 hasta la retirada de las fuerzas armadas invasoras de los Estados Unidos de América" (19 de julio de 2016). http://comision20dediciembrede1989.org.pa/.

4. En el reporte de *The Independent Commission of Inquiry on the US Invasion of Panama* (1991), encabezado por el ex abogado defensor estadounidense Ramsey Clark, se recopilan diversos recuentos de las víctimas. El documento detalla las investigaciones de varias organizaciones de derechos humanos, la Iglesia Católica, la Cruz Roja Internacional y El Comité Nacional de Víctimas y Caídos que logró conseguir la exhumación de 4 de las presuntas 14 fosas.

5. De acuerdo con este propósito, las imágenes reimpresas en este artículo fueron recolectadas en Panamá en los archivos de la hemeroteca de la Biblioteca Nacional Ernesto J. Castillero durante dos viajes de investigación para mi tesis doctoral "Canal Memories: Race, Space, and the Construction of Modern Panama" (2013). Es importante notar que el criterio de selección de imágenes fue informado no solo por la propuesta crítica expuesta aquí sino también por largas conversaciones con

familiares, amigos, conocidos y profesores en Panamá, de diversas tendencias políticas, sobre sus memorias fotográficas de la invasión. Las imágenes, al igual que nuestros recuerdos, reflejan las imperfecciones producidas por el paso del tiempo.

6. Hoy en día se emplea el término "afrodescendiente" en Panamá para englobar a los "afrocoloniales", descendientes de los esclavos del Istmo, y a los "afroantillanos", cuyos antepasados constituyeron la fuerza laboral que soportó el peso del proyecto canalero. No obstante, aún quedan rastros de la percepción negativa de los afroantillanos, designados de forma peyorativa como "chombos", lacayos de los EE. UU. y migrantes cuya lengua inglesa y religión protestante amenazan la unidad nacional.

7. Martínez evita la tendencia nacional al eufemismo al resaltar la influencia de la clase social en la percepción popular de los batalloneros: "Casi todos los miembros de los Batallones eran negros o cholos, sudados, mal vestidos y el pueblo los supuso en su bando y no tomaba sus órdenes demasiado en serio. Los ricos, por supuesto, los supusieron en el bando de sus enemigos" (1994, 403). En su cobertura excepcional del vigésimo aniversario de la invasión, Guido Bilbao aporta matices que retan la caracterización estereotipada de los grupos de defensa civil: "Los batallones de la dignidad y los Codepadi se componían de dos mil 'voluntarios'. Había de todo: empleados públicos sumados a la fuerza, desocupados que sacaban de allí bolsas de comida y también civiles que querían defender a la patria ante la amenaza estadounidense. Jamás recibirían el entrenamiento anunciado" (2009, 28). Bilbao resalta las acciones pacíficas de los Batallones como una manifestación en la cual buscaron "revivir la gesta del 9 de enero 64", armándose con banderas para protestar el sobrevuelo de aviones y la presencia provocadora de tanques de guerra estadounidenses durante la guerra de baja intensidad (29).

8. A partir de la invasión norteamericana de Granada de 1983, el ejército norteamericano implementó el sistema del "media pool" para controlar el acceso de los periodistas a las zonas del conflicto. Bajo este protocolo el ejército estadounidense establecería las "reglas de participación" y controlaría el movimiento de un grupo preseleccionado de periodistas, determinando cuándo éste sería "activado y desactivado" (Johns y Johnson 1994, 65; la traducción es mía). La muerte notoria del fotógrafo español Juantxu Rodríguez, disparado por un soldado estadounidense por fotografiar en un área restringida, evidencia el acceso limitado de la prensa durante la invasión. Véase Johns y Johnson 1994, Torres 1989 y el documental de Trent, *The Panama Deception* (1992), para más detalles sobre los controles mediáticos de la invasión.

9. *La prensa* fue fundada en 1980 como un periódico antitorrijista por el empresario Roberto Eisenmann y un grupo de líderes de la oposición. *La Estrella de Panamá* es el periódico más viejo del Istmo. Empezó como un folleto dentro de la publicación en inglés *The Panama Daily Star*, una filial de *The Panama Star* fundada en 1849 durante la Fiebre de Oro.

10. *Bayano* (1974-1989) fue un periódico bisemanal, creado por una facción política dentro del torrijismo, cuya cobertura tuvo un papel central en movilizar el apoyo popular de los Tratados Torrijos-Carter. Creada en los años 80 y dirigida por el sociólogo panameño Raúl Leis, la revista *Diálogo social* fue financiada por los jesuitas. Sus colaboradores fueron intelectuales centroamericanos de la izquierda, profesionales y curas comprometidos a la prensa alternativa y las políticas de justicia social. *El periódico* fue una publicación clandestina que emergió inmediatamente después de la invasión.

11. Las camisetas conmemorativas de la "Operación Causa Justa" no son una creación del dibujante anónimo de *El periódico*. En varios *blogs* de recuerdos de la invasión se puede ver fotos de jóvenes panameños llevándolas orgullosamente. Recordando su niñez, el periodista Roberto Quintero cuestiona la procedencia de estas prendas, "Anhelamos la caída de la dictadura militar y siendo niños nos pusimos el suéter que decía *Just Cause*—¿quién los hizo, que ya estaban listos y repartidos antes que agarraran a Noriega?—. Fuimos parte del juego y celebramos ingenuamente, sin saber que éramos nosotros los que habíamos perdido" (2009, 58).

12. Bajo la presidencia de Mireya Moscoso se creó una comisión de la verdad para averiguar las muertes y desapariciones ocurridas durante los años del gobierno militar, 1968-1989. A pesar de caer dentro de las fechas en cuestión, la comisión no investigó las víctimas de la invasión. Véase José Otero y el reportaje de *BBC Mundo*, "Informe de la Verdad en Panamá" (2002).

Bibliografía

Beleño Cedeño, Joaquín. *Luna verde*. Panamá: Manfer, 1950.

Bilbao, Guido. *La caída*. Entrega especial de *La estrella de Panamá* (20 de diciembre de 2009): 5-54.

Bush, George H.W. "Fighting in Panama: The President; A Transcript of President Bush's Address on the Decision to Use Force". *New York Times* (21 de diciembre de 1989). Acceso el 12 de septiembre de 2010. https://www.nytimes.com/1989/12/21/world/fighting-panama-president-transcript-bush-s-address-decision-use-force-panama.html.

Butler, Judith. "Violencia, luto y política". Traducido por Edison Hurtado y Lola Pérez. *Iconos: revista de ciencias sociales* 17(2003): 82-99.

"Collateral Damage". *The American Heritage Dictionary of the English Language*. 5ª edición (2011). Acceso el 15 de diciembre de 2012. https://ahdictionary.com/word/search.html?q=collateral+damage.

Davidson, Emily F. "Among Spectators and Agents of History: Navigating through the Memory Sites of the Panama Canal". *The Global South* 6, n.º 2 (2013): 130-53.

Derrida, Jacques. *Espectros de Marx: el estado de la deuda, el trabajo del duelo y la nueva internacional*. Traducido por José M. Alarcón y Cristina Peretti. Madrid: Trotta, 1995.

De Jiménez, Xenia. "Los refugiados". *La prensa* (31 de enero de 1990): 4B.

"El pueblo en la calle". *El periódico* n.º 16 (julio de 1990).

Eltit, Diamela. "La memoria pantalla (acerca de las imágenes públicas como políticas de desmemoria)". *Revista de crítica cultural* 32 (2005): 30–33.

Galindo, Samuel Lewis. "¿Quién arrasó el barrio?: Incendio (Fragmento de *900 días: colapso de una dictadura*)". En "Invasión: 20 años después". Número especial de *Panamá América* (20 de diciembre de 2009): 12–13.

Gordon, Avery F. *Ghostly Matters: Haunting and the Sociological Imagination*. Minneapolis: University of Minnesota Press, 1997.

La historia de la invasión que restableció la democracia en Panamá. Número especial de *La prensa* (20 de diciembre de 2009).

Independent Commission of Inquiry on the U.S. Invasion of Panama. *The U.S. Invasion of Panama: The Truth Behind Operation "Just Cause"*. Boston: South End Press, 1991.

"Informe de la verdad en Panamá". *BBC Mundo* (18 de abril de 2002). Acceso el 15 de diciembre de 2012. http://news.bbc.co.uk/hi/spanish/latin_america/newsid_1936000/1936548.stm.

Invasión: 20 años después. Número especial de *Panamá América* (20 de diciembre de 2009).

Johns, Christina J., y P. W. Johnson. *State Crime, the Media, and the Invasion of Panama*. Westport: Praeger, 1994.

Koster, Richard M. "Para no olvidar". En *La caída*. Entrega especial de *La estrella de Panamá* (20 de diciembre de 2009): 68–70.

Lazzara, Michael J. "The Memory Turn". En *New Approaches to Latin American Studies: Culture and Power*. Edición de Juan Poblete, 14–30. Nueva York: Routledge, 2018.

Martínez, José de Jesús. "La invasión en Panamá". *Invasión a Panamá*. Número especial de *Revista Cultural Lotería* 399 (1994): 393–416.

The Panama Deception. Documental de Trent, Barbara, David Kasper, Joanne Doroshow, Nico Panigutti y Elizabeth Montgomery. Estados Unidos: Docurama, 2007.

Quintero, Roberto. "La pérdida de la inocencia". *La caída*. Entrega especial de *La estrella de Panamá* (20 de diciembre de 2009): 58.

Otero, José. "Informe de la Verdad en Panamá". BBC Mundo, 2002.

Sandoval, Yolanda. "La violencia se instaló en El Chorrillo desde la Invasión". *La historia de la invasión que restableció la democracia en Panamá*. Número especial de *La prensa* (20 de diciembre de 2009): 39–41.

Sontag, Susan. *Ante el dolor de los demás*. Traducido por Aurelio Major. Ciudad de México: Alfaguara, 2004.

Sturken, Marita. *Tangled Memories: The Vietnam War, the Aids Epidemic, and the Politics of Remembering*. Berkeley: University of California Press, 1997.

Torres, Maruja. "Juantxu Rodríguez, colaborador de *El país*, muerto a tiros en una zona controlada por EE. UU.". *El país* (22 de diciembre de 1989). Acceso el 11 de marzo de 2010. https://elpais.com/diario/1989/12/22/internacional/630284408_850215.html.

———. 2006. "La última foto de Juantxu Rodríguez". *El país* (6 de agosto de 2006). Acceso el 11 de marzo de 2010. https://elpais.com/diario/2006/08/06/domingo/1154836356_850215.html.

CAPÍTULO 14

Sexualidades disidentes
Agencias y derechos en la Argentina

Dora Barrancos

De la homosexualidad masculina a la identificación gay

Las relaciones amatorias entre personas del mismo sexo han existido en todas las sociedades y en todos los momentos de la historia, pero el acierto semántico gnoseológico y político del término "homosexualidad", como es sabido, remite a la segunda mitad del siglo XIX (Foucault 1991; Boswell 1992).[1] El término fue acuñado por el médico austro-húngaro Karoly María Benkert—popularizado como Karoly Maria Kertbeny—en 1869, casi al mismo tiempo que lo hiciera el psiquiatra prusiano Carl Friedrich Westphal (Gay 1992, 211), en un contexto de rápidas transformaciones económicas y de consolidación del dominio normativo científico moderno, aunque también de rupturas contestatarias, de insurgencias personales y colectivas. No debe sorprender que apareciera dentro de la disciplina médica psiquiátrica la figura amigable de Magnus Hirschfeld, quien evidenció una especial comprensión del fenómeno de la homosexualidad—aunque inexorablemente ligada a cuestiones neurofisiológicas—, y lo llevó a fundar el Comité Científico Humanitario que integraron destacadas figuras socialdemócratas como Augusto Bebel y Eduardo Bernstein. El Comité estaba destinado a proteger de modo "humanístico" a los homosexuales, a brindar información médica adecuada y a atenuar seguramente el pánico frente al comportamiento homoerótico (Gay 1992, 215; Llorca Díaz 1996, 11; Gordon 2000). La imaginación científica normativa exhibió de modo amplio el designio de penalizar las prácticas homosexuales como anormalidades y perversiones, y una vasta producción de consideraciones morales invadió los tratados médicos, psicológicos y educativos de ese fin de siglo. Un párrafo especial merece el famoso médico psiquiatra austríaco Richard von Krafft-Ebing y su conocido tratado *Psychopathia Sexualis* (1886), en el que describió muy diversas manifestaciones de las patologías con largos enunciados acerca de la homosexualidad, cuyas repercusiones sacudieron diversos ambientes sociales. Lo notable era el contraste con la experiencia homoerótica extendida en ese siglo, sobre todo a propósito del incremento de los encierros de adolescentes en ámbitos educativos, tal como ocurrió bajo el régimen de las *public schools* de Inglaterra (Honey 1992, 223). No puede dejar de mencionarse a Havelock Ellis, notable ensayista de esa nacionalidad, entre las menguadas voces que interpretaban la condición del homosexual según aproximaciones mucho más conciliadoras. Junto con John Addington Symonds, Ellis escribió *Sexual Inversion*, un ensayo de características singulares que debió ver la luz primero en alemán en 1896. Piénsese en que el momento coincidió con la condena de Oscar Wilde, a quien se le aplicó la nueva normativa inglesa, por cierto más dura que la anterior. Más allá de este tenebroso episodio, no parece correcto concluir que la mayor eficacia del lenguaje "científico" relativo a la homosexualidad, haya producido una cadena de modificaciones de la ley penal occidental en orden a la gravedad de las sanciones (Gay 1992, 207–08).

En la Argentina, en ese fin de siglo, se abrió paso una sólida perspectiva disciplinar vinculada a la neurología y la psiquiatría, y el problema de la homosexualidad resultó trajinado por diversos especialistas que en ningún caso se apartaron del encuadre patológico, ingresando de lleno en el campo de la criminología. Como un signo de la modernidad, este nuevo campo alardeaba de autorizaciones para condenar el crimen de los vínculos carnales entre personas del mismo sexo, atribuyendo sobre todo a los homosexuales varones las peores características. Pero es muy discutible si este fermento de "cultura científica" se transformó en una obsesiva persecución de los homosexuales, como se ha sostenido (Salessi 1995). Se trataba de preocupaciones intelectuales que encontraban su contraparte en el extendido imaginario social homofóbico, en la apuesta canónica a la virilidad como fuente de legitimaciones, y ambos términos encontraban auspicio en los designios del propio Estado que abjuraba de cualquier circunstancia adventicia sexual capaz de poner en riesgo a la integridad de la nación. Pero no se constata una cacería indiscriminada en las primeras décadas del siglo XX, no se registró nada parecido al "pánico sexual", tal como sostienen Ben y Acha (2005, 219).

A inicios de la década de 1940 fueron engendrándose, en los grandes centros urbanos, los denominados "edictos policiales". Se trató de normas inconstitucionales, elaboradas por los propios cuerpos de policía y sancionadas por fuera de cualquier orden legislativo. Los edictos daban capacidad a las fuerzas policiales para actuar en materias tales como la prostitución y lo que se consideraba franca perturbación de las buenas costumbres, como el uso de ropas femeninas por parte de varones, originando muchas veces la detención de personas—a menudo bajo la forma de redadas por ocasión de reuniones—, además de otras arbitrariedades que se acentuaron bajo los gobiernos "de facto". Pero habría que pensar nuevamente si la homofobia que caracterizaba el imaginario social llegó a fórmulas extendidas de paranoia y de odio. La investigación de Donna Guy sobre la prostitución en la Argentina (Guy 1994) se refiere especialmente a la inquietud que suscitaba la homosexualidad en todos los públicos, y a las prevenciones culturales y educativas para forjar una recia masculinidad en esa década. No obstante, Paco Jamandreu (1919–1995), el creativo diseñador de ropa de Eva Perón que pudo establecer desde muy joven su marca haciendo el vestuario de buena parte de las actrices consagradas, de condición homosexual, no rememora un ambiente de gran hostilidad por esos años. Aunque es cierto que debió migrar casi adolescente de su pueblo natal a Buenos Aires, debido a las incomodidades que sufría, tal como narra en sus memorias publicadas por primera vez en 1973. No deja de sorprender que Jamandreu no profiriera duros reproches por las circunstancias injuriosas que pudo haber vivido, según nuestra propensión a hipotetizar—con plausibilidad—sobre las vicisitudes sufridas por quienes trocaban la orientación sexual. Solo narra un acontecimiento vituperable cuando una conocida actriz hizo un comentario despreciativo hacia los homosexuales, hecho que lo determinó a interrumpir el vínculo: nunca más diseñó sus vestidos. En sentido contrario a esta situación adversa, Jamandreu a menudo se refiere a la relación con Eva Perón, recuerda el afecto que se tenían y subraya que jamás se sintió discriminado por ella ni por su marido, Juan D. Perón, que presidía el país por aquellos años. Se jactaba del carácter por entero homosexual que había conferido a su vida doméstica, ya que quienes lo servían tenían esa identidad. En fin, las memorias de Jamandreu suavizan bastante el escenario de la Argentina de posguerra, matizan la perspectiva de la acuciante persecución. Sin embargo, el escritor Héctor Bianciotti (1930–2012) nos pone frente a otro ángulo en su bella narrativa *Lo que la noche le cuenta al día* (1993), que contiene evocaciones de los años 50, en los que se sentía asfixiado por lo que debe interpretarse como clima de intolerancia hacia su homosexualidad, que finalmente lo hace emigrar a Italia y más tarde a Francia, donde se consagraría como escritor.

Bajo la dictadura del Gral. Juan Carlos Onganía (1966-1970)—adherente católico fervoroso—la censura llegó a marcas insospechadas (se prohibieron óperas, ballets, exhibiciones artísticas y numerosos films) y las policías—tanto la "federal" como las que respondían a los estados provinciales—redoblaron las intervenciones de control de la moral. Resultó célebre la gestión del Comisario Luis Margaride que no dudaba en requisar los lugares privados—aún los hoteles debidamente registrados para el encuentro amatorio—con tal de sostener los principios de la moral sexual con signos fundamentalistas. Pero ese interregno coincidió con el fermento de la radicalidad política, como ya he señalado, y el surgimiento de numerosos movimientos políticos y sociales. Uno de esos movimientos fue el Frente de Liberación Homosexual (FLH) que reunió sobre todo a jóvenes intelectuales homosexuales de izquierda.

La historia de FLH tuvo diversos antecedentes, pero el más próximo fue la agrupación denominada *Nuestro Mundo*, surgida en 1967, a la que dio especial impulso Héctor Anabitarte, un joven empleado y militante del Partido Comunista que fuera expulsado de esas filas justamente por su homosexualidad. Debe recordarse que dos años más tarde se asistiría a la revuelta neoyorkina de *Stonewall* y a un empinamiento de la agencia por los derechos de las personas gays que ya no retrocedería. En 1971 surgió en Buenos Aires el FLH; además de *Nuestro Mundo,* otro ariete fundamental fue el grupo *Profesionales* entre los que sobresalían Néstor Perlongher (1949-1992) y Sergio Pérez Alvarez (Simonetto 2017, 26-27). Este último núcleo había surgido en el marco de la Facultad de Filosofía y Letras de la Universidad de Buenos Aires, a la sazón de un ámbito de manifestaciones radicalizadas. No fueron pocas las dificultades para conquistar el beneplácito de las agrupaciones de izquierda que pululaban en la época, pues eran comunes los desaires y los rechazos. Las movilizaciones estudiantiles que se originaban en la citada Facultad solían contar con un pequeño núcleo portador de pancartas que indicaban la identificación del FLH, y no hay dudas de que se trataba de una auténtica bizarría. Resultaban limitadas las muestras de simpatía entre las columnas de manifestantes durante el interregno 1970-1976. Según Simonetto (2017, 27), el FLH reunía a once agrupaciones—hasta había una autodenominada *Católicos*

Homosexuales de la Argentina—y consiguió extenderse, aunque de manera tímida, en las ciudades del interior del país. Figuras como el destacado sociólogo Juan José Sebrelli y el notable escritor Manuel Puig, a la sazón estudiantes, integraron la primera membresía del FLH. Entre sus acciones, ligadas estrechamente a las expresiones de izquierda del período y más particularmente a la radicalidad de la izquierda peronista, se cuenta el haber editado la revista *Somos* (1973–1976), siendo uno de sus principales objetivos erradicar cualquier significado de "patología" de la identidad homosexual (Simonetto 2017, 34). De acuerdo con este autor "el cambio de esta categorización sería festejado por el FLH como una posibilidad de pugnar en el campo del conocimiento [...] Los psicólogos, los sociólogos y los médicos eran considerados por ellos como los 'policías blancos del sistema'" (34).

El FLH mantuvo vínculos con una parte del feminismo que se abría paso en la coyuntura, en particular con dos agrupaciones, la Unión Feminista Argentina (UFA) y el Movimiento de Liberación Femenina (MLF). Fueron las activistas de este último quienes contribuyeron a la iniciativa del Grupo de Estudio y Práctica Política Sexual, que mantuvo su autonomía y cuyo empeño mayor era reflexionar sobre los caminos para derribar los preconceptos morales, denunciar los orígenes patriarcales y capitalistas de la censura del sexo, y propiciar el reconocimiento de la sexualidad libre.

El arribo de la dictadura militar en 1976 extinguió la posibilidad del activismo debido a la ferocidad de la persecución desatada. Una parte de los militantes debió abandonar el país, tal fue el caso de Manuel Puig, Héctor Anabitarte y Néstor Perlongher, quien estuvo detenido durante algunos años y fue una de las figuras centrales del proyecto. A la salida de la cárcel, Perlongher se radicó en Brasil e hizo carrera académica en este país.[2] Las vinculaciones amatorias no consensuadas de militantes, así como los lazos homoeróticos experimentados en la obligada clandestinidad a la que forzaba la propia militancia social y política en las décadas de 1970 y mediados de los años 80, son historias a la espera de ser desenterradas. Los vínculos entre personas del mismo sexo, paradójicamente, debían obligarse a una doble censura, tanto para eludir la represión de los organismos de seguridad como para sortear las enormes adversidades de las propias filas. Había decidida intolerancia a los "desvíos" sexuales en las formaciones políticas radicalizadas de aquella época. Un documental reciente, *El silencio es un cuerpo que cae*, ilumina sobre estos sujetos y escenarios, una ruptura de la densa neblina que impide ver lo que no ha podido narrarse.[3]

Hubo que esperar el fin del terrorismo de Estado para restablecer la inaugural agencia por los derechos de la comunidad homosexual. El antecedente de los años 70 pervivió bajo la forma de nuevas reivindicaciones por parte de quienes asumían la identidad gay en el estreno de la recuperación democrática. Como ha señalado Ernesto Meccia, las nuevas organizaciones gay lograron "politizar la homosexualidad" (2006, 54). No exentas de tensiones entre la necesidad de mantener el privatismo de la condición—y con esto, un estado permanente de "clandestinidad"—, y la acción política que daba bríos a la manifestación sin tapujos, a la politización de la vida privada, se abrieron paso las organizaciones demandantes de derechos. En 1984 surgió la Comunidad Homosexual Argentina (CHA), en la que prevalecieron los principios de visibilidad y reconocimiento dentro de la inscripción mayor de la plena vigencia de los derechos humanos, lo que sorprende en un país que había experimentado dramáticamente su extinción. Sin duda, el contexto de denuncia de los atropellos dictatoriales, la secuela de torturados, muertos y desaparecidos—la evidencia monstruosa del secuestro de cientos de niños nacidos en cautiverio o arrebatados a quienes se cambió la identidad a raíz de acciones represivas—, constituía también un cauce para la agencia de sujetos históricamente marginados. Otro tanto, aunque desde luego con mayores márgenes de "legitimidad", ocurriría con las reivindicaciones de las feministas. Pero como ha sido subrayado (Pecheny 2001, 1–2; Meccia 2006), el espectro del HIV/SIDA obró de modo paradójico para que fuera el propio Estado el que debiera reconocer la existencia de sujetos de sexualidad no heterosexual e imponerse intervenciones para impedir la extensión de la epidemia. Es bien sabido que la llamada entonces "peste rosa" forjó su sentido agonal en las relaciones homosexuales, y más allá de la censura, de la homofobia que imperaba en buena parte de la sociedad argentina—aunque desde 1973 la OMS erradicara las connotaciones que las asimilaban al desorden patológico—, la acción estatal debió dirigir la atención a las personas de condición gay. De modo muy contradictorio, el miedo a la invasión del retrovirus letal condicionó nuevas formas de exclusión, pero auxilió a la visibilidad de quienes se suponían víctimas exclusivas, aunque a medida que corrían los 80 el alerta cundió también para los heterosexuales.

La coyuntura de doble hélice—reclamo por los derechos humanos y necesidad de sofocar el HIV/SIDA—fue estratégicamente empleada por la CHA, que tenía entre sus promotores al joven historiador platense Carlos Jáuregui (1957–1996), quien no vacilaba en solicitar a todos los homosexuales, varones y mujeres, que se mostraran, que enunciaran públicamente su preferencia sexual.[4] No en vano fue el organizador de la primera Marcha del Orgullo en 1992, pues entendía que los peores enemigos de los derechos de las personas homosexuales eran el ocultamiento y el sentimiento de vergüenza que solía prevalecer. La gestión de Jáuregui llegó hasta 1987, momento en que las disidencias arreciaron sobre todo porque la CHA focalizaba centralmente sus acciones en la lucha contra el SIDA, y Jáuregui sostenía que además del combate al flagelo había que avanzar en la conquista de derechos. En 1989, la Justicia argentina rechazó la solicitud de Personería Jurídica que había realizado la CHA; pese a ello, aunque la entidad se había difuminado en un arco diverso de nuevas organizaciones—no pocas en el interior del país—, no hay dudas de que siguió siendo una referencia importante para el activismo gay. Como una muestra de los nuevos aires que traía la movilización de los conjuntos discriminados, en 1992 la Justicia debió reconocer como organización civil a la CHA. Pero no fueron pocas las adversidades de este organismo; solo en años recientes, vivió transformaciones que permitieron una ampliación de los puntos de vista, la adopción de una política firme de demandas al Estado y la solidaridad con grupos disidentes. Pero más allá de las diferencias, durante la primera década del nuevo siglo, ha habido ciertas políticas de unidad que llevaron a transitar reclamos comunes y a obtener logros de enorme significado. Las Marchas del Orgullo se fueron poblando con un número cada vez mayor de participantes y no solo de quienes contrariaban la sexualidad canónica. Cada Marcha comporta hoy una multitud de manifestantes con espacio para todo el arco de las diversidades, y no puede soslayarse la renovación que suscita la participación de las personas más jóvenes. No hay dudas de que han disminuido las adversidades para el *coming out*, y que pese a la vertebración homofóbica de la sociedad argentina—una cantera difícil de extinguir—, se han ganado pasos sustanciales para la identidad gay que, como se verá, ha conquistado derechos civiles fundamentales. No puede pasarse por alto la partidización de determinados colectivos, la adhesión política a fuerzas que han expresado a las mayorías populares, como lo es el peronismo, a cuyo cauce respondieron los gobiernos de Néstor Kirchner y de Cristina Fernández de Kirchner (2003–2015). Se trató de un período intenso en donde se incrementaron derechos sociales y también inherentes a la sexualidad. Esos años significaron movilizaciones y la posibilidad de enraizamiento de grupos de subrayada politización, como el denominado "Putos peronistas", cuya actuación se inició hacia 2008 en un área geográfica y social periférica a la ciudad de Buenos Aires.[5] No deja de admirar que uno de los animadores fuera heterosexual, Pablo Ayala, a quien se debe en gran medida los esfuerzos por esa convergencia de reivindicaciones de la sexualidad disidente. Se trataba de un grupo de expresión muy local en el inicio, pero que sintetizaba la situación de los sujetos de diversa identidad habitantes de la periferia, donde se exhiben con más vigor las exclusiones. Pero logró abrirse paso y legitimarse partidariamente en las filas de los frentes liderados por el peronismo, y extenderse a otros territorios. Sus militantes han representado un haz de identificaciones de la diversidad, un tributo vibrante que ha contribuido al cambio de los paisajes censuradores y homofóbicos, y que ha trabajado por dignificar vidas. Pero debe decirse que en otras fuerzas partidarias de centro izquierda, también han surgido agrupamientos expresamente diferenciados del heterosexismo, un indicador del viraje ocurrido en este ciclo.

Del tribadismo a las reivindicaciones lésbicas

A diferencia de la homosexualidad masculina, que podía ser escudriñada con mínimas evidencias—que sonaban siempre escandalosas—, los tratos sexuales entre mujeres pudieron carecer de estridente visibilidad y tal vez, por eso mismo, resultaron atenuadas las oportunidades de condenas públicas. Por lo general, de "eso" no se hablaba; al final, dos mujeres podían convivir juntas sin que la vecindad pusiera en sospecha la índole de sus vínculos, y no faltan ejemplos sobre esta circunstancia como ocurrió con la larga relación que mantuvieron Ada Elflein—periodista y ensayista de inicios del XX—y Julieta Gómez Paz (Szurmuk 1996, 339). En algunos círculos de élite, las mujeres que orientaban su sexualidad hacia otras mujeres, solían autodefinirse como *betters*, esto es como "las mejores" y se permitían otras conductas transgresoras como el uso de ropas masculinas, pero el término con certeza resultaba extraño a las mujeres de los grupos sociales subalternos (Fuscova, Schmid y Marek 1994). El concepto de *lesbianismo* no se empleó sino hasta la segunda mitad del siglo pasado en la Argentina, y toda la literatura psiquiátrica—y criminológica—utilizaba los términos equivalentes de "tríbadas" o "safistas" como han consignado Ramaciotti y Valobra (2014) para referirse a las "anómalas" atracciones entre mujeres. También, a diferencia de la homosexualidad masculina, aunque hubiera círculos de sociabilidad entre mujeres que cobijaban relaciones eróticas así como designaciones que caracterizaban la singularidad de los intercambios amatorios y sexuales, no se registra una acción militante explícita sino hasta la reconquista democrática en 1983. Las lesbianas que asomaban al reclamo de derechos de las mujeres se identificaron, sin especial demarcación, con el feminismo de la década de 1970 y se incorporaron al activismo gay de esos años, pero carecieron de signos distintivos específicos. Ya he introducido el Grupo de Estudio y Práctica Política Sexual, surgido de la convergencia de militantes del FLH y de un núcleo de feministas en 1972, y se tiene la impresión de que menudearon las lesbianas en este emprendimiento. Algunos de sus miembros, en particular Néstor Perlongher y Osvaldo Baigorria, fueron los redactores del documento "La moral sexual en la Argentina" (1973) en el que se vinculaba la represión y el sometimiento sexual, de las mujeres y de los homosexuales, al orden capitalista.[6]

En la literatura argentina asomaron de modo contado las relaciones amorosas entre mujeres y por lo general de manera elíptica, aunque hubo algunas excepciones. Seguramente la primera novela que escenificó vínculos homosexuales femeninos fue *El derecho de matar* (1933), de Raúl Barón Biza, una novela iconoclasta—dedicada al Papa Pío XI—que respondía a las características de la personalidad del autor quien oscilaba entre las concepciones más libertarias y las más conservadoras.[7] El protagonista realiza una evolución sentimental y una educación de los sentidos, que se inicia en una localidad semirural y tiene como clave a la enigmática y sensual Cleo. Con el propósito de mostrar el desborde del deseo sexual, esta establece un vínculo con la propia hermana del protagonista ya en un ambiente pintado con los trazos paroxísticos que se atribuyen a la gran metrópoli, donde inflexionan los escrúpulos morales. El escándalo suscitado por el libro llevó a que el gobierno—surgido después de la primera dictadura de 1930—ordenara el decomiso de los cinco mil ejemplares de una lujosa edición, con ilustraciones de marcado empeño provocador.

Ya casi a inicios de la década de 1960 apareció la novela *Un ángel de bolsillo*, de Ofelia Machado Bonet, y aunque la autora era uruguaya, la trama se refiere a las ciudades de Montevideo y Buenos Aires. La protagonista vive su juventud a fines de la década de 1940 y veinteañera, tendrá vínculos amatorios con una lesbiana, casada con un individuo de deplorables características. Se trata de un amor atrapante y turbulento porque la pareja ejerce fuerte dominio emocional sobre la protagonista quien finalmente resulta abandonada, circunstancia que le ocasionará un hondo padecimiento. Más adelante conoce a un joven argentino, perteneciente a una familia de la elite, quien expresa todas las notas del antiperonismo. Su vida matrimonial transcurre en Buenos Aires, en los primeros años del posperonismo, y aunque parece resuelta la cuestión sexual, pues sobran las indicaciones sobre sus sentimientos y sensaciones, no dejan de aparecer las sombras del homoerotismo. La novela mereció el segundo premio de la editorial Losada de Argentina en 1959, un dato que no deja de sorprender debido a la temática—aunque en verdad no tanto porque en el grupo editorial, originado por el español de ideas republicanas Gonzalo Juan Losada, dominaban las posiciones mentales más progresistas—.

Pero la primera narrativa argentina que se consagra a una relación lesbiana es *Monte de Venus* (1976), de Reina Roffé.[8] La aparición de este libro fue acogida con una contundente censura por parte de la dictadura militar que iniciaba ese año su cruento ciclo. La autora sitúa la trama en el contexto de las urgencias radicalizadas del período y en el ambiente de una institución secundaria femenina vespertina (en la época la enseñanza media estaba dividida en instituciones para varones y para mujeres), en donde la protagonista, Julia, puede mostrar sus inclinaciones lesbianas. La voz narrativa, en primera persona, permite acceder al mundo irreverente, controvertido y a menudo cínico de una muchacha que no tiene tapujos en exhibir sus amores con otras mujeres, circunstancia poco común en la Argentina del siglo pasado. Como señala Arnés, "en *Monte de Venus* la lesbiana no solo no muere, sino que tiene voz y produce escritura. El pequeño instrumento de captura que es, primero el grabador, después la pluma, la habilita a la producción expresiva" (2011, 50), lo que resulta un acontecimiento.

Fue difícil admitir en público la condición de lesbiana, tal vez porque se sobreponía el sentimiento de que sonaba a "fraude" dada la mayor confianza que la sociedad concedía a los vínculos estrechos entre mujeres. Había lesbianas célebres en los años 70, momento de aparición del libro de Roffé, y para citar solo algunos casos basta recordar los vínculos de la destacada escritora María Elena Walsh con Elena Valladares, una consagrada música especializada en folklore, y más tarde con Sara Facio, eximia fotógrafa. En 1972, la poeta Alejandra Pizarnik (1936-1972) se quitó la vida después de un largo proceso depresivo, y era un secreto a voces su orientación lésbica, aunque este ángulo solo fuera reconocido bastante después por la abundante crítica que se le destinó.

Las denominaciones corrientes para aludir a las mujeres homosexuales fueron "tortas", "tortilleras", "bomberos" y no pocas veces "fiesteras" (Fuscova, Schmid, y Merek 1994, 107). El estereotipo de las "masculinizadas" se tornó bastante más corriente para atribuir también una sexualidad propia de los varones, pero no puede dejar de señalarse que algunas lesbianas contribuían a las convenciones discriminantes. No pocas narraron los reparos, la mojigatería y sobre todo la censura que se ejercía sobre las compañeras de intercambios sexuales, la persistencia de los preconceptos en el seno mismo de las pequeñas comunidades lésbicas. Solía denostarse a las "bomberos" que exhibían sin ambages las señales de sus orientaciones y fue bastante corriente la exigencia de ocultamiento de los vínculos amatorios. Salirse de la raya podía significar una severa admonición. De la misma manera que Meccia ha puesto en evidencia trazos de homofobia entre los varones homosexuales, dispuestos a reprimir excesos del comportamiento de la pareja "marica"—sobre todo la exteriorización gay de la vestimenta y del modo de hablar—(2006, 146-54; 2011), tampoco eran raras esas actitudes discriminatorias entre las lesbianas que deseaban disimular su condición. No faltaron incluso señalamientos distintivos entre "rosas" y "celestes", las primeras eran consideradas "pasivas" y las segundas "activas", aludiendo a ciertas técnicas de consumación de la sexualidad (Sardá y Hernando 2001, 44), lo que en términos actuales podría asimilarse a lesbianas "*butch*" y "*femme*". Pero lo que parece haberse consagrado, desde fines de la década de 1970, fue la autodesignación de "tortas", un giro que en algún modo repugnaba el despreciable "tortilleras", pero que retenía de modo celebratorio parte de su semántica.

La militancia lesbiana surgió al inicio de la recuperación democrática argentina. En 1986 había en Buenos Aires algunos grupos de activistas, como el Grupo Autogestivo de Lesbianas (GAL), y circulaba una publicación del núcleo "Codo con codo". Se ha sostenido que en 1988 un grupo de manifestantes que concurrió a la Plaza del Congreso se identificó con su identidad (Mogrovejo 1998, 290-91). A inicios de la década de 1990 se nucleaban en Buenos Aires organizaciones como "Fresas", luego denominado "Frente Sáfico", y "Las Unas y las Otras". No puede dejar de evocarse la actitud iconoclasta, la autonomía que mostró Ilse Fuskova, quien merece algunos párrafos aparte. Tal como ha confesado en diversas oportunidades, Ilse estuvo casada por 30 años y tuvo tres hijos. Véase en uno de sus testimonios, el despertar de su orientación a raíz del Encuentro Feminista llevado a cabo en Bertioga, Brasil, a poco de reinstalarse el Estado de derecho en la Argentina:

> En el 85, en Brasil, me enamoré de una militante española. Fue fuertísimo [...] Yo tenía 56. Jamás me volví a enamorar de un varón. Durante aquel maravilloso encuentro de mujeres en Bertioga, no solo yo sino muchas mujeres argentinas se descubrieron lesbianas o bisexuales. Éramos dichosas en ese clima exuberante. ("Entrevista a Ilse Fuskova")

Ilse visitó Alemania y los Estados Unidos en donde entró en contacto con diversos grupos de militantes y fue cimentando el íntimo convencimiento de que era necesario posicionarse, hablar en público y especialmente forjar una agencia por los derechos como estaba ocurriendo en aquellos países. En 1987 Ilse y Adriana Carrasco iniciaron una publicación destinada a socavar la moral heterosexista acogiendo textos—a veces se trató de testimonios—de mujeres que deseaban poner en evidencia su orientación, quebrar el canon de las convenciones y crear las condiciones del reconocimiento. Se trató de los *Cuadernos de Existencia Lesbiana*, que comenzaron a publicarse en 1987 marcando un jalón relevante. Pero no todas se animaban a identificarse, a veces usaban nombres ficticios o firmaban con iniciales; todavía era temeraria la salida del clóset. En el año 1991, Mirtha Legrand—una conocida actriz de larga trayectoria que conducía un controvertido programa en la televisión, en el que sobresalían las posturas reaccionarias—la invitó a sus "Almuerzos", tal era el formato del programa. Fue allí donde Ilse manifestó sin tapujos su lesbianismo y contó su historia de heterosexual que había descubierto en la madurez el verdadero deseo, lo que tuvo enorme repercusión. Recuerda así la circunstancia:

> Ni siquiera consulté a mis hijos si ir o no ir a la tele. Eso estaba más allá. Yo lo sentí como una apertura de conciencia social y no podía no hacerlo. Cuando fui al programa de Mirtha Legrand en el 91, mis propias compañeras feministas me decían: no vayas, te van a querer humillar. No las escuché, asistí a pesar de todo, y fue buenísimo. Terminó el almuerzo con 36 puntos de rating. ¡Con qué seguridad hablé! De alguna manera, yo desarmaba los argumentos de Mirtha. Agradezco haber podido hacer ese camino. ("Entrevista a Ilse Fuskova")

De esa intervención pública surgió el vínculo amoroso con Claudina Marek, que también se tornó una militante. Había contrastes sociales entre Ilse y Claudina, aunque las dos reconocían antecedentes de familias procedente del este europeo. Ilse era periodista, conocía varios idiomas y había participado de ambientes culturales más diversificados. Claudina era catequista, maestra y vivía en la provincia de Entre Ríos. El amor las reunió y Claudina pudo quebrar el silencio en que mantenía su sexualidad desde niña. Se debe a esta pareja emblemática una parte importante de las luchas por derechos que se inflamaron en la década de 1990. Sin embargo, la brecha abierta todavía no significaba que las lesbianas hubieran franqueado el camino de su visibilidad, resultaba indudable que les costaba más que a los integrantes de la comunidad gay masculina. Ilse reflexiona en la misma entrevista, convencida de las dificultades: "Creo que no es fácil decirlo todavía. Se podrá decir casi con seguridad a nivel académico, o en espacios privilegiados".

Pero en estos últimos años, se ha registrado un cambio significativo en los comportamientos. No tengo dudas de que esto ha sido posible gracias a la mayor apertura general de la sociedad argentina, a los avances de la legislación igualitaria, pero sobre todo a la determinación de los segmentos de mujeres más jóvenes. Han proliferado las organizaciones en todo el país, tanto como los manifiestos y los encuentros. Se puede conjeturar que una porción de las nuevas incorporaciones a los feminismos remite a muchachas que desean identificarse de acuerdo con su subjetividad, sentimientos y pulsiones sexuales homoeróticas. Es mucho más fácil encontrar hoy a militantes lesbianas en muchos frentes de mujeres, y han aparecido numerosas iniciativas culturales integradas por lesbianas. En suma, en esta primera década del siglo XXI han aumentado los grupos, las organizaciones y las siglas que tienen como referencia el amor entre mujeres, tales los casos de las que integran la Federación Argentina de Lesbianas, Gays, Bisexuales y Trans (FLGBT), una de las más importantes agencias de disidentes de la sexualidad en la Argentina.

Surgimiento y evolución de la agencia travesti, transexual, transgénero e intersexual

Con mayores dificultades aún las personas "trans" trajinaron la búsqueda colectiva de reconocimiento. Se trata de un conjunto heterogéneo por lo que resulta gnoseológica y políticamente incorrecto conferirles "identidad" con fuerza categorial; su urdimbre está compuesta de muy diversas manifestaciones, de alteridades de innegable disparidad. Una economía del lenguaje ha reducido la compleja metamorfosis de las sensaciones, las sensibilidades, las apariencias y la conducta sexual a determinadas categorías, a saber: *travestis* (que renuncian al estereotipo varón/mujer determinado por la "naturaleza", pero no cambian genitales), *transexuales* (que renuncian al estereotipo y también a las marcas anatómicas solicitando intervenciones quirúrgicas adaptativas), *transgéneros* (que no desean adoptar el género sociocultural, lo que puede no significar una orientación sexual determinada), *intersexuales* (que debido a la ambigüedad anatómica suscitan intervenciones quirúrgicas para adoptar uno u otro sexo). Pero tales repertorios no fraguan identidades y menos aún mismidad; debemos tener prevención con el encasillamiento y el destino de repetición de quienes discurren en modo contrario a la heterosexualidad normativa y a los pactos de género (Maffía 2003; Berkins y Fernández 2005). El derecho se ha arrogado el control de la sexualidad haciendo tajante la de tipo *consentido* vs. la que asume el carácter *sostenido*, en todo caso materia indudablemente adversativa si se piensa en que es imposible ordenar políticamente el erotismo (Borrillo 2009).

Las personas *trans* habían tenido dificultades para convivir con buena parte de quienes integraban la CHA. Circunstancia semejante ocurrió en Estados Unidos, ya que resultan conocidas las diatribas y las dificultades de entendimiento entre la comunidad gay y la militancia "trans", como ocurrió con las dolorosas contrariedades vividas por Marsha P. Johnson y Sylvia Rivera, para señalar solo dos protagonistas de peculiar actuación. La acción colectiva de las personas *trans,* en especial de las travestis, comenzó probablemente a inicios de la década de 1990—se trata del más reciente de los movimientos relacionados con los "derechos personalísimos"—y se tornó más visible e intensa en Buenos Aires, ciudad que atraía a quienes se les hacía insoportable la discriminación y las humillaciones en sus respectivas comunidades interioranas. No puede sorprender que un enorme número de travestis encuestadas, en un importante estudio, procediera de las provincias andinas del norte (Berkins y Fernández 2005), áreas muy conservadoras, con particular predominio de la Iglesia católica.

Resulta necesario situar el contexto político de los años 90, cuando en medio de políticas neoliberales a ultranza llevadas a cabo por el gobierno de Carlos Menem—que originaron grados inéditos de pobreza y exclusión—, se planteó la necesidad de la reforma de la Constitución para posibilitar su reelección. La nueva Constitución (1994) estableció la autonomía de la ciudad de Buenos Aires, que pasó a tener la condición institucional de un estado provincial y por lo tanto debía establecer su propio estatuto constitucional.[9] La Constituyente deliberó en 1996 y produjo una de las cartas fundamentales más progresistas de América Latina hasta entonces, gracias a una buena cantidad de representantes de ideas progresistas y de un cierto número de feministas.[10] Se garantizaba la igualdad de género y de todos los sujetos afectados en derechos por causa de su orientación sexual. El nuevo estatuto de la ciudad requería el fin de los edictos policiales en concordancia con las nuevas garantías. Durante los debates de la Constituyente se movilizaron diversos grupos estigmatizados por su condición sexual, entre los que se contaban agrupaciones de prostitutas y colectivos de travestis, muchas de sus integrantes forzadas a ejercer la prostitución. Sus manifestaciones fueron de gran significado no solo porque pusieron en evidencia la discriminación, el hostigamiento, la exclusión de las prerrogativas de la ciudadanía e hicieron posible su visibilidad, sino porque ayudaron a extender la necesidad de sostener colectivos. Sus demandas para extinguir la persecución policial—se constataban toda suerte de abusos y no solamente a quienes ejercían la prostitución—fueron clave para comprender el plexo de derechos que debían plasmarse. La primera Legislatura de la Ciudad de Buenos Aires derogó los edictos y sancionó un Código de Convivencia que eliminaba cualquier criminalización de quienes ejercían la prostitución.[11] No escapa que se trataba de una medida garantista que amparaba no solo a las personas en condición de prostitución, en el marco de relaciones heterosexuales, sino a las travestis que se veían forzadas a la venta de sexo en condiciones aún más vulnerables. Fue por esos años también que se abrieron paso los estudios *Queer* en la Argentina. A inicios de la década de 1990 el grupo *Eros* tuvo como cometido el análisis de la diversidad sexual y hacia 1994 se originaron encuentros académicos no solo en el ámbito de la Universidad de Buenos Aires, sino en instituciones académicas del interior del país. En 1997, Flavio Rapisardi, un reconocido ensayista y militante gay, organizó el Área de Estudios *Queer* y Multiculturalismo en el Centro Cultural Ricardo Rojas (dependiente de la UBA), con la Secretaría de Extensión de la Facultad de Filosofía y Letras.

Entre los avances más acentuados de la acción colectiva de las personas travestis se cuenta el activismo precursor de ALIT (Asociación de Lucha por la Identidad Travesti), una de cuyas forjadoras, Lohana Berkins—lamentablemente fallecida en febrero de 2016—, constituye una de las figuras más relevantes en la Argentina desde una posición identificatoria original. Berkins, que forjó un pensamiento de peculiar lucidez, pues siempre reclamó fidelidad a la "identidad travesti", sostiene:

> En una sociedad que te obliga a definirte como hombre o como mujer, es más divertido decir: soy travesti. Lo ideal sería que cada uno pudiera hacer, ser y tener la imagen que quiera. La pregunta que yo me hago es si en esta sociedad tan alineada, tan educada, tan etiquetada, todavía se puede hablar de instintos primarios y deseo puro. ¿Hasta dónde estructuramos el deseo? La opresión, desde el punto de vista de las travestis, tiene que ver con que solo se puede ser hombre o mujer en el esquema sexogénero (*que implica que a una condición biológica le corresponde un determinado rol social y un deseo; mujer=madre=ama de casa*). Esta sociedad

se pone un poquito permisiva—un poquito—, y dice: pueden ser gays o lesbianas. Y justamente el travestismo viene a producir un quiebre. ¿Por qué tengo que elegir entre los dos géneros, como si estos géneros fueran la panacea del mundo, uno por opresor y la otra por oprimida? ("Travestida para transgredir")

La Asociación ha llevado a cabo varias iniciativas trascendentes, entre las cuales se encuentran la Cooperativa Nadia Echazú—en homenaje a una militante que murió de SIDA—, emprendimiento dedicado a la confección de ropa y que solo emplea a personas trans, y el Bachillerato Popular Trans "Mocha Celis",[12] una escuela media que funciona en el barrio capitalino de Chacarita desde el 2012 y que ya ha obtenido varias cohortes de egresados/as. Estas intervenciones están destinadas a promover a los individuos trans, a permitirles vivir dignamente su experiencia de transformación sexual o de género. Otro emprendimiento del movimiento es la revista *El teje*, originada en el 2007 en el ya citado Centro Cultural Ricardo Rojas a raíz de un taller periodístico conducido por la destacada escritora María Moreno y con base en ideas aportadas por Paula Viturro, conocida especialista en estudios *queer*. La dirección de la revista estuvo a cargo de Marlene Wayar, militante por los derechos de la diversidad sexual y que ha coordinado la Red de Travestis y Transgéneros de América Latina y el Caribe.

En el 2006 surgió la Federación Argentina LGTB (lesbianas, gays, bisexuales y transexuales), que pudo reunir a numerosos núcleos en todo el país, y más recientemente se creó la Asociación de Travestis, Transexuales y Transgéneros de Argentina (ATTTA), que congrega a organizaciones de activistas del país. Ha resultado muy importante la incorporación de un mayor número de colectivos organizados ya que permite una actuación concatenada y más eficiente, como se ha visto con relación a la Ley de Educación Sexual (Programa Nacional de Educación Sexual Integral, Ley 26.150 de 2011) para cuya aplicación se han venido sosteniendo diversas actividades formativas en medios educativos. Pero tal vez lo más destacado de la FALGTB ha sido su empeño para la obtención de dos leyes civiles de gran significado, el matrimonio igualitario (Ley 26.618 de 2010) y la ley de identidad de género (Ley 26.743 de 2012). La primera de estas leyes permite los contratos de conyugalidad entre las personas sin importar su identidad sexogenérica, prerrogativa que en ese año solo se gozaba en el entonces Distrito Federal de México en la totalidad de la región latinoamericana. En cuanto a la ley de identidad de género es una de las más importantes reformas jurídicas, pionera en el orden internacional, pues el Estado argentino reconoce las más diversas identidades y les confiere el derecho al cambio registral sin ninguna interposición judicial. La ley de identidad de género les asegura a las personas el derecho a ser tratadas de acuerdo con la índole sexogenérica que estas manifiestan tener: lo que cuenta es la identidad autopercibida. Debe insistirse que estas transformaciones del derecho privado en la Argentina fueron posibles gracias a la acción colectiva, a las organizaciones que se empeñaron en esas conquistas. Permítaseme expresar que más allá de las organizaciones formalizadas, las personas "trans" han podido forjar—sin duda con muchas vicisitudes—alternativas de ayuda mutua, fórmulas de acogimiento y modos protectores, teniendo en cuenta la subrayada situación de vulnerabilidad que ha caracterizado a la enorme mayoría de quienes integran la comunidad. La solidaridad suele aparecer a menudo en los testimonios, desde luego también junto con la intemperie y el desasosiego, pero muchas travestis han manifestado el valimiento generoso de que fueron objeto, especialmente por parte de las mayores de edad. Pero formas de mutualismo no han faltado, como la que subsiste en el Hotel Gondolín, un alojamiento de varios pisos con más de 20 cuartos que fue tomado por un grupo de travestis en 2005 y que ha brindado acogimiento a muchas personas.[13]

Unas reflexiones aparte merece el grupo de las personas "intersexuales", sobre quienes han pesado, especialmente, los repertorios de "normalidad biológica" y la procura de rectificación anatómica. Durante la mayor parte del siglo pasado, la medicina convenció a padres y madres de realizar precoces intervenciones quirúrgicas en niñas y niños con el objeto de obtener adaptaciones según forzosas demandas fisiológicas. Las manifestaciones anatómicas hermafroditas debían tener una rápida corrección según la opinión normalizadora de los facultativos, por lo cual las cirugías—a menudo reiteradas sobre cuerpos de criaturas de muy pocos años—probablemente resultaron catastróficas para la integridad psíquica de la mayoría de los pacientes. Solo en época reciente pudo admitirse—tal como describieron, entre otros, los análisis de Fausto-Starling (2000, 18–23)—que la profusión de "sexos" en un individuo son por lo menos cinco, a saber: el sexo cromosómico, el gonadal, el morfológico, el hormonal y el asignado socialmente. Las intervenciones quirúrgicas, sin que medie la voluntad de la/del afectado, han menguado a medida que se han incrementado las demandas, por lo que la propia ciencia médica ha tenido que admitir la arbitrariedad de su cometido. En todo caso, se ha interpuesto el paradigma de los derechos humanos, particularmente la extensión universal de las prerrogativas de la diversidad de acuerdo con los sucesivos desdoblamientos emanados de la Declaración Universal de los Derechos Humanos (1948), así como con el creciente número de convenciones y pactos. En 2006 un grupo de reconocidos expertos y activistas, produjo a instancias de la ONU el documento *Principios de Yogyakarta sobre la aplicación del Derecho Internacional de Derechos Humanos a las cuestiones de Orientación Sexual e Identidad de Género*. En representación de América Latina participaron Sonia Onufer Corrêa, de Brasil, y Mauro Cabral, de Argentina, quienes estuvieron entre los redactores de los veintinueve derechos presentados en el documento, uno de los cuales, el número 18, expresa:

> Ninguna persona será obligada a someterse a ninguna forma de tratamiento, procedimiento o exámenes médicos o psicológicos, ni a permanecer confinada en un centro médico, con motivo de su orientación sexual o identidad de género. Con independencia de cualquier clasificación que afirme lo contrario, la orientación sexual y la identidad de género de una persona no son, en sí mismas, condiciones médicas y no deberán ser tratadas, *curadas* o suprimidas. (*Principios de Yogyakarta*)

Cabral, que ha vivido una experiencia traumática a raíz de las cirugías forzadas de rectificación, es uno de los más destacados activistas latinoamericanos y también un analista profundo de las construcciones de género a propósito de las rectificaciones que padecen las personas "intersex". Véanse algunas de sus ideas:

> Para socializar a alguien como una niña, para que su identidad femenina resultara "exitosa" y sin fisuras, era imprescindible que su cuerpo fuera, en su apariencia exterior, el de una niña *standard*, capaz de sostener la mirada y la palabra, constitutivas, de su madre y su padre, su propia percepción de sí como ser sexuado. El cuerpo regresaba, por lo tanto no bajo la forma de una determinación *a priori* biológica, sino como el sostén material, imprescindible, de la asignación de género y del éxito de esa asignación a lo largo de la vida. Este regreso del cuerpo sexuado como determinante—esta vez no de la identidad sexual "verdadera", sino de la posibilidad misma de una identidad sexual—precisaba no solamente de asegurar la apariencia exterior de los genitales sino también ciertas funciones estimadas fundamentales. (Cabral y Benzur 2005, 288)

En el clima de ascenso de los combates que reclamaban reconocimiento, dignidad e igualdad de derechos, surgieron las notables reformas civiles de los últimos años. La Argentina conquistó dos leyes fundamentales, la de matrimonio igualitario (2010) y la de identidad de género (2012), la cual además de ser notable por su articulado libertario, ha sido imitada por otras sociedades en donde se compromete garantizar la plena dignidad de las personas. Ambas resultaban impensables hacía menos de una década y fueron fruto de la infatigable agencia por derechos de las comunidades sexuales disidentes. La sociedad argentina ha ido evidenciando en este principio de tercer milenio este derrotero cada vez más marcadamente.

A modo de cierre

La sociedad argentina sufrió cambios muy significativos entre el siglo pasado y el presente, pero han sido las dos últimas décadas decisivas en materia de instauración de derechos para las personas de diversa identidad sexual y genérica. No deja de llamar la atención que en pocos años se redujera notablemente la falta de reconocimiento por parte del orden jurídico en este país, dando lugar a la legalización de la conyugalidad igualitaria y muy especialmente sancionando la admisión, sin cortapisas, de las diversas identidades sexo-sociales en las prerrogativas de la ciudadanía. Sin embargo, todavía hay deudas severas: las desigualdades persisten, son ostensibles las mayores dificultades para la integración completa de las personas "trans" a medios laborales, subsiste su segregación. Las travestis, en particular, tienen un promedio de expectativa de vida que no llega a los 40 años, y a menudo son objeto de agresiones, humillaciones y crímenes de odio. No obstante, debe señalarse que la ley penal argentina sanciona con la máxima punición a quien matare por esta razón. No puede omitirse un hecho aciago, el travesticidio de Diana Sacayán, una destacada militante por los derechos de las personas trans, impulsora de proyectos destinados a mejorar su calidad de vida, e integrante del Instituto Nacional contra la Discriminación, la Xenofobia y el Racismo (INADI), que fue brutalmente asesinada en octubre de 2015. El tribunal que condenó a prisión perpetua a uno de sus asesinos en 2018 esgrimió justamente la nueva legislación considerando que se trató de un "crimen de odio" debido a la identidad travesti de Diana.

Es una señal inequívoca del cambio de época que transita la sociedad argentina. Muy recientemente, con la mudanza de signo de gobierno y la creación de un Ministerio que incorpora en su propia designación a la diversidad— Ministerio de las Mujeres, Género y Diversidad, tal su nombre—y la designación de la primera persona "trans" en funciones equivalentes al rango de viceministra, se abre un camino inédito que debería ser irrevocable en el afianzamiento de derechos. En muchos estados provinciales ha ocurrido lo mismo, esto es, la integración de personas "trans" en altas funciones, ya sea en ministerios destinados a los derechos de las mujeres y de la diversidad—como el de la Provincia de Buenos Aires—o en las dependencias especializadas. La enorme mayoría de los gabinetes provinciales ha integrado a personas trans en los cuadros de dirección que establecen políticas para la equidad de género. En este momento se debate en el Congreso de la Nación la sanción de un cupo laboral "trans" para el desempeño en las dependencias públicas, y hay resoluciones impensadas hace pocos años atrás, como la que tomó el Poder Judicial de Tucumán que ha determinado un cupo de admisibilidad de personas "trans" en su estructura administrativa. Por primera vez, probablemente, se registra en la historia del Consejo Nacional de Investigaciones Científicas y Técnicas (CONICET), el organismo que hegemoniza la investigación científica en el país, el cambio de género de uno de sus integrantes. Finalmente, no puede dejar de enunciarse la amplitud de uso que ha conseguido el lenguaje inclusivo en numerosos segmentos sociales, al punto de que varias universidades nacionales han conferido legitimidad a su uso: tal vez un hecho precursor en la región latinoamericana. Es plausible admitir que pese a las reservas conservadoras, se han puesto de manifiesto cambios sustanciales de mentalidad, de actitud y de temperamento en la mayoría de la sociedad argentina. En fin, datos estimulantes que permiten entrever un horizonte más ecuánime para la vida comunitaria. Ojalá se esté cerca de alcanzar verdaderamente un cambio paradigmático en las mallas relacionales sociosexuales de este país.

Notas

1. Este trabajo constituye buena parte del artículo "Género y sexualidades disidentes en la Argentina de la agencia por derechos a la legislación positiva", publicado por *Cuadernos Inter.c.a.mbio sobre Centroamérica y el Caribe*.

2. Se debe a Néstor Perlongher (1949–1992) una importante obra como científica social y en el campo de la literatura. Escribió *Alambres* (1987), publicada en Último Reino y merecedora del premio Boris Vian de Literatura Argentina; *Hule* (1989), también publicada en Último Reino; *Parque Lezama* (1990), en Sudamericana; *Aguas aéreas*, en Último Reino; *Poemas completos* (1997), en Seix Barral; *La prostitución masculina* (1993) en La Urraca; *El negocio del deseo* (1999), en Paidós; *El fantasma del sida* (1988) en Puntosur; *Prosa plebeya* (1997) (selección de Christian Ferrer y Osvaldo Baigorria) en Colihue; *Evita vive e outras prosas* (2001) (selección de Adrián Cangi y traducción de Josely Vianna Baptista) en San Pablo: Iluminuras.

3. Documental realizado por Agustina Comedi en 2018 en homenaje a su padre Jaime.

4. Resulta conmovedora la historia de Carlos Luis Jáuregui, quien falleció de SIDA a los 38 años en 1996. Lo mismo había ocurrido con su hermano mayor Roberto, también destacado militante, unos años antes. Carlos había nacido en La Plata en el seno de una familia de clase acomodada. Cursó sus estudios en un importante colegio confesional católico y luego egresó de la carrera de Historia en la Universidad Nacional de La Plata. Sus posiciones ideológicas fueron orientándose hacia la izquierda. Pudo entrar en contacto, debido a sus viajes, con el activismo francés y norteamericano. Además de llevar adelante proyectos organizacionales para la defensa de los derechos de los homosexuales, fue uno de los primeros líderes en adoptar el principio de la más amplia admisión de disidentes sexuales, pues era contrario a la segmentación de las agencias a favor de los derechos de homosexuales y lesbianas de las otras comunidades *queer*. Escribió *La homosexualidad en la Argentina* (1987), publicado en Tarso, Buenos Aires. Su homenaje cada 20 de agosto, día en que falleció, se destina a conmemorar el Activismo por la Diversidad sexual. Entre otros reconocimientos, una plazoleta de Buenos Aires lleva su nombre. Ver especialmente: Bellucci 2010.

5. Remito al documental *Putos peronistas, cumbia del sentimiento* (2011), dirigido por Rodolfo Cesatti.

6. *La moral sexual en Argentina–Investigación*, Buenos Aires, septiembre de 1973. Debo copia del manuscrito original a Mabel Bellucci.

7. Raúl Barón Biza fue un individuo sin duda acometido de graves alteraciones de personalidad. Hombre mundano de ideas controvertidas, se casó en segundas nupcias con Clotilde Sabattini, hija de Amadeo Sabattini—notable líder del partido Unión Cívica Radical y exgobernador de la provincia de Córdoba—, y a quien había raptado. Después de años de relación turbulenta se separaron. Clotilde, de adscripción feminista, resultó la primera mujer en ocupar una alta función pública, durante el gobierno de Arturo Frondizi (1958–1962), pues se desempeñó como presidenta del Consejo Nacional de Educación, máximo organismo destinado a la educación primaria en la Argentina por esos años. En agosto de 1964, mientras ambos cónyuges participaban de una reunión con abogados para definir los términos de la separación definitiva, Barón Biza le arrojó un vaso con ácido que destruyó parte del rostro de Clotilde, y luego se suicidó. Clotilde fue objeto de varias y muy penosas cirugías. En 1978 también se suicidó arrojándose del balcón del departamento céntrico en la ciudad de Buenos Aires en el que había sufrido el ataque de Barón Biza.

8. Agradezco especialmente la referencia brindada por Laura Arnés.

9. La ciudad de Buenos Aires, capital de la Argentina, no gozaba de autonomía política, de modo que los Intendentes eran escogidos por el Poder Ejecutivo Nacional hasta 1997.

10. Dominaban las representaciones del frente de centro-izquierda FREPASO, entre quienes estaban Raúl Zaffaroni, un conocido jurista de posiciones garantistas;

Eduardo Jozami, destacado intelectual; y feministas como María Elena Barbagelata, Liliana Chiernajowsky y María José Lubertino.

11. Deben lamentarse los cambios habidos en el original Código de Convivencia de la Ciudad de Buenos Aires, sancionado por la Legislatura en 1997, que terminó puniendo la oferta y demanda de sexo en la vía pública (1998) con ulteriores transformaciones aún más agravantes, hasta convertirlo en Código de Contravenciones en 2004.

12. Homenaje a Mocha Celis, travesti oriunda de la provincia de Tucumán, analfabeta, forzada a ejercer la prostitución y muerta por la policía.

13. Remito al documental *Hotel Gondolin* (2006), dirigido por Fernando López Escrivá. Ver también la nota que Marlene Wayar dedicó a la experiencia de habitar este emblemático hotel de personas "trans": "No molestar", *Suplemento SOY*, de *Página 12*, 2 de octubre de 2015.

Bibliografía

Arnés, Laura A. "La lesbiana y la tradición literaria argentina: *Monte de Venus* como texto inaugural". *Lectora* 17 (2011): 41–52.

Barón Biza, Raúl. *El derecho de matar*. Restauración recuperada. http://es.scribd.com/doc/182240513/Baron-Biza-Raul-El-Derecho-De-Matar, 1993.

Barrancos, Dora. "El erotismo, una conquista femenina muy reciente". *Clarín* (2011).

———. "Géneros y sexualidades disidentes en la Argentina: de la agencia por derechos a la legislación positiva". *Cuadernos Inter.c.a.mbio sobre Centroamérica y el Caribe* 11, n.° 2 (2014): 17–46.

———. *Políticas de reconocimiento: entre las líneas teóricas y las pragmáticas*. Tomo II. Buenos Aires: Ají de Pollo, 2009.

Bazán, Osvaldo. *Historia de la homosexualidad en la Argentina. De la conquista de América al siglo XXI*. Buenos Aires: Marea, 2004.

Ben, Pablo y Omar Acha. "Amorales, patoteros, chongos y pitucos. La homosexualidad masculina en el primer peronismo (Buenos Aires, 1943–1955)". *Revista Trabajos y Comunicaciones, 2ª época* (2005): 217–60.

Berkins, Lohana, compiladora. *Cumbia, copeteo y lágrimas. Informe nacional sobre la situación de travestis, transexuales y transgéneros*. Buenos Aires: ALITT, 2007.

———, y Josefina Fernández. *La gesta del nombre propio. Informe sobre la situación de la comunidad travesti en la Argentina*. Buenos Aires: Ediciones Madres de Plaza de Mayo, 2005.

Bianciotti, Héctor. *Lo que la noche le cuenta al día*. Barcelona: Tusquets, 1993.

Borrillo, Daniel. *Le droit des sexualités*. Paris: PUF, 2003.

Boswell, John. *Las bodas de la semejanza. Uniones de personas del mismo sexo en la Europa premoderna*. Barcelona: Muchnik, 1996.

Butler, Judith. *Cuerpos que importan*. Buenos Aires: Paidós, 2005.

Cabral, Mauro y Gabriel Benzur. "Cuando digo *intersex*. Un diálogo introductorio a la intersexualidad". *Cadernos Pagú* 24(2005): 283–304.

Carrasco, Maximiliano "El matrimonio igualitario en el Parlamento argentino. Antecedentes parlamentarios. Los proyectos que se convirtieron en Ley. El tratamiento en ambas Cámaras y las votaciones". *Matrimonio entre personas del mismo sexo: Ley 26.618. Antecedentes, Implicaciones, Efectos*. Dirigido por Néstor Solari y Carolina Von Opiela. Buenos Aires: La Ley, 2011.

Cosse, Isabella. *Pareja, sexualidad y familia en los años sesenta. Una revolución discreta en Buenos Aires*. Buenos Aires: Siglo XXI Editores, 2010.

"Entrevista a Ilse Fuskova". *Página 12: Soy* (3 de octubre de 2008). http://www.pagina12.com.ar/diario/suplementos/soy/1-350-2008-10-04.htm.

Fausto-Starling, Anne. "The Five Sexes Revisited". *The Sciences* 40, n.° 4 (2000): 18–23.

Foucault. Michel. *Historia de la sexualidad. Tomo I. La voluntad de saber*. Ciudad de México: Siglo XXI, 1991.

Fuskova, Ilse, Silvia Schmid, y Claudina Marek. *Amor de mujeres. El lesbianismo en la Argentina, hoy*. Buenos Aires: Planeta, 1994.

Gay, Peter. *La experiencia burguesa. De victoria a Freud. Tomo II. Tiernas Pasiones*. Ciudad de México: Fondo de Cultura Económica, 1992.

Gordon, Mel. *Voluptuous: The Erotic World of Weimar*. Washington: Feral House, 2000.

Grupo de Estudio y Práctica Política Sexual. "La moral sexual en Argentina–Investigación". Buenos Aires, septiembre de 1973". Archivo particular de Mabel Bellucci.

Guy, Donna. *El sexo peligroso. La Prostitución legal en Buenos Aires, 1895–1955*. Buenos Aires: Sudamericana, 1994.

Honey, John. "Los nervios de la sociedad: las *public schools* como 'sistemas'". En *El desarrollo del sistema educativo moderno*. Compilado por Detlef Müller, Fritz Ringer y Brian Simon. Madrid: Ministerio de Trabajo y Seguridad Social, 1992.

Jamandreu, Paco. *La cabeza contra el suelo*. Córdoba: Caballo Negro, 2015.

Llorca Díaz, Ángeles. Magnus Hirschfeld y su aportación a la ciencia sexológica. 1996. https://www.sexologiaenincisex.com/extractos-de-la-revista-espanola-de-sexologia/magnus-hirschfeld-y-su-aportacion-a-la-ciencia-sexologica-magnus-hirschfeld-y-su-aportaciom/

Machado Bonet, Ofelia. *Un ángel de bolsillo*. Buenos Aires: Losada, 1960.

Maffía, Diana. *Sexualidades migrantes. Género y transgénero*. Buenos Aires: Feminaria, 2003.

Meccia, Ernesto. *La cuestión gay. Un enfoque sociológico*. Buenos Aires: Gran Aldea, 2006.

———. *Los últimos homosexuales. Sociología de la homosexualidad y de la gaycidad*. Buenos Aires: Gran Aldea, 2011.

Mogrovejo, Norma. *Un amor que se atrevió a decir su nombre. La lucha de las lesbianas y su relación con los movimientos homosexual y feminista en América Latina*. Ciudad de México: UNAM, 1998.

Pecheny, Mario. "La epidemia de SIDA y el reconocimiento de los derechos de las minorías sexuales". *Desidamos* 9, n.° 1 (2001).

Principios de Yogyakarta sobre la aplicación del Derecho Internacional de Derechos Humanos a las cuestiones de Orientación Sexual e Identidad de Género. 2006. Acceso el 19 de abril de 2014. https://www.refworld.org/cgi-bin/texis/vtx/rwmain/opendocpdf.pdf?reldoc=y&docid=48244e9f2

Ramaciotti, Karina y Adriana Valobra. "Peor que putas... Tríbadas, safistas y homosexuales en el discurso moral hegemónico del campo médico (1936–1954)". En *Moralidades y conductas sexuales en la Argentina (1880–2011)*. Edición de Dora Barrancos, Donna Guy y Adriana Valobra. Buenos Aires: Biblos, 2014.

Roffé, Reina. *Monte de Venus*. Buenos Aires: Corregidor, 1976.

Salessi, Jorge. *Médicos, maleantes y maricas. Higiene, criminología y homosexualidad en la nación argentina (Buenos Aires 1871–1914)*. Rosario: Beatriz Viterbo Editora, 1995.

Sapriza, Graciela. "Clivajes de la memoria. Para una biografía de Paulina Luisi". En *Uruguayos notables: 11 biografías*. Volumen 1. Primera parte. Compilado por L. Alvarez, G. Caetano y J. Rilla, 255–286. Montevideo: Linardi y Risso-Fundación Bank Boston, 1999.

Sardá, Alejandra y Silvana Hernando. *No soy un bombero pero tampoco ando con puntillas. Lesbianas en Argentina: 1930–1976*. Toronto: Editorial Bomberos, 2001.

Simonetto, Patricio. *Entre la injuria y la revolución. El Frente de Liberación Homosexual en la Argentina*. Bernal: Editorial UNQ, 2017.

Szurmuk, Mónica. "Ada María Elflein: viaje al interior de las identidades". *Monographic Review/Revista Monográfica* (1996): 337–44.

"Travestida para transgredir. Entrevista a Lohana Berkins". *Socialismo o barbarie*. Acceso el 17 de abril de 2014.

Von Opiela, Carolina, coordinadora. *Derecho a la identidad de género: Ley 26.743*. Buenos Aires: La Ley, 2012.

Wayar, Marlene. "No molestar", *Suplemento SOY*, de *Página 12*, 2 de octubre de 2015.

www.ingramcontent.com/pod-product-compliance
Lightning Source LLC
Chambersburg PA
CBHW021832220426
43663CB00005B/217